中国期货业发展报告

2011

CHINA FUTURES INDUSTRY ANNUAL REPORT (2011)

中国期货业协会 编

Futures

中国财政经济出版社

图书在版编目（CIP）数据

中国期货业发展报告. 2011/中国期货业协会编. —北京：中国财政经济出版社，2011. 10

ISBN 978 - 7 - 5095 - 3053 - 5

Ⅰ. ①中…　Ⅱ. ①中…　Ⅲ. ①期货交易 - 金融事业 - 研究报告 - 中国　Ⅳ. ①F832. 5

中国版本图书馆 CIP 数据核字（2011）第 168765 号

责任编辑：耿　伟　　　　责任校对：胡永立
封面设计：郁　佳　　　　版式设计：兰　波

中国财政经济出版社出版

URL：http：//www. cfeph. cn

E - mail：cfeph @ cfeph. cn

社址：北京市海淀区阜成路甲 28 号　邮政编码：100142

发行处电话：010 - 88190406　北京财经书店电话：010 - 64033436

北京中兴印刷有限公司印刷　各地新华书店经销

787 × 1092 毫米　16 开　24. 75 印张　488 000 字

2011 年 11 月第 1 版　2011 年 11 月北京第 1 次印刷

定价：56. 00 元

ISBN 978 - 7 - 5095 - 3053 - 5/F · 2590

（图书出现印装问题，本社负责调换）

本社质量投诉电话：010 - 88190744

《中国期货业发展报告（2011）》

编　委　会

《中国期货业发展报告（2011）》
编　写　组

编写组组长：党　剑　胡俞越

编写组成员：刘春波　姜　洁　张丽芳　栾自强　蒋晓全
陆　蓉　陈　晔　崔　曈　罗　呈　王冬凡
姬广坡　施利敏　齐明亮　刘　俊　牛云鹭
常　青　康　乐　陶　俊　于　力　刘　琛
张若斌　郑凌云　胡　浩　程富强　刘继超
刘奥南　陈静怡　陈河亮　李雅洁　陈　敏
宋文尧　徐　舒　丛小虎　邱蕊仪　林　慧
高钢杰　张一伟　红　妹　王智勇　符文翔
刘铁斌　王　曦　王春卿　董文旭　应昊良
杨卫东　郭　华　闫新兵　王爱华　鲍红波
王德智　安　波　孙　超

前　言

中国期货业协会会长　刘志超

近年来，在党中央和国务院关于“稳步发展期货市场”精神的指引下，我国期货市场取得了令人瞩目的发展成绩。经过二十年的发展，期货市场已经成为我国资本市场不可或缺的重要组成部分。

2010年，在市场参与各方的不断努力下，我国期货市场取得了骄人的成绩，市场规模进一步扩大，服务国民经济的能力显著增强。当前，我国期货市场对于国民经济发展的积极促进作用已经日益得到社会各方的认可和重视，期货市场迎来了难得的发展机遇。

为了不断总结我国期货市场发展过程中的经验和教训，正确分析和认识期货市场当前发展的基本特征和主要变化，准确把握期货市场发展的内在规律，在吸收前三册《中国期货业发展报告》编写经验与问题的基础上，中国期货业协会（以下简称协会）组织相关专家编写了《中国期货业发展报告（2011）》（以下简称《发展报告（2011）》）。

为了保证《发展报告（2011）》）的客观与严谨，协会继续邀请了证监会、期货交易所、期货公司以及业内专家学者等共同组成了一支优秀的编写团队，对报告的基本内容、框架、体例进行了认真的讨论和确定，并着手开展了各种资料的收集和内容的编写，最终完成了报告的撰写工作。在编写过程中，我们始终坚持以下几个原则：

一是以高度的行业责任感和历史使命感来对待报告的编写工作。始终站在行业发展的高度，对市场发展中出现的一些重要问题进行客观、准确的回顾和总结。

二是既要全面准确，又要重点突出。报告在反映期货行业发展全貌的基础上，重点突出当年期货行业的重大事件、重大变化，体现出市场发展的时代特点和发展方向。

三是报告引用的数据务求准确，避免主观臆断，尽量使用第一手数据，客观描述和分析行业发展状况。

四是注重报告的资料性，尽可能提供能够反映期货市场运行情况的各种数据资料，记录期货行业重大事件、重大变化的过程。

《发展报告（2011）》全面客观地记录和描述了2010年我国期货行业的发展状况。《发展报告（2011）》共由七个部分、两个特别专题和附录组成。

第一部分作为本书的总报告，概述了2010年中国期货行业发展的宏观环境和形势，回顾了2010年中国期货行业发展的基本状况，使读者可以对过去一年期货行业的发展状况有一个比较全面的了解。

第二部分详细介绍了2010年全球期货市场的交易概况，以及交易所、期货经营机构、境外期货及金融市场的监管概况以及全球投资者的发展概况。

第三部分分节分类别、分品种对2010年我国期货市场上市品种的运行状况、影响因素、功能发挥情况进行了描述。

第四部分重点介绍了2010年我国期货中介机构的发展状况，包括期货公司经营情况、财务状况、从业人员情况以及期货公司风险控制及内控制度建设。

第五部分重点介绍了2010年包括中国期货业协会、各地方期货业协会以及期货交易所等自律组织的发展状况。

第六部分从交易所、期货公司等不同角度重点介绍了2010年我国期货业信息技术发展状况。

第七部分概述了2010年我国期货市场法制与监管工作情况。

本报告特别增设了“期货中间介绍（IB）业务”和“中国期货市场‘十一五’回顾与‘十二五’展望”两个特别专题。

而附录部分则收录了2010年的期货市场大事、上市品种、市场成交情况、经营机构基本情况、自律组织名录、全球期货和期权合约排行、交易所排行、中英期货词汇对照表等资料。

《发展报告（2011）》的成功出版，得到了中国证监会领导以及广大会员单位的大力支持，凝聚了中国期货业协会以及编写组专家的智慧和心血。我们深知，《发展报告（2011）》肯定还存在许多不完善、不尽如人意的地方，我们真诚地希望业内各方专家和广大读者提出宝贵的批评和建议，我们将在今后的报告编写中加以吸收和改进。

作为一个“新兴加转轨”特征显著的市场，我国期货市场的发展仍然面临着许多复杂的国内外的因素影响，这既给我们创造了历史性的发展机遇，同时也给我们提出了非常严峻的挑战。打造一个运行更加规范稳定，功能发挥更加健全的期货市场，是业界同仁的共同愿望，也是我国经济发展的客观要求，让我们共同承担起这一历史使命，为期货市场的稳步发展作出更大的努力和贡献！

2011 年 8 月

目　录

第一部分

2010年中国期货业发展总报告

第一节　中国期货业发展的宏观环境

一、世界经济金融发展形势

2010年，全球经济持续复苏，但各经济体复苏不均衡。美国、欧元区和日本等主要发达经济体复苏缓慢，财政可持续性堪忧，失业率居高不下。虽然美国经济在2010年第4季度出现了回暖迹象，但是欧元区和日本经济复苏表现仍较疲弱。而新兴市场经济体增长强劲，但面临的资本流入及通胀压力上升，部分国家逐步收紧了货币政策。世界主要金融市场呈现震荡态势，全球贸易增长恢复至危机前的水平，大宗商品价格企稳回升。国际货币基金组织（IMF）在2011年1月份的《全球经济展望》中指出，2010年全球经济增长率为5.0%，其中美国、欧元区、日本、新兴市场与发展中经济体2010年的经济增长率分别为2.8%、1.8%、4.3%和7.1%，比2009年分别高5.4个、5.9个、10.6个和4.5个百分点。

（一）世界主要经济体经济概况

1. 美国经济复苏出现回暖迹象，但前景仍不明朗。2010年，美国国内生产总值（GDP）增速为2.9%，各季度分别为3.7%、1.7%、2.6%和3.2%。2010年12月份美国失业率为9.4%，比上月下降0.4个百分点，仍处于高位。通胀率低位徘徊，2010年美国居民消费价格指数（CPI）同比上涨1.5%，为近两年最低值；其中，核心CPI同比上涨0.8%，为数据统计以来最低值。贸易赤字及债务问题仍较严重。2010年1~11月贸易赤字为4587亿美元，同比增长35.8%。2010财年美国联邦政府赤字接近1.3万亿美元，略低于2009年1.42万亿美元的战后最高水平，地方政府总负债高达2万亿美元。同时，美国金融改革法案——《多德-弗兰克法案》于2010年7月21日正式生效，将在以下几个方面进行革新：（1）成立消费者金融保护机构（CFPA）；（2）建立新的监管协调机制；（3）限制银行、大型金融控股公司参与自营交易以及投资私募股权基金、对冲基金；（4）限制金融机构高管薪酬；（5）严格管理评级机构；（6）加强金融衍生产品监管。该法案将会为华尔街的传统运营模式带来变革。

2. 欧元区受主权债务危机拖累，整体经济复苏缓慢，各成员国表现分化明显。2010年第3季度欧元区GDP同比增长1.9%，环比增长0.3%，较第2季度1%的环比增速明显放慢。2010年11月份欧元区失业率仍高达10.1%。12月份欧元区综合消费价格指数（HICP）同比上涨2.2%，首次突破欧洲央行2%的目标区间。德国经济复苏远好于其他欧元区国家，2010年GDP增长3.6%，创1991年以来最快增速，失业率降至7.5%，成为带动欧元区复苏的主要动力。其他欧元区国家复苏乏力，第3季度法国、意大利GDP环比增幅均为0.3%，远低于第2季度，希腊、爱尔兰和西班牙等主权债务波及国家的经济则陷入负增长或零增长。2010年，希腊、爱尔兰因债务危机先后接受欧盟和国际货币基金组织（IMF）救助，葡萄牙、西班牙等欧元区国家也受到严重影响。法国、意大利、比利时、德国等国债收益率和信用违约掉期（CDS）利差也一度大幅走高。欧盟、欧洲央行在加强危机救助的同时，强化了对成员国的财政约束，推动建立欧洲金融稳定基金（EFSF）、欧洲金融稳定机制（EFSM）和永久性的欧洲稳定机制（ESM），但效果尚待观察。

3. 日本通货紧缩和就业状况无明显改善，增长动力减弱。2010年第3季度，日本GDP环比折年率为4.5%，好于预期。通货紧缩仍然存在，2010年核心CPI同比下降1%，连续第2年负增长，月度核心CPI指数连续第22个月出现同比下降。失业率仍然较高，全年平均失业率为5.1%，与上年持平。受全球需求增长放缓及日元升值的不利影响，出口及贸易顺差增幅持续下滑，各季度出口同比增速分别为43.3%、33.2%、17.8%和10.0%，外需对经济增长的贡献率下降。

4. 新兴经济体复苏相对强劲，但面临发达经济体实行量化宽松货币政策带来的资本流入和通胀压力。2010年以来，受国内需求增长及大宗商品价格企稳回升影响，亚洲、拉美等地区的新兴及发展中经济体复苏强劲，成为拉动全球经济增长的主要动力。由于全球流动性持续过剩和发达经济体复苏乏力，套利资本大量流入经济增长相对强劲、利差较大的新兴经济体，加剧了新兴市场股票、房地产等资产价格的上涨压力及货币升值压力。资本流入还增大了新兴市场的输入性通胀压力，印度、巴西和俄罗斯全年 CPI 分别达到 9%、6.5% 和 8.8%。

（二）世界金融市场概况

1. 主要货币间汇率宽幅震荡。2010 年，受欧洲主权债务危机等因素影响，美元汇率总体呈现先升后贬之后再回升的走势。2010 年 12 月 31 日，欧元兑美元、美元兑日元分别收于 1.3377 美元/欧元和 81.15 日元/美元，欧元对美元汇率较年初贬值 6.6%，日元对美元汇率较年初升值 14.5%。2010 年，美联储公布的美元广义贸易加权指数累计贬值 2.4%。

2. 国际货币市场利率大幅波动。伦敦同业拆借市场美元拆借利率 Libor 先升后降。2010 年上半年，美元 Libor 小幅走高，1 年期 Libor 于 5 月 25 日升至年内高点 1.22%。此后，受美国经济增速放缓、新一轮量化宽松的货币政策实施等因素影响，Libor 开始震荡下行，12 月 31 日 1 年期 Libor 降至 0.78%，比年初下降 0.20 个百分点；欧元区同业拆借利率 Euribor 受欧洲主权债务危机等因素影响震荡上升。截至 2010 年 12 月 31 日，1 年期 Euribor 为 1.51%，比年初上升 0.26 个百分点。

3. 主要国债收益率大幅波动。2010 年上半年，随着市场对希腊债务危机恶化以及全球经济复苏前景的担忧加剧，避险需求上升，主要国债收益率震荡走低。8 月下旬，欧洲主权债务危机影响逐步消退，且市场预期美联储将进一步放松货币政策，担忧流动性泛滥导致美元贬值，并加剧中长期通胀压力，大量资金流向收益率更高的股票和商品市场，投资者调整资产配置抬升了国债利率。美联储实施第二轮量化宽松政策以来，10 年期美国国债收益率从 11 月 3 日的 2.57% 上涨近 100 个基点，30 年期国债收益率也有所上升。截至 12 月 31 日，美国、欧元区和日本的 10 年期国债收益率分别收于 3.36%、2.97% 和 1.12%，虽然较 2009 年年末分别下跌 0.43 个、0.41 个和 0.17 个百分点，但较 2010 年第 3 季度末分别上升 0.85 个、0.71 个和 0.18 个百分点。

4. 主要股市震荡走高。2010 年上半年，欧洲主权债务危机加大了全球经济复苏前景的不确定性，主要股市大幅震荡，5 月上旬和 6 月下旬曾出现多个交易日连续暴跌。第 3 季度，随着债务危机影响的逐步消退和美国通过金融监管改革法案、欧洲公布银行压力测试结果，欧美股市震荡回升。2009 年第 4 季度，受美联储出台第二轮量化宽松政策、经济数据有所好转、上市公司盈利水平改善等因素影响，美日股市震荡上扬。截至 2010 年 12 月 31 日，道琼斯指数、纳斯达克指数和日经 225 指数分别收于 11578 点、2653 点和 10229 点，较上年季度末分别上涨 7.3%、12.0% 和 9.2%，较 2009 年年末分别上涨 11.0%、16.9% 和下跌 3.0%，其中，道琼斯指数再创年内新高，已回升至2008年9月雷曼兄弟公司破产前的水平。受第二轮量化宽松政策和爱尔兰债务危机的双重影响，2009年第4季度欧元区股指波动较大，STOXX50指数年末收于2601点，分别较2009年年末和上季度末上涨0.85%和4.79%。

（三）世界主要经济体货币政策概况

2010年，经济复苏不均衡使各国货币政策呈明显差异。主要经济体央行继续通过低息和加大量化宽松政策等手段刺激经济增长，而部分增长强劲和通胀压力较大的国家则收紧了货币政策。

为促进经济和就业增长，2010年美联储、欧洲央行、英格兰银行继续将基准利率水平分别维持0～0.25%、1%和0.5%不变。11月3日，美联储宣布推出6000亿美元的第二轮量化宽松政策（QE2），旨在支持经济复苏并使通胀率回升至目标水平，并在此后表示资产购买规模可能超过6000亿美元。2010年10月5日，日本银行时隔4年多重启零利率政策，宣布将银行间无担保隔夜拆借利率从现行的0.1%降至0～0.1%，并推出了总额5万亿日元的资产购买计划。12月7日，日本银行表示将为国内106家金融机构提供9983亿日元贷款，以刺激银行业向实体经济放贷。欧央行在量化宽松政策方面相对谨慎。为应对主权债务危机，欧央行等先后与希腊、爱尔兰政府达成1100亿欧元和850亿欧元的救助方案，并通过再融资操作、证券市场计划等措施向市场提供流动性支持。英格兰银行也继续将短期利率维持在0.5%，并维持2000亿英镑的资产购买规模不变。

部分经济复苏强劲、通胀压力较大的经济体逐步加快了货币政策正常化的步伐。印度、韩国、越南、智利、澳大利亚、瑞典等为抑制通胀相继提高利率。为阻止投机资本大量流入和汇率持续过快升值，部分新兴经济体加强了资本流入管制和外汇市场干预。巴西宣布调高外国投资者购买本国证券的金融交易税和国内银行外汇头寸的准备金要求，印尼央行宣布加强银行业短期外债限额管理，并逐步提高银行外汇资产准备金率，土耳其央行则通过实施差别存款准备金率和降息等手段抑制投机资本流入。

二、中国宏观经济发展形势

2010年，中国经济继续朝宏观调控的预期方向发展，运行态势总体良好。消费平稳较快增长，固定资产投资结构改善，对外贸易复苏较快；农业生产形势较好，工业生产平稳增长，居民收入稳定增加，物价涨幅扩大。2010年，实现国内生产总值（GDP）39.8万亿元，按可比价格计算，同比增长10.3%，增速比2009年高1.1百分点；居民消费价格指数（CPI）同比上涨3.3%，比2009年高4.0个百分点；贸易顺差1831亿美元，比2009年减少126亿美元。

（一）宏观经济指标概况

1. 城乡居民收入继续增长，国内消费需求保持稳定。2010年，城镇居民家庭人均可支配收入19109元，同比增长11.3%，扣除价格因素，实际增长7.8%；农村居民人均纯收入5919元，同比增长14.9%，扣除价格因素，实际增长10.9%。2010年第4季度全国城镇储户问卷调查结果显示：居民当期收入感受指数为51.1%，比第3季度低0.5个百分点，比2009年同期低0.6个百分点，居民投资意愿增强，消费意愿稳定、储蓄意愿下降。2010年，社会消费品零售总额15.5万亿元，同比增长18.4%，比2009年高2.9个百分点；实际同比增长14.8%，比2009年低2.1个百分点，主要是由于商品零售价格指数2010年上涨3.1%，而2009年下降1.2%。分城乡看，城镇消费增速快于乡村，增速差距基本保持稳定。2010年，城镇消费品零售额13.4万亿元，增长18.8%，实际增长15.6%；乡村消费品零售额2.1万亿元，增长16.1%，实际增长12.1%。

2. 固定资产投资增速总体回落，但第三产业投资增速较高。2010年，全社会固定资产投资27.8万亿元，同比增长23.8%，比2009年回落6.2个百分点；扣除价格因素后，实际增长19.5%，比2009年低14.3个百分点。城镇固定资产投资完成24.1万亿元，同比增长24.5%，比2009年低5.9个百分点；农村固定资产投资完成3.7万亿元，同比增长19.7%，比2009年回落7.6个百分点。在城镇固定资产投资中，分地区看，东、中、西部地区城镇投资分别增长22.8%、26.9%和26.2%，中部和西部投资增速明显快于东部；分产业看，三大产业投资全年分别增长18.2%、23.2%和25.6%，第三产业投资增速明显高于第一、第二产业。全年城镇施工项目计划总投资52.2万亿元，同比增长23.1%。企业投资意愿较强，第4季度企业固定资产投资、设备投资和土建投资指数虽然较第3季度有所回落，但仍为2008年以来的次高水平。

3. 进出口总额较快增长，结构进一步优化，贸易顺差有所减少。2010年，进出口总额29728亿美元，同比增长34.7%，比2009年高48.6个百分点。其中，出口15779亿美元，同比增长31.3%，比2009年高47.3个百分点；进口13948亿美元，同比增长38.7%，比2009年高49.9个百分点；实现顺差1831亿美元，比2009年减少126亿美元。出口产品结构改善推动外贸持续复苏。2010年，机电、高新技术产品出口分别增长30.9%和30.7%，分别比2009年高44.2个和40.0个百分点。长期看，我国对外贸易市场结构中，美国、日本和欧洲仍是我国主要出口目的地，但份额呈下降趋势，出口多元化格局日益强化。2010年，实际使用外资金额1057.4亿美元，增长17.4%，比2009年高20个百分点。

（二）工农业发展概况

2010年，我国第一产业增加值4.0万亿元，增长4.3%；第二产业增加值18.6

万亿元，增长 12.2%；第三产业增加值 17.1 万亿元，增长 9.5%。第一、第二、第三产业占 GDP 比重分别为 10.2%、46.8% 和 43.0%。第二产业占 GDP 比重提高，对 GDP 增长贡献扩大。

农业生产形势较好，全年粮食产量再获丰收。2010 年，猪牛羊禽肉产量 7780 万吨，同比增长 3.6%，其中，猪肉产量 5070 万吨，增长 3.7%。工业生产较快增长，企业盈利能力稳定。2010 年，全国规模以上工业增加值同比增长 15.7%，比 2009 年高 4.7 个百分点；工业产销衔接状况良好，全年工业产品产销率为 97.9%，比 2009 年高 0.2 个百分点。2010 年 1～12 月，企业税前销售利润率为 6.22%，比 2009 年高 0.76 个百分点。第 4 季度中国人民银行 5000 户工业企业调查显示，企业经营景气指数连续 7 个季度攀升，达到 71.3%，创 2008 年第 1 季度以来的新高；产成品库存增多，存货指数达 50.3%，比第 3 季度高 1.8 个百分点，比 2009 年高 2.3 个百分点；企业盈利能力稳定，企业盈利指数为 61.1%，比第 3 季度高 0.8 个百分点，比 2009 年高 3.4 个百分点。

（三）生产与消费价格概况

2010 年，我国价格涨幅总体上延续了 2009 年下半年以来的回升态势，下半年尤其是第 4 季度以来价格上涨压力明显增大。从主要价格指标走势看，在食品和居住价格不断上涨的推动下，居民消费价格涨幅逐季扩大，第 4 季度以来，非食品价格涨幅也有所上升；受基数效应前低后高和国际大宗商品价格先涨后跌再涨走势的影响，上半年工业品出厂价格涨幅不断扩大，第 3 季度出现明显回落，第 4 季度又有所反弹。

1. 居民消费价格涨幅持续扩大。2010 年，CPI 同比上涨 3.3%，比 2009 年高 4 个百分点。各季度同比涨幅分别为 2.2%、2.9%、3.5% 和 4.7%。从食品和非食品分类看，食品价格上涨 7.2%，涨幅比 2009 年高 6.4 个百分点；非食品价格上涨 1.4%，比 2009 年高 2.8 个百分点。从消费品和服务分类看，消费品价格上涨 3.7%，比 2009 年高 4.3 个百分点；服务价格上涨 2.0%，比 2009 年高 3.1 个百分点。生产价格上涨较快。2010 年，工业品出厂价格同比上涨 5.5%，比 2009 年高 10.9 个百分点，各季度同比分别上涨 5.2%、6.8%、4.5% 和 5.7%；原材料、燃料、动力购进价格同比上涨 9.6%，比 2009 年高 17.5 个百分点，各季度同比分别上涨 9.9%、11.7%、7.7% 和 9.1%。2010 年，中国人民银行监测的企业商品价格指数（CGPI）上涨 6.5%，比 2009 年高 11.5 个百分点。按商品用途分类看，CGPI 中投资品和消费品价格分别上涨 6.7% 和 6.1%；按商品基本分类看，CGPI 中农产品、矿产品、煤油电价格和加工业产品同比分别上涨 12.4%、13.8%、12.0% 和 3.8%。农产品生产价格涨幅高于农业生产资料价格。2010 年，农产品生产价格（指农产品生产者直接出售其产品时的价格）上涨 10.9%，比 2009 年高 13.3 个百分点；农业生产资料价格全年上涨2.9%，比2009年高5.4个百分点。

2. 进口价格涨幅高于出口价格涨幅。2010年，进口价格同比上涨13.7%，比2009年高27.0个百分点；各季度分别同比上涨15.6%、18.7%、10.9%和9.8%。出口价格同比上涨2.4%，比2009年高8.4个百分点；各季度分别同比上涨-3.1%、1.6%、5.1%和5.8%。2010年各季度，纽约商品交易所原油期货当季平均价格分别环比上涨3.6%、-1.1%、-2.4%和11.8%，累计上涨12.0%；伦敦金属交易所铜现货当季平均价格分别环比上涨8.9%、-2.9%、3.0%和19.6%，累计上涨30.3%；伦敦金属交易所铝现货当季平均价格分别环比上涨8.1%、-3.4%、-0.2%和12.4%，累计上涨17.1%。

3. 劳动报酬继续较快增长。2010年前3个季度，全国城镇单位在岗职工月度平均工资同比增长14%左右，增速比上半年有所加快。其中，城镇集体经济单位增长快于城镇国有经济单位和城镇其他经济类型单位（不含私营企业）。

4. GDP平减指数回升较快。2010年，我国GDP为39.8万亿元，增长10.3%，GDP平减指数（按当年价格计算的GDP与按固定价格计算的GDP的比率）变动率为5.8%，比2009年高6.4个百分点，比前3个季度提高0.7个百分点。

5. 稳步推进资源性产品价格改革，启动资源税改革试点。2010年6月份，酝酿多年的资源税改革在新疆开始试点，将原油、天然气的资源税由从量计征改为从价计征，试点税率为5%。推进资源税改革，有利于进一步完善资源性产品价格形成机制，全面反映资源性产品生产成本和资源稀缺程度，有利于更大程度地发挥市场在资源配置中的基础性作用，促进节能减排、经济结构优化和经济发展方式转变。

（四）国际收支概况

2010年，我国涉外经济总体趋于活跃，国际收支交易呈现恢复性增长，总体规模创历史新高，与同期国内生产总值之比为95%，较2009年上升13个百分点，贸易、投资等主要项目交易量均较快增长。

2010年，我国经常项目顺差3054亿美元，较上年增长17%，2009年为下降40%；资本和金融项目顺差2260亿美元，较上年增长25%，2009年为增长8.5倍。经常项目收支状况持续改善，顺差与国内生产总值之比为5.2%，与2009年的比例基本持平，仍明显低于2007年和2008年的历史高点。国际收支统计口径的货物网络游戏贸易顺差与国内生产总值之比为4.3%，较2009年下降0.7个百分点。主要受欧洲主权债务危机影响，我国资本和金融项目顺差年内呈现一定波动。境内市场主体的负债外币化倾向依然较强，外债规模有所上升，外汇贷款继续增加。

三、中国金融市场发展形势

2010年，我国金融市场继续保持健康、平稳运行，充分发挥了保证国家宏观经济政策实施、优化资源配置、推动金融体制深化改革、加大金融支持经济发展力度的积极作用。全年货币市场交易活跃，市场利率波动中明显上行；债券市场指数有所上升，债券发行规模稳步扩大；股票市场指数有所下跌，股票筹资规模创历史新高。国内非金融机构部门（包括住户、企业和政府部门）融资继续增加较多，融资结构呈明显多元化发展态势。全年国内非金融机构部门累计融资11.1万亿元，同比少增1.9万亿元，其中，除贷款外的其他方式融资同比多增3111亿元。从融资结构看，居于主导地位的贷款融资占比明显下降，国债和股票融资占比明显上升（见表1-1-1）。

表1-1-1　2010年国内非金融机构部门融资情况简表

	融资量（亿元人民币）		比重（%）	
	2010年	2009年	2010年	2009年
国内非金融机构部门融资总量	111136	129678	100.0	100.0
贷款	83572	105225	75.2	81.2
股票	6116	3904	5.5	3.0
国债	9735	8182	8.8	6.3
企业债券	11713	12367	10.5	9.5

资料来源：中国人民银行。

（一）货币市场

1. 货币市场利率波动明显上升。2010年，受市场融资增多、通胀预期明显上升和宏观调控政策等多种因素影响，市场利率波动中呈明显上升态势。2010年12月份，质押式债券回购和同业拆借加权平均利率分别为3.12%和2.92%，比6月份分别上升0.73个和0.61个百分点；比2009年12月份分别上升1.85个和1.67个百分点。

2. 银行间回购、拆借市场成交量大幅增加。银行间市场债券回购累计成交87.6万亿元，日均成交3504亿元，日均同比增长24.6%；同业拆借累计成交27.9万亿元，日均成交1115亿元，日均同比增长44.0%。从期限结构看，市场交易仍主要集中于隔夜品种，短期化趋势明显增强，全年债券回购和拆借隔夜品种的成交占比分别为79.9%和87.9%，同比分别上升2.1个和4.3个百分点。交易所市场政府债券回购累计成交6.59万亿元，同比增长85.7%。2009~2010年金融机构回购、同业拆借资金净融出、净融入情况见表1-1-2。

表 1-1-2 2009~2010 年金融机构回购、同业拆借资金净融出、净融入情况表

单位：亿元

银行性质	回购市场		同业拆借	
	2010 年	2009 年	2010 年	2009 年
国有商业银行	-237497	-254127	-23502	-17539
其他商业银行	84212	-8636	7286	4367
其他金融机构	121228	232790	13599	7030
其中：证券及基金公司	74675	94468	2149	1739
保险公司	21869	40331	—	—
外资金融机构	32057	29973	2617	6142

资料来源：中国外汇交易中心。

3. 人民币利率互换交易大幅增加，远期品种交易相对清淡。2010 年，人民币利率互换市场发生交易 11643 笔，名义本金总额 15003.4 亿元，同比大幅增加 225%，其中，第 4 季度成交名义本金总额占全年的 46.8%。从期限品种看，1 年及 1 年期以下交易最为活跃，名义本金总额 8579.6 亿元，占总量的 57.2%。从参考利率来看，2010 年人民币利率互换交易的浮动端参考利率包括 7 天回购定盘利率、上海银行间同业拆借利率（Shibor）以及 1 年期定存利率，与之挂钩的利率互换交易名义本金占比分别为 54.5%、40.3% 和 5.2%。2010 年，债券远期共成交 967 笔，成交金额 3183.4 亿元，同比下降 51.4%。远期利率协议交易较为清淡，全年共成交 20 笔，名义本金额共 33.5 亿元，全部以 Shibor 为基准成交。2006~2010 年利率衍生品交易情况见表 1-1-3。

表 1-1-3 利率衍生品交易情况

年 份	债券远期		利率互换		远期利率协议	
	交易笔数（笔）	交易量（亿元）	交易笔数（笔）	名义本金额（亿元）	交易笔数（笔）	名义本金额（亿元）
2006 年	398	664.5	103	355.7	—	—
2007 年	1238	2518.1	1978	2186.9	14	10.5
2008 年	1327	5005.5	4040	4121.5	137	113.6
2009 年	1599	6556.4	4044	4616.4	27	60.0
2010 年	967	3183.4	11643	15003.4	20	33.5

资料来源：中国外汇交易中心。

4. 人民币外汇即期市场平稳发展，掉期和“外币对”交易规模快速扩张。

2010 年，全年人民币外汇即期成交额同比增长 3.5%；人民币外汇掉期交易累计成交金额折合 1.3 万亿美元，同比增长 60.1%，其中，隔夜美元掉期成交 7412 亿美元，占掉期总成交额的 57.8%；人民币外汇远期市场累计成交 327 亿美元，同比增长 234.5%。全年“外币对”累计成交金额折合 666 亿美元，同比增长 63.9%，其中，成交最多的产品为美元对港币，市场份额为 60.4%，同比上升 9.5 个百分点。外汇市场交易主体进一步增加，2010 年新增核准 32 家即期市场会员、3 家远期市场会员、3 家外汇掉期会员、4 家货币掉期会员，11 家企业集团财务公司进入银行间外汇市场。

5. 人民币汇率弹性明显增强。2010 年 6 月进一步推进人民币汇率形成机制改革以来，人民币小幅升值，双向浮动特征明显，汇率弹性明显增强，人民币汇率预期总体平稳。2010 年年末，人民币对美元汇率中间价为 6.6227 元，比 2009 年年末升值 2055 个基点，升值幅度为 3%；人民币对欧元、日元汇率中间价分别为 1 欧元兑 8.8065 元人民币、100 日元兑 8.1260 元人民币，分别较 2009 年年末升值 11.25% 和贬值 9.20%。2005 年人民币汇率形成机制改革以来至 2010 年年末，人民币对美元汇率累计升值 24.97%，对欧元汇率累计升值 13.71%，对日元汇率累计贬值 10.09%。根据国际清算银行的计算，2010 年，人民币名义有效汇率升值 1.8%，实际有效汇率升值 4.7%；2005 年人民币汇率形成机制改革以来至 2010 年 12 月，人民币名义有效汇率升值 14.7%，实际有效汇率升值 23.2%。

（二）资本市场

1. 债券市场发行规模稳步扩大。债券市场累计发行人民币债券（不含中央银行票据）5.2 万亿元，同比增长 5.4%。其中，短期融资券、国家开发银行及政策性银行债券和国债增长较快，同比分别增长 46.2%、13.0% 和 9.5%。为进一步加大对中小企业支持力度，拓宽企业融资渠道，满足投资者多元化投资需求，2010 年 12 月份创新推出超短期融资券，累计发行 150 亿元。2010 年年末，债券市场债券托管总额达 20.4 万亿元（含中央银行票据及公司债券）。2010 年我国主要债券发行情况见表 1-1-4。

表 1-1-4　　2010 年主要债券发行情况

债券品种	发行额（亿元）	同比增长（%）
国债	19778	10.3
其中：地方政府债券	2000	0
国家开发银行及政策性银行债	13193	13.0
银行次级债、混合资本债	920	-66.5

续表

债券品种	发行额（亿元）	同比增长（%）
银行普通债	10	-90.0
企业债券	16812	0.8
其中：短期融资券	6742	46.2
中期票据	4924	-29.5
公司债券	603	-18.0

资料来源：中国人民银行。

2. 银行间债券市场现券交易量明显增加。2010年，银行间债券市场现券交易量全年累计成交64.0万亿元，日均成交2562亿元，同比增长35.5%。从交易主体看，国有商业银行是银行间现券市场上的主要净买入方，净买入现券9956亿元；其他商业银行是主要的净卖出方，净卖出现券1.0万亿元；保险公司由2009年的净卖出转为净买入现券446亿元。交易所国债现货成交1662亿元，同比减少20.3%。

3. 债券市场指数有所上升。2010年，银行间市场和交易所市场债券指数均有所上升。银行间市场债券指数由年初的130.2点升至年末的132.7点，上涨1.9%；交易所市场国债指数由年初的122.3点升至年末的126.3点，上涨3.3%。债券收益率曲线整体呈现平坦化上移趋势。以国债收益率曲线为例，2010年大致经历三个阶段：第一阶段是年初至8月份，国债收益率曲线呈短端整体上升而中长端稳定下行趋势；第二阶段是9月份至11月中上旬，收益率曲线出现了明显的陡峭化上移走势，其中，中期品种的收益率上行幅度最大；第三阶段是11月下旬至年末，短端收益率大幅攀升，收益率曲线总体平坦化上移，不同期限收益率水平都达到2010年以来的最高值。

4. 股票市场指数有所下跌。2010年年末，上证综合指数、深证成分指数分别收于2808点和12459点，分别比2009年年末下跌14.3%和9.1%。沪、深两市A股平均市盈率也都有所下降，分别从2009年年末的29倍和47倍回落到2010年年末的22倍和45倍。

5. 股票市场成交量保持活跃。2010年，沪、深股市累计成交54.6万亿元，同比多成交9647亿元；日均成交2255亿元，同比增长2.6%，增幅比2009年同期低98个百分点。年末市场流通市值19.3万亿元，比2009年年末增长27.7%。创业板市场稳步发展，截至2010年年末，创业板上市公司为153家，市值总计7365亿元，比2009年年末净增5755亿元。

6. 股票市场筹资规模明显增加。2010年，各类企业和金融机构在境内外股票

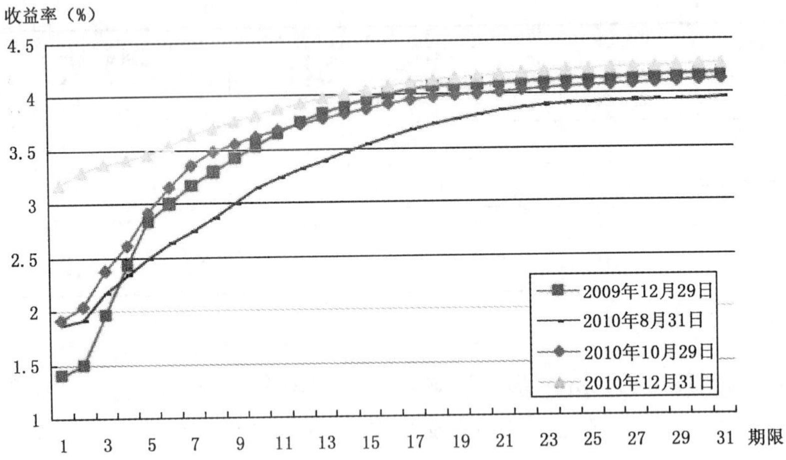

图 1－1－1　2010 年银行间市场国债收益率曲线

资料来源：中央国债登记结算有限责任公司。

市场上通过发行、增发、配股以及行权方式累计筹资 1.13 万亿元，同比多筹资 6351 亿元，为 2009 年同期的 2.3 倍，创历史最高融资水平。其中，A 股筹资 8955 亿元，同比多增 5060 亿元。

（三）保险市场

1. 保费收入持续快速增长。2010 年，保险业累计实现保费收入 1.45 万亿元，同比增长 30.4%。其中，财产险收入为 3895.6 亿元，同比增长 35.46%；人身险收入为 10632.3 亿元，同比增长 28.70%。保险业累计赔款、给付 3200.4 亿元，同比增长 2.40%，其中，财产险赔付同比增长 11.44%，人身险赔付同比下降 6.79%。

2. 保险业总资产继续保持较快增长速度。2010 年年末，保险业总资产 5.05 万亿元（见表 1－1－4），同比增长 24.23%，比 2009 年年末加快 2.6 个百分点。其中，银行存款和投资类资产同比分别增长 32.23% 和 19.48%。从资产配置来看，银行在总资产中的占比为 27.55%，比 2009 年年末提高了 1.67 个百分点；投资类资产占比为 63.66%，比 2009 年年末下降了 2.53 个百分点。

表 1－1－4　　2010 年 12 月末主要保险资金运用余额及占比情况表

保险资产	余额（亿元人民币）		占资产总额比重（%）	
	2010 年年末	2009 年年末	2010 年年末	2009 年年末
资产总额	50482	40635	100	100
其中：银行存款	13910	10520	27.55	25.89
投资	32137	26897	63.66	66.19

资料来源：中国保险监督管理委员会。

第二节 中国期货业发展的基本情况

2010年是世界经济形势极其复杂的一年。世界主要发达经济体在前期政策的刺激下，虽经济持续复苏，但力度相对较弱。针对经济复苏疲弱的情况，美国采取了进一步的货币刺激政策，即第二轮量化宽松政策；欧洲央行则继续维持1%低利率。主要发达经济体持续的宽松货币政策造成了世界范围内流动性的进一步泛滥。而新兴市场国家则在本国货币政策的刺激下，经济出现快速复苏，而流动性的泛滥推高了通胀预期，消费者物价指数和生产者物价指数持续走高。新兴市场国家不得不转变之前的宽松政策为紧缩政策，新旧经济体间的矛盾格局显露无遗。在流动性充裕的背景下，2010年中国期货市场整体上延续了2009年以来的牛市格局，特别是橡胶、棉花、白糖以及铜等涨势较大。而农产品期货价格的上涨，提高了市场对于国内通胀的预期，因而面临较大的宏观调控压力。股指期货的推出不仅连接了期货市场和股票市场，加强了两者的联动性，而且也为传统的股票市场引进了做空机制，使其可以更好地对冲系统性风险。股指期货的推出被视为期货市场发展的一个重大变革，为此2010年也被业内称为"中国金融期货元年"。股指期货一经推出，其成交量和成交额均增长迅速，为中国期货市场规模的进一步扩大作出了巨大的贡献。

一、2010年中国期货市场规模及影响

（一）2010年期货市场发展规模综述

中国期货市场在2010年全球经济持续复苏以及流动性充裕的大背景下，继续快速地发展，并且出现了价量齐升的态势。国内期货市场的成交规模再创新高，全年累计成交额突破300万亿元。据中国证监会、中国期货业协会统计资料表明，2010年全年全国期货市场累计成交期货合约313368.85万手①，比2009年增长45.25%，累计成交金额309.12万亿元，比2009年增长136.85%。2010年中国期货市场月度成交额、成交量情况见图1-2-1。1993~2010年中国期货市场年度成交额、成交量变化情况见图1-2-2。

2010年上半年，市场对于世界主要发达经济体仍存在经济二次探底的担忧，使得大宗商品市场一度承压；之后，随着欧债危机的缓解以及经济复苏形势的确

① 2010年期货市场成交量、成交额仍按双边统计，2011年起开始全部改为单边。

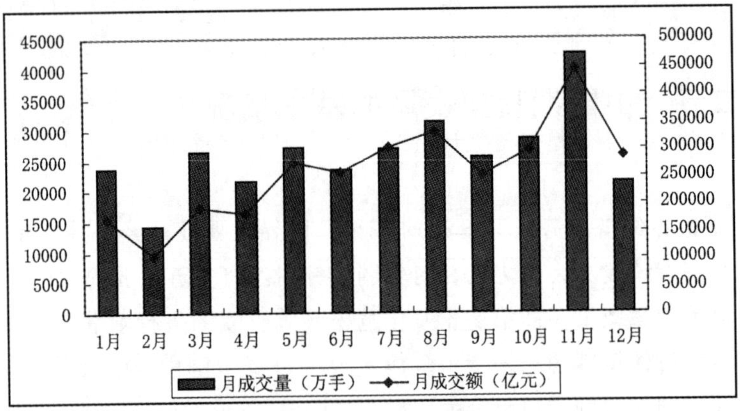

图 1－2－1　2010 年中国期货市场月度成交量、成交额变化情况

资料来源：根据中国证监会、中国期货业协会数据整理。

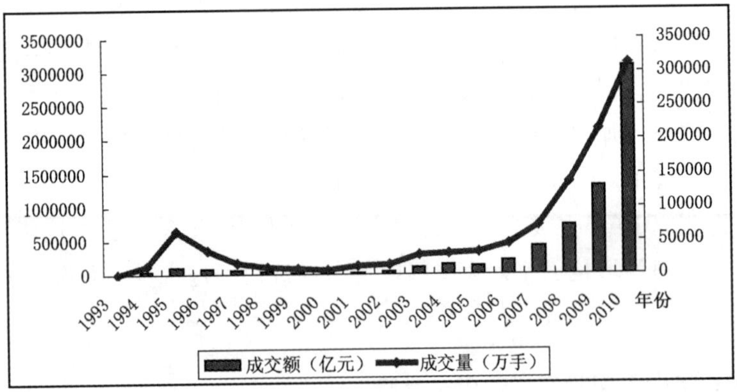

图 1－2－2　1993～2010 年中国期货市场年度成交量、成交额变化情况

资料来源：根据中国证监会、中国期货业协会数据整理。

立，再加上各国宽松的货币政策，推升了商品总价格强势上涨。其中，农产品由于其较为明显的生产周期，波动幅度和反弹幅度较小。在对主要发达经济体二次探底担忧的影响下，工业品价格下跌幅度较大，而后在流动性泛滥以及经济复苏预期增强的背景下，呈现了大幅反弹的趋势。与农产品相比，工业品价格整体波动幅度更大。

从价格上看，上海期货交易所的天然橡胶、黄金，大连商品交易所的玉米、豆粕、PVC，郑州商品交易所的棉花、白糖、PTA 以及中国金融期货交易所的股指期货在价格上均创出了上市以来的新高。从成交量和持仓量上看，全年交易活跃的品种有：铜、锌、天然橡胶、螺纹钢、棉花、白糖、PTA、豆粕、豆油、棕榈油、LLDPE 以及股指期货。从成交额上看，全年累计成交金额最高的前 6 大品种依次为：股指期货、天然橡胶、白糖、铜、锌以及棉花。尤其是2010年4月16日正式挂牌交易的股指期货，其全年累计成交量达9174.66万手，占全国总成交量的2.93%；全年累计成交额达821397.53亿元，占全国总成交金额的26.57%。除股指期货以外的5大品种，其全年累计成交量为151410.26万手，占全国总成交量的48.32%（见图1-2-3）。

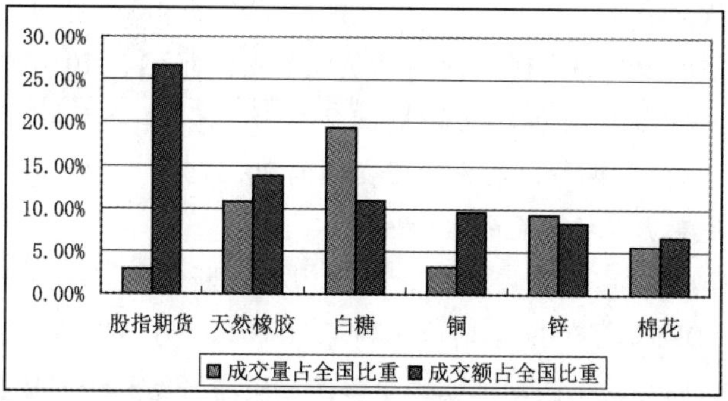

图1-2-3　2010年累计成交额占全年总量比重前六的品种的成交量、成交额比重

资料来源：根据中国证监会、中国期货业协会数据整理。

2010年，随着股指期货的推出，中国金融期货交易所的成交金额的规模迅速攀升，一跃成为成交额第二的交易所。三大商品期货交易所的成交金额较2009年均有不同程度的增加（见表1-2-1）。

表1-2-1　　各期货交易所成交量、成交额情况

交易所	2010年占全国期货市场比重（%）		较2009年增长幅度（%）	
	成交量	成交额	成交量	成交额
上海期货交易所（SHFE）	39.69	39.94	43.01	67.41
郑州商品交易所（ZCE）	31.64	19.99	118.35	223.35
大连商品交易所（DCE）	25.73	13.49	-3.27	10.79
中国金融期货交易所（CFFEX）	2.93	26.57	—	—

资料来源：根据中国证监会、中国期货业协会数据整理。

上海期货交易所（SHFE），仍然是中国期货交易所中成交量、成交额最大的交易所。2010年，全年累计成交量为124379.64万手，比2009年增长43.01%，占全国期货交易量的39.69%；全年累计成交额为1234794.76亿元，比2009年增长67.41%，占全国期货市场累计成交额的39.94%。

大连商品期货交易所（DCE），2010年全年累计成交量为80633.55万手，比2009年减少3.7%，占全国期货市场交易量的25.73%；全年累计成交额为417059.05亿元，比2009年增长了10.79%，占全国期货市场累计成交额的

13.49%。

郑州商品期货交易所（ZCE），2010年全年累计成交量为99165.08万手，比2009年增长118.35%，占全国期货市场交易量的31.64%；全年累计成交额为617998.46亿元，比2009年增长了223.35%，占全国期货市场累计成交额的19.99%。

中国金融期货交易所（CFFEX），由于推出了沪深300股指期货，使其成交金额规模大增，一举成为交易金额居前的期货交易所。虽然2010年全年累计成交量为9174.66万手，只占全国期货交易量的2.93%；但其全年累计成交金额达到821387.53亿元，占全国期货市场累计成交额的26.57%。

（二）2010年期货市场发展的影响因素

2010年，中国期货市场发展迅速，整体规模不断扩大，一方面得益于中国经济的快速发展，GDP同比2009年增速达到了10.3%；另一方面由于复杂的国际经济金融环境，大宗商品价格波动加剧，更多的投资者开始利用期货工具进行风险管理，推动期货市场的规模扩大，特别是像白糖、棉花以及玉米等大宗农产品，成交量同比增长均超过了100%。而在下半年在“稳物价，控通胀”的主基调下，监管机构进一步介入，配合整体的宏观调控政策。

1. 国内抑制通胀的宏观调控和国际经济金融环境的矛盾。自金融危机以来，各国政府纷纷采取了宽松的财政和货币政策，比如：美国联邦储备银行则在2010年11月决定采取规模为6000亿美元的第二轮量化宽松政策，欧洲中央银行维持2009年5月以来的1%低利率不变等，均向全球的资本市场注入了大量的流动性，从而推动了大宗商品价格的高企。中国作为大宗商品的巨大需求国，国际大宗商品价格的高涨加剧了国内的通胀形势（见图1－2－4、图1－2－5）。而国内通胀形势的高涨使得作为大宗商品价格发现工具的期货市场面临较大的宏观调控压力，在一定程度上影响我国期货市场的发展。

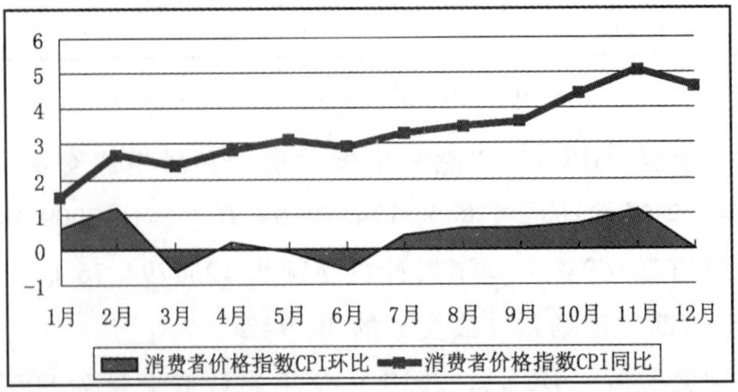

图1－2－4　2010年消费者物价指数CPI变化情况

资料来源：根据国家统计局数据整理。

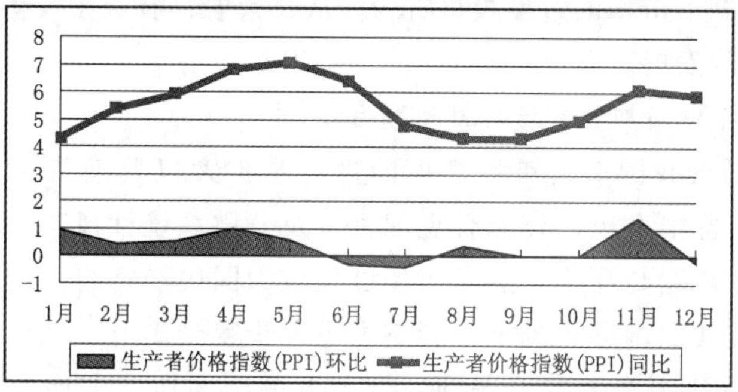

图 1-2-5　2010 年生产者价格指数（PPI）变化情况

资料来源：根据国家统计局数据整理。

2. 金融期货上市促进期货市场规模扩大，促进期货功能发挥更加全面。2010 年是中国期货市场具有里程碑意义的一年，首只金融期货——沪深 300 股指期货在中国金融期货交易所正式挂牌交易，使我国期货市场从商品期货进一步向金融期货发展。股指期货的推出连通了期货市场和股票市场，使两者能够更好地联动。期货的价格发现功能从传统的商品期货市场延伸到了股票市场，增加了传统股票市场的做空机制。股指期货的推出，一方面，增加一个全新的针对股票市场的投资品种；另一方面，也为股票市场引入一种套期保值的工具。不论作为投资品种还是作为对冲工具，股指期货均吸引了大量的股票投资者来参与股指期货市场，从而推动了我国期货市场规模的进一步发展壮大。

3. 交易所监管进一步加强。在复杂的国际经济环境和国际大宗商品大幅波动的背景下，我国期货市场的波动性加剧。各个交易所为了控制市场风险，上调了多个品种的保证金比例以及涨跌幅度。自 2010 年 11 月 26 日结算时起，郑州商品交易所棉花、早籼稻、白糖期货交易保证金调整至 17%，停板幅度由原比例调整为 7%。强麦期货交易保证金调整至 15%，期涨跌停板幅度由原比例调整为 6%。自 2010 年 11 月 29 日结算时起，上海期货交易所铜、铝、线材、黄金和燃料油期货交易保证金调整至 16%，天然橡胶期货交易保证金调整至 18%，以上合约涨跌停板调整为 6%。自 2010 年 11 月 29 日起，暂停执行所有品种 6 个月后期货合约手续费减半收取规定，天然橡胶期货合约的交易手续费收费标准由现行成交金额的万分之一调整至成交金额的万分之一点五。自 2010 年 11 月 29 日结算时起，大连交易所黄大豆 1 号、黄大豆 2 号、豆粕、豆油、棕榈油、玉米、乙烯和聚氯乙烯期货交易保证金调整至 15%，以上合约涨跌停板调整为 6%。各个交易所还将根据市场运行情况，采取进一步监管措施，打击违规交易，制止异常交易行为，确保市场平稳运行。交易所关于保证金和手续费的调整为我国期货市场的平稳运行提供了重要的保证，同时也抑制了市场的过度投机行为。从长远看，有利于我国期货市场的长期、健康、可持续发展。

（三）2010年中国期货市场的国际影响力

2010年，随着我国期货市场规模的进一步扩大以及期货交易品种的多元化，期货市场在价格发现、资源合理配置以及分散系统性风险等功能的发挥上也得到进一步地拓宽与深化。期货市场已经成为国民经济稳定发展不可或缺的组成部分，而且其在国际市场上的影响力也逐步得到提升。从成交量的国际排名上来看，2010年上海期货交易所、郑州商品交易所、大连商品交易所以及中国金融期货交易所在全球场内衍生品交易所中分别排第11名、第12名、第13名和第29名。不难发现，我国三大商品期货交易所均跻身前20名，并且交易规模的整体增长速度较快，而且刚刚推出沪深300股指期货不到一年的中国金融期货交易所，其交易规模也已挺进前30名。在巩固全球最大商品期货交易市场（见表1-2-2）、第一大农产品期货交易市场（见表1-2-3）以及保持钢材、铜、锌以及铝等金属期货较高国际影响力（见表1-2-4）的基础上，金融期货的国际地位也得到了显著提高。我国期货市场的发展必将伴随着各种新品种上市交易，从而加大服务实体经济的覆盖面；同时，也会伴随着成交量的稳步增加，从而加大对实体经济的服务深度。随着我国经济的迅猛发展，在服务实体经济的广度和深度上均有所加强的期货市场，其国际影响力也将得到进一步提升。

表1-2-2　全球场内衍生品交易所成交量及排名①　单位：手

排名	交易所	2010年	2009年	同比增长（%）
1	韩国证券交易所	3748861401	3102891777	20.8
2	CME集团（包括CBOT和Nymex）	3080492118	2589555745	19.0
3	Eurex（包括ISE）	2642092726	2647406849	-0.2
4	NYSE Euronext（包括所有欧盟和美国市场）	2154742282	1729965293	24.6
5	印度国家证券交易所	1615788910	918507122	75.9
6	BM&F Bovespa	1422103993	920377678	54.5
7	芝加哥期权交易所（包括CFE和C2）	1123505008	1135920178	-1.1

① 本报告中美国期货业协会（FIA）公布的交易量为单边统计。

续表

排名	交易所	2010 年	2009 年	同比增长（%）
8	纳斯达克 OMX 集团（包括所有的欧盟和美国市场）	1099437223	814639771	34.8
9	印度多种商品交易所（包括 MCX 证券交易所）	1081813643	385447281	180.7
10	俄罗斯交易系统股票交易所	623992363	474440043	31.5
11	上海期货交易所	621898215	434864068	43.0
12	郑州商品交易所	495904984	227112521	118.4
13	大连商品交易所	403167751	416782261	-3.3
29	中国金融期货交易所	45873295	—	—

资料来源：美国期货业协会（FIA）。

表 1-2-3　　2010 年全球十大农产品期货排名　　单位：手

排名	品种名称及隶属交易所	2010 年	2009 年	同比增长（%）
1	白糖期货，ZCE	305303131	146063344	109.0
2	天然橡胶期货，SHFE	167414912	89035959	88.0
3	豆粕期货，DCE	125581888	155404029	-19.2
4	豆油期货，DCE	91406238	94836881	-3.6
5	棉花期货，ZCE	86955310	8534688	918.8
6	玉米期货，CBOT	69841420	50948804	37.1
7	棕榈油期货，DCE	41799813	44426498	-5.9
8	黄大豆 1 号期货，DCE	37393600	42507076	-12.0
9	黄大豆期货，CBOT	36933960	35758855	3.3
10	玉米期货，DCE	35999573	16744088	115.0

资料来源：FIA。

表 1-2-4　　2010 年全球十大金属类期货排名　　单位：手

排名	品种名称及隶属交易所	2010 年	2009 年	同比增长（%）
1	钢材期货，SHFE	225612417	161574521	39.6
2	锌期货，SHFE	146589373	32253386	354.5
3	SPDR Gold Shares ETF 期权	54737222	34346029	59.4
4	铜期货，SHFE	50788568	81217436	-37.5

续表

排名	品种名称及隶属交易所	2010 年	2009 年	同比增长（%）
5	高级初铝，LME	46537180	46988069	-1.0
6	黄金期货，COMEX	44730345	35139541	27.3
7	铜期货，MCX	31341022	29396504	5.9
8	铜期货，LME	29949765	24922949	20.2
9	银期货，MCX	21325577	16954687	25.8
10	iShares 银信托 ETF 期权	21187121	7157042	196.0

资料来源：FIA。

二、期货品种运行情况

（一）农产品期货运行状况

2010 年，受全球流动性泛滥、极端天气炒作影响，农产品演绎超级牛市行情，棉花、白糖领涨农产品市场，豆类、玉米和小麦后来大幅跟涨，农产品价格整体出现大幅上涨。在整个宏观政策环境保持外宽内松的形势下，农产品市场呈现“外强内弱”的格局。随后，11 月份政府出台政策调控，农产品市场受压出现一定的回落，但总体呈现高位震荡状态。

2010 年，棉花是期货市场绝对的明星品种，连续两年 350 万吨以上的国内供需缺口，以及不寻常的天气情况共同造就了棉花市场历史未见的强牛走势，国内外各期货价格、现货价格轮番刷新历史新高。国内 2009 年、2010 年连续两个年度棉花减产，国储库存不足，棉价在新棉上市后没有大幅下跌，而是连续突破新高，最高时达到 33000 元/吨。

在商品市场普遍上涨的形势下，2010 年上半年美豆价格延续自 2008 年年底以来的长期整理形态，在 900 美分～1050 美分区间震荡交投。但进入 7 月，随着拉尼娜气候炒作逐渐升温，加之中国强劲需求拉动，美豆展开连续上攻走势。美豆突破上方重重压力，打破了自 2008 年年底以来形成的长期整理形态，并一度突破 1500 美分/蒲式耳，展开一轮强势上涨行情。美豆强势上涨也带动国内豆类市场大幅上扬，直至 11 月，通胀预期下国家开始频频出招调控市场，11～12 月份间豆粕走出高位调整走势。

2010 年，郑州商品交易所白糖期货价格和成交量双双创下历史新高。第 3 季度反常天气困扰各大主要食糖生产国，巴基斯坦遭遇罕见的洪灾，澳大利亚暴雨成灾等，国际糖价在轮番天气炒作下持续走高。国内糖价上破 7500 元/吨，但在新季食糖产量增加和国家调控压力下，白糖保持在 7000 元/吨一带震荡。

2010 年，郑州商品交易所累计成交量为 9.9 亿手，累计成交额为 61.8 万亿元，同比分别增长 118.36% 和 223.37%；大连商品交易所累计成交量为 8.1 亿手，累计成交额为 41.7 万亿元，同比分别增长 -3.27% 和 10.79%。2010 年棉花、糖的价格大幅上涨使郑州商品交易所成为三大商品交易所中成交量、成交额增长最为突出的交易所。2010 年主要农产品成交情况见表 1-2-5。

表 1-2-5　　2010 年主要农产品成交情况

品种名称	2010 年成交量	2009 年成交量	同比增减	2010 年成交额	2009 年成交额	同比增减
豆一	74787200	85014152	-12.03%	30852.02	31121.85	-0.87%
玉米	71999146	33488176	115.00%	15366.83	5684.90	170.31%
豆粕	251163776	310808058	-19.19%	77303.25	89116.36	-13.26%
棕榈油	83599626	88852996	-5.91%	62562.07	55282.34	13.17%
豆油	182812476	189673762	-3.62%	155530.42	137825.82	12.85%
棉花	173910620	17069376	918.85%	205952.19	12971.10	1487.78%
白糖	610606262	292126688	109.02%	335961.91	128150.62	162.16%
菜籽油	19055830	21913726	-13.04%	8563.34	8130.39	5.33%
早籼稻	53708172	3900166	1277.07%	12663.45	812.9722314	1457.67%
强麦	11609284	13669380	-15.07%	2995.34	2903.73	3.15%

资料来源：中国期货业协会。

（二）金属类期货运行状况

中国金属类期货品种包括有色金属、黑色金属及黄金。2010 年，在全球经济继续复苏和欧洲债务危机的共同影响下，金属价格表现为高位震荡，但金属类期货品种为相应产业提供了重要保障。2010 年上半年，由于欧洲债务危机的此起彼伏，国际宏观形势的不稳定性使得金属价格一改 2009 年的单边上扬趋势，转为在宽幅震荡区间内剧烈波动，无疑增大了产业链的经营风险。然而，2009 年钢材期货在国内上市之后，金属类期货品种又增重要一员，不但丰富了金属期货的品种体系，也在前期有色金属企业成功运用期货工具套期保值的经验基础上，实实在在地为我国钢材企业提供了规避市场风险的砝码。运用期货工具后，企业在市场行情上涨或下跌的情况下，都能获得经营利润，降低系统性风险，促进了我国国民经济的整体发展。

2010 年金属类期货品种累计成交量为 88759.353 万手，累计成交额为 79.689 万亿元，分别占当年全国总量的 28.33% 和总额的 25.82%。

2010年，铜期货全年累计成交量为10157.7万手，同比下降37.44%，占全国总量的3.24%；全年累计成交额为29.6万亿元，同比下降10.75%，占全国总量的9.6%。其中，12月末持仓量为373124手。

2010年，铝期货全年累计成交量为3452.4万手，同比下降15.92%，占全国总量的1.1%；全年累计成交额为2.83万亿元，同比增加1.06%，占全国总量的0.9%。其中，12月末持仓量为237290手。

2010年，锌期货全年累计成交量为29317.86万手，同比增加354.49%，占全国总量的9.36%；全年累计成交额为25.55万亿元，同比增加445.34%，占全国总量的8.3%。其中，12月末持仓量为402422手。

2010年，螺纹钢期货全年累计成交量为45122.45万手，占全国总量的14.4%；全年累计成交额为19.867万亿元，占全国总量的3.2%。其中，12月末持仓量为653960手。

2010年，线材期货全年累计成交量为29.543万手，占全国总量的0.0094%；全年累计成交额为120.64亿元，占全国总量的0.004%。其中，12月末持仓量为78手。

2010年，黄金期货全年累计成交量为679.4万手，同比下降0.27%，占全国总量的0.22%；全年累计成交额为1.83万亿元，同比增加19.76%，占全国总量的0.59%。其中，12月末持仓量为78836手。

（三）能源、化工类期货运行状况

2010年，天然橡胶期货交易活跃，共成交3.35亿手，成交金额42.65万亿元，分别较2009年大幅跃升88.03%和184.90%。东京工业品交易所TOCOM橡胶期货交易量从2006年966万手的最高点，回落到2010年的313万手，成交量萎缩67.6%；同期，上海期货交易所的天然橡胶期货价格影响力和市场辐射范围不断扩大，2008年上海期货交易所交易量约为TOCOM的7倍，2009年跃升至近27倍，2010年更进一步跃升为53倍。

2010年，大连商品交易所塑料期货共成交1.25亿手，成交金额6.871万亿元；占商品期货总成交量4.13%，占总成交额3.04%；分别较2009年跃升39.63%和55.33%，成交较为活跃。

2010年，塑料期货月度交易量明显增长，市场得到越来越多企业和投资者的认可。得益于市场资金充裕，总体上第2季度后成交量增量明显。2010年总持仓量持续放大，市场容量不断增大。

2010年，大连塑料期货与现货市场表现了良好的趋同性，当现货价格出现剧烈波动的时候，期货市场作为避险工具的市场功能更加突出。

2010年，大连商品交易所PVC期货共成交0.170亿手，成交金额6721.12亿元；占商品期货总成交量 0.56%，占总成交额 0.30%；分别较 2009 年减少 53.07%和 48.87%，成交不甚活跃。原因归结于 PVC 期货为 2009 年新上市品种，上市初期投机力量较为活跃，但经过半年成长之后，2010 年参与交易者已逐步转变为保值生产商，因此，交投不是特别活跃。

2010 年，郑州商品交易所 PTA 期货共成交 1.23 亿手，成交金额 5.18 万亿元；占商品期货总成交量 4.06%，占总成交额 2.29%；分别较 2009 年跃升 16.44%和 35.92%，成交较为活跃，尤其是成交额增长较为明显。这与 PTA 在 2010 年下半年表现较为突出不无关系。由于下游纺织品市场发展迅速，PTA 产业于 2010 年下半年出现了产销两旺的局面。2010 年，中国 PTA 产能扩大 140 万吨达到 1636 万吨，产量增加 150 万吨至 1340 万吨。

2010 年，上海期货交易所燃料油期货共成交 0.21 亿手，成交金额 9886.37 亿元；占商品期货总成交量 0.693%，占总成交额 0.436%；分别较 2009 年剧减 76.65%和 69.22%。燃料油期货市场以保值商参与为主，但燃料油期货的原有交割体制不能适合市场要求，因此，针对此种情况，上海期货交易所对燃料油期货标准合约进行了修改。

三、期货品种创新情况

（一）股指期货

2010 年 4 月 16 日，沪深 300 股指期货正式在中国金融期货交易所挂牌交易。股指期货的上市，为我国期货市场开辟了一个全新领域，即金融期货领域，进一步丰富了我国资本市场的投资品种。不仅如此，股指期货还连通了原本相对隔离的股票市场和期货市场，使两个市场的联动性明显得到增强。股指期货对于我国期货市场的发展具有里程碑式的意义。

沪深 300 指数期货上市以来，其发展速度远超市场预期，市场参与者非常积极，市场活跃度较强。上市首日期指成交 116914 手，随后快速放大，最高日成交量达到 956960 手，后期成交量保持相对平稳，截至 12 月底，日均成交量为 52 万手。

虽然上市首日持仓量仅 7180 手，但后期持续增加，日持仓量最高达到 85650 手，截至 12 月底日均持仓量 5.6 万手左右。从成交持仓比（该指标能够反映出市场交投活跃度，也即投机氛围）上看，期指上市初期最高达到 26：1，随后逐渐回落，最低比值仅为 4：1，11 月份略有回升，成交持仓比均值为 10：1，成交持仓比持续回落趋势说明了随着上市时间推进，期指市场不断成熟完善，投机气氛有所回落，市场交投更加理性（见图 1-2-6）。

从涨跌幅上看，日涨幅最大值出现在当月合约上，日跌幅最小值也出现在当月

图 1-2-6　期指走势以及成交持仓比情况（2010 年 4 月 16 日 ~2010 年 12 月 27 日）

资料来源：中国期货业协会。

合约上，但就平均涨跌幅来看，远月合约更为抗跌；从振幅上看，当月合约平均日内振幅最小，仅为 2.34%，而下月合约平均日内振幅最大，达到 2.44%，而下季合约和隔季合约平均日内振幅仅次于下月合约。以此得出日内振幅与合约流动性有较大关系，流动性越高，日内振幅越小，反之亦然。

上市以来，股指期货各合约与标的沪深 300 指数走势拟合度非常高。从当月合约与现指价差（日数据）表现上看，价差多数时段落在 -10 点到 30 点的大概率区间内，平均价差 16.7 点左右，不过在 10 月至 11 月这一阶段，由于行情大起大落，价差波动也明显加大，期现价差最高超过 120 点，最低也跌至 -40 点以下（见图 1-2-7）。

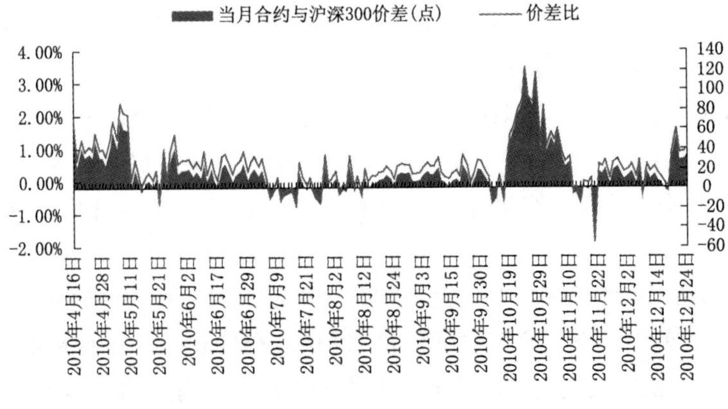

图 1-2-7　当月合约与沪深 300 指数价差走势（2010 年 4 月 16 日 ~2010 年 12 月 27 日）

资料来源：中国期货业协会。

截至 2010 年 12 月底，沪深 300 股指期货总共有 8 支合约经历了交割，最后交割日均表现平稳，没有出现"到期日效应"，各个交割合约最后收盘价与交割结算价偏差非常小（见图 1－2－8）。

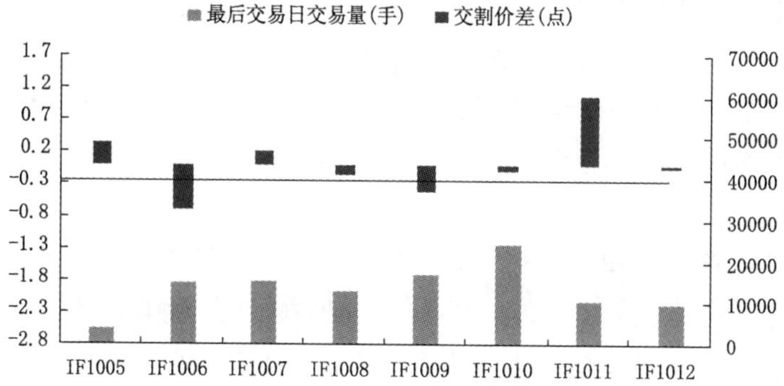

图 1－2－8　各个合约最后交易日成交量表现以及交割价差

资料来源：中国期货业协会。

总的来讲，2010 年股指期货在整体交投较为活跃，交割和震幅保持平稳。股指期货市场和股票市场较好的联动性表现，使得期货的价值发现功能在股票市场上得到了较好的发挥。股指期货的成功推出，增强了我国在金融期货品种方面继续进行创新的信心和勇气，也积累了丰富的经验，将有助于为后续金融期货品种的创新和上市。

四、中介机构的发展状况

中国期货市场的中介机构主要包括期货公司和介绍经纪商（IB）。其中，期货公司是指依法设立的、接受客户委托、按照客户的指令、以自己的名义为客户进行期货交易并收取交易手续费的中介组织，其交易结果由客户承担。介绍经纪商目前在我国主要是符合一定要求的证券公司。具有介绍经纪商资格的证券公司将投资者介绍给期货公司，并为投资者开展期货交易提供一定的服务，期货公司因此向证券公司支付佣金。

（一）期货公司

2010 年，全国期货公司整体的盈利水平得到了进一步提高。商品期货市场年内的交投活跃，加之指期上市之后的推动，国内期货公司的代理总成交金额超过了 300 万亿元，较 2009 年 130 万亿元的成交金额同比增长了 136.85%；累计成交期货合约 313352.93 万手，较 2009 年 215742.98 万手的成交量同比增长了 45.24%。保证金规模和手续费收入均稳步增加，全国 163 家期货公司共吸纳客户保证金 1570.34 亿元，手续费收入为 105.69 亿元，分别较 2009 年增长了 56% 和 42%。随着整个期货市场规模的大幅度扩大，期货公司的利润在 2010 年也得到了一定的增长。期货公司总利润达到 31.29 亿元，净利润 25.44 亿元，分别较 2009 年增加了

40% 和 47%。从注册资本情况来看，期货公司资本扩大现象非常明显，1.5 亿元以上注册资本的期货公司增加到了 45 家。同时期货公司的资本资产规模也取得了快速发展，2010 年全国期货公司总资产规模达到 1922.59 亿元（含客户资产），净资产为 270.14 亿元，净资本为 251.25 亿元，分别较 2009 年增长了 59%、51% 和 56%。

（二）证券公司 IB

2010 年，证券公司 IB 在期货客户开发的贡献度上得到大幅度提升，特别是对于股指期货的贡献度上。截至 2010 年 12 月，根据中国金融期货交易所的数据，国内各家期货公司 IB 端开发的股指期货客户累计为 15327 户，占股指期货投资者总数 65713 户的 23% 左右，但仍远低于国际成熟市场的比例，可见，国内 IB 业务仍具有较大的成长空间。国内期货公司在 IB 业务方面的发展规模，将在很大程度上影响其在金融期货市场的占有率。

五、期货市场投资者状况

2010 年是对我国期货市场具有重要意义的一年，不仅首只金融期货——沪深 300 股指期货正式在中国金融期货交易所挂牌交易，而且总体保证金规模和投资者开户数量均创出了历史新高。我国期货市场的投资者队伍不断壮大，但是参与者中机构投资者比例较国际成熟市场相对较低，投资者结构有待进一步完善。

（一）投资者规模及结构

2010 年，期货市场投资者整体规模得到进一步地发展壮大，包括商品期货投资者数目的稳步增长以及股指期货投资者队伍的快速壮大。但是，就目前投资者结构来看，机构投资者占比仍然偏低，有进一步发展的空间，如股指期货投资者中机构投资者占比不到 2%。这主要是由于股指期货上市时间较短，截至 2010 年年底仍不满一年。随着股指期货平稳运行以及对于投资者结构的优化需求，机构投资者的市场占比也将不断提高。2008 ~ 2010 年投资者结构数据见表1 - 2 - 6。

表 1 - 2 - 6　　2008 ~ 2010 年投资者结构数据表

年份	法人客户数	个人客户数	法人客户成交量	个人客户成交量	法人客户成交额	个人客户成交额	法人客户年末持仓量	个人客户年末持仓量
2008 年	210	5954	129915707	1202996861	7544	62870	1341793	1773516
2009 年	286	8876	186610958	1960918930	11829	118216	4114660	4480750
2010 年	354	11782	262925008	2863781661	21577	286985	3076642	3298641

注：(1) 客户数单位为百户；(2) 成交量、持仓量单位为手；(3) 成交金额单位为 10 亿元。

资料来源：中国期货保证金监控中心。

（二）相关制度的完善

2010年2月5日，中国证监会颁布实施了《关于建立股指期货投资者适当性制度的规定（试行）》。股指期货投资者适当性制度，是指根据股指期货的产品特征和风险特性，区别投资者的产品认知水平和风险承受能力，选择适当的投资者审慎参与股指期货交易，并建立与之相适应的监管制度安排。该规定对股指期货投资者的资金实力、知识水平、交易经验等作出了详细的规定。2010年3月15日，中国证监会颁布实施了《关于期货交易所、期货公司缴纳期货投资者保障基金有关事项的规定》。该规定要求各期货交易所按照截至2006年12月31日风险准备金账户总额的15%缴纳保障基金的启动资金；按其向期货公司会员收取的交易手续费的3%缴纳以前年度（2007年8月至2009年12月）应缴纳的后续资金；从2010年起，各期货交易所和期货公司应按照《期货投资者保障基金暂行办法》第九条、第十条规定按季度缴纳保障基金的后续资金。

第三节　中国期货业监管和行业自律状况

一、期货市场监管工作情况

2010年，我国期货市场监管得到进一步强化，市场监管机制进一步完善，市场制度进一步健全，有力保障了期货市场的稳步发展，促进了期货市场功能发挥和市场创新。整个监管工作可以总结为以下几个方面：

一是稳步推进品种创新。通过实施投资者适当性制度、落实跨市场监管工作机制和规范中间介绍业务等保障股指期货顺利推出和稳步运行，并且对铅、焦炭、动力煤、甲醇等开展期货交易的可行性进行了市场调研和论证。

二是加强监管，强化每周市场运行分析例会制度和交易所业务监管座谈会制度；加强交割仓库监管工作，确保交割工作稳定运行；指导相关交易所相继化解强筋小麦、螺纹钢、天然橡胶和棉花等品种的潜在风险。

三是加强法规制度建设，积极推动《期货法》立法和《期货交易管理条例》修订工作；加强与司法机关的沟通协调，推动期货司法解释的完善；启动期货市场违法违规认定标准的制定工作，明确证监会和交易所的监管边界。

四是做精做细现有期货品种，初步建立了期货品种的评估体系，组织交易所对上市品种开展功能评估，为完善规则提供依据。针对一些交易规则不适应目前市场发展的现状，推动交易所对章程、交易规则以及合约进行了修订，促进了风险防范和功能发挥。

五是整合系统研究力量，专门针对期货市场对外开放、机构投资者、商品指数交易、期货市场分析体系建设和低碳经济等五个市场发展的重大课题展开研究。加强期货市场信息统计与研究基础设施建设，启动期货市场研究分析数据库建设。

六是加快行业信息系统建设。在2010年“两会”、“五中全会”、“上海世博会”等重要敏感时期，协调各期货交易所、保证金监控中心做好信息技术风险排查工作，加强敏感时期信息安全保障工作。

七是按照证监会的统一部署，积极应对世界银行和国际货币基金组织对我国证券期货市场进行的评估。

二、期货业监管工作概况

2010年，中国证监会继续深入分析当前我国期货市场发展所处的历史阶段，明确期货公司是期货市场功能发挥重要一环的职能定位，继续深化基础制度建设，加强合规监管，切实防范风险，期货业监管情况主要如下：

一是按照证监会统一部署，配合做好股指期货上市及推出后的各项工作，在落实股指期货投资者适当性制度、加强证券公司中间介绍业务（IB）监管以及加强市场投资者教育等方面做了大量工作。

二是继续抓好基础制度建设。根据新的市场形势研究修订期货公司分类监管制度，逐步完善分类评价工作机制。结合期货市场和行业发展变化情况，加强净资本监管制度适当性评估，正在研究对有关制度进行修订。制定完成期货保障基金具体缴纳办法，为实现保护投资者合法权益的监管目标提供了有力保障。

三是不断提升期货公司合规运作水平，持续强化日常监管，加强期货公司信息技术建设，完成2010年期货公司分类评价工作，稳步推进行政许可工作，积极推进投资者教育工作，起草《关于进一步加强期货投资者教育工作的指导意见》。

四是稳步推动行业创新发展和对外开放，加快推进期货公司投资咨询业务试点工作，稳步推动期货公司客户资产管理业务试点工作，积极研究期货公司境外代理试点，推进期货行业对外开放。

三、期货业协会的自律管理

2010年，在中国证监会的指导下，中国期货业协会（以下简称协会）稳步推进自律管理，积极开展会员服务，有序组织行业培训，大力加强人才培养，深入推动投资者教育，完善优化内部管理，充分发挥了协会在“五位一体”期货监管体系中的积极作用。

一是完善自律规则体系，健全自律管理机制，强化自律监督检查，稳步推进行业自律管理工作。为适应行业发展新形势和第三次会员大会的召开，协会对现行自律规则进行了全面梳理和修订；为配合股指期货的上市，协会制定发布了《股指期货特别风险提示》、《期货公司执行股指期货投资者适当性制度管理规则》等；按照中央纪委和中国证监会纪委的统一部署，开展期货行业执行从业人员行为准则情况的检查工作；按照证监会的委托，协会在2010年继续开展了对《期货公司信息技术管理指引》落实情况的全面检查工作。

二是全面强化服务意识，引导会员提升专业化服务水平。围绕促进期货市场功能发挥开展深入系统的研究；大力推动会员单位提升服务产业经济发展的水平，先后组织召开了“期货公司发展座谈会”和“期货市场形势分析与发展战略研讨会”；积极促进期货公司的创新发展和交流沟通。

三是紧密配合股指期货上市，组织开展了分类别、有针对性的人员培训。成功开展针对证券公司从事IB业务的人员和营业部负责人的IB业务专项培训；配合期货二部组织了两期监管干部培训班；组织开展信息技术人员培训和顺利完成三期高管人员资质测试。

四是推动落实人才兴业工程，进一步完善了期货行业人才发展战略规划，顺利开展了期货从业人员资格考试。受证监会委托，协会组织有关会员单位开展了期货行业2010～2020年人才发展战略规划的编制工作；加强对行业后备人才的培养，召开了“期货市场后备人才专项培训座谈会”，组织开展了首届“期望杯”高校期货论文大奖赛，举办了五次全国范围的期货从业人员资格考试。

五是围绕保护投资者合法权益，持续开展了投资者教育工作。加强开户环节对投资者的风险揭示；开展“我的期货故事”有奖征文活动；编写投资者普及性材料——《期货投资者教育丛书》，制作出版了《期货投资者入市光盘》。

四、交易所的自律管理

交易所作为期货合约的直接交易地点，可以说深入到整个期货行业第一线。交易所执行的自律工作是对期货市场实行的最基本的管理及监督，作为整个期货市场管理体系的基础和核心，对整个市场的风险规避和流动性维持发挥着重要作用。

一是积极推动品种创新工作，增强服务实体经济的能力。2010年，中国期货市场加快品种创新步伐，沪深300股指期货于2010年4月16日推出。伴随着新品种的推出，交易所积极推出新措施，不断加强市场的风险规避能力。中国金融期货交易所落实的投资者适当性制度，有效地将一些风险承受能力差、资金实力弱的散户挡在门外，对市场源头上的风险进行有效遏制。

二是开展丰富多样的培训和论坛活动。各个交易所主要针对自身推出的品种开展内容丰富的讲座，丰富广大会员以及投资者的专业知识，如上海期货交易所举办的"境外期货监管研讨会"、郑州商品交易所举办的"郑州农产品期货（棉花）高峰论坛"、大连商品交易所举办的"大商所 LLDPE、PVC 华北地区产业链调研成果发布及投资策略报告会"和中国金融期货交易所举办的"APEC 国家新产品监管专题培训会"等等。

三是根据市场新情况出台新规则，加强风险管理能力。各个交易所不断修改相关交易、交割规则，积极适应市场和政府法规的新变化。中国金融期货交易所将保证金比例从 12% 提高到 15%，郑州商品交易所将保证金比例提高到 10%；上海期货交易所则将保证金比例提高到 9%，涨停板限制则调整为 6%，力求抑制投机，加强风险抵御能力。

四是有效落实自律管理工作，促进"五位一体"监管机制效率的提高。伴随着"五位一体"监管机制的形成，各个交易所也在不断进行自我调整，与各个部门保持协调，进一步加强自律作用的发挥。主要表现为：做好实时监控监测，及时制止异常交易行为，及时查处违规行为；积极探索，建立跨市场监管协作机制，防范跨市场风险隐患；着力深化自律监管、提高市场监管透明度、强化市场监管有效性的自律监管。

五、保证金监控中心运行情况

2010 年，保证金监控中心利用掌握市场数据的优势，进一步夯实工作基础，稳妥推进各项新业务开展，重点从开户环节、保证金安全监控、市场监测监控等方面保证股指期货的顺利上市和平稳运行，积极开展对规律性、普遍性和趋势性问题的研究，防范系统性风险再获重大进展，在服务市场监管与市场运行方面做出了积极贡献，主要工作包括：

一是积极开展工作，确保股指期货平稳上市运行。将中国金融期货交易所全部会员纳入统一开户系统，有力地保障股指期货适当性制度和实名制的落实；适应股指期货三级结算的特点，设计开发了相应的保证金监控系统；完成了"金融期货监控系统"的设计与开发；初步建立了跨股市与股指、跨股指与商品以及跨商品交易所的客户、资金等监测体系。

二是加强市场监测监控和分析研究。进一步完善了例行报告制度，开展若干运行或风险状况的不定事项报告；初步确立了市场风险隐患发现报告机制；积极开展规律性、普遍性和趋势性问题的研究与总结；开展宏观经济与产业经济分析研究；正式启动了监测监控系统建设。

三是强化保证金监控中心现有监管职能。进一步研究落实提高查询系统访问率的措施。防范期货公司长假出金风险取得了新的进展。落实对期货公司自有资金银行存款进行监控。研究基金参与股指期货交易的结算模式和数据交换接口。研究规范统一开户前的客户账户工作。

四是落实代管期货投资者保障基金职能。顺利完成嘉陵期货公司风险处置工作，为保障基金的管理、使用提供了经验。

第二部分

2010年全球期货与场内衍生品市场发展报告

第一节　全球期货与场内衍生品市场交易概况

一、全球期货市场总体发展概况

2009年全球期货及衍生品市场在金融危机的影响下表现与2008年持平，而到了2010年，市场却出现了明显复苏。根据美国期货业协会（FIA）对全球78家交易所的期货与其他衍生品交易统计结果显示，2010年全球在交易所内交易的期货和期权交易总量为222.95亿手，同比增长25.65%。其中，期货成交量约为111.83亿手，同比增长了36.73%，期权成交量为111.13亿手，同比增长16.30%。2004~2010年，全球交易所期货、期权成交量见图2-1-1。

（一）全球期货、期权交易的地域分布

如果将全球期货、期权交易情况按地区划分，亚太地区超越了北美地区位居全球衍生品交易量第一，较2009年同比增长42.83%，所占份额达全球总量的39.76%。同样引人关注的是拉美地区，2010年拉美地区期货、期权交易量达15.27亿手，同比增长49.58%，成为全球交易量同比增幅最大的地区。同时，由

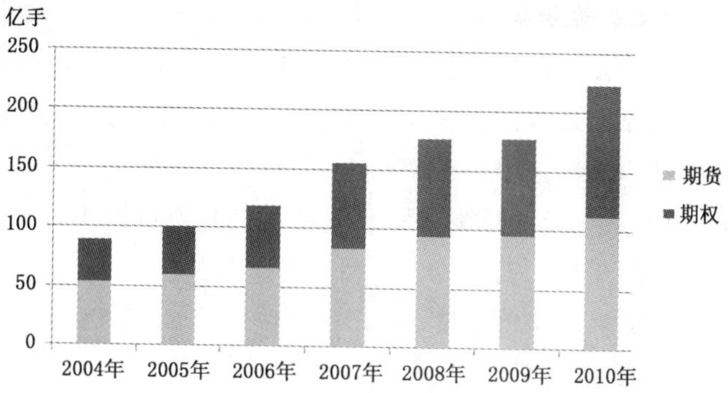

图 2－1－1 全球交易所期货、期权成交量

资料来源：FIA。

表 2－1－1 可以看到，2010 年全球期货、期权交易量相对于 2009 年增幅也较大，达到 25.65%。

表 2－1－1 2009～2010 年全球期货、期权成交量分地区比较情况

地 区	2009 年成交量（手）	2010 年成交量（手）	同比增长（%）
亚太地区	6206896074	8865036759	42.83
欧 洲	3838022268	4418537986	15.13
北 美	6353460256	7169690209	12.85
拉 美	1020820724	1526946057	49.58
其他地区	325404696	315036438	－3.19
全球总量	17744604018	22295247449	25.65

注：地域分布按交易所注册地划分。资料来源：FIA。

2010 年全球期货、期权地域分布见图 2－1－2。

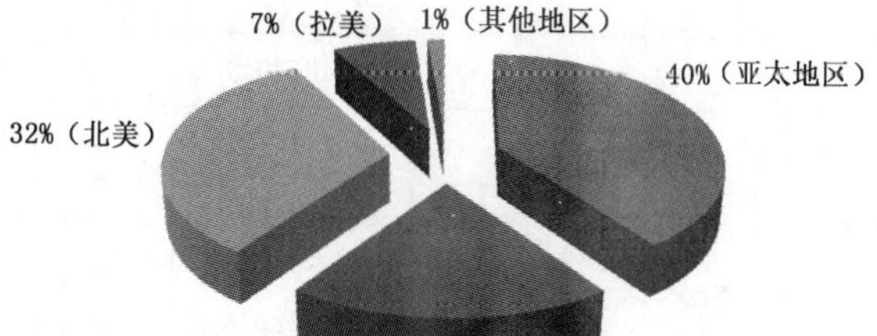

图 2－1－2 2010 年全球期货、期权地域分布图

资料来源：FIA。

（二）全球期货交易所分布

根据美国期货业协会（FIA）对2010年全球期货、期权交易/清算的合约数量排名，位列前三甲的分别是韩国交易所（KRX），芝加哥商业交易所集团（CME）和欧洲期货交易所（Eurex）。相对于2009年的排名，韩国交易所以37.49亿手的成交量稳居第1，同比增长20.83%；而欧洲期货交易所则因下降0.2个百分点被芝加哥商业交易所集团反超，以26.42亿手的成交量位居第3；芝加哥商业交易所集团成交量为30.80亿手，同比增长18.96%，位居第2。2009～2010年全球交易所期货、期权成交量前20名见表2-1-2。

表2-1-2　2009～2010年全球交易所期货、期权成交量前20名　单位：手

排名	期货交易所	2009年	2010年	同比变化（%）
1	韩国交易所（KRX）	3102891777	3748861401	20.8
2	芝加哥商业交易所集团（CME Group），包括CBOT和NYMEX	2589551487	3080492118	19.0
3	欧洲期货交易所（Eurex），包括国际证券交易所（ISE）	2647406849	2642092726	-0.2
4	纽约-泛欧交易所集团（NYSE Euronext），包括欧盟和美国市场	1729965293	2154742282	24.6
5	印度国家证券交易所（NSE）	918507122	1615788910	75.9
6	巴西证券期货交易所（BM&FBovespa）	920377678	1422103993	54.5
7	芝加哥期权交易所（CBOE）	1135920178	1123505008	-1.1
8	纳斯达克-OMX集团（NASDAQ OMX），包括欧盟和美国分所	814639771	1099437223	34.8
9	印度多种商品交易所（MCX）包括MCX-SX	384730330	1081813643	180.7
10	俄罗斯证券交易所（RTS）	474440043	623992363	31.5
11	上海期货交易所（SHFE）	434864068	621898215	43.0
12	郑州商品交易所（ZCE）	227112521	495904984	118.4
13	大连商品交易所（DCE）	416782261	403167751	-3.3
14	洲际交易所（ICE）包括美国、英国和加拿大分所	257118644	328946083	24.8
15	大阪证券交易所（OSE）	166085409	196350279	18.2
16	南非约翰内斯堡证券交易所（JSE）	166592373	169898609	-2.6
17	中国台湾期货交易所（TAIFEX）	135125695	139792891	3.5
18	东京金融交易所（TFX）	83678044	121210404	44.9

续表

排名	期货交易所	2009 年	2010 年	同比变化（%）
19	伦敦金属交易所（LME）	111930828	120258119	7.4
20	中国香港交易所（HKEX）	98538258	116054377	17.8

资料来源：FIA。

（三）全球期货及其他场内衍生品交易品种分布

2010 年，股指成交量超过 74 亿手，相对于 2009 年的股指成交量增长 16.20%，但是占全年各品种总成交量的比例略有下降，从 2009 年的 35.97% 下降为 33.25%。与此同时，外汇成交量增速惊人，从 2009 年的 992397372 手增加到 2401872381 手，同比增长率为 142.00%，占总成交量的比例也从 5.59% 增加到 10.77%。2009 ~ 2010 年全球期货及其他场内衍生品各品种成交量分布见图 2 -1 -3。

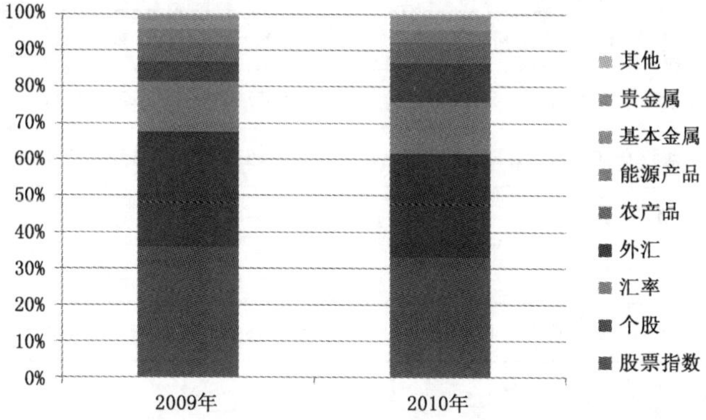

图 2 -1 -3　2009 ~ 2010 年全球期货及其他场内衍生品各品种成交量分布

资料来源：FIA。

根据美国期货行业协会（FIA）对股指、金属、利率、外汇、农产品和能源等期货、期权产品成交量的统计，名列榜首的分别为：韩国交易所（KRX）的 Kospi200 指数期权；上海期货交易所（SHFE）的螺纹钢期货；芝加哥商业交易所（CME）的欧洲美元期货；印度多种商品交易所（MCX）的美元/印度卢比期货；郑州商品交易所（ZCE）的白糖期货；纽约商业交易所（NYMEX）的西德克萨斯轻质原油期货。

其中，上海期货交易所（SHFE）的锌期货以 354.5% 的增长率跻身于前 5，表现优异；同样，引人注目的还有俄罗斯证券交易所（RTS）的美元/印度卢比期货，郑州商品交易所（ZCE）的棉花 1 号期货，增长率分别为 858.0% 和 918.8%。

表 2 -1 -3 ~ 表 2 -1 -8 是各类期货品种成交量排名前 5 的情况。

表 2-1-3　2009~2010 年全球股指期货成交量排名前 5 的品种成交量情况　单位：手

排名	品种及上市交易所	2009 年	2010 年	同比增长（%）
1	Kospi200 指数期权，韩国交易所（KRX）	2920990655	3525898562	20.7
2	电子迷你标普 500 指数期货，芝加哥商业交易所（CME）	556314143	555328670	-0.2
3	SPDR 标普 500ETF 期权	347697659	456863881	31.4
4	S&P CNX Nifty 指数期权，印度国家证券交易所（NSE）	321265217	529773463	64.9
5	道琼欧洲 STOXX50 期货，欧洲期货交易所（Eurex）	333407299	372229766	11.6

资料来源：FIA。

表 2-1-4　2009~2010 年全球金属期货与期权成交量排名前 5 的品种成交量情况　单位：手

排名	品种及上市交易所	2009 年	2010 年	同比增长（%）
1	螺纹钢期货，上海期货交易所（SHFE）	161574521	225612417	39.6
2	锌期货，上海期货交易所（SHFE）	32253386	146589373	354.5
3	SPDR 黄金基金 ETF 期权	34346029	54737222	59.4
4	铜期货，上海期货交易所（SHFE）	81217436	50788568	-37.5
5	高级铝期货，伦敦金属交易所（LME）	46988069	46537180	-1.0

资料来源：FIA。

表 2-1-5　2009~2010 年全球利率期货成交量排名前 5 的品种成交量情况　单位：手

排名	品种及上市交易所	2009 年	2010 年	同比增长（%）
1	欧洲美元期货，芝加哥商业交易所（CME）	437585193	510955113	16.8
2	10 年期国债期货，芝加哥商业交易所（CME）	189852019	293718907	54.7
3	1 天期银行间存款期货，巴西证券期货交易所（BM&F）	151958184	293065417	92.9
4	欧元银行同业拆借利率（Euribor）期货，伦敦国际金融期货交易所（LIFFE）	192859090	248504960	28.9
5	长期欧元债券期货，欧洲期货交易所（Eurex）	180755004	231484529	28.1

资料来源：FIA。

表 2-1-6　2009~2010 年全球外汇期货成交量排名前 5 的品种成交量情况　单位：手

排名	品种及上市交易所	2009 年	2010 年	同比增长（%）
1	美元/印度卢比期货，印度多种商品交易所（MCX）	224273548	821254927	266.2
2	美元/印度卢比期货，印度国家证券交易所（NSE）	226362368	705319585	211.6
3	欧元外汇期货，芝加哥商业交易所（CME）	54393644	86232358	58.5
4	美元期货，巴西证券期货交易所（BM&F）	66776180	82453621	23.5
5	美元/印度卢比期货，俄罗斯证券交易所（RTS）	8468200	81122195	858.0

资料来源：FIA。

表 2-1-7　2009~2010 年全球农产品期货成交量排名前 5 的品种成交量情况　单位：手

排名	品种及上市交易所	2009 年	2010 年	同比增长（%）
1	白糖期货，郑州商品交易所（ZCE）	146063344	305303131	109.0
2	橡胶期货，上海期货交易所（SHFE）	89035959	167414912	88.0
3	豆粕期货，大连商品交易所（DCE）	155404029	125581888	-19.2
4	豆油期货，大连商品交易所（DCE）	94836881	91406238	-3.6
5	棉花 1 号期货，郑州商品交易所（ZCE）	8534688	86955310	918.8

资料来源：FIA。

表 2-1-8　2009~2010 年全球能源期货成交量排名前 5 的品种成交量情况　单位：手

排名	品种及上市交易所	2009 年	2010 年	同比增长（%）
1	西德克萨斯轻质原油期货，纽约商业交易所（NYMEX）	137428494	168652141	22.7
2	布伦特原油期货，洲际交易所欧洲期货分所（ICE Europe）	74137750	100022169	34.9
3	HENRY HUB 天然气期货，纽约商业交易所（NYMEX）	47951353	64323068	34.1
4	西德克萨斯轻质原油期货，洲际交易所欧洲期货分所（ICE Europe）	46393671	52586415	13.3
5	轻油期货，洲际交易所欧洲期货分所（ICE Europe）	36038870	52296582	45.1

资料来源：FIA。

二、美国期货市场发展概况

（一）美国期货市场交易规模有所恢复

2010年，美国衍生品市场表现有所恢复，成交量达到69.45亿手，同比增长11.96%，扭转了2009年美国交易所交易量缩水的局面，并且总成交量超过了2008年的水平。其中，期权市场仍然占据着主要地位，2010年成交量为41.83亿手，占美国场内衍生品市场总成交量的60%；与此同时，期货市场也在快速地增长，2010年成交量为27.62亿手，同比增长19.04%。2006~2010年美国期货及期权交易情况对比见图2-1-4。

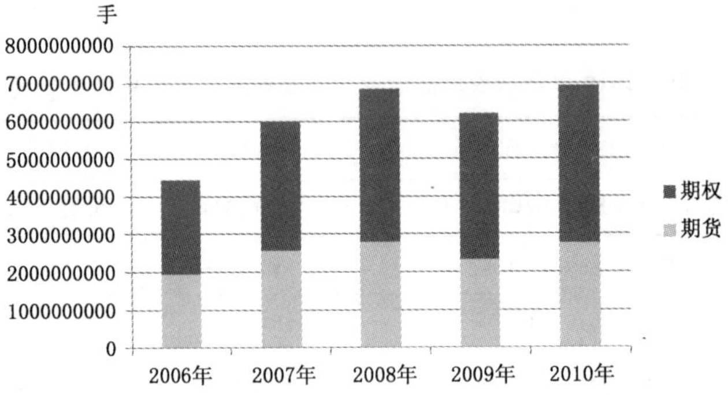

图2-1-4 2006~2010年美国期货及期权交易情况对比

资料来源：期货期权智库（Futures Options Intelligence）。

（二）美国期货期权交易量在各交易所的分布情况

从成交量方面看，芝加哥商业交易所集团（CME）仍然是美国衍生品市场的龙头老大，并且发展势头强劲。2009年CME集团成交量占美国市场成交量的41%，是美国成交量最大的交易所，而2010年其成交量占比增至60%，占据了美国大部分市场（见图2-1-5）。CME交易集团2010年交易量增长19%，在该集团旗下的三家交易所中，芝加哥期货交易所（CBOT）的增长最为迅猛，为35%，而芝加哥商业交易所增长12.2%，纽约商业交易所增长幅度为15.7%。

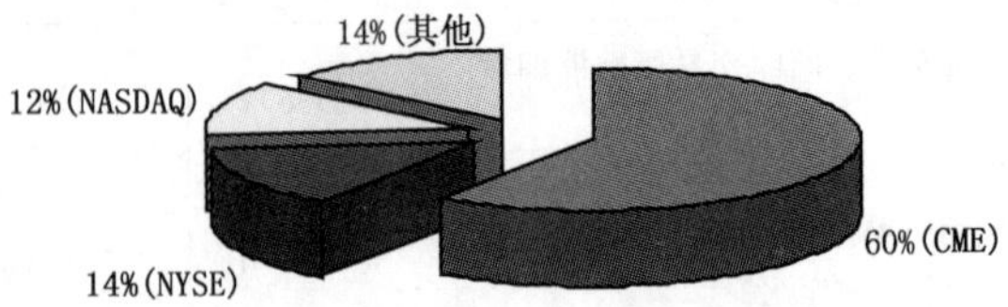

图2-1-5 2010年美国各交易所成交量分布情况

资料来源：FIA。

除此以外，纽约－泛欧交易所旗下的纽约证券交易所（NYSE）和NASDAQ旗下的交易所也表现不俗，成交量分别为9.3亿手，占比14%及8.47亿手，占比12%。

2009年1月～2010年12月美国主要期权交易所占比变化见图2－1－6。

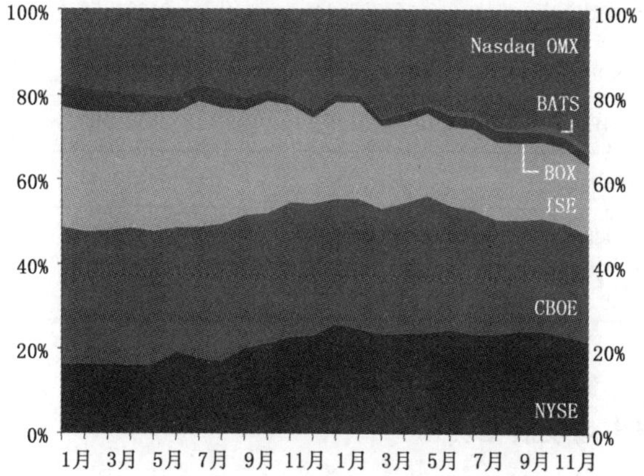

图2－1－6　2009年1月～2010年12月美国主要期权交易所占比变化

资料来源：FIA。

（三）美国期货市场主要品种合约及增长情况

美国期货市场的主力品种是金融期货，其中表现突出的是芝加哥商业交易所的电子迷你标普500股指期货合约，这一品种在2009年与2010年两年中均表现突出，但2010年的成交量相对于2009年略有下降（见表2－1－9）。利率类期货领先的是芝加哥商业交易所（CME）的欧洲美元利率期货和10年期美国国债期货。其中10年期美国国债期货增幅明显，达到54.71%。商品期货中表现最为突出的是能源类的轻质原油期货，其次是农产品类的玉米期货，均为CME品种。商品中的金属类最突出的是黄金期货。

从表2－1－9中可以看到，除了电子迷你标普500股指期货成交量略有下降，其他品种均有不同程度的增长。

表2－1－9　　2010年美国期货市场主要期货品种成交情况　　单位：手

2010年美国期货市场各类品种成交量全球排名靠前的品种			
交易品种和交易所	2009年	2010年	同比增减（%）
电子迷你标普500股指期货，CME	556314143	555328670	-0.18
标普500指数期权，CBOE	347697659	456863881	31.40
欧洲美元利率期货，CME	437585193	510955113	16.77

续表

2010 年美国期货市场各类品种成交量全球排名靠前的品种			
交易品种和交易所	2009 年	2010 年	同比增减（%）
10 年期国债期货，CME	189852019	293718907	54.71
欧元外汇期货，CME	54393644	86232358	58.53
轻质原油期货,. CME	137428494	168652141	22.72
天然气期货，CME	47951353	64323068	34.14
黄金期货，NYMEX	35139541	44730345	27.29
SPDR 黄金基金 ETF 期权	34346029	54737222	59.37
玉米期货，CME	50948804	69841420	37.08

资料来源：FIA。

三、欧洲期货市场发展概况

（一）欧洲期货市场成交规模

欧洲期货市场作为全球较为发达的期货市场之一，受 2009 年金融危机的影响，场内期货、期权衍生品总成交量相比 2008 年出现较大幅度的下滑；而 2010 年，在希腊和爱尔兰等国主权债务危机愈演愈烈、美联储量化宽松政策等复杂背景下，欧洲期货市场出现明显的复苏，场内期货、期权衍生品总成交量大幅提升，超出了金融危机前的水平，达到44.1 亿手，同比上升了 15.1%。

美国期货业协会（FIA）数据显示，欧洲期货市场 2010 年成交量占全球的比重只有 19.8%。相比全球期货市场的成长，尤其是亚洲地区和拉美地区的期货市场，欧洲期货市场的复苏显得乏力。2008 ~ 2010 年欧洲期货市场成交量见表 2 - 1 - 10和图 2 - 1 - 7。

表 2 - 1 - 10　2008 ~ 2010 年欧洲期货市场成交量　单位：手

年　份	2008 年	2009 年	2010 年
成交量	4167116664	3802208645	4418537986

（二）欧洲期货交易所分布

占据欧洲期货市场大部分市场份额的交易所巨头——欧洲期货交易所（Eurex）同时也是 2010 年全球成交量排名第 3 的期货交易所，其在欧洲的主体业务成交量接近 19 亿手，但在整个欧洲市场中只占据了 56% 左右的份额，相比 2009 年 65% 的份额，市场优势有所削弱。

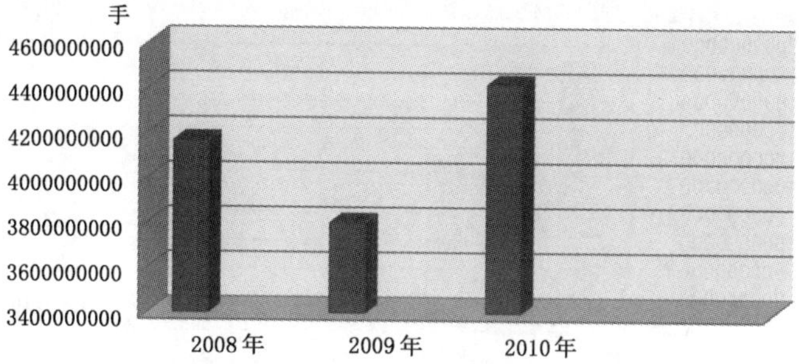

图 2－1－7　2008～2010 年欧洲期货市场成交量比较

资料来源：FIA。

仅次于欧洲期货交易所（Eurex）的欧洲另一大交易所巨头是纽约－泛欧交易所集团（NYSE Euronext）旗下的伦敦国际金融期货交易所（LIFFE），保持了上一年的增长水平，在 2010 年成交量达到 12.2 亿手，占据了整个欧洲市场成交量的 36% 以上，较之 2009 年有了 9% 的份额增长，基本等于 Eurex 交易所的市场流失份额。

同样在 2010 年保持增长的是洲际交易所（ICE）欧洲分所，成交量约 2.1 亿手，同比增长了 31.1%，在欧洲市场的份额是 6% 左右，较 2009 年 4.22% 的份额有了明显的进步。

伦敦金属交易所（LME）是欧洲四大交易所中唯一一个在 2010 年成交量有所下滑的交易所，成交量为 76481330 手，在欧洲市场份额中的比例也相应下降了约 0.9%，只占据了欧洲市场成交量的 2%。

2008～2010 年欧洲四大交易所成交量和市场份额见表 2－1－11 和图 2－1－8。

表 2－1－11　　2008～2010 年欧洲四大交易所成交量

单位：手

交易所	2008 年	2009 年	2010 年
Eurex（不包括 ISE）	—	1687159298	1896916398
NYSE－Euronex 旗下的 LIFFE	1049729652	1056012096	1222556772
ICE 欧洲分所	150138547	165693531	217120773
LME	—	77490255	76481330

资料来源：FIA。

2010 年欧洲四大交易所市场份额见图 2－1－9。

（三）欧洲期货交易的品种分布

占据欧洲期货交易所品种绝大部分的是利率和股指类的金融期货，其次是能源和金属类。表 2－1－12 依次列出了在全球股指类、金属类、利率类、能源类成交量排名前 20 名中的欧洲地区合约及其 2008～2010 年历年的成交量。

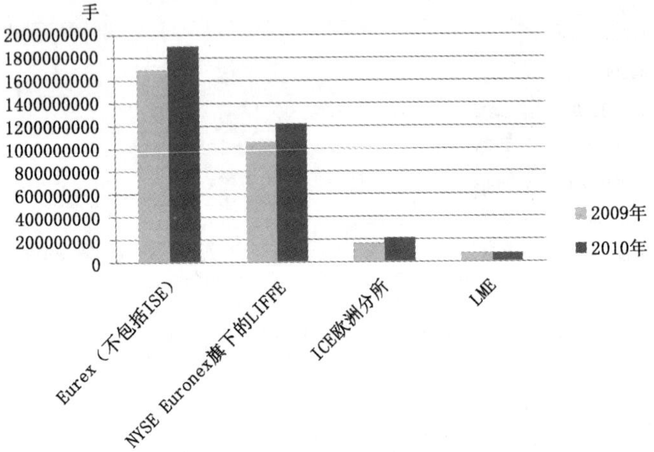

图 2-1-8　2009~2010 年欧洲四大交易所成交量比较

资料来源：FIA。

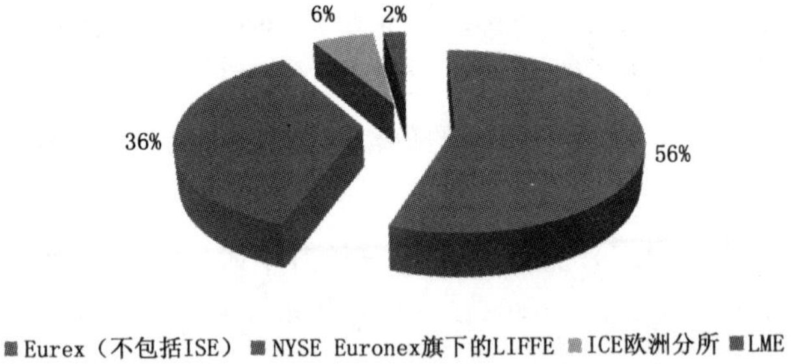

图 2-1-9　2010 年欧洲四大交易所市场份额

资料来源：FIA。

其中，股指类、金属类进入全球前 20 名的欧洲地区合约品种与上一年基本一致，金属类合约成交量增长明显。利率类合约排名中新增一个欧洲合约成员 Long Gilt Futures，即英国政府债券期货，由伦敦国际金融期货交易所（LIFFE）发行交易，成交量为 28525983 手。具体来说，每个大类中能够跻于全球前 20 的品种见表 2-1-12 至表 2-1-15。

在全球排名前 20 的欧洲期货合约中，2009 年上榜的前 3 个合约保持不变，且各合约成交量均有较大幅度的增长。但在全球能源类合约成交量都有明显增长的背景下，汽油期货排名下滑了两位到第 7 名。

值得一提的是，能源类合约排名中也新增了一个欧洲合约，EUA Futures，即碳排放指标期货，由洲际交易所欧洲期货分所（ICE Europe）发行交易。这与《京都议定书》签订以来，碳排放信用之类的环保衍生品逐渐成为西方机构投资者热衷的新兴交易品种不无关系。目前，EUA 期货合约是全球主要的期货和期权产品之一。

农产品和外汇类产品中没有一个品种能够跻于全球前 20 的成交量排名中，也从一个侧面说明了欧洲的品种分布结构偏向于上述 4 类。

表 2-1-12　　2010 年欧洲股指类成交量排名进入全球前 20 的品种　　单位：手

排名	合约及上市交易所	2008 年	2009 年	2010 年
5	道琼欧洲 STOXX50 指数期货，欧洲期货交易所（Eurex）	432298342	333407299	372229766
6	道琼欧洲 STOXX50 指数期权，欧洲期货交易所（Eurex）	400931635	300208574	284707318
16	法兰克福 DAX 指数期权，欧洲期货交易所（Eurex）	104939881	95926938	75123356

资料来源：FIA。

表 2-1-13　　2010 年欧洲金属类成交量排名进入全球前 20 的品种　　单位：手

排名	合约及上市交易所	2008 年	2009 年	2010 年
5	高级铝期货，伦敦金属交易所（LME）	48307389	46988069	46537180
8	铜期货，伦敦金属交易所（LME）	26507242	24922949	29949765
11	特殊高级锌期货，伦敦金属交易所（LME）	16120770	15901774	18065641

资料来源：FIA。

表 2-1-14　　2010 年欧洲利率类成交量排名进入全球前 20 的品种　　单位：手

排名	合约及上市交易所	2008 年	2009 年	2010 年
4	欧元同业拆借利率（Euribor）期货，伦敦国际金融期货交易所（LIFFE）	228487462	192859090	248504960
5	长期欧元债券期货，欧洲期货交易所（Eurex）	257827619	180755004	231484529
6	短期欧元债券期货，欧洲期货交易所（Eurex）	174226719	125607110	140923898
7	中期欧元债券期货，欧洲期货交易所（Eurex）	155090861	105820542	133851275
9	欧元同业拆借利率（Euribor）期货期权，伦敦国际金融期货交易所（LIFFE）	106730522	121612383	121077679
10	短期英镑期货，伦敦国际金融期货交易所（LIFFE）	104572875	104073092	112944490
17	短期欧元债券期货期权，欧洲期货交易所（Eurex）	33317879	28392790	34482136
19	英国政府债券期货，伦敦国际金融期货交易所（LIFFE）	—	23977779	28525983

资料来源：FIA。

表 2-1-15　　2010 年欧洲能源类成交量排名进入全球前 20 的品种　　单位：手

排名	合约及上市交易所	2008 年	2009 年	2010 年
2	布伦特原油期货，洲际交易所欧洲期货分所（ICE Europe）	68368145	74137750	100022169

续表

排名	合约及上市交易所	2008 年	2009 年	2010 年
4	WTI 原油期货，洲际交易所欧洲期货分所（ICE Europe）	51091712	46393671	52586415
5	汽油期货，洲际交易所欧洲期货分所（ICE Europe）	28805192	36038870	52296582
20	碳排放指标期货，洲际交易所欧洲期货分所（ICE Europe）	—	3775621	4263655

资料来源：FIA。

四、新兴期货市场发展概况

新兴市场主要包括亚太地区的大中华地区，其他亚洲国家如韩国、印度、新加坡和日本，以及其他新兴市场国家，如巴西、墨西哥、南非、土耳其和俄罗斯等。

大中华地区在 2010 年有着良好的表现，其中，中国内地的商品期货业务有较大幅度的增长。

亚洲其他国家的期货市场中，印度和韩国表现依然良好，而日本表现不及 2009 年。

其他新兴市场成交量有升有降。巴西证券交易所和俄罗斯证券交易所在 2010 年有不错的表现，而土耳其、南非和墨西哥的交易所成交量有不同程度的下降。

（一）大中华地区（中国内地、台湾地区、香港地区）

大中华地区的期货交易主要划分为 3 块：以商品期货交易为主（股指期货 2010 年 4 月 16 日上市）的中国内地地区，以股指期货交易为主的中国香港和台湾地区。

中国内地的上海期货交易所（以下简称上期所）、郑州商品交易所（以下简称郑商所）和大连商品交易所（以下简称大商所）在 2010 年全球交易所期货、期权总成交量排名中分别名列第 11、12、13 名。其中，上期所延续了上一年的业务增长速度，在 2010 年成交量达到了 6.2 亿手，同比增长 43.0%；中国内地棉花、糖的价格大幅上涨使郑商所成为 3 大商品交易所中成交量、成交额增长最为突出的交易所，2010 年成交量同比增长 118.4%，接近 5 亿手；而大商所的成交量却出现微幅下跌，同比下降 3.3%。

同时，股指期货的上市也是中国内地成交量、成交额大幅增加的主要因素之一。根据中国金融期货交易所数据显示，股指期货合约 4 ~ 12 月累计成交量为 45873295 手，累计成交额为 816885.37 亿元，在新上市合约中表现突出，也使得中国金融期货交易所在2010年全球总成交量上排名第29名。

中国台湾期货交易所2010年成交量相比2009年有小幅上升，同比增长3.5%，全球排名第17名，比2009年上升一位。

中国香港交易所的期货和期权交易经历了2009年的金融危机成交量下跌后，在2010年恢复元气，并较危机之前水平有所上升，成交量达到1.1亿手，同比增长17.8%，全球排名第20名。2010年大中华地区主要期货交易所期货、期权合约成交量情况见表2-1-16。

表2-1-16　2010年大中华地区主要期货交易所期货、期权合约成交量情况　单位：手

交易所	2008年	2009年	2010年	全球排名	同比增长(%)
上海期货交易所	140263185	434864068	621898215	11	43.0
郑州商品交易所	222557134	227112521	495904984	12	118.4
大连商品交易所	319159693	416782261	403167751	13	-3.3
台湾期货交易所	136719777	135125695	139792891	17	3.5
香港交易所	105006736	98538258	116054377	20	17.8
中国金融期货交易所*	—	—	45873295	29	—

注：*2010年4月推出合约并上市交易。资料来源：英国期货期权情报组织（FOI）、中国台湾期货交易所、中国香港交易所，成交量为单边统计。

2008~2010年大中华地区各期货交易所成交量比较见图2-1-10。

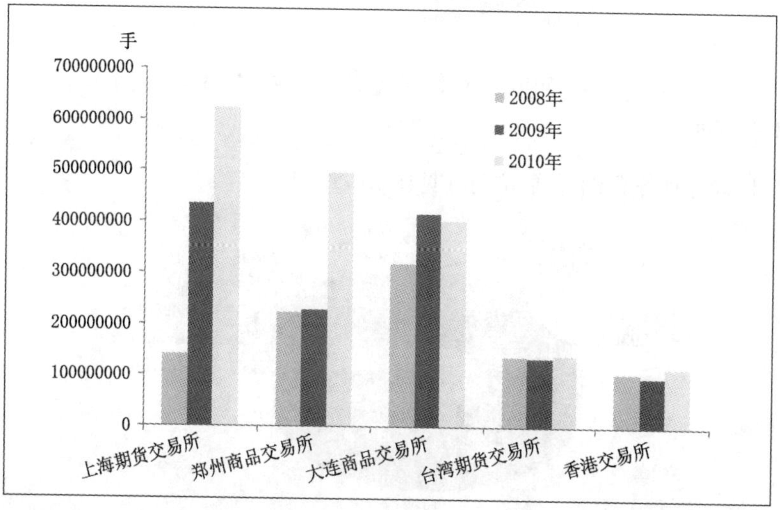

图2-1-10　2008~2010年大中华地区各期货交易所成交量比较

资料来源：FOI、中国台湾期货交易所、中国香港交易所。

2010 年上期所各合约品种成交量见图 2－1－11。

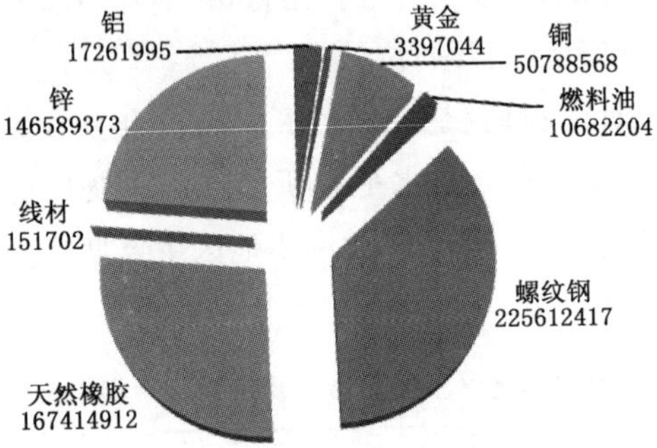

图 2－1－11　2010 年上期所各合约品种成交量（单位：手）

资料来源：FOI。

2010 年大商所各合约品种成交量见图 2－1－12。

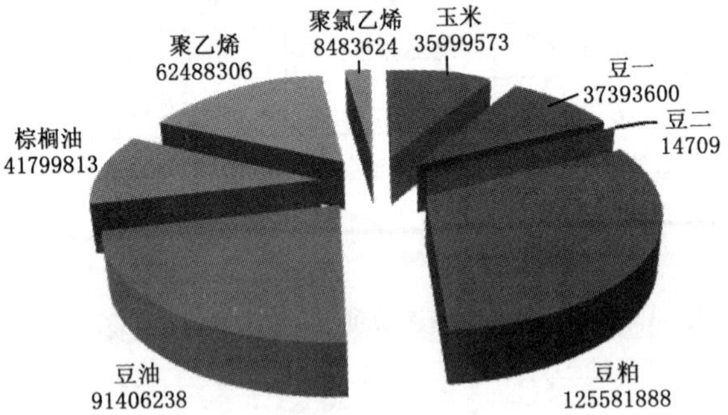

图 2－1－12　2010 年大商所各合约品种成交量（单位：手）

资料来源：FOI。

2010 年郑商所各合约品种成交量见图 2－1－13。

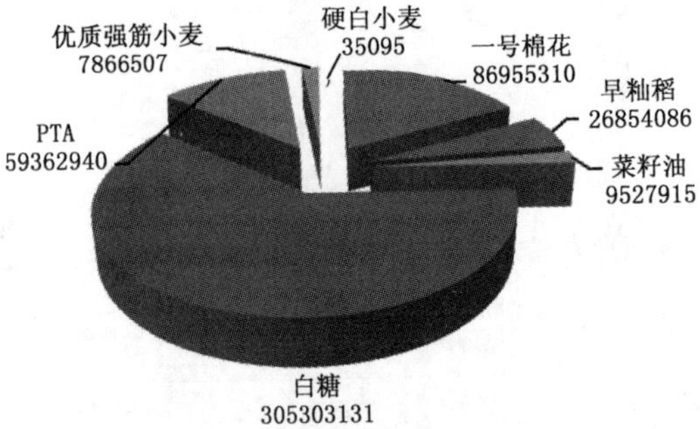

图 2－1－13　2010 年郑商所各合约品种成交量（单位：手）

资料来源：FOI。

香港市场以股指类期货、期权为主，其中 2010 年成交量最大的前 3 个品种为股票期权、恒指期货和 H 股指期货，占整个香港期货交易所成交量份额的 81.5%。其他品种中，恒指期权、3 个月港元利率期货和 1 个月港元利率期货成交量出现较大幅度下跌。香港唯一的商品期货是黄金期货，2010 年成交量为 5642 手，较 2009 年成交量有所下跌，占香港期货市场的比例仅为 4.86%。

表 2-1-17　　2008~2010 年香港交易所上市品种和成交量　　单位：手

香港合约品种	2008 年	2009 年	2010 年
股票期权	54692865	47439896	61125647
恒指期货	21716508	20728034	21031085
H 股指期货	14440965	12394116	12429800
小型恒指期货	7961028	9279877	8300654
恒指期权	3820797	5367403	111186
H 股指数期权	1613988	1961131	2910713
小型 H 股指	318395	799894	992224
小型恒指期权	156957	286591	482691
股票期货	257015	271766	239259
黄金期货	3075	6773	5642
3 个月港元利率期货	23818	2573	1055
1 个月港元利率期货	891	204	14
自订条款 H 股期权 *	—	—	2532
自订条款恒指期权 *	—	—	11222
3 年期外汇基金债券期货 *	0	0	0
总成交量	105006736	98538258	116054377

注：* 代表 2010 年才上市或无明确数据。资料来源：香港交易所。

目前在中国台湾期货交易所上市交易的品种共有 20 个，金融期货占据绝大部分。从表 2-1-18 中可以看出，目前成交最活跃的是台指选择权，其次是台股期货。台湾期货市场的期权所占比例为接近 70%，金融类品种如股指期货、期权占据了绝大部分的市场份额，而基于实物的期货、期权合约只有黄金类的合约品种，包括黄金选择权、台币黄金期货和黄金期货，并且此类合约 2010 年成交量锐减，成交量约 15 万手，仅占台湾期货交易所总成交量的 0.1% 左右。

表 2-1-18　　2008~2010 年台湾期货交易所上市品种和成交量　　单位：手

台湾合约品种	2008 年	2009 年	2010 年
台指选择权（TXO）	92757254	72082548	95666916

续表

台湾合约品种	2008 年	2009 年	2010 年
台股期货（TX）	19819775	24625062	25332827
小型台指期货（MTX）	9058436	13926904	13893559
股票选择权（STO）	872880	8240390	70272
黄金选择权（TGO）	—	5821638	76873
台币黄金期货（TGF）	5314069	3342838	75218
金融期货（TF）	1285074	1482264	1257861
电子期货（TE）	1356290	1166622	1092763
MSCI 台指选择权（MSO）	1640944	1116142	27048
电子选择权（TEO）	1068755	786132	382747
金融选择权（TFO）	927888	761886	797910
非金电选择权（XIO）	888030	741908	118565
柜买选择权（GTO）	839437	688481	123537
非金电期货（XIF）	187479	157613	106768
10 年期政府公债期货（GBF）	471508	103949	—
柜买期货（GTF）	75199	66610	43335
30 天期商业本票利率期（CPF）	114558	13149	2
台湾 50 期货（T5F）	602	888	618
MSCI 台指期货（MSF）	1425	466	1020
黄金期货（GDF）	40174	205	677
总成交量	136719777	135125695	139792891

注：中国台湾期货交易所所称“选择权”即中国内地交易所通用的“期权”。资料来源：台湾期货交易所。

（二）其他亚洲期货市场（韩国、日本、新加坡、印度）

2010 年，亚洲其他市场期货、期权成交量的变化出现了两极分化的局面。印度持续了 2008、2009 年的高速增长势头，成交量继续攀高，特别是印度多种商品交易所（MCX），其成交量相对 2009 年增长了 180.7%，速度极为惊人。韩国主要交易品种也保持了 8% 以上的增幅；反观日本和新加坡，却表现不尽人意，日本几个主要交易所总成交量相比 2009 年减少了约 4000 万手，新加坡市场成交量比 2009 年有所上升，但仍低于金融危机前的水平——比起其他亚洲新兴市场逊色不少。2008～2010 年亚洲其他国家期货、期权成交量变化见图 2－1－14。

韩国交易所成交量继续在全球众多交易所中保持领先地位，远远高于其他交易所，达到了 37.48 亿手，较 2009 年增长 20.8%。按交易品种分，其股票价格指数（Kospi200）期权成交量一直保持着极高的流动性，是韩国最重要的交易品种，

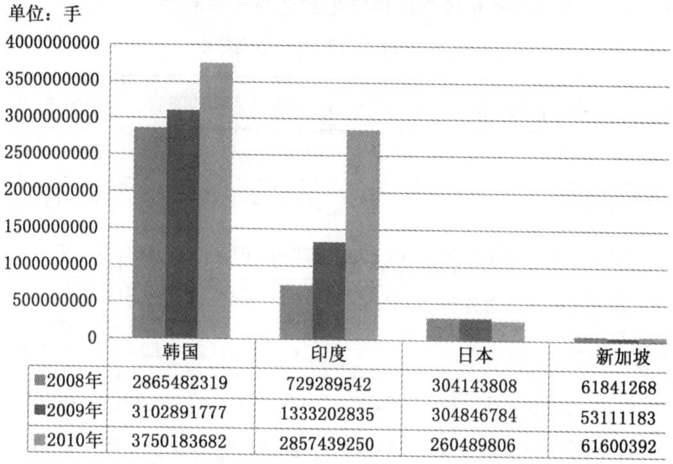

图 2－1－14　2008～2010 年亚洲其他国家期货、期权成交量变化

资料来源：FOI。

2010 年成交量达 35.2 亿手，同比增长了 20.7%，占整个韩国场内衍生品成交量的 94.01%；其次是 Kospi200 指数期货，成交量 8621.4 万手，同比增长 3.7%，占韩国市场成交量的 2% 左右；虽然美元期货的成交量不大，但其在 2009 年的涨幅高达 516.9%，在 2010 年也能同比增长 56.1%，在全球外汇场内衍生品的成交量中维持第 6 的排名，也不容小觑。2008～2010 年韩国场内衍生品成交量排名全球前 20 的合约见表 2－1－19。

表 2－1－19　2008～2010 年韩国场内衍生品成交量排名全球前 20 的合约情况　单位：手

类别	品　种	2008 年	2009 年	2010 年	2010 年同比增长(%)
股指	Kospi 200 期权（KRX）	2766474404	2920990655	3525898562	20.7
	Kospi 200 期货（KRX）	64835148	83117030	86214025	3.7
外汇	美元期货（KRX）	6672438	41161819	64256678	56.1

资料来源：FIA。

从表 2－1－20 的数据可见，虽然相比 2009 年天然气期货、镍期货、美元/印度卢比期货、美元/印度卢比期货等品种成交量奇迹般的增长，2010 年印度期货市场交易情况总体则略显平静，但主要交易所总成交量仍增长了 75.9%。其中，美元/印度卢比期货增幅最大，同比增长了 211.6%，成交量达到了 7 亿手；其次是镍期货，同比增长了 83.1%，成交量达到了 1792.9 万手。2009 年“明星”合约之一的天然气期货同比增长 0.5%，无明显增长。

表 2-1-20　　2010 年印度场内衍生品成交量按品种排名为全球前 20 的合约情况　　单位：手

类别	交易品种	2008 年	2009 年	2010 年	同比增长(%)
股指	标普 CNX 精选指数期权	150916778	321265217	529773463	64.9
	标普 CNX 精选指数期货	202390223	195759414	156351505	-20.1
能源	原油期货，印度多种商品交易所（MCX）	20507001	40926484	41537053	1.1
	天然气期货，印度多种商品交易所（MCX）	747506	11107297	11176937	0.5
金属	铜期货，印度多种商品交易所（MCX）	14277796	29602264	31341022	5.9
	迷你白银期货，印度多种商品交易所（MCX）	12913443	16892824	21325577	25.8
	迷你黄金期货，印度多种商品交易所（MCX）	10027147	14679476	15307163	3.7
	黄金期货，印度多种商品交易所（MCX）	14024217	12096667	12052225	-0.8
	白银期货，印度多种商品交易所（MCX）	10972676	11511083	16440533	42.3
	镍期货，印度多种商品交易所（MCX）	2022276	9792850	17929207	83.1
农产品	瓜尔豆种子期货，印度国家商品与衍生品交易所有限公司（NCDEX）	5614604	9029772	10937797	21.1
外汇	美元/印度卢比期货，印度国家证券交易所（NSE India）	11448632	226362368	705319585	211.6
	欧元/印度卢比期货，印度多种商品交易所（MCX）*	—	—	46411303	—
	欧元/印度卢比期货，印度国家证券交易所（NSE India）*	—	—	17326787	—

注：*该品种合约 2010 年 2 月上市。资料来源：FIA。

2010 年，日本市场尽管总成交量出现下降，但个别品种合约仍有可喜的成绩。如未在 2009 年全球排名前 20 榜单上出现的欧元/日元期货（东京金融交易所，TFX），2010 年同比增长了 100.0%，达到了 1992 万手，在全球外汇类期货合约中排名第 17 名；另一方面，澳元/日元期货（TFX）则成交量下降，跌出了全球外汇类期货合约前 20 名之外。

表 2-1-21　　2010 年日本场内衍生品交易按品种进入全球前 20 的合约情况　　单位：手

类别	品　种	2008 年	2009 年	2010 年	同比增长(%)
股指	日经 225 迷你期货（OSE）	95446729	104738309	125113769	19.5
金属	黄金期货（TOCOM）	15163975	11913502	12198340	2.4

续表

类别	品　　种	2008 年	2009 年	2010 年	同比增长(%)
外汇	美元/日元期货（TFX）	13177698	20198781	27551634	36.4
	欧元/日元期货（TFX）*	—	9961673	19921565	100.0
	英镑/日元期货（TFX）	7634056	16266521	17108444	5.2

注：*该品种 2009 年未入全球前 20。资料来源：FIA。

（三）其他新兴期货市场（巴西、墨西哥、南非、土耳其、俄罗斯）

根据美国期货协会（FIA）2010 年的数据，其他新兴期货市场（包括巴西、墨西哥、南非、土耳其和俄罗斯）的交易所成交量有升有跌。其中，巴西证券期货交易所（BM&F Bovespa）成交量增长较快，同比增长 54.5%，达到了 142 亿手。俄罗斯证券交易所（RTS）较 2009 年减缓了增长速度，同比增长 31.5%，达到了 62 亿手。莫斯科银行间货币交易所（MICEX）虽同比增长了 65.7%，但 3197 万手的成交量相比金融危机前的水平仍差距甚远。土耳其衍生品交易所（Turkdex）、南非约翰内斯堡证券交易所（JSE）、墨西哥衍生品交易所（MexDer）成交量则有不同程度下降（见表 2-1-22）。

表 2-1-22　　2008~2010 年其他新兴期货市场成交量　　单位：手

交易所	2008 年	2009 年	2010 年	同比增长(%)
巴西证券期货交易所（BM&F Bovespa）	741889113	920375712	1422103993	54.5
俄罗斯证券交易所（RTS）	238220708	474440043	623992363	31.5
南非约翰内斯堡证券交易所（JSE）	513584004	174505220	169898609	-2.6
土耳其衍生品交易所（Turkdex）	54472835	79431343	63952177	-19.5
墨西哥衍生品交易所（MexDer）	70143690	48780699	42602693	-12.7
莫斯科银行间货币交易所（MICEX）	131905458	19308241	31973749	65.7

资料来源：FIA。

2008~2010 年其他新兴期货市场成交量见图 2-1-15。

在交易品种方面，其他新兴市场的交易品种在不同类别的品种排名中榜上有名，也有部分地区的排名有所下降。

其中，墨西哥衍生品交易所（Mexder）的 TIIE 28 期货成交量下跌，2009 年排在第 18 名，2010 年已不在前 20 名内；俄罗斯证券交易所 2009 年上市的新合约欧元/美元期货成交量继续大幅度上升，从 2009 年第 20 名上升到 2010 年全球同类产品的第 9 名，成交量接近翻番；RTS 指数期货和布伦特原油期货，都延续 2009 年

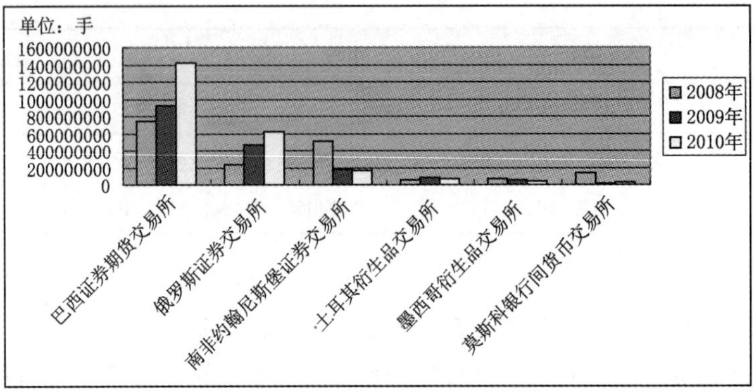

图 2－1－15　2008～2010 年其他新兴期货市场成交量

资料来源：FIA。

上升趋势，在 2010 年全球同类产品成交量排名中前进两位。巴西证券期货交易所（BM&F）的美元期权也止住了 2009 年的跌势，增长了 11.7%，但在全球排名中仍下跌了 4 位。土耳其的外汇类及股指类均有期货合约成交量跌出了前 20 名之外。

表 2－1－23　其他新兴期货市场在全球交易品种中成交量排名前 20 的品种　单位：手

排名	利率衍生品	2008 年成交量	2009 年成交量	2010 年成交量	同比增长(%)
3	一天期银行间存款期货，巴西证券期货交易所（BM&F）	166983583	151958184	293065417	92.9
16	IDI 指数期权，巴西证券期货交易所（BM&F）	13915878	40174869	88014027	119.1
排名	股指衍生品	2008 年成交量	2009 年成交量	2010 年成交量	同比增长(%)
7	RTS 指数期货，俄罗斯证券交易所（RTS）	87469405	150019917	224696733	49.8
排名	能源衍生品	2008 年成交量	2009 年成交量	2010 年成交量	同比增长(%)
15	布伦特原油期货，俄罗斯证券交易所 RTS	153438	7471665	11127254	48.9
排名	外汇衍生品	2008 年成交量	2009 年成交量	2010 年成交量	同比增长(%)
4	美元期货，巴西证券期货交易所（BM&F）	87442346	66776180	82453621	23.5
9	欧元/美元期货，俄罗斯证券交易所（RTS）*	—	13658237	39476420	189.0
15	美元期权，巴西证券期货交易所（BM&F）	30588575	21631255	24170975	11.7

续表

排名	外汇衍生品	2008 年成交量	2009 年成交量	2010 年成交量	同比增长(%)
18	美元展期期货，巴西证券期货交易所（BM&F）	7179600	15280530	19223570	25.8

注：* 该合约 2009 年 2 月上市交易。资料来源：FIA。

第二节　全球期货与衍生品行业发展概况

一、全球期货与衍生品交易所发展概况

2010 年是各国交易所各施所长，积极拓展业务的一年。在成交量大幅度提升的同时，2010 年交易所的发展还呈现出以下几个鲜明的特点：亚洲市场在 2009 年的成交量大幅度攀升之后，2010 年继续以惊人的速度发展，主要龙头市场不断改革创新，同时，新兴交易所也以其明确的定位准备在衍生品市场中大展拳脚；交易所合并的浪潮再次风起云涌，全球衍生品格局将会发生改变。另外，技术的更新升级是 2010 年重要发展主题之一，通过数据中心的转移、交易平台以及接入技术的升级、主机代管服务的完善等提高交易所的服务能力与服务质量，从而提高交易所竞争力。

（一）亚洲地区交易所继续以惊人的速度发展

据 FIA 统计的交易所成交量数据显示，2010 年亚太地区成交量高达 8.86 亿手，占全球衍生品市场总量的 39.76%，首次赶超北美，成为全球成交量最大的地区。这一年，亚洲交易所的发展呈现出龙头市场蓬勃发展，新兴市场竭力追赶的态势：在 2010 年全球衍生品成交量排名前 20 的交易所中，有超过一半的交易所出自亚洲。其中最突出的便是中国与印度，中国商品期货市场更是 2010 年衍生品市场发展的亮点，成交量约 15.21 亿手，约占全球商品期货成交总量的 53.65%，更加奠定了作为全球商品市场龙头的地位；而印度交易所的成交量也在以惊人的速度攀升，其外汇合约的成交量尤其令人瞩目；韩国交易所以 KOPSI200 合约极高的流动性继续保持在成交量领先的地位；与此同时，中国香港与新加坡通过筹办新的衍生品交易所，也在努力地参与到亚洲衍生品市场如火如荼的发展当中。

1. 印度交易所发展情况。2010 年，印度衍生品市场的发展再次吸引了全球市场的关注。在 2010 年全球衍生品成交量居前 5 位的合约中，有 3 个合约品种是来自于印度交易所，而外汇期货无疑引领了印度衍生品交易量增长。印度 MCX 证券

交易所（MCX－SX）以及印度国家证券交易所（National Stock Exchange of India, NSE）上市的美国美元、印度卢比合约成交量分别位列 2010 年衍生品成交量排名第 2 与第 3，成交量是 2009 年的 2 倍以上，成为全球交易所中交易的最活跃的外汇品种。2 月 1 日，印度监管机构批准推出欧元、英镑以及日元对卢比的期货合约，作为对美元/卢比合约的补充；9 月 20 日，印度联合证券交易所（United Stock Exchange Of India, USE），推出了一系列外汇期货合约，上市首日就录得 990 万手的惊人交易量。

而这也还只是印度国内投资者参与交易的贡献，外国投资者并不允许参与印度的外汇合约交易，而该国国内的大型企业也由于持仓限制等原因还远不能够满足自身的套保需求。因此，随着市场的进一步开放，将会给印度外汇市场注入更大的活力。

2. 韩国交易所发展情况。韩国证券交易所（KSX）凭借着 Kospi200 指数期权这一合约再次稳坐交易所成交量排名的榜首。KSX 交易所 2010 年成交量约为 37.5 亿手，同比增长 20.82%，其中，Kospi200 期权的成交量约为 35.3 亿手（见表 2－2－1），占韩国证券交易所总成交量的 94% 以上。以成交量增长的绝对数值来看，2010 年 Kospi200 指数期权的成交量增长 6.05 亿手。一直以来，韩国衍生品市场都被称作是单合约市场，因为 Kospi200 期权合约在该市场拥有绝对的支配地位，然而，韩国也在开始积极地发展其他的合约品种。如单只股票期货，2010 年的成交量为 4470 万手，在同类合约品种中成交量排名第 6；3 年期国债期货的成交量为 2670 万手，在亚洲地区仅次于澳大利亚证券交易所交易的 3 年期国债期货。

表 2－2－1　　2006～2010 年 Kospi200 成交量统计　　单位：手

年　份	成交量	同比增长（%）
2010 年	3525898562	20.71
2009 年	2920990655	5.59
2008 年	2766474404	2.1
2007 年	2709844077	12.24
2006 年	2414422955	－4.76

资料来源：韩国证券交易所。

3. 中国香港及新加坡交易所抢夺加入到亚洲市场的激烈竞争中。毫无疑问，亚洲衍生品市场的发展潜力非常巨大，但是，该市场还是相对封闭，大多数合约只对国内投资者开放，在 2010 年期货、期权合约成交量排名前 20 的合约中，有 8 个合约来自于亚洲（见表 2－2－2），但是除了韩国证券交易所的 Kospi200 合约外国投资者可以在韩国非交易时段通过 CME Globex 系统交易外，其他合约几乎都不对外开放。

表 2-2-2　2010 年全球期货、期权合约成交量排名前 20 的合约　单位：手

排名	合　约	所在国家和地区	2010 年成交量
1	Kospi200 期权（KRX）	韩国	3748861401
2	美元/卢比期货（MCX）	印度	3080492118
3	美元/卢比期货（NSE）	印度	2642092726
4	标普 500 指数迷你期货（CME）	美国	2154742282
5	S&P CNX Nifty 指数期权（NSE）	印度	1615788910
6	欧元期货（CME）	美国	1422103993
7	欧元股指 50 期货（Eurex）	欧元区	1123505008
8	白糖期货（ZCE）	中国	1099437223
9	10 年期国债期货（CME）	美国	1081813643
10	1 日期银行间存单期货（BM&F）	巴西	623992363
11	欧元股指 50 期权（Eurex）	欧元区	621898215
12	3 个月期欧元银行同业拆借利率期货（NYSE Euronext）	欧美	495904984
13	长期欧元债券期货（Eurex）	欧元区	403167751
14	螺纹钢期货（SHFE）	中国	328946083
15	RTS 指数期货（RTS）	俄罗斯	196350279
16	标普 500 指数期权（CME）	美国	169898609
17	轻质原油期货（CME）	美国	139792891
18	天然橡胶期货（SHFE）	中国	121210404
19	S&P CNX Nifty 指数期货（NSE）	印度	120258119
20	锌期货（SHFE）	中国	116054377

资料来源：FIA。

针对这一现状，中国香港与新加坡利用其金融市场自由度以及位置的优势，成立了相关衍生品交易所——香港商品交易所以及新加坡商品交易所。前者定位于中国与国际商品市场的桥梁，为海外投资者提供投资中国商品的价格基准，该交易所已在 10 月推出了黄金的期货以及期权合约；而新加坡商品交易所则定位于服务亚太地区金融市场，在 8 月推出了黄金、原油以及外汇的期货及期权合约。除了新设立的这两个交易所外，两个地区原来就存在着可以进行衍生品交易的交易所，分别是香港证券交易所以及新加坡证券交易所，这四家交易所目前以其各自的优势形成了相互竞争的关系。

2009年，新加坡交易所通过其Asia Clear平台进行期货合约结算，成为亚洲第一家为场外衍生品提供集中结算的交易所。而中国香港证券交易所则是打算提供场外人民币交易结算的交易所。新建立的新加坡商品交易所拥有股东的优势，因该交易所是印度大宗商品交易所MCX的母公司金融技术公司的一个子公司；而中国香港商品交易所结算所是LCH. Clearnet结算公司，利用其毗邻中国内地的优势，可以同时拥有中国内地的投资者及海外投资者。因此，这四家交易所都有其各自的优势，竞争十分激烈。

(二) 交易所合并热潮持续，衍生品市场格局将出现较大变化

在竞争日益激烈的全球衍生品交易所市场中，投资全球化以及技术的更新升级推动了各交易所之间的合并，成为各交易所扩大自身业务范围、升级技术及增加其在全球衍生品市场中地位的方式。2006～2008年是交易所合并浪潮席卷全球的时候，交易所先后合并，组成交易所集团巨头，成交量稳居前列，如芝加哥交易所集团、欧洲期货交易所、纽约－泛欧交易所以及巴西证券交易等。

CME集团目前是美国最大的衍生品交易所集团，由芝加哥商品交易所（Chicago Mercantile Exchange，CME）以及芝加哥期货交易所（Chicago Broad of Trade，CBOT）于2007年先合并成为芝加哥商品交易所有限公司（Chicago Mercantile Exchange Inc.，CME），而后于2008年收购纽约商品交易所组成的，交易品种涉及利率、股票指数、外汇、能源、农产品、稀有金属以及贵金属期货及期权等。该交易所集团2010年成交量高达3.08亿手，仅次于韩国证券交易所。2007年欧洲期货交易所以28亿美元并购国际证券交易所，目前，欧洲期货及期权交易所（Eurex）的成交量中有28%出自国际证券交易所。纽约－泛欧交易所在2010年的成交量排名中位列第4，它是由纽约证券交易所及泛欧交易所合并而成的跨国交易所集团，泛欧交易所旗下原来也拥有5家欧洲交易所以及美国2家期权交易所和CBOT的贵金属分部。而排名第6的巴西证券交易所则是由圣保罗证券交易所以及巴西期货交易所合并而来。

继2006～2008年的合并浪潮之后，2010年再次掀起了交易所的合并热。仅仅是2010年下半年，就有4对交易所表示有合并的意向，分别是德国证券交易所与纽约－泛欧交易所（DB－NYSE Euronex）、伦敦证券交易所集团与多伦多证券交易所集团（LSE Group－TMX Group）、新加坡交易所与澳大利亚证券交易所集团（SGX－ASX Group）、莫斯科银行间货币交易所以及俄罗斯交易系统（Micex－RTS）。虽然，合并是否全部取得成功还不得而知，但是，至少目前可以看出，交易所合并的热潮已再次涌现。如果上述合并实现的话，全球衍生品市场的格局将会发生很大的变化，成交量的排名将会有所改变。如果按照2010年的成交量情况，DB－NYSE Euronex合并成功的话，成交量将达到48亿手，超过长年领先的韩国证

券交易所，成为全球成交量排名第1的交易所。

DB - NYSE Euronext 的合并如果成功，将会把欧洲两个最大的衍生品交易所——Eurex 以及 NYSE Liffe 拉到一起，同时，由于这起合并而结合在一起的还有国际证券交易所、ARCA 期权交易所以及 Amex 期权交易所，这3家同属美国最大期权交易所阵营的三巨头。全球主要交易所集团组成及其成交量见表2-2-3。

表2-2-3　　全球主要交易所集团组成及其成交量　　单位：手

2010年成交量排名	交易所	2009年	2010年	同比变化(%)
2	芝加哥商品交易所 CME	1476083403	1656415559	12.2
	芝加哥交易所 CBOT	680833819	923593304	35.7
	纽约商品交易所 NYME	432638523	500483255	15.7
	芝加哥交易所集团	2589555745	3080492118	19.0
3	欧洲期货交易所 Eurex	1687159298	1896916398	12.4
	国际证券交易所 ISE	960247551	745176328	-22.4
	欧洲期货交易所 Eurex	2647406849	2642092726	-0.2
4	伦敦国际金融期货及期权交易所(Liffe)英国分所	598103720	660976088	10.5
	纽约 Arca 期权交易所	421349395	488093760	15.8
	Liffe	369915322	464562718	25.6
	纽约 Amex 期权交易所	248119861	440021234	77.3
	Liffe 巴黎分所	51997947	58302870	12.1
	Liffe 阿姆斯特丹分所	35627147	38421211	7.8
	纽约 Liffe 美国分所	4483941	4070516	-9.2
	Liffe 布鲁塞尔分所	306735	167758	-45.3
	Liffe 里斯本分所	61225	126127	106.0
	纽约泛欧交易所	1729965293	2154742282	24.6
6	圣保罗证券交易所 BOVESPA	546989560	803470201	46.9
	巴西期货交易所 BM&F	373386152	618633792	65.7
	巴西证券期货交易所 BM&FBOVESPA	920375712	1422103993	54.5

资料来源：FIA。

（三）技术升级成为交易所竞争的重点

随着电子化交易的普及以及技术的进步，追求低延时、高效率的数据传送逐渐成为交易所在激烈的竞争中共同采取的措施。程式化交易、算法交易、高频交易等交易方式的涌现，对数据传送以及分析方面的速度要求更加高，随着这部分交易者在市场上的占比越来越高，各交易所在技术升级方面的较量愈演愈烈。

1. 数据中心的转移以及主机代管服务的发展。为了确保成交量增长的空间，成交量位于前列的各大交易所纷纷把各自数据中心迁移到新的地址，为未来发展做好铺垫。2010 年 8 月，交易所巨头 CME 集团已经把其最具影响力的电子交易平台 Globex 交易平台迁移至新的数据中心，以供高频交易大展身手。该数据中心将为 CME 集团以及其他国际性交易平台提供服务，其中包括巴西证券交易所、墨西哥交易所和大马交易所。同时，CME 集团表示，该数据中心极具安全性，拥有高速网络，能为移动电话公司、网站以及其他信息提供服务。随后，纽约－泛欧交易所也将其纽约股票交易所及 Amex 股票交易所的交易系统迁移至新的数据中心，而其期权市场及 Arca 电子交易平台也将逐步迁至新的数据中心，从而为市场提供更加快捷的数据服务。在数据中心转移升级的基础上，各大交易所纷纷推出主机代管服务，以吸引高频交易。在 FIA 的一项关于交易所的调查中显示，参与调查的 24 家交易所中，有 5 家表示已经在提供主机代管服务，同时，还有 12 家交易所表示正在打算配置主机代管设备。而交易所也对此项服务的客户方作出了限制，大部分交易所的主机代管服务只针对交易所会员或是会员旗下的交易方，也有部分交易所可以为第三方机构提供付费的席位。

2. 交易平台的升级。除了转移数据中心这种方式之外，交易所也通过升级原来的交易系统的方式提高交易平台的容量以确保可以支持交易所成交量的进一步攀升，同时提供更低延时的数据传送服务。纽约－泛欧集团旗下的纽交所群岛交易所（NYSE Arca）一直在交易系统速度方面处于行业领先地位，在这次的交易所技术更新浪潮中也不甘落后，其通用交易平台也进一步提高了订单执行速度，NYSE Arca 的客户现在可以以 650 微秒的速度执行在纳斯达克上的交易，以 950 微秒的速度执行在 NYSE 和 NYSE Arca 上的交易。无独有偶，伦敦金属交易所（LME）也意识到了升级交易平台的重要性，随着电子盘成交量在 LME 成交量比重的进一步上升，从 2% 上升到 70%，在 2010 年上半年委托了 Cinnober 公司对其 LME Select 电子交易平台进行升级，从 TRAD Express5. 8 升级到 8. 0，使平台的功能更加多样化。此外，西班牙也在原来西班牙期货及期权交易所的 SMART 系统的基础上进行全面升级，加入股票、ETF 以及权证的交易，进一步扩充交易平台的覆盖品种。而北欧货币及固定收益衍生品交易市场也在 NASDAQ OMX 集团的协助下推出了世界最快的交易系统——Genium INET，以低于 100 微秒的延时提供快速的交易结算服务。

二、全球期货与衍生品中介机构发展概况

（一）全球期货与衍生品中介机构的类别与概况

衍生品市场中的中介机构是连接投资者与市场的桥梁，相对于国内比较单一的

中介机构，美国的衍生品中介发展比较成熟，也比较全面。主要分为期货佣金商（Futures Commission Merchant，FCM）、介绍经纪商（Introducing Broker，IB）、商品交易顾问（Commodity Trading Advisor，CTA）、商品基金顾问（Commodity）、场内交易商（Floor trader，FT）、场内经纪人（Floor Broker，FB）、助理中介人（Associated Person，AP）以及外汇零售商（Retail Foreign Currency Dealer，RFED）等。据美国全国期货协会（NFA）公布的会员注册数据显示，截至2010年9月30日，NFA总会员数为64714家，其中期货佣金商为142家、介绍经纪商为1596家、商品交易顾问为2560家（见表2-2-4）。

表2-2-4　　NFA注册会员分类数据　　单位：家

	数据截至2010年9月30日
总会员数	64714
期货佣金商（FCMs）	142
介绍经纪商（IBs）	1596
商品交易顾问（CTAs）	2560
商品基金经理（CPOs）	1228
场内经纪商（FBs）	6591
场内交易商（FTs）	1344
助理中介人（APs）	51245
外汇零售商（RFEDs）	8

注：同一会员以不同性质的机构注册也按不同机构分别统计。资料来源：美国全国期货协会（NFA）。

（二）2010年全球主要期货佣金商（FCM）发展概况

1. 2010年全球主要期货佣金商情况对比。全球主要期货佣金商主要以综合性投资银行的分支机构为主，如高盛、摩根大通、德意志银行等跨国投资银行，不过也有少数的专业型期货佣金商凭借着优异的业绩表现跻进强势阵营中，如曼氏全球、奥布莱恩联合经营以及卢森瑟尔·柯林斯等，这在美国《期货》杂志2010年客户权益排名前20的期货佣金商中也有所体现。2009年与2010年的冠亚军之争只是高盛与美国新际集团之间的竞争。2010年，高盛以210.69亿美元的客户权益，超过美国新际集团，成为2010年客户权益最大的期货佣金商。在非银行背景的期货公司中曼氏全球、奥布莱恩联合经营以及卢森瑟尔·柯林斯则分别位于第8名、第14名以及第16名（见表2-2-5）。

表 2-2-5　2010 年全球期货佣金商客户权益排名前 20（数据截至 2010 年 12 月 31 日）

2010 年排名	期货佣金商（FCM）公司名称	2010 年客户权益（亿美元）[1]	2009 年排名	2010 年净资本（亿美元）	2009 年客户权益（亿美元）[1]
1	高盛 Goldman Sachs & Co. [2]	210.69	1	131.05	179.79
2	美国新际 Newedge USA LLC	210.03	3	22.32	176.23
3	摩根大通期货 JP Morgan Futures Inc. [3]	165.05	4	149.24	143.09
4	德意志银行证券 Deutsche Bank Securities Inc.	136.78	2	61.31	176.69
5	瑞银证券 UBS Securities LLC [4]	105.17	6	125.11	93.40
6	花旗全球市场 Citigroup Global Markets Inc.	103.08	5	89.03	102.22
7	美国银行美林 Bank of America Merrill Lynch [5]	94.49	7	121.78	82.98
8	曼氏全球 MF Global Inc.	83.34	8	5.67	72.62
9	摩根斯坦利 Morgan Stanley & Co. Incorporated [6]	52.99	9	84.85	44.77
10	瑞士信贷集团 Credit Suisse Group AG	51.56	11	81.05	34.39
11	巴克莱资本 Barclays Capital Inc.	49.83	10	60.72	38.80
12	培根商品 Prudential Bache Commodities LLC	29.39	12	2.30	27.42
13	美国爱德盟期货 ADM Investor Services Inc.	24.98	14	2.92	18.44
14	奥布莱恩联合经营 R. J. O'Brien & Associates, Inc.	22.77	13	1.42	19.90
15	苏格兰皇家银行证券 RBS Securities Inc.	17.12	17	14.42	11.30
16	卢森瑟尔·柯林斯 Rosenthal Collins Group LLC	14.99	16	0.81	11.93

续表

2010年排名	期货佣金商（FCM）公司名称	2010年客户权益（亿美元）[1]	2009年排名	2010年净资本（亿美元）	2009年客户权益（亿美元）[1]
17	荷兰银行芝加哥结算公司 ABN AMRO Clearing Chicago LLC [7]	14.95	18	2.23	10.30
18	法国巴黎银行商品期货 BNP Paribas Commodity Futures Inc.	12.82	15	3.77	14.77
19	互动经纪人集团有限公司 Interactive Brokers LLC [8]	10.70	20	21.79	8.42
20	富士通期货 FC Stone LLC	10.25	21	92.45	8.30

注：[1] 客户权益是指客户在美国注册交易所进行交易时，FCM需要为客户持仓划分隔离开的资金，是所有账户的静流动资产总和，需要向美国期货交易委员会报告。[2] 包括高盛公司及高盛执行和清算公司。[3] 此处数据还包括摩根大通清算公司及摩根大通证券公司。[4] 此处数据还包括瑞银金融服务公司。[5] 此处数据还包括美林专业清算公司。[6] 此处数据还包括摩根斯坦利美邦公司。[7] 荷兰银行芝加哥结算公司是由荷兰结算银行100%控股的子公司，同时荷兰结算银行的股东荷兰银行与富通银行同在荷兰银行集团旗下，去年数据显示为富通银行。[8] 此处数据还包括Timber Hill公司。资料来源：CFTC。

2. 场外衍生品集中结算业务的开展。2008年金融危机的爆发把监管者的目光引到了场外衍生品上，通过对比场内、场外衍生品在金融危机发生时的表现发现，场内衍生品市场更能够抵御突发危机的打击。因此，2010年7月，美国通过的金融改革法案便对场外衍生品的清算作了相关规定，要求标准化的OTC产品必须通过中央结算系统（CCP）进行结算。毫无疑问，这给以往不涉及场外衍生品交易的期货佣金商参与到场外衍生品的结算中提供了机会。各大期货佣金商也在为开展OTC衍生品结算业务做准备。如增加客户参与度，帮助客户理解集中结算的优势、法规的监管范畴以及业务实施的可能时间，同时为客户分析集中结算会给客户衍生品的交易带来怎样的影响；在内部准备方面，加大对OTC衍生品结算所需设备的投入、加强人员的配置，充分理解金融改革法案的内容，评估法案最后确定将会对公司业务产生的影响。而在2010年10月，CME集团公布的利率掉期结算办法却给跃跃欲试的期货佣金商们泼了一盆冷水。CME集团的办法规定，只有净资本超过10亿美元的结算会员才有资格参与到利率掉期的结算中。在CME集团的结算会员中，符合净资本要求的单位几乎集中在投资银行旗下，这相当于把结算资格限定在几家拥有强大资金背景，业务范围广的期货佣金商的范围内，对于原本就没有涉及OTC衍生品交易的专业型期货佣金商，如曼氏全球及奥布莱恩联合经营来说，仍然是没有把业务拓展到该领域。

3. 逐步开拓亚洲市场。亚洲衍生品市场的蓬勃发展受到了世界的关注，各国的期货佣金商也在想方设法地参与到亚洲的发展中，“搭乘”这辆快速前进的列车。印度无疑是一块兵家必争之地，印度国家证券交易所是全球外汇期货及期权的领军力量，大量全球范围内的经纪商都成为其会员单位，而且还陆续有公司加入其中。2010 年 1 月，新际集团成为首家获韩国金融服务委员会批准，获得多家资产经纪商和清算公司的全面期货交易许可证的外国经纪商，不仅可以参与到韩国证券交易所所有产品的交易，同时还可以为韩国国内的客户提供境外期货以及期权产品的交易服务。种种迹象表明，亚洲衍生品市场的快速发展以及未来巨大的增长潜力已经使亚洲成为各大经纪商全球业务开展的战略要地，随着亚洲地区监管的进一步放宽，预计可以看到更多境外经纪商的活动身影。

三、全球期货及衍生品投资者发展概况

机构投资者是全球期货及其他衍生品市场的投资主力。一般来说，相对于个人投资者，机构投资者拥有更加雄厚的资金实力、丰富的投资经验以及研究实力，能够更加准确地把握市场的脉搏。机构投资者按运作方式的不同主要分为管理期货基金、对冲基金、共同基金及养老基金等。但由于共同基金及养老基金一般不直接参与期货或其他衍生品的交易，而是通过前两种机构投资者进行投资，因此，投资期货及其他衍生品的基金主要集中在管理期货基金及对冲基金。

（一）管理期货基金（Managed Futures Fuud）

2010 年，管理期货行业的发展势头非常强劲，根据巴克莱对冲发布的统计数据，管理期货行业资产管理规模大幅度攀升，2010 年末资产管理规模达到 2676 亿美元（见图 2－2－1），创历史新高，同比增幅超过 25%，打破了过去 3 年较平缓的增长，表明全球衍生品市场正逐渐从金融危机的打击中恢复。

根据管理期货基金投资品种的不同，巴克莱对冲把管理期货基金细分为农产品类投资型、货币类投资型、金融/金属类投资型以及没有特定品种类型的分散化投资型。而根据管理期货基金作出投资决策的方式，巴克莱对冲把管理期货基金分为自主式投资型以及系统化投资型。根据不同的基金类型，巴克莱对冲也进行了相关的跟踪统计。

2010 年，各品种投资型的管理期货基金资产管理规模都有一定的增加，而涨幅最惊人的要属农产品类投资型，虽然相对其他的品种投资类型，农产品的总资产规模比较小，但是其 2010 年管理的资产规模也达到了 16. 6 亿美元，比 2009 年几乎翻了一番；而另外一个值得关注的是分散化投资型管理期货基金，近几年，其管理资产的规模在总资产中的占比逐年增大，2010 年达到 1463. 9 亿美元，占管理期货行业资产规模的 54. 7%。

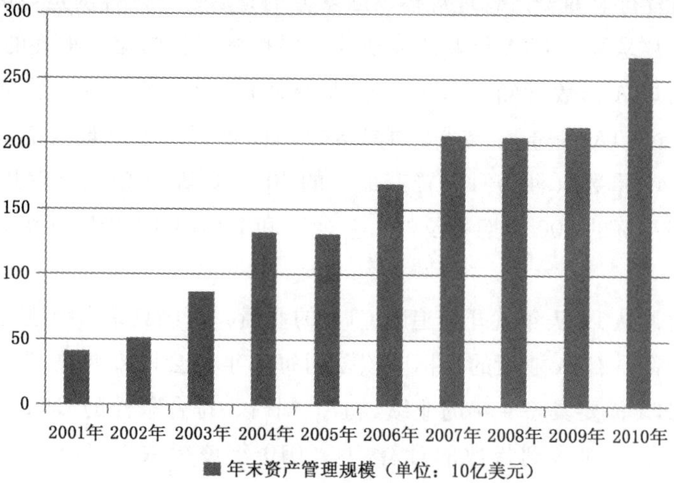

图 2-2-1　管理期货基金年末资产管理规模

资料来源：巴克莱对冲（Barclay Hedge）。

在技术不断升级进步的同时，管理期货行业也相应改变了作出投资决策的方法。自主式投资型具有较大的灵活性，可以根据市场情况及时调整投资策略，但是决策难免会受到较多的主观因素影响；而系统化投资型则是根据事先设计好的系统发出的交易信号执行交易策略，这在一定程度上避免了主观因素对交易时点的影响，特别是在当前电子化交易广泛应用，系统化投资型基金所占的比例越来越大的形势下。2010 年，该类型的管理期货基金资产管理规模达到 2269 亿美元，约占行业资产总规模的 85%。2006~2010 年各品种类型管理资产规模对比见图 2-2-2。

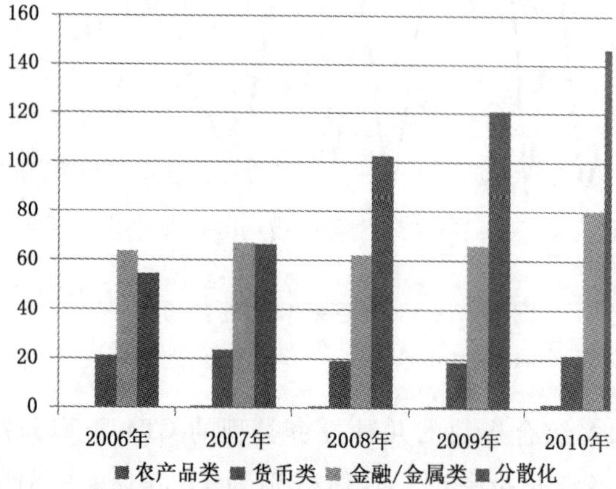

图 2-2-2　各品种类型管理资产规模对比

资料来源：巴克莱对冲（Barclay Hedge）。

在管理期货行业的资产管理规模不断攀升的背后，一定程度是与该行业的表现有关。CTA 指数是衡量 CTA 行业的表现的重要指标。当前比较重要的 CTA 指数主要包括巴克莱 CTA 指数（涵盖 533 个 CTA 基金）、道琼斯－瑞士信贷管理期货指数（涵盖 33 个 CTA 基金）、新际 CTA 指数（涵盖资产管理最大的 20 个 CTA 基金）、Altegris 40 指数（涵盖月底资产最大的 40 个 CTA 基金）、STARK300 CTA 指数（涵盖业绩最好的 300 个期货及外汇基金）和 IASG CTA 指数（涵盖 335 个 CTA 基金）等。

巴克莱对冲从 1987 年就开始追踪 CTA 的业绩，而巴克莱 CTA 指数也是行业使用最久的一个衡量 CTA 业绩的指标。该公司每年年初会审查调整 CTA 的数目，该指数涵盖的 CTA 需要具备 4 年的业绩经验。同时，符合条件的 CTA 新推出的投资项目到第 3 年才会加入到指数的计算中，2010 年该指数已经涵盖了行业 533 个 CTA 的业绩。

2010 年，巴克莱 CTA 指数增长达到 7.06%，一改 2009 年负增长的颓势（见图 2－2－3）。除了计算综合指数外，巴克莱对冲公司还计算各种投资领域的细分指数，其中包括农产品交易指数、货币交易指数、分散投资交易指数、金融/金属交易指数、自主型交易指数及系统化交易指数。从图 2－2－3 可以看出，2010 年表

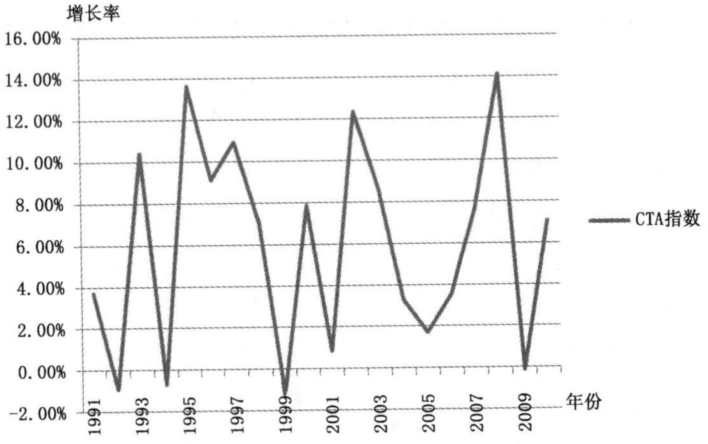

图 2－2－3　巴克莱 CTA 指数历年表现

资料来源：巴克莱对冲（Barclay Hedge）。

现最好而且高于 CTA 综合指数的几种投资类型的 CTA 类型分别是农产品投资型、分散化投资型以及系统化投资型，具体分别为 11.74%、9.81% 和 7.82%（见图 2－2－4）。这 3 种 CTA 基金也刚好是 2010 年资产规模增长最快（农产品）以及占比最大（分散化投资及系统化交易）的 CTA 类型。

同时，巴克莱对冲也为不同管理资产规模级别的 CTA 基金进行了 2010 年的收

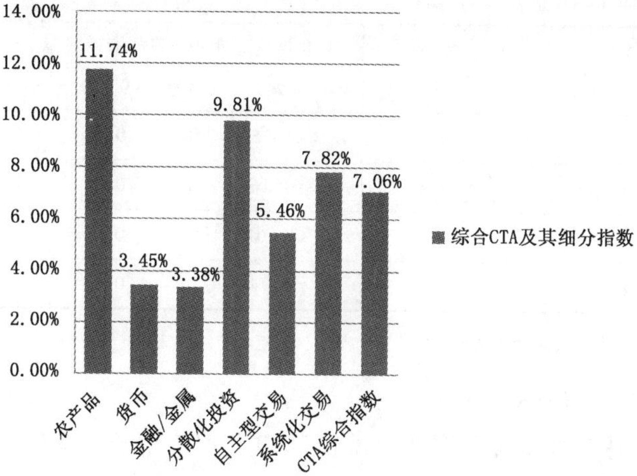

图 2－2－4　综合 CTA 及其细分指数

资料来源：巴克莱对冲（Barclay Hedge）。

益排名。在管理基金规模超过 1000 万美元的阵营中，战略投资管理（Tectical Invest. Mgmt.）公司以 68.99% 的年收益率领先（见表 2－2－6），主要采用趋势跟踪的投资策略，实现完全程式化交易；而以 66.29% 的年收益率紧跟其后的 AIS 期货管理公司则是完全采用自主型交易策略，其中有 90% 根据基本面的分析结果，10% 采取趋势跟踪的方式。在初始资产管理规模少于 1000 万美元的阵营中，收益最好的是资金规模只有 1800 万美元的 Level III Management 公司，达到 95.13% 的超高收益率，遥遥领先于第 2 名的 Centuriionfx Ltd（见表 2－2－7）。

表 2－2－6　初始资产管理规模超过 1000 万美元阵营中收益排名前 5 的 CTA 基金

CTA 基金名称	2010 年收益率（%）	资产管理规模（1000 万美元）	成立时间
Tactical Invest. Mgmt.（Inst'I）	68.99	6.63	1993 年 4 月
AIS Futures Managemetn（3X－6X）	66.29	10.43	1992 年 7 月
24FX Management Ltd	63.14	5.04	2001 年 1 月
Two Sigma（Enhanced Compass）	58.92	177.50	2005 年 1 月
Hawksbill Capital Mgmt.（Gl. Divers.）	57.60	8.30	1988 年 11 月

资料来源：巴克莱对冲（Barclay Hedge）、ISAG。

表 2－2－7　初始资产管理规模低于 1000 万美元阵营中收益排名前 5 的 CTA 基金

CTA	2010 年收益率（%）	资产管理规模（1000 万美元）	成立时间
Level III Management	95.13	0.18	2007 年 8 月

续表

CTA	2010 年收益率（%）	资产管理规模（1000 万美元）	成立时间
Centuriionfx Ltd（6X）	68.75	0.45	2006 年 1 月
Eg Systems（Prop. Arbitrage）	61.16	0.69	2006 年 6 月
Bayou City Capital	56.10	0.01	2001 年 1 月
Becker Asset Mgmt.（Prop. A）	55.74	0.04	2004 年 2 月

资料来源：巴克莱对冲（BarclayHedge）。

（二）对冲基金（Hedge Fund）

2010 年，全球对冲基金的资产规模较 2009 年略有增长（见图 2－2－5）。根据巴克莱对冲的统计数据，2010 年对冲基金资金规模为 16939 亿美元，创下了 2008 年以来的最高纪录，而基金的基金资产规模为 5562 亿美元。2010 年 12 月，对冲基金的资金净流入为 66 亿美元，实现连续 6 个月的资金净流入。

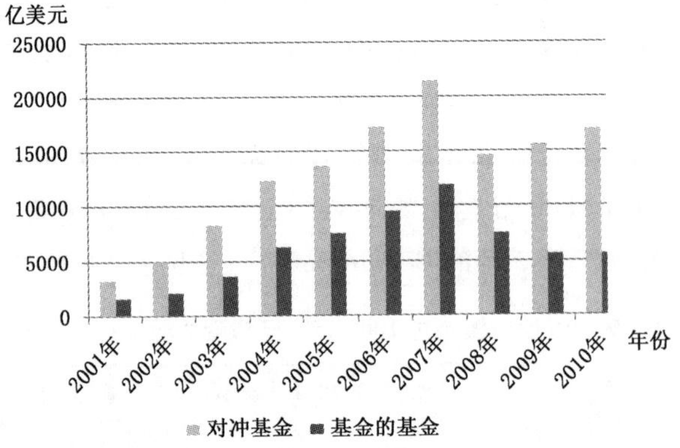

图 2－2－5　2001～2010 年对冲基金资产规模

资料来源：巴克莱对冲（Barclay Hedge）。

在对冲基金管理资产的具体地区分布方面，美国是对冲基金最密集的国家，资产规模超过 14000 亿美元（见图 2－2－6）。其中，在资产管理规模超过 10 亿美元的基金中，有 128 个出自美国纽约，资产规模为 7645.7 亿美元，有 63 个基金出自英国伦敦，资产管理规模为 2464.7 亿美元。

相对于 2009 年对冲基金行业不俗的表现来说，2010 年，全球对冲基金业绩平平，巴克莱对冲基金指数达 10.88%，低于标准普尔 500 指数的 15.1% 以及道琼斯全球指数的 11.9%（见表 2－2－8）。在各细分领域，表现最好的是股市偏多策略对冲基金，收益率为 14.21%，紧跟其后的是投资于困境证券（Distressed Securities）的对冲基金，收益率为 14.01%，而表现最差的则是采取与收益率最好基金

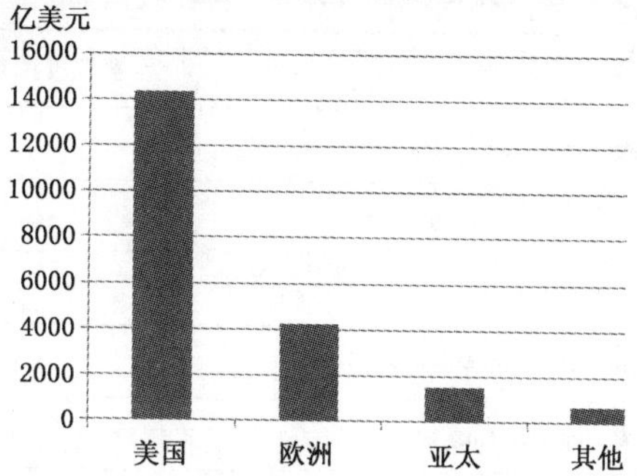

图 2－2－6 对冲基金管理资产全球分布（截至 2011 年 1 月）

资料来源：对冲基金智库（Hedge Fund Intelligence）。

相反策略的股市偏空策略对冲基金，收益率为 －14.26%。

表 2－2－8　　2010 年巴克莱对冲基金指数及其主要细分指数情况

	2010 年指数收益率	2009 年指数收益率	2010 年底资产规模
对冲基金	10.88%	23.74%	1693.9
可转换证券套利	12.15%	53.63%	35.4
困境证券	14.01%	30.89%	113.8
新兴市场	12.33%	43.29%	233.8
股票市场偏多策略	14.21%	29.39%	158.2
事件导向	10.01%	29.11%	216.4
固定收益套利	11.65%	19.83%	172.8
全球宏观	6.74%	7.49%	115.1
综合策略	10.79%	25.82%	198.2
股市偏空策略	－14.26%	－18.80%	—
标普 500	15.1%	26.5%	—
道琼斯全球指数	11.9%	32.0%	—
巴克莱全球债券指数	5.5%	6.9%	—

资料来源：巴克莱对冲、瑞士信贷－道琼斯对冲基金指数。

在彭博资讯发布的世界最富有的 100 家基金公司的排名中，位于前 10 的基金公司实力雄厚（见表 2－2－9），其中有 7 家是 2009 年的 10 强，冠亚军的排位不变，仍然是 Bridgewater Association 夺得第 1，JP Morgan Asset Management 跟在其后，然而相对于 2009 年 57 亿美元的资产规模的差距，这一数值在 2010 年则被 Bridgewater Association 大大拉开。

表 2 -2 -9　　2010 年资产规模排名前 10 的对冲基金公司（截至 2010 年 10 月 29 日）

排名	公司名称	管理资产规模（亿美元）	所在国家
1	Bridgewater Associates	600	美国
2	JP Morgan Asset Management	411	美国
3	Man Group	395	英国
4	Brervan Howard Asset Management	320	英国
5	Paulson & Co.	320	美国
6	Highbridge Capital Management	270	美国
7	Soros Fund Management	270	美国
8	Och - Ziff Capital Management	263	美国
9	Bluecrest Capital Management	246	英国
10	Cerberus Capital Management	240	英国

资料来源：彭博资讯。

2010 年对冲基金管理资产超过 10 亿美元的收益前 3 见表 2 -2 -10。

表 2 -2 -10　　对冲基金管理资产超过 10 亿美元的收益前 3（截至 2010 年 10 月 29 日）

基金名称	所属基金公司	投资策略	资产规模（亿美元）	年收益率（%）
Structured Servicing Holdings	Structured Portfolio Management	抵押型套利	12	49.5
Russian Prosperity	Prosperity Capital Management	新兴市场	11	39.3
Pure Alpha II	Bridgewater Associates	宏观	340	38.0

资料来源：彭博资讯。

2010 年对冲基金管理资产低于 10 亿美元的收益前 3 见表 2 -2 -11。

表 2 -2 -11　　对冲基金管理资产低于 10 亿美元的收益前 3（截至 2010 年 10 月 29 日）

基金名称	所属基金公司	投资策略	资产规模（亿美元）	年收益率（%）
VR Global Offshore	VR Capital Group	事件驱动/困境	8.92	49.7
Prosperity Quest Sub	Prosperity Capital Management	新兴市场	3.49	48.4
Metacaptal Mortgage Opportunities	Metacapital Management	抵押型套利	3.39	43.0

资料来源：瑞士信贷道琼斯对冲基金指数，彭博资讯。

第三节　全球期货及衍生品行业监管概况

在经历2008年金融危机对全球金融乃至实体经济产生巨大冲击以后，全球各国的领导者、经济学家以及金融界人士都认识到金融市场监管的漏洞的危害不容忽视，这推动了欧美国家政府及监管机构从2009年开始讨论并实施对金融市场更多的监管措施。2010年后，欧美各国新的金融市场监管法律法规陆续出台，标志着全球金融行业新监管时代的开启。例如美国总统奥巴马在当地时间2010年7月21日签署了厚达2300页的《多德－弗兰克法案》（“DODD－FRANK WALL STREET REFORM AND CONSUMER PROTECTION ACT”），内容涉及金融服务行业的方方面面，可与大萧条时期的《格拉斯－斯蒂格尔法案》相提并论。《多德－弗兰克法案》勾勒出最清晰的后危机时代美国金融监管的图景。而英国政府在2010年7月宣布拆分金融服务管理局的决定，将监管职责和权力集中于英格兰银行。英国准备在未来两年，设立三个机构承担金融服务局的职能，它们分别是：英格兰银行下辖的金融政策委员会负责监控宏观经济风险；风险管理局负责监控包括银行、保险业等金融机构的风险；独立的消费者保护局，是向普通消费者提供服务的金融机构，并负责稳定金融市场。欧盟则宣布成立新的监管体系和监管更全面的市场对象。其在2010年底成立了欧洲系统性风险委员会。进入2011年，欧盟三大金融监管机构（欧洲银行业监管局、欧洲保险与职业养老金监管局和欧洲证券与市场监管局）正式开始运转，欧盟层面金融监管机构地位大大提升，并拥有了一定的超国家权力。

欧美各国新的监管措施不仅涉及宏观的监管体系的变化，而且在微观上，对市场的交易主体以及交易范围进行了更为详细的界定与严格的限制。这将对全球金融市场产生巨大而深远的影响。下文试就对欧美各国新的金融监管措施以及对市场的影响进行详尽分析。

一、美国金融法案的改革

2009年6月17日，美国财政部发布了《金融监管改革：新基础》的白皮书，计划对美国衍生品市场监管进行重大改革。2010年6月30日，美国众议院以237票赞成、192票反对的表决结果通过了金融监管改革法案；7月15日，参议院以60票赞成、39票反对的结果通过了《多德－弗兰克法案》的最终草案；7月21日，奥巴马总统签署了该法案，使法律正式生效。这标志着历时近两年的美国金融监管改革立法完成，华尔街正式拉开了新金融时代的序幕。

这份长达2310页的法案体系庞大、内容繁多，且涉及面非常广泛。涉及衍生品监管的措施方面，主要有以下内容：

（一）对美国监管机构的影响

加大美国商品期货交易委员会（CFTC）和证券交易委员会（SEC）的监管权限和监管职责。法案增加了这两个监管机构的经费，加强了对监管机构的审计工作。在法案涉及一共243项的规则制订中，美国SEC、CFTC负责制订的规则分别为96项和61项，占比分别达到39%和25%，两者合计64%。此外，美国证监会和期监会还需要向国会提交数十项与提高资本市场监管相关的报告。

（二）首次将场外衍生品市场纳入监管范围

美国首次将之前没有监管的场外衍生品市场纳入监管视野，要求大多数衍生品必须在交易所内通过第三方清算进行交易，部分场外交易的金融衍生品需经清算和交易机构或类似机构审查，对未集中清算的信用违约掉期以及基于证券和商品交易的衍生品设定头寸限制。

由于SEC和CFTC在场外衍生品市场监管上的分工仍需进一步细化，法案同时要求，CFTC和SEC应向国会提出可以协调两个市场的改进措施，应建立共同的市场监管基础，制定出更加精细的原则。

（三）限制银行从事高风险的衍生品交易

在银行从事衍生品交易方面，新法案要求银行将农产品掉期、能源掉期、多数金属掉期等风险最大的衍生品交易业务拆分到附属公司，自身保留利率掉期、外汇掉期以及金银掉期等业务。通过限制银行从事高风险的衍生品交易，能够抑制金融机构过多参与高风险衍生品交易，有效降低金融机构之间的关联度，遏制金融机构过度投机。

（四）加强投资者保护

保护投资者是美国经济金融立法一贯的原则、目标和宗旨。随着金融工程的不断发展，金融衍生品变得越来越复杂，投资者对金融工具的认识越来越难，投资者和衍生工具发行人、中介机构之间信息不对称的矛盾越来越突出。为了进一步保护金融衍生品市场投资者的利益，新法案再一次强化对投资者的保护。

1. 确保将合适的产品卖给合适的投资者。新法案通过限制场外衍生品市场交易对手类型来保护不成熟的市场投资者，防止其购买与自身风险承受能力不匹配的高风险衍生品合约。CFTC和SEC将对《商品交易法》、《证券法》、《证券交易法》等法律进行重新审查，就如何进一步加强市场交易对手限制、实施额外的披露要求、专门针对不成熟市场投资者建立销售规范等提出修订意见。

2. 防止市场操纵、欺诈及其他滥用行为。新法案明确赋予CFTC和SEC对场外衍生品市场中的市场欺诈、市场操纵及其他不公平竞争行为的独立监管处置权，对操纵或明显影响市场价格的场外衍生品交易合约，CFTC 有权设置相应的敞口限制条款，监管机构有权要求各中央交易所、交易储存库及其他市场参与主体提供场外衍生品市场交易活动的详尽数据及相关信息，便于及时发现和处置市场不公平竞争行为。

（五）加强经纪商和投资顾问的义务

为了更好地规范经纪商和投资顾问的义务，新法案对所有场外衍生产品市场交易商以及其他能够对其对手方形成大的风险头寸的机构实行稳健和审慎的监管。内容包括：保守的资本金要求、业务操守准则、交易报告制度以及与对手方信用风险相关的保守的初始保证金要求；对于所有银行和银行控股公司的不通过中央清算系统进行的场外衍生产品交易，应提高资本金要求；对于不能通过中央清算系统清算的非标准化合约，其对手方风险应当通过这种覆盖所有交易商的稳健机制解决。

此外，还将修改《商品交易法》和证券相关法律，结合现有职责，授权 CFTC 和 SEC 建立场外衍生品市场交易记录和报告制度。场外衍生品的标准化交易要向中央结算对手（CCPs）报告，非标准化交易要向受监管的交易记录机构报告。如果场外衍生品交易对市场的价格发现功能有重大影响，SEC 或 CFTC 有权限制该衍生品的持仓。

（六）提高场外衍生品市场的透明度

新法案将通过修改《商品交易法》和《1933 年证券法》、《1934 年证券交易法》的内容，推动标准化交易通过交易所及场外市场规范、透明的电子交易系统进行交易；要求所有未经中央交易所清算的合约向受监管的记录机构报告。中央交易所和受监管的记录机构对数据信息进行汇总和整理后，建立总持仓量和交易量数据库，并开放给公众，单个交易者的交易和头寸情况以保密的方式向 CFTC 和 SEC 以及该机构的上一级管理者报告；鼓励相关金融机构充分运用在规定交易所上市交易的场内产品，引导交易所场内市场和场外衍生品市场进行公平竞争，从而提高场内、场外市场的运作效率和衍生产品终端投资者的效益。同时，法案要求商业银行将信用违约互换、商品和股票互换交易等业务剥离至资本充足的子公司，但可以保留为对冲自身风险而进行的互换交易、利率互换、外汇互换等交易。

（七）推动场外衍生品进入场内统一清算

新法案要求修订《商品交易法》及证券市场相关法律，使得所有标准化的场外衍生产品通过受监管的中央交易清算所（CCPs）进行统一清算；要求 CCPs 通过充足的保证金覆盖及其他必要的风险控制措施，确保定制化的场外衍生品合约不被用来作为规避中央交易清算所清算的手段。如果某一特定场外衍生产品已在一家或多家中央交易所接受清算，即默认该产品为标准化的场外合约，应纳入统一清算范围。为保证中央清算的有效性，CCPs 必须在 CFTC 或 SEC 注册。市场监管者应该规定 CCPs 有稳健的准备金要求以及其他必要的风控手段，同时采取措施避免投资者为逃避 CCPs 的清算而进行非标准化交易。

（八）强化对对冲基金和私募基金的监管

法案填补了原来对对冲基金、私募基金等的监管空白，强制要求管理资产超过1亿美元的基金管理机构到美国证监会注册，同时要求基金管理机构提供其交易和投资组合的相关信息，以便监管机构对基金的系统性风险进行必要的评估。那些具有过大规模和高风险的基金，还将被置于美联储的监管下，面临更高的资本金、杠杆率、流动性等要求。此外，美国证监会要对所有注册的基金进行定期检查，并每年向国会报告，以达到保护投资者，控制市场风险的目的。

二、欧盟监管改革

作为金融危机爆发后的主要改革举措，欧盟成员国财政部长于 2010 年 9 月 7 日一致通过了《泛欧金融监管改革法案》（Pan - European Financial Regulatory Reform Bill），随后，欧洲议会在 2010 年 9 月 21 日批准建立泛欧金融监管机构，标志着欧盟金融监管新法案开始正式实施。

泛欧金融监管改革法案的特点：在泛欧金融监管改革法案中，要求欧盟设立一套跨越国家权力的“一会三局”的新金融监管体系。具体来说，“一会”就是一个主要由成员国央行行长组成的“欧洲系统性风险管理委员会（ESRB）”（已于 2010 年底成立），负责监测整个欧盟金融市场上可能出现的宏观风险，及时发出预警并提出应对相关情况的措施。“三局”就是位于伦敦的欧洲银行管理局（EBA）、位于巴黎的欧洲证券和市场管理局（ESMA）和位于法兰克福的欧洲保险和职业年金管理局（EIOPA），分别负责对银行业、证券市场和保险业的合规监管（这三家监管机构已于 2011 年 1 月成立）。

例如，欧洲银行管理局有权直接对未落实其建议的任何国家的监管机构作出处理；欧洲证券与市场管理局有权调查信用违约掉期（CDS）等特定金融产品并发布临时禁令。

（一）新体系的监管层次和监管对象更加全面

除了专门设置履行宏观监管职能的欧洲系统风险委员会外，更将欧盟层面的直接监管权限由原来仅限于证券市场，扩展至包括银行、保险、职业养老金在内的几乎整个金融服务领域。

（二）欧洲中央银行在金融监管体系中的职能和地位明显加强

欧洲央行（ECB）将为欧洲系统风险委员会（ESRB）提供包括信息搜集分析和行政执行管理等多方面的支持，以便对欧盟整个金融系统履行宏观审慎的金融监管职能。

（三）金融监管机构地位大大提升，并拥有了一定的超国家权力

泛欧金融监管改革法案新设的这三大金融监管局，被市场解读为欧洲率先在全球设置的“超级监管机构”，原因在于这些新设机构的权力将超越单个国家权力，其有权驳回或否决各国监管机构的决定，泛欧监管架构是为了解决欧盟金融市场在高度一体化过程中缺乏跨国性的实体来统筹各国金融机构监管的问题。同时，“超级监管机构”拥有超越各国监管机构的最终决定权，如英国金融服务监管局和欧洲央行内部新建立的风险监控机构都要尊重该机构的权威；再如其还拥有对欧盟境内注册的评级机构进行直接监管，在紧急状态下可临时禁止或限制某项金融交易活动的权力等。当某一成员国拒不执行欧盟规定时，监管局可向该国监管机构下达指示，在仍得不到遵守的情况下，监管局可跳过成员国监管机构，直接要求相关金融机构予以纠正。此外，新的监管局还有权对特定金融交易实体、金融产品和裸卖空等金融交易行为展开调查，以评估它们给金融市场带来的风险。根据欧盟相关立法，在出现紧急情况时，监管局将有权临时禁止或限制某项金融交易活动或金融产品的交易，并可提请欧盟委员会提出立法建议，永久性禁止这类产品和活动。今后，对信用评级机构的监管和发布裸卖空禁令都将是监管局的职权。

（四）强化对冲基金评级机构监管

经历了金融危机和主权债务危机的双重打击之后，欧洲特别强调加强对对冲基金和评级机构的监管，将其纳入泛欧监管体系。欧盟在 2010 年 11 月通过的对冲基金监管法案中，引入了“欧盟护照”机制，规定今后所有在欧盟金融市场上运营的对冲基金，必须先向监管机构注册，取得护照，并接受监管。对于非欧盟的对冲基金，欧盟统一护照的发放还需等两年过渡期结束后，由 2011 年新设的欧洲证券和市场管理局负责。

（五）标准化 OTC 衍生品必须通过中央交易清算方（CCPs）进行清算

经历次贷危机后，为控制交易对手的风险，避免违约事件的发生，欧盟监管机构明确要求标准化的 OTC 衍生品必须通过中央交易清算方（CCPs）进行清算。

（六）建立交易信息库，提高市场透明度

欧盟在 2010 年年中有关加强衍生品监管提案中要求场外（OTC）衍生品交易必须向交易信息库报告。新成立的欧洲证券和市场管理局（ESMA）负责信息库的监管以及注册信息的准入与撤销管理。交易信息库必须公布分类衍生品的整体头寸，便于市场参与者了解。

（七）强化对冲基金和卖空交易监管，填补监管“真空”

为预防卖空加速市场价格下跌引发的系统性风险，欧盟赋予监管机构的权力有：限制某个交易日价格剧烈下跌的某一金融工具，其卖空交易待至第 2 个交易日结束后才能进行。此外，欧盟要求投资者进入短期交易市场前必须借助相关交易工

具，以保证如期交割；要求交易场所必须确保持有充足的股票和国债空头购入协议，并在结算失败时禁止以卖空交易的方式来防止“裸卖空”风险。

三、英国监管改革

2008 年爆发于美国的金融危机对英国经济的损害程度甚至甚于美国，原因就在于英国经济对金融市场的严重依赖性。随后，英国开始重新审视其建立于 1997 年的金融监管体系。英国政府认为此前的“三方监管系统”（即财政部、中央银行和金融服务管理局（FSA））并没有成功完成确保英国金融稳定的任务。金融危机令该体系的基本弱点无处遁形，因此要改革此套监管体系。拟议中的改革方案包括：三个新机构的建立，将金融监管职能全部归属英格兰银行；金融服务管理局现行的机制必须停止运作并被分割，其金融监管职能将转交给英格兰银行并由此形成英国央行一个新的下属机构；金融服务管理局今后的职能主要是保护消费者权益费者权益和打击金融犯罪等。新成立的三个机构为：首先，英格兰银行将成立一个独立的金融政策委员会（Financial Policy Committee，FPC），其主要职责是维持金融系统的稳定性，掌握宏观政策工具。其次，英格兰银行将成立一个下属机构审慎监管局（PRA），中央银行将新增一位副行长负责审慎监管，此人同样也将是 PRA 的负责人。PRA 的主要职责是金融机构的日常监管，以促进金融公司的稳定性为首要目标。第三，成立一个新的消费者保护和市场管理局（Consumer Protection and Markets Authority，CPMA），其主要职能是维持金融服务市场的信心。新的监管体系交由议会讨论通过后在 2012 年开始运行。

英国新的监管规则对衍生品的部分具体要求：

第一，在英国的衍生品交易市场改革方案中，要求超过一定交易量的场外衍生品应制订标准化合约，并在交易日使用直通处理程序进行清算；要求适合集中清算的衍生品一律通过中央交易对手清算机制进行统一清算，以便提高市场效率，减少操作风险，提高市场透明度。

第二，英国除了在中央交易对手清算机制中建立交易报告制度，要求建立场外衍生品市场交易信息库，确保衍生品交易信息真实有效，便于监管机构调取查看之外，还通过建立包含市场参与者情况、市场流动性充足程度、产品标准化程度、交易后信息披露水平以及现有市场基础设施的交易后信息校准机制，最大限度地降低因信息不对称而引起的交易恐慌所引致的流动性负面影响。此外，英国还强制要求差价合约和信用违约掉期合约等证券类场外衍生品交易必须严格遵守英国金融服务局的交易报告制度。

第三，英国运用“双边法”来降低非通过中央交易对手清算的衍生品风险：一是要求金融机构采取定期评估抵押物、与估值相关联的强制补仓程序、严格的法律和实施框架，以及适当资本要求的双边抵押安排来降低风险。二是要求非金融企业向作为交易对手的金融机构缴纳一定的资本费用，以达到降低风险的目的。

英美欧政府对衍生品加强监管的措施已经对全球金融市场产生了巨大的影响，这是全球金融监管者和参与者对 2008 年金融危机产生的原因和后果不断深入思考的结果。预计在今后，这一系列的措施还会带来持续的影响。

附表：

欧美英各国和地区新的监管法案中对衍生品监管措施的比较

项　目	美国监管措施	欧盟监管措施	两者的比较
金融衍生品市场的监管职责	金融衍生品监管的管辖权属于商品期货交易委员会（CFTC）和证券交易委员会（SEC）。 商品期货交易委员会主要监管掉期类衍生品，其中包括大多数以非证券类为基础衍生工具（包括利率、货币及商品衍生工具），以及在基础广泛的安全指标（如指数为基础的信用违约掉期）的衍生品。 在拥有包括证券为标的的掉期，包括单一股票衍生品、贷款以及狭义的证券指数（如单一名称的信用互换掉期）的监管权外，证监会仍维持此前监管范围。 还有一些衍生品业务要 CFTC 和 SEC 共同监管。	新的欧洲证券及市场管理局（ESMA）有权决定是否把特定类别的衍生工具交易的纳入到授权中央结算对手方（CCPs）进行强行结算。 此外，衍生品交易将继续受到“欧盟金融工具市场指令 2004/39/EC”（MiFID）框架下的国家一级的监管。 金融服务管理局（FSA）仍是英国衍生品的监管机构，但其一些审慎监管职能将被转移到英国央行下属的一个新的审慎监管局。系统性风险的监督工作交给英格兰银行的一个委员会。	与美国不同，欧盟对衍生品监管职责并不是以掉期和以证券类为标的的掉期产品来划分的。在欧洲，欧洲证券及市场管理局（ESMA）有一系列协调合作监管机构。 在欧洲证券及市场管理局（ESMA）监督下，欧盟成员国对本国衍生品的监管将有更大的灵活性。而美国的监管权责在联邦层面上。

续表

项　目	美国监管措施	欧盟监管措施	两者的比较
中央对手清算方的注册及规则	美国商品期货交易委员会（CFTC）负责监管衍生品清算组织（DCO）的掉期交易。 美国证券交易委员会（SEC）负责清算中介的证券标的掉期交易。 CFTC 与 SEC 对于那些非美国本土清算机构具有注册免税权，只要这些机构在本国有类似监管措施即可。	CCPs 目前在某些特定的欧盟成员国家从属于国家制度或是公认的制度。 依据欧洲市场基础监管条例（EMIR）的草案，CCPs 继续受国家监管机构的授权及监管。此外，在执行范围内，压力测试以及混合监管安排等方面受到国家授权的机构监督。这些机构包括 ESMA，欧洲央行和各种相关的国家监管机构，如 CCPs 的国家监管机构以及 CCPs 三个预设基金的监管清算成员。 在EMIR框架下的CCPs 授权要求是标准化的，包括保证金、资金来源、风险管理结算以及组织结构等规定。 只要欧盟委员会确认非欧盟国家的法律监管情况等同于EMIR的监管框架，ESMA有权许可在非欧盟国家建立的 CCPs。	第三方 CCPs 互相承认还需进一步确认。此外，美国或欧盟要求交易需在国内清算与否还不清楚。

续表

项 目	美国监管措施	欧盟监管措施	两者的比较
清算机构所有权规定	CFTC 以及 SEC 在多德弗兰克（Dodd - Frank）金融监管法案的框架内拟议了法规，即限制清算成员以及其他金融机构所有权比例。 在法规细则内，CCPs 需要遵守以下两个条件之一。 （1）任何成员不得拥有超过 20% 的权益资本，特殊的金融机构（无所谓会员与否）不得拥有 40% 的权益资本。 （2）非特定的金融机构（无所谓会员与否）不得拥有超过 5% 的所有权权益资本。	重要股权持有者，无论间接或非间接拥有者，都需要向监管机构报备。如果此类股权持有者未被考虑适合与否，则其可能会被拒绝获得 CCPs 授权。此外，欧盟规则还对成员或非成员国持有比例进行了说明。	欧盟目前没有关于清算机构的所有权比例限制，但在实践中也会采取同样标准。
银行自营交易限制 - 沃克尔法则（Volcker Rule）	美国沃克尔法则禁止一些金融机构以及下属分支参与很多金融衍生品的自营交易。包括禁止银行投资对冲基金或私募。	目前英国独立委员会正在研究一系列的改革方案，其中就包括限制银行的自营交易。 由于政治分歧，欧盟目前没有采用类似的沃克尔法则。	欧盟目前没有类似美国的针对银行自营业务的任何法规。 不过，某一欧盟成员国允许引入同美国类似的银行自营业务法规。

续表

项　目	美国监管措施	欧盟监管措施	两者的比较
头寸限制	CFTC 与 SEC 提高了头寸限制。 CFTC 对任何人或机构持有的各月份的具体商品，设立了总头寸数量的限制。 （1）在美国交易的期货交易合同。 （2）在美国境外，美国交易者交易的合同。 （3）某种重要价格发现功能的掉期。 SEC 也会建立针对证券标的掉期以及其他证券标的衍生品及借款的类似的交易限制。	欧盟委员会正在考虑头寸限制的问题。目前没有严格意义上的建议发布。委员会预计在 2010 年之前发布在欧盟金融工具市场指令（MiFID）框架下的相关咨询文件，而相关立法草案有望在 2011 年第 2 季度发布。 CCPs 如果有需要可以设定头寸限制。 英国金融服务监管局（FSA）希望在评估对手方风险后进行头寸限制，但没有严格持仓限额，同时，除当收益远超过成本，FSA 反对在商品衍生品市场施行这样的限制。 针对能源期货持仓限制，英国的做法类似于美国 2008 年的条例细则，若美国交易对手方同意，CFTC、FSA 以及交易所操作员同意在英国本土交易所运用与美国类似的持仓限额规定。	欧盟的规定并没有像美国那样细化，将持仓的监管权授予了 CCPs，使之成为其风险管理职责的一部分。

续表

项　目	美国监管措施	欧盟监管措施	两者的比较
包括的衍生品	Dodd - Frank 法案包括一系列的衍生品：掉期、期权、一部分金融及非金融资产的远期。 股票期权和ETF并被包括在新的框架下，而仍归类在已有的证券及商品交易法律的监管范围内。 外汇远期虽然包括其中但可能并不受相关的规则约束。	欧洲市场基础规则（EMIR）涵盖在MiFID条款中的场外衍生品合约：包括期权、期货、掉期、远期利率合约及金融合约。 现货外汇交易并未被包含其中。	包涵的品种基本一致。
参与者登记及交易规则	掉期或股票掉期的交易商需要在CFTC或SEC注册。 新的监管对象针对无做市商的参与者：包括持有较大衍生品头寸的机构或是以套期保值为主的交易。 登记后的掉期交易商和主要的掉期参与者将需满足新的资本、保证金、商业行为准则等要求。 对已经完成的交易，中间商需要这样几种身份登记：期货佣金商（FCM）、做市商、股票掉期交易商。 对于非美中间商，但服务于美国客户的参与者，可能也要满足以上要求。	在欧洲金融工具市场条款（MiFID）下，掉期交易商首先受本国相关机构监管，并以相应的资本、保证金及商业准则为准。 只参与国债掉期或个人的资产保值行为的掉期合约不受欧盟条约约束。	规则基本一致。

续表

项　目	美国监管措施	欧盟监管措施	两者的比较
对于做市商的资本和保证金要求	CFTC 或 SEC 将对非银行的掉期交易者设定最低资本要求和最低初始保证金、追加保证金标准。 银行监管者对参加掉期交易的银行设定相应的参数。	在已有的欧盟准则中已给出了资本要求，包括欧盟资本充足指令（CRD），并与巴塞尔的要求保持一致。 巴塞尔协议Ⅲ初步定于2013 年 1 月份在欧洲实施。预计新规的引入将对资本和流动性有较大影响，对交易记录的公开和可以接受的抵押产品也会提出更严要求。	美国要求银行清算会员持有暴露于中央交易对手风险的准备金。欧盟并没有此类要求。 美国并没有对保证金作出明确的要求。
“治外法权”	和美国法律保持一致，Dodd - Frank 法案同样适用于美国大陆以外的“对美国国内金融、商业市场有直接重大影响的行为”。这意味着非美籍的市场参与者和美国人在衍生品市场中交易时，受此法案约束。因此，对经纪商和清算中心而言，非本土的清算操作都可能比以前更复杂。	不管其对手方的地理位置是否位于欧盟境内，原则上，所有欧盟监管领域内的机构或非金融对手方，其持仓头寸超过清算最大限制的时候都需要在欧盟自己的清算中心清算。然而，非欧盟清算中心可以在欧盟实现互通机制。	

第三部分

2010年中国期货市场品种运行状况报告

第一节　农产品类期货品种运行状况

一、大豆期货运行状况

2010年，国内大豆期货价格曲线在上下半年体现出两种截然不同的态势，上半年持续窄幅震荡，下半年则突破震荡走势一路上扬。上半年中，美元指数的持续反弹、美豆出口的减缓和南美大豆的丰产预期对美豆价格带来一定的利空影响。而在下半年中，影响国内大豆期货价格上升的因素主要有以下几个方面：一是美国新一轮量化宽松货币政策导致流动性泛滥，投资过热等，美豆价格呈上涨趋势。二是六七月份欧洲遭受干旱、俄罗斯大火引发市场对于全球小麦供应量紧缺的恐慌，小麦价格一路上扬进而拉动了玉米、大豆等粮食商品期货价格大幅上涨；加上阿根廷大豆产区遭到拉尼娜现象引发严重干旱，大豆作物的播种进度与生长状况均不理想。随后，美国农业部下调2010/2011年度阿根廷大豆产量预估至5050万吨，降幅达2.9%，均导致美豆价格预期上涨。三是我国大豆对外依赖度非常高，2010年大豆进口量为5480万吨，同比增长29%。由于数量庞大，国内大豆价格走势受到国际大豆尤其是美国大豆价格走势的影响较大，两者正相关系数较高，因此，连豆价格跟随芝加哥期货交易所（CBOT）大豆价格出现上涨。

（一）交易情况

2010年，大连商品交易所（DCE，简称大商所）黄大豆1号期货合约共成交7478.72万手，成交额为30852.02亿元，分别较2009年同期下降12.03%、0.87%，年末持仓量45.89万手，较2009年同期上升35.26%。由于国内大豆市场政策性限制太多，收储抛储限制了其波动性，使得基本面没有得到充分反映。不过，下半年由于受到资金追捧，市场成交状况出现大幅上升。2010年黄大豆1号期货月交易情况见表3－1－1。

表3－1－1　　2010年黄大豆1号期货月度交易情况

月　度	成交量（万手）	同比变化（%）	成交额（亿元）	同比变化（%）	持仓量（万手）	同比变化（%）
1月	780.10	－28.38	3101.62	－16.65	33.22	28.49
2月	426.77	－46.41	1620.21	－41.33	35.04	1.89
3月	586.06	－9.02	2258.94	0.49	34.23	6.77
4月	467.27	－15.63	1842.37	－4.81	36.56	22.77
5月	613.85	－11.00	2407.06	－2.27	35.00	－5.68
6月	231.21	－64.28	884.40	－62.98	30.65	－10.93
7月	245.25	－36.49	957.44	－30.27	29.90	－9.93
8月	937.70	70.16	3804.03	85.60	40.10	37.86
9月	622.41	－7.00	2541.11	4.10	37.19	28.89
10月	522.57	64.44	2269.55	93.06	44.70	69.08
11月	1482.11	90.62	6657.56	120.42	40.38	－19.92
12月	563.43	－59.14	2507.79	－54.77	45.89	35.26
全　年	7478.72	－12.03	30852.02	－0.87	45.89	35.26

资料来源：大连商品交易所。

2010年，在国内政策性限制太多、市场活跃度下降的影响下，大连商品交易所大豆市场成交量出现下降。但与此同时受通货预期和投资资金的双重作用，成交金额基本保持不变，市场持仓规模出现较大的上升。2006～2010年黄大豆1号期货年度交易情况见表3－1－2。

表 3-1-2　　　　2006~2010 年黄大豆 1 号期货年度交易情况

年　度	成交量（万手）	同比变化（%）	成交额（亿元）	同比变化（%）	持仓量（万手）	同比变化（%）
2006 年	1779.41	-77.78	4873.64	-78.93	36.55	-6.44
2007 年	9486.54	433.13	37440.63	668.23	67.06	83.49
2008 年	22736.31	139.67	95190.20	154.24	36.70	-45.32
2009 年	8501.42	-62.61	31121.85	-67.31	33.93	-7.47
2010 年	7478.72	-12.03	30852.02	-0.87	45.89	35.26

资料来源：大连商品交易所。

（二）交割情况

2010 年，大连商品交易所黄大豆 1 号期货交割库共 15 处，均位于大连地区，并多位于铁路站台附近，便于东北地区农产品铁路运输；黄大豆 2 号期货交割库共 9 处，其中大连 5 处、青岛 1 处、日照 2 处、南通 1 处，交割库围绕港口布局，便于船舶水路运输。

2010 年，大连商品交易所黄大豆 1 号期货交割总量为 13.03 万吨，交割额为 4.97 亿元，分别较 2009 年增加 40.95%、46.61%。2010 年黄大豆 1 号期货月度交割见表 3-1-3，2006~2010 年黄大豆 1 号期货交割见表 3-1-4。

表 3-1-3　　　　2010 年黄大豆 1 号期货月度交割情况

月　度	交割量（手）	同比变化（%）	交割额（亿元）	同比变化（%）
1 月	26	-98.95	0.01	-98.90
3 月	6	-988.83	0.002	-90.00
5 月	10606	310.77	4.05	345.05
7 月	111	-55.78	0.04	-55.56
9 月	2137	-34.77	0.80	-35.48
11 月	142	12.70	0.05	0.00
总　计	13028	40.95	4.97	46.61

资料来源：大连商品交易所。

表 3-1-4　　　　2006~2010 年黄大豆 1 号期货年度交割情况

年　份	交割量（手）	同比变化（%）	交割额（亿元）	同比变化（%）
2006 年	56441	-24.30	14.46	-31.37
2007 年	104955	85.96	33.87	134.23
2008 年	37461	-96.43	18.00	-46.86

续表

年　份	交割量（手）	同比变化（%）	交割额（亿元）	同比变化（%）
2009 年	9243	-75.33	3.39	-81.17
2010 年	13028	40.95	4.97	46.61

资料来源：大连商品交易所。

2010 年黄大豆 1 号期货月度注册、注销仓单量比较见图 3-1-1。

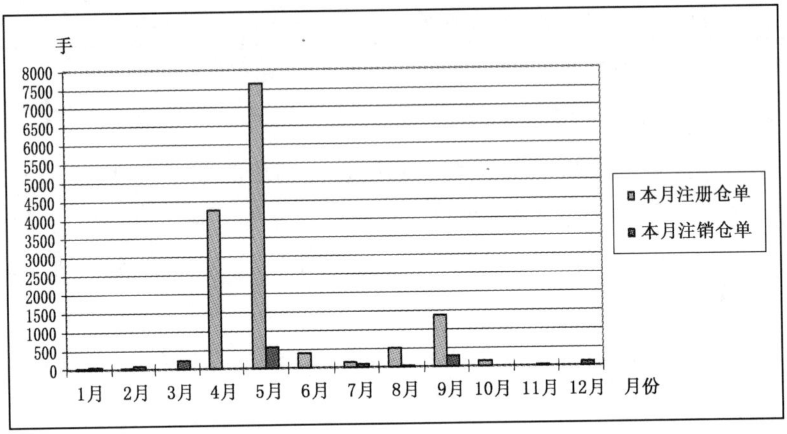

图 3-1-1　2010 年黄大豆 1 号期货月度注册、注销仓单量比较

资料来源：大连商品交易所。

（三）价格走势

1. 总体价格走势。2010 年，大连商品交易所黄大豆 1 号期货年初开盘价 4057 元/吨（1 月 4 日），年内盘中最高价 4769 元/吨（11 月 11 日），年内盘中最低价 3735 元/吨（2 月 2 日），年末收盘价 4528 元/吨（12 月 31 日），全年期价上涨 1034 元/吨，涨幅 20.54%，全年最大波幅 27.68%。2010 年，我国大豆现货价格上半年处于震荡整理趋势，下半年进入上涨趋势。其中，2009 年 4 月份形成低点。国内市场的收储政策支撑价格走势。年初大豆现货报价 3740 元/吨（1 月 4 日），年内高点价 4140 元/吨（12 月 15 日），年内最低价 3440 元/吨（6 月 7 日），全年上涨 680 元/吨，涨幅 19.77%。2010 年，CBOT 大豆期货上半年表现为平稳上升，下半年呈现大幅上升。2010 年 11 月形成年内高点。CBOT 大豆期货指数年初开盘价 1058 美分/蒲式耳（1 月 4 日），年内最高价 1339 美分/蒲式耳（11 月 11 日），年内最低价 908 美分/蒲式耳（2 月 3 日），年末收盘价 1393.75 美分/蒲式耳（12 月 31 日），全年涨幅 47.47%。2010 年大豆期货、现货、外盘价格对比见图 3-1-2。

2. 期货价格分析。2010 年，国内大豆期价年内盘中最高价 4769 元/吨（11 月

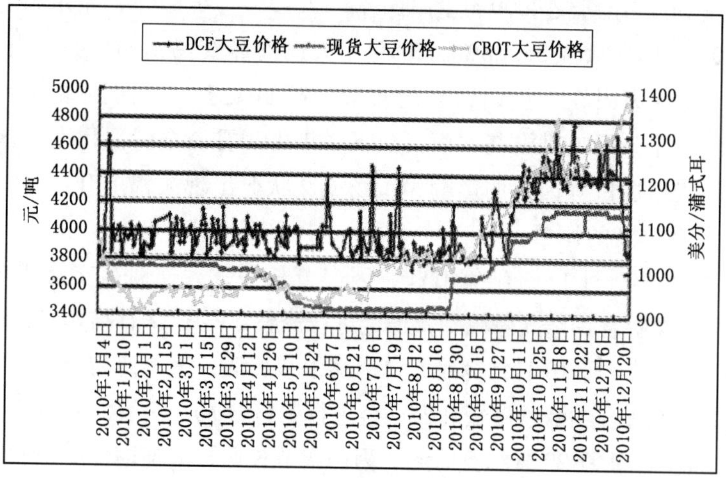

图 3－1－2　2010 年大豆期货、现货、外盘价格对比

资料来源：国内期货价格来自世华财讯；外盘价格来自 Bloomberg；现货价格来自国家粮油信息中心佳木斯现货大豆价格。

11 日)，年内盘中最低价 3735 元/吨（2 月 2 日)，平均价 4044.29 元/吨，标准差 240.58 元/吨，极差 1034 元/吨，离散率 5.95%，波幅率为 25.57%。2010 年，国内大豆现货价格年内高点 4140 元/吨（12 月 15 日)，年内最低价 3440 元/吨（6 月 7 日)，平均价 3728 元/吨，标准差 240.03 元/吨，极差 700 元/吨，离散率 6.44%，波幅率 18.78%。2010 年，CBOT 大豆期货最高价 1339 美分/蒲式耳（11 月 11 日)，最低价 908 美分/蒲式耳（2 月 3 日)，平均价为 1016.67 美分/蒲式耳，标准差 221.11 美分/蒲式耳，极差 431 美分/蒲式耳，离散率 21.75%，波幅率 42.39%。2010 年大豆期货内外盘和现货市场价格主要显性指标见表 3－1－5。

表 3－1－5　　2010 年大豆期货内外盘和现货市场价格主要显性指标

市场分类	绝对指标（美分/蒲式耳、元/吨）					相对指标（%）	
	最高价	最低价	平均价	标准差	极差	离散率	波幅率
CBOT 连续价格	1339	908	1016.67	221.11	431	21.75	42.39
DCE 连续价格	4769	3735	4044.29	240.58	1034	5.95	25.57
现货市场价格	4140	3440	3728	240.03	700	6.44	18.78

资料来源：国内期货价格来自世华财讯；外盘价格来自 Bloomberg；现货价格来自国家粮油信息中心佳木斯现货大豆价格。

（四）市场重大变化及政策调整

1. 交易重大变化情况及原因分析。

2010 年，大连商品交易所黄大豆 1 号期货合约共成交 7478.72 万手，成交额为 30852.02 亿元，分别较 2009 年同期下降 12.03%、0.87%，年末持仓量 45.89 万手，较 2009 年同期增加 35.26%。2010 年大连商品交易所黄大豆 1 号期货合约成交量萎缩，主要原因在于国内大豆的政策性限制太多，收储抛储限制了其波动性，也使其没有充分反映供求基本面。而下半年由于受资金活跃程度、国际大豆减产和国内大量依靠进口等因素的影响，市场成交状况出现大幅上升。

2. 交易所对政策的调整。

（1）自 2010 年 2 月 11 日结算时起，因春节长假，大连商品交易所对黄大豆 1 号、黄大豆 2 号期货合约涨跌停板和保证金进行调整，2 月 22 日结算时起恢复正常。

（2）自 2010 年 6 月 10 日结算时起，因端午节放假，大连商品交易所对黄大豆 1 号、黄大豆 2 号期货合约涨跌停板和保证金进行调整，6 月 17 日结算时起恢复正常。

（3）自 2010 年 9 月 29 日结算时起，因国庆节长假，大连商品交易所对黄大豆 1 号、黄大豆 2 号期货合约涨跌停板和保证金进行调整，10 月 8 日结算时起恢复正常。

（4）自 2010 年 11 月 15 日起，为规范期货交易行为，保护期货交易当事人的合法权益，维护市场正常秩序，根据《大连商品交易所交易规则》等业务规则，交易所制定了《大连商品交易所异常交易管理办法（试行）》，自 2010 年 11 月 22 日起施行。

（5）自 2010 年 11 月 29 日起，暂停各品种当日开平仓交易手续费减半收取优惠措施。自 2011 年 1 月 1 日起，暂停《关于调整交易手续费收取标准的通知（大连商品交易所发［2010］59 号）》中有关各品种手续费减收优惠措施。

（6）自 2010 年 11 月 29 日结算时起，黄大豆 1 号、黄大豆 2 号期货合约最低交易保证金标准提高至 10%，涨跌停板幅度扩大至 6%。

3. 合约制度的修订和完善。

（1）2010 年 6 月 3 日，拟对《大连商品交易所章程》和《大连商品交易所交易规则》进行修订，发布修订草案并公开征求意见。

（2）2010 年 6 月 7 日，大连商品交易所发布《关于就大连商品交易所交割仓库管理制度向各指定交割仓库、客户和各会员单位征求意见的通知》。随着大连商品交易所期货品种的不断增多，交割仓库的数量和分布区域都发生了很大变化，并且有越来越多的产业客户参与到大连期货市场中来。该草案包括交割仓库资格审核、现场检查、年度评审等 6 项制度，内容涵盖了交割仓库设立及取消的条件及程序、日常监管、年终考核以及内部审核流程等诸多方面，对交割仓库日常交割业务的办理也提出了明确的要求。

（3）2010 年 10 月 28 日，大连商品交易所发布《关于公布 2011 年度指定交割仓库入出库费用和杂项作业服务收费最高限价的通知》。2011 年黄大豆 1 号、黄大豆 2 号指定交割仓库入出库费用和杂项作业服务收费最高限价较 2010 年已实施的最高限价没有变动。

(4) 2010年11月15日，发布《大连商品交易所异常交易管理办法（试行）》和《大连商品交易所异常交易管理办法（试行）》。

(5) 自2010年12月10日起，取消大连港散粮码头公司的黄大豆1号、黄大豆2号指定交割仓库资格，增设大连港集团有限公司为上述品种的指定交割仓库。仓库调整后，期货商品存放地址、升贴水、业务联系方式等与调整前保持一致。

二、豆粕期货运行状况

2010年，国内豆粕期货价格上半年处于震荡调整，下半年震荡上扬。受进口量增加，南美播种收割正常等利空因素影响，上半年豆粕期货的价格处于弱势震荡。而从下半年开始，一是受美盘上涨拉动以及现货市场需求转暖影响，行情开始反弹。二是由于欧洲债务危机利空影响逐步释放，市场悲观情绪有所缓解，使得大宗商品市场重聚人气，多数品种逐步进入企稳阶段。而在国内良好的政策预期支持下，豆粕期价底部企稳迹象较为明显，并且在新作大豆逐渐进入“天气市”之后，豆粕期价继续寻找向上突破机会，美元走势疲软也支撑豆粕价格上扬。

（一）交易情况

2010年，大连商品交易所豆粕期货合约共成交25116.37万手，成交额为77303.32亿元，年末持仓量102.74万手，分别较2009年同期减少19.19%、13.26%、34.56%。

2010年，大连商品交易所豆粕期货合约成交较不活跃，成交量及成交金额均较2009年有所下降，市场持仓规模也有所下降。2010年大连商品交易所豆粕期货月交易情况见表3-1-6。2006~2010年豆粕期货年度交易情况见表3-1-7。

表3-1-6　　2010年豆粕期货月交易情况

月度	成交量（万手）	同比变化（%）	成交额（亿元）	同比变化（%）	持仓量（万手）	同比变化（%）
1月	1779.71	120.04	5258.69	145.67	153.50	589.70
2月	1171.00	-4.88	3260.29	-0.48	132.68	198.27
3月	1826.55	0.79	5134.36	8.55	135.29	269.35
4月	1791.62	-28.78	5160.43	-27.07	148.99	213.88
5月	2021.00	-2.92	5795.25	-2.34	140.25	176.84
6月	1128.90	-70.92	3163.18	-72.82	115.93	58.59
7月	1887.97	-45.87	5467.23	-44.96	146.09	27.70
8月	2792.76	-26.71	8471.16	-24.28	138.87	3.71

续表

月　度	成交量（万手）	同比变化（%）	成交额（亿元）	同比变化（%）	持仓量（万手）	同比变化（%）
9 月	2319.89	-6.07	7278.87	6.45	178.81	87.77
10 月	3239.30	39.48	10971.66	66.34	206.29	51.90
11 月	3965.83	24.51	13375.07	43.50	130.59	-14.73
12 月	1191.84	-65.69	3967.13	-62.03	102.74	-34.56
全　年	25116.37	-19.19	77303.32	-13.26	102.74	-34.56

资料来源：大连商品交易所。

表 3-1-7　　2006～2010 年豆粕期货年度交易情况

年　度	成交量（万手）	同比变化（%）	成交额（亿元）	同比变化（%）	持仓量（万手）	同比变化（%）
2006 年	6309.93	-14.12	14719.75	-20.38	31.94	25.39
2007 年	12943.89	105.14	39138.73	165.89	55.43	73.51
2008 年	16253.09	25.56	54156.96	38.25	20.12	-63.70
2009 年	31080.81	91.23	89116.36	64.55	157.00	680.36
2010 年	25116.37	-19.19	77303.32	-13.26	102.74	-34.56

资料来源：大连商品交易所。

（二）交割情况

2010 年，大连商品交易所豆粕期货交割库共 28 处。这些交割库大体都集中在江、浙、沪三地区，此外，山东也有部分厂库交割库，但是需要支付一定的贴水。

2010 年，大连商品交易所豆粕期货交割总量为 6.05 万吨，交割额为 1.85 亿元，分别较 2009 年同期上涨 409.18%，400.00%。2010 年，豆粕期货交割总量较 2009 年交割量呈现大幅上涨。2010 年大连商品交易所豆粕期货月度交割见表 3-1-8。2006～2010 年豆粕期货年度交割情况见表 3-1-9。

表 3-1-8　　2010 年豆粕期货月度交割量

月　度	交割量（手）	同比变化（%）	交割额（亿元）	同比变化（%）
1 月	450	-10.36	0.15	-7.43
3 月	92	80.39	0.03	113.13
5 月	3952	1239.66	1.20	1282.84
7 月	300	197.03	0.08	164.03

续表

月　度	交割量（手）	同比变化（%）	交割额（亿元）	同比变化（%）
8 月	0	-100.00	—	-100.00
9 月	1100	957.69	0.34	844.48
11 月	155	1837.5	0.05	1708.45
12 月	—	—	—	—
总　计	6049	409.18	1.85	400.00

资料来源：大连商品交易所。

表 3-1-9　　2006~2010 年豆粕期货年度交割情况

年　份	交割量（手）	同比变化（%）	交割额（亿元）	同比变化（%）
2006 年	15484	2009.54	3.33	-52.02
2007 年	25687	-83.41	6.52	95.80
2008 年	8555	233.05	3.02	-53.68
2009 年	1188	-86.11	0.37	-87.75
2010 年	6049	409.18	1.85	400.00

资料来源：大连商品交易所。

2010 年豆粕期货月度注册、注销仓单量比较见图 3-1-3。

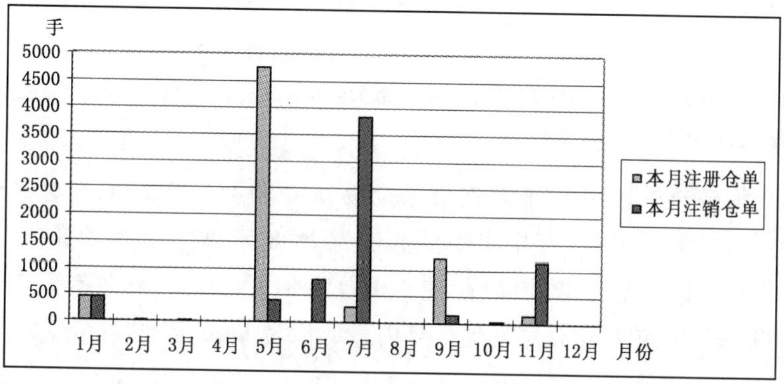

图 3-1-3　2010 年豆粕期货月度注册、注销仓单量比较

资料来源：大连商品交易所。

（三）价格走势

1. 总体价格走势。2010 年，国内豆粕期货价格上半年处于震荡调整，下半年震荡上扬。大连商品交易所豆粕期货 2010 年年初以 3033 元/吨开盘（1 月 4 日），达到年内盘中最高价 3511 元/吨（11 月 10 日），年中盘中最低价为 2698 元/吨（2

月2日），年末收盘价为3440元/吨（12月31日），较年初期价上涨407元/吨，涨幅13.42%，全年最大波幅达813元/吨。2010年，国内现货价格先抑后扬。年初张家港地区报价在3640元/吨（1月4日），年内最低价为2700元/吨（6月7日）年内最高价达3680元/吨（11月10日），最终张家港以3420元/吨价报收，年内波幅980元/吨。2010年，CBOT豆粕市场上半年处于震荡调整，下半年震荡上扬。CBOT豆粕以308.3美元/短吨开盘（1月4日），年内最低价为251.3美元/短吨（3月12日），年内最高价为370.3美元/短吨（12月31日），最终CBOT豆粕期货收于370.3美元/短吨，年内波幅119美元/短吨。2010年豆粕期货、现货、外盘价格对比见图3-1-4。

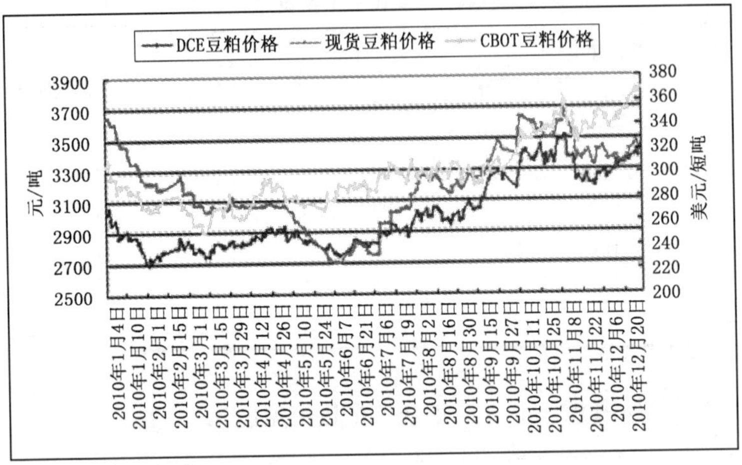

图3-1-4　2010年豆粕期货、现货、外盘价格对比

资料来源：国内期货价格来自世华财讯；外盘价格来自Bloomberg；现货价格来自国家粮油信息中心张家港豆粕现货价格。

2. 期货价格分析。2010年大连商品交易所豆粕期货达到年内盘中最高价为3511元/吨（11月10日），年中盘中最低价为2698元/吨（2月2日），平均价为3007.95元/吨，标准差为220.42元/吨，极差为813元/吨，离散率为7.33%，波幅率为27.03%。豆粕现货张家港地区年内最低价为2700元/吨（6月7日），年内最高价达3680元/吨（11月10日），平均价为3204元/吨，标准差为247.26元/吨，极差为980元/吨，离散率为7.72%，波幅率为30.59%。2010年，CBOT豆粕年内最低达251.3美元/短吨（3月12日），年内最高370.3美元/短吨（12月31日），平均价为290.28美元/短吨，标准差为58.44美元/短吨，极差为119美元/短吨，离散率为20.13%，波幅率为40.99%。2010年豆粕期货内外盘和现货市场价格主要显性指标见表3-1-10。

表 3－1－10　2010 年豆粕期货内外盘和现货市场价格主要显性指标

市场分类	绝对指标（美元/短吨、元/吨）					相对指标（%）	
	最高价	最低价	平均价	标准差	极差	离散率	波幅率
CBOT 连续价格	370.3	251.3	290.28	58.44	119	20.13	40.99
DCE 连续价格	3511	2698	3007.95	220.42	813	7.33	27.03
现货市场价格	3680	2700	3204	247.26	980	7.72	30.59

资料来源：国内期货价格来自世华财讯；外盘价格来自 Bloomberg；现货价格来自国家粮油信息中心张家港豆粕现货价格。

（四）市场重大变化及政策调整

1. 交易重大变化情况及原因分析。

2010 年，大连商品交易所豆粕期货合约共成交 25116.37 万手，成交额为 77303.32 亿元，年末持仓量 102.74 万手，分别较 2009 年同期减少 19.19%、13.26%、34.56%。2010 年大连商品交易所豆粕期货合约成交较不活跃，成交量及成交金额均较 2009 年有所下降，市场持仓规模也有所下降。

2. 交易所对政策的调整。

（1）自 2010 年 2 月 11 日结算时起，因春节长假，大连商品交易所对豆粕期货合约涨跌停板和保证金进行调整，2 月 22 日结算时恢复正常。

（2）自 2010 年 6 月 10 日结算时起，因端午节放假，大连商品交易所对豆粕期货合约涨跌停板和保证金进行调整，6 月 17 日结算时恢复正常。

（3）自 2010 年 9 月 29 日结算时起，因国庆节长假，大连商品交易所对豆粕期货合约涨跌停板和保证金进行调整，10 月 8 日结算时恢复正常。

（4）自 2010 年 11 月 23 日结算时起，豆粕合约涨跌停板幅度扩大为 5%，最低交易保证金标准提高至 7%。

（5）自 2010 年 11 月 15 日起，为规范期货交易行为，保护期货交易当事人的合法权益，维护市场正常秩序，根据《大连商品交易所交易规则》等业务规则，交易所制定了《大连商品交易所异常交易管理办法（试行）》，经理事会审议批准，予以发布，自 2010 年 11 月 22 日起施行。

（6）自 2010 年 11 月 29 日起，暂停各品种当日开平仓交易手续费减半收取优惠措施。自 2011 年 1 月 1 日起，暂停《关于调整交易手续费收取标准的通知（大连商品交易所发［2010］59 号）》中有关各品种手续费减收优惠措施。

（7）自 2010 年 11 月 29 日结算时起，豆粕合约最低交易保证金标准提高至 10%，涨跌停板幅度扩大至 6%。

3. 合约制度的修订和完善。

（1）自2010年4月21日起，大连商品交易所豆粕指定交割仓库湛江华农饲料蛋白开发有限公司更名为中纺粮油（湛江）有限公司。

（2）2010年6月3日拟对《大连商品交易所章程》和《大连商品交易所交易规则》进行修订，发布修订草案并公开征求意见。

（3）2010年6月7日，大连商品交易所发布《关于就大连商品交易所交割仓库管理制度向各指定交割仓库、客户和各会员单位征求意见的通知》。随着大连商品交易所期货品种的不断增多，交割仓库的数量和分布区域都发生了很大变化，并且有越来越多的产业客户参与到大连期货市场中来。该草案包括交割仓库资格审核、现场检查、年度评审等6项制度，内容涵盖了交割仓库设立及取消的条件及程序、日常监管、年终考核以及内部审核流程等诸多方面，对交割仓库日常交割业务的办理也提出了明确的要求。

（4）2010年10月28日，大连商品交易所发布《关于公布2011年度指定交割仓库入出库费用和杂项作业服务收费最高限价的通知》。2011年豆粕指定交割仓库入出库费用和杂项作业服务收费最高限价较2010年已实施的最高限价没有变动。

（5）2010年11月15日，大连商品交易所发布《大连商品交易所异常交易管理办法（试行）》和《大连商品交易所异常交易管理办法（试行）》。

三、豆油期货运行状况

2010年，大连商品交易所豆油期货上半年处于调整状态，下半年持续上涨。下半年上涨主要受以下几方面影响：一是天气原因，受阿根廷大豆产区遭遇拉尼娜现象引发的严重干旱，导致大豆作物的播种进度与生长状况均不理想，最终推动豆油期价上涨；二是由于国内大量进口的支撑，外盘价格不断攀升，为国际炒家哄抬物价提供了良机，从而造成进口大豆、豆油等高价油脂油料大量冲击国内市场，推升了国内油脂油料价格。

（一）交易情况

2010年，大连商品交易所豆油期货成交量共18281.25万手、成交额为137825.82亿元、年末持仓量为51.38万手，分别较2009年同期下降3.62%、上升12.85%和下降28.43%。2010年上半年，豆油期货市场成交量一直均匀波动，8月份之后成交量出现上涨，不过年底受市场周期因素制约略有下降。2010年豆油期货月度交易情况见表3－1－11。2006～2010年豆油期货年度交易情况见表3－1－12。

表 3-1-11　　2010 年豆油期货月交易情况

月　度	成交量（万手）	同比变化（%）	成交额（亿元）	同比变化（%）	持仓量（万手）	同比变化（%）
1 月	1795.87	244.63	13682.09	311.72	77.93	524.79
2 月	675.27	-16.04	4968.92	-0.74	63.09	132.49
3 月	1139.36	4.31	8576.91	26.30	61.82	81.58
4 月	1109.03	-36.42	8627.08	-27.49	64.73	154.15
5 月	932.22	-53.40	7109.63	-52.91	47.92	27.18
6 月	650.43	-65.24	4885.22	-65.72	47.09	1.16
7 月	596.20	-70.87	4475.13	-69.33	52.65	-6.69
8 月	2871.74	39.89	23300.11	50.60	70.98	12.46
9 月	1715.65	35.65	14156.97	59.17	70.75	57.44
10 月	2022.13	72.94	18723.61	122.06	93.38	74.35
11 月	3193.88	65.79	31111.44	113.18	59.99	-3.78
12 月	1579.47	-36.15	15913.35	-18.32	51.38	-28.43
全　年	18281.25	-3.62	137825.82	12.85	51.38	-28.43

资料来源：大连商品交易所。

表 3-1-12　　2006～2010 年豆油期货年度交易情况

年　度	成交量（万手）	同比变化（%）	成交额（亿元）	同比变化（%）	持仓量（万手）	同比变化（%）
2006 年	2066.60	—	11200.64	—	3.88	—
2007 年	2656.77	28.56	21735.87	94.06	11.71	202.21
2008 年	8939.19	236.47	83290.12	283.19	11.71	37.66
2009 年	18967.38	112.18	137825.82	65.48	71.79	345.34
2010 年	18281.25	-3.62	137825.82	12.85	51.38	-28.43

资料来源：大连商品交易所。

（二）交割情况

2010 年，大连商品交易所豆油期货交割库共 22 处，均位于沿海港口油厂，便于船舶、铁路运输，同时，也便于交易厂商规避大豆、豆粕和豆油期货相互影响压缩利润的风险。

2010 年，大连商品交易所豆油期货交割总量为 14.03 万吨，交易金额为 10.59

亿元，分别较2009年同期上涨14.90%、27.44%。2010年豆油期货月度交割情况见表3－1－13，2006～2010年豆油期货年度交割情况见表3－1－14。

表3－1－13　　2010年豆油期货月度交割情况

月　度	交割量（手）	同比变化（%）	交割额（亿元）	同比变化（%）
1月	3169	2497.54	2.44	－96.41
3月	60	－43.93	0.04	－100
5月	4205	494.77	3.05	－82.56
7月	48	860	0.03	－88.83
8月	27	－95.07	0.02	1746.76
9月	6324	－40.3	4.83	48.32
11月	191	80.19	0.17	－57.22
12月	1	－94.44	0.01	30.54
总　计	14025	14.90	10.59	27.44

资料来源：大连商品交易所。

表3－1－14　　2006～2010年豆油期货年度交割情况

年　份	交割量（手）	同比变化（%）	交割额（亿元）	同比变化（%）
2006年	1981	—	1.16	—
2007年	8784	343.41	6.70	477.59
2008年	14592	156.12	15.72	134.63
2009年	12206	－16.35	8.31	－47.14
2010年	14025	14.90	10.59	27.44

资料来源：大连商品交易所。

2010年豆油期货月度注册、注销仓单量比较见图3－1－5。

（三）价格走势

1. 总体价格走势。2010年，大连商品交易所豆油期货上半年处于调整状态，下半年持续上涨。大连商品交易所豆油期货2010年年初以8050元/吨开盘（1月4日），达到年内盘中最高价10606元/吨（12月28日），年中盘中最低价7174元/吨（2月2日），年末收盘价10526元/吨（12月31日），全年最大波幅达3432元/吨。2010年，国内豆油现货价格上半年处于调整状态，下半年持续上涨。年初天津地区报价在7800元/吨（1月4日），年内最低价6900元/吨（7月7日），年内最高价10750元/吨（2月11日），最终以9900元/吨报收。年内波幅3850

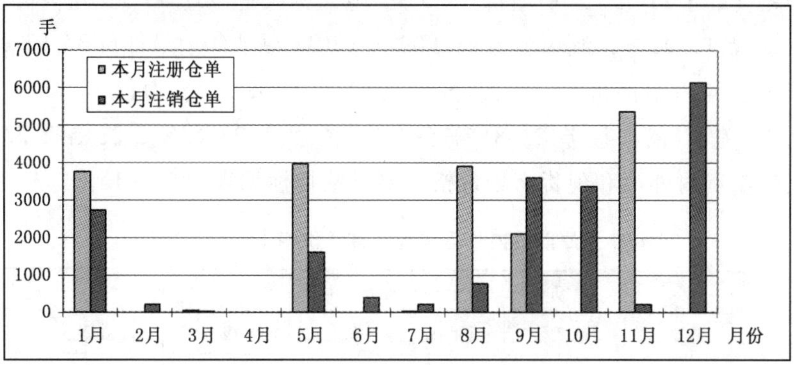

图 3－1－5　2010 年豆油期货月度注册、注销仓单量比较

资料来源：大连商品交易所。

元/吨。2010 年，CBOT 豆油市场上半年处于调整状态，下半年持续上涨。CBOT 豆油以 41.29 美分/磅开盘（1 月 4 日），年内最低价 35.93 美分/磅（6 月 29 日），年内最高价 57.74 美分/磅（12 月 31 日），最终 CBOT 豆油期货收于 57.74 美分/磅。年内波幅 21.81 美分/磅。2010 年豆油期货、现货、外盘价格对比见图 3－1－6。

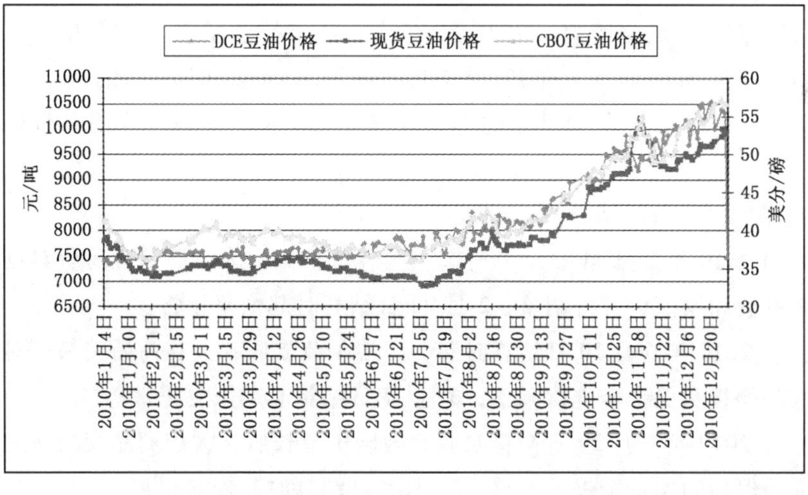

图 3－1－6　2010 年豆油期货、现货、外盘价格对比

资料来源：国内期货价格来自世华财讯；外盘价格来自 Bloomberg；现货价格来自国家粮油信息中心天津豆油现货价格。

2. 期货价格分析。大连商品交易所豆油期货 2010 年达到年内盘中最高价 10606 元/吨（12 月 28 日），年中盘中最低价 7174 元/吨（2 月 2 日），平均价 8199.90 元/吨，标准差 945.14 元/吨，极差 3432 元/吨，离散率 11.53%，波幅率 41.85%。2010 年，国内现货价格年内最低价 6900 元/吨（7 月 7 日），年内最高价

10750元/吨（2月11日），平均价7873元/吨，标准差937.43元/吨，极差3850元/吨，离散率11.91%，波幅率为48.90%。CBOT豆油年内最低价35.93美分/磅（6月29日），年内最高价57.74美分/磅（12月31日），平均价40.83美分/磅，标准差9.24美分/磅，极差21.81美分/磅，离散率22.63%，波幅率53.42%。2010年豆油期货内外盘和现货市场价格主要显性指标见表3－1－15。

表3－1－15　2010年豆油期货内外盘和现货市场价格主要显性指标

市场分类	对指标（美分/磅、元/吨）					相对指标（%）	
	最高价	最低价	平均价	标准差	极差	离散率	波幅率
CBOT连续价格	57.74	35.93	40.83	9.24	21.81	22.63	53.42
DCE连续价格	10606	7174	8199.90	945.14	3432	11.53	41.85
现货市场价格	10750	6900	7873	937.43	3850	11.91	48.90

资料来源：国内期货价格来自世华财讯；外盘价格来自Bloomberg；现货价格来自国家粮油信息中心天津豆油现货价格。

（四）市场重大变化及政策调整

1. 交易重大变化情况及原因分析。2010年，大连商品交易所豆油期货成交量共18281.25万手、成交额为137825.82亿元、年末持仓量为51.38万手，分别较2009年同期下降3.62%、上升12.85%和下降28.43%。2010年上半年，豆油期货市场成交量一直均匀波动，8月份之后成交量出现上涨，不过年底随着市场略有下降。

2. 交易所对政策的调整。

（1）自2010年2月11日结算时起，因春节长假，大连商品交易所对豆油期货合约涨跌停板和保证金进行调整，2月22日结算时起恢复正常。

（2）自2010年6月10日结算时起，因端午节放假，大连商品交易所对豆油期货合约涨跌停板和保证金进行调整，6月17日结算时起恢复正常。

（3）自2010年9月29日结算时起，因国庆节长假，大连商品交易所对豆油期货合约涨跌停板和保证金进行调整，10月8日结算时起恢复正常。

（4）自2010年11月15日起，为规范期货交易行为，保护期货交易当事人的合法权益，维护市场正常秩序，根据《大连商品交易所交易规则》等业务规则，交易所制定了《大连商品交易所异常交易管理办法（试行）》，自2010年11月22日起施行。

（5）自2010年11月23日结算时起，豆油期货合约涨跌停板幅度扩大为5%，最低交易保证金标准提高至7%。

（6）自2010年11月29日起，暂停各品种当日开平仓交易手续费减半收取优惠措施。自2011年1月1日起，暂停《关于调整交易手续费收取标准的通知（大连商品交易所发［2010］59号）》中有关各品种手续费减收优惠措施。

（7）自2010年11月29日结算时起，豆油期货合约最低交易保证金标准提高至10%，涨跌停板幅度扩大至6%。

3. 合约制度的修订和完善。

（1）2010年6月3日，拟对《大连商品交易所章程》和《大连商品交易所交易规则》进行修订，发布修订草案并公开征求意见。

（2）2010年6月7日，大连商品交易所发布《关于就大连商品交易所交割仓库管理制度向各指定交割仓库、客户和各会员单位征求意见的通知》。随着大连商品交易所期货品种的不断增多，交割仓库的数量和分布区域都发生了很大变化，并且有越来越多的产业客户参与到大连期货市场中来。该草案包括交割仓库资格审核、现场检查、年度评审等6项制度，内容涵盖了交割仓库设立及取消的条件及程序、日常监管、年终考核以及内部审核流程等诸多方面，对交割仓库日常交割业务的办理也提出了明确的要求。

（3）2010年10月28日，大连商品交易所发布《关于公布2011年度指定交割仓库入出库费用和杂项作业服务收费最高限价的通知》。2011年豆油指定交割仓库入出库费用和杂项作业服务收费最高限价较2010年已实施的最高限价没有变动。

（4）2010年11月15日，发布《大连商品交易所异常交易管理办法（试行）》和《大连商品交易所异常交易管理办法（试行）》。

四、玉米期货运行状况

受国家相对稳定的玉米临时储备政策支撑，2010年以来，国内玉米市场整体表现比较强势，价格高位运行。除第1季度价格走势较为平稳外，其余月份总体表现为持续小幅上升，并屡创历史新高。在诸多影响市场走势的因素之中，关键集中为4个方面。一是国家采取综合措施加大宏观调控力度，从政策效果来看，玉米临储政策产生了非常明显的托市作用，对稳定市场、保护农民收益和生产积极性起到了十分重要的作用。二是2009年玉米减产，农民惜售。市场供需双方各主体的预期叠加在一起，推动市场价格不断走高。三是气候多变诱发市场波动，2010年以来，极端天气频发，屡次成为市场炒作的题材，引发市场对产量前景和有效供给的担忧，从而推动价格不断走高。四是需求恢复增长较快，从深加工业需求看，2010年以来国内玉米深加工业经营状况继续改善，下游需求恢复较快，企业开工率明显上升，带动玉米消费需求明显增长，对玉米价格上涨起到了推动作用。

（一）交易情况

2010年，大连商品交易所玉米期货共成交7199.92万手，成交额为15366.9亿元，分别较2009年同期增长115%、170.31%，年末持仓量51.23万手，较2009年同期减少77.06%。从成交额上看，玉米期货在2010年下半年更为稳健，月成交额均稳定在1000亿元以上，在11月份更是强势走高，成交额冲至5697亿元。同时成交量显示下半年交易更为活跃。2010年大连商品交易所玉米期货月交易情况见表3-1-16。

表3-1-16　　2010年玉米期货月度交易情况

月　度	成交量（万手）	同比变化（%）	成交额（亿元）	同比变化（%）	持仓量（万手）	同比变化（%）
1月	316.34	25.56	598.31	51.95	25.11	-20.02
2月	81.47	-72.07	151.18	-68.55	20.87	-37.04
3月	130.07	-46.04	246.93	-39.54	23.34	-29.36
4月	224.43	-17.33	430.60	-5.24	27.39	1.01
5月	377.49	190.67	733.84	239.19	44.71	92.21
6月	365.57	39.43	687.74	59.70	36.71	12.30
7月	440.58	159.91	846.43	206.64	32.83	-8.91
8月	518.72	32.92	1031.95	-22.30	40.31	-6.18
9月	549.22	58.84	1127.17	87.28	46.37	122.62
10月	1220.69	793.04	2675.16	1024.30	72.46	197.03
11月	2480.53	970.00	5697.29	1289.42	49.30	61.43
12月	494.81	103.22	1140.30	155.33	51.23	77.06
全　年	7199.92	115.00	15366.9	170.31	51.23	77.06

资料来源：大连商品交易所。

2004年玉米在大连商品交易所重新上市以来，直至2006年，成交量、成交额稳步攀升。2007年成交量、成交金额稍有下降。2008年，玉米市场走势波动剧烈，市场成交量及成交额均出现小幅度上升。由于国家对市场调控力度加强，2009年，玉米市场受关注度下降，致使成交量及持仓量均出现下滑。2010年以来，受国家相对稳定的玉米临时储备政策支撑，国内玉米市场整体表现比较强势，价格高位运行，成交量、成交额均出现大幅度增长。2006～2010年玉米期货年度交易情况见表3-1-17。

表 3-1-17　　2006~2010 年玉米期货年度交易情况

年　度	成交量（万手）	同比变化（%）	成交额（亿元）	同比变化（%）	持仓量（万手）	同比变化（%）
2006 年	13529.01	209.45	20366.71	269.87	158.62	437.08
2007 年	11887.35	-12.13	19821.83	-2.68	72.68	-54.18
2008 年	11983.69	0.81	21571.47	8.83%	32.12	-55.82
2009 年	3348.82	-72.06	5684.90	-73.65	28.93	-9.91
2010 年	7199.92	115.00	15366.9	170.31	51.23	77.06

资料来源：大连商品交易所。

（二）交割情况

2010 年，大连商品交易所玉米期货交割库共 14 处，位于大连市、营口市、锦州市。其中，大连 8 处、营口 3 处、锦州 3 处，交割库围绕港口及车站布局，便于船舶水路以及铁路运输。

2010 年，大连商品交易所玉米期货交割总量为 4.40 万吨，交割额为 0.87 亿元。分别较 2009 年同期减少 78.65% 和 73.61%。2010 年大连商品交易所玉米期货月度交割情况见表 3-1-18。2006~2010 年玉米期货年度交割情况见表 3-1-19。

表 3-1-18　　2010 年玉米期货月度交割情况

月　度	交割量（手）	同比变化（%）	交割额（亿元）	同比变化（%）
1 月	236	-93.11	0.04	-91.53
3 月	7	-99.34	0.001	-99.21
5 月	470	-94.84	0.09	-93.81
7 月	—	—	—	—
9 月	3565	—	0.71	—
11 月	120	-98.28	0.02	-97.90
总　计	4398	-78.65	0.87	-73.61

资料来源：大连商品交易所。

表 3-1-19　　2006~2010 年玉米期货年度交割情况

年　份	交割量（手）	同比变化（%）	交割额（亿元）	同比变化（%）
2006 年	24337	-96.08	3.12	-96.13
2007 年	67860	178.83	10.52	237.18
2008 年	77187	13.74	12.79	-21.58

续表

年　份	交割量（手）	同比变化（%）	交割额（亿元）	同比变化（%）
2009 年	20599	-73.31	3.31	-74.12
2010 年	4398	-78.65	0.87	73.72

资料来源：大连商品交易所。

2010 年玉米期货月度注册、注销仓单量比较见图 3-1-7。

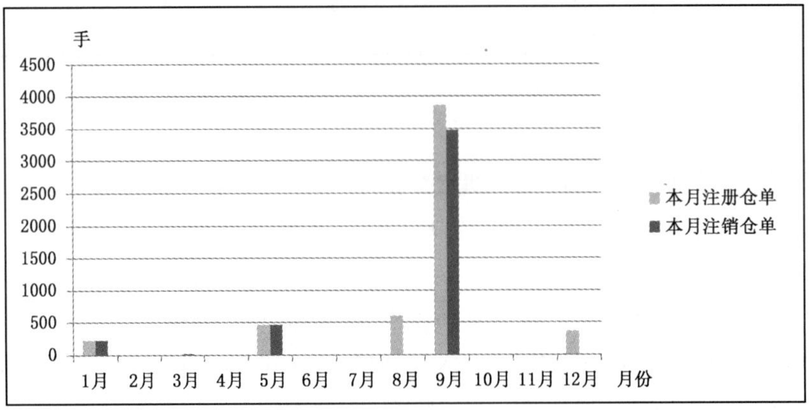

图 3-1-7　2010 年玉米期货月度注册、注销仓单量比较

资料来源：大连商品交易所。

（三）价格走势

1. 总体价格走势。2010 年，玉米期货价格除第 1 季度价格走势较为平稳外，其余月份总体表现为持续小幅上升，并屡创历史新高。2010 年，大连商品交易所玉米期货价格开盘价 1892 元/吨，年内最高价 2362 元/吨（11 月 16 日），年内最低价 1844 元/吨（1 月 28 日），年终报收 2330 元/吨。国内现货价格走势与期货市场趋同，除第 1 季度价格走势较为平稳价格偏低外，其余月份总体表现为持续小幅盘升，并屡创历史新高。第 1 季度价格为全年内价格较低时期。2010 年 1 月 5 日开盘价 1820 元/吨，为年内低点，年内最高价 2090 元/吨（11 月 19 日），年终报收 2090 元/吨。2010 年，CBOT 玉米期货整体表现为小幅震荡上升。2010 年 1 月 4 日 CBOT 玉米期货开盘价 418.5 美分/蒲式耳，年内最高价 629 美分/蒲式耳（12 月 31 日），年内最低价 325 美分/蒲式耳（6 月 29 日），2010 年 12 月 31 日年终收于最高价格 629 美分/蒲式耳，年内涨幅 50.3%。2010 年玉米期货内外盘和现货市场价格比较情况见图3-1-8。

2. 期货价格分析。2010 年，国内外玉米期货价格均呈现整体拉高的态势。其中，国内大连玉米期货价格最高价 2362 元/吨（11 月 16 日），年内盘中价格最低

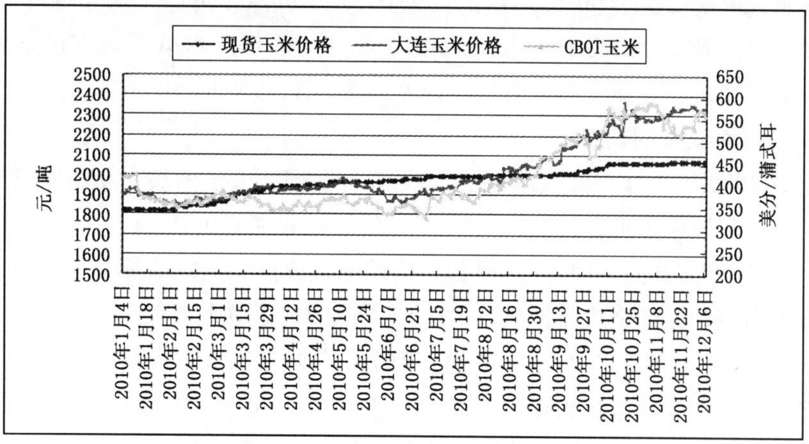

图 3－1－8　2010 年玉米期货内外盘和现货市场价格比较

资料来源：国内期货价格来自世华财讯；外盘价格来自 Bloomberg；现货价格来自国家粮油信息中心大连现货玉米价格。

价 1844 元/吨（1 月 28 日），平均价 2012 元/吨，标准差 366.28 元/吨，极差 518 元/吨，离散率 18.20%，波幅率 25.75%。2010 年，CBOT 玉米期货价格最高价 629 美分/蒲式耳（12 月 31 日），最低价 325 美分/蒲式耳（6 月 29 日），平均价 430 美分/蒲式耳，较 2009 年均有大幅度增长；标准差 214.96 美分/蒲式耳，极差 304 美分/蒲式耳，离散率 49.99%，波幅率 70.70%。国内玉米现货市场价年内最高价 2090 元/吨（11 月 9 日），最低价 1820 元/吨（1 月 4 日），平均价 1964 元/吨，标准差 190.92 元/吨，极差 270 元/吨，离散率 9.72%，波幅率 13.75%。

表 3－1－20　2010 年玉米期货内外盘和现货市场价格主要显性指标

市场分类	绝对指标（美分/蒲式耳、元/吨）					相对指标（%）	
	最高价	最低价	平均价	标准差	极差	离散率	波幅率
CBOT 连续价格	629	325	430	214.96	304	49.99	70.70
DCE 连续价格	2362	1844	2012	366.28	518	18.20	25.75
现货市场价格	2090	1820	1964	190.92	270	9.72	13.75

资料来源：国内期货价格来自世华财讯；外盘价格来自 Bloomberg；现货价格来自国家粮油信息中心大连现货玉米价格。

（四）市场重大变化及政策调整

1. 交易重大变化情况。2010 年，大连商品交易所玉米期货共成交 7199.92 万手，成交额为 15366.9 亿元，年末持仓量 51.23 万手，分别较 2009 年同期增长 115%、170.31% 和减少 77.06%。从成交额上看，玉米期货在 2010 年下半年更为稳健，月成交额稳定在1000亿元以上，更在11月份强势走高，成交额冲至5697亿元。受国家采取综合措施加大宏观调控力度，2009年玉米减产，农民惜售，气候异常现象频发，需求恢复增长较快等因素影响，下半年玉米价格持续上涨。

2. 交易所对政策的调整。

（1）自2010年2月11日结算时起，因春节长假，大连商品交易所对玉米期货合约涨跌停板和保证金进行调整，2月22日结算时起恢复正常。

（2）自2010年6月10日结算时起，因端午节放假，大连商品交易所对玉米期货合约涨跌停板和保证金进行调整，6月17日结算时起恢复正常。

（3）自2010年9月29日结算时起，因国庆节长假，大连商品交易所对玉米期货合约涨跌停板和保证金进行调整，10月8日结算时起恢复正常。

（4）自2010年11月15日起，为规范期货交易行为，保护期货交易当事人的合法权益，维护市场正常秩序，根据《大连商品交易所交易规则》等业务规则，交易所制定了《大连商品交易所异常交易管理办法（试行）》，自2010年11月22日起施行。

（5）自2010年11月29日起，暂停各品种当日开平仓交易手续费减半收取优惠措施。自2011年1月1日起，暂停《关于调整交易手续费收取标准的通知（大连商品交易所发［2010］59号）》中有关各品种手续费减收优惠措施。

（6）自2010年11月29日结算时起，玉米期货合约最低交易保证金标准提高至10%，涨跌停板幅度扩大至6%。

3. 合约制度的修订和完善。

（1）2010年6月3日，拟对《大连商品交易所章程》和《大连商品交易所交易规则》进行修订，发布修订草案并公开征求意见。

（2）2010年6月7日，大连商品交易所发布《关于就大连商品交易所交割仓库管理制度向各指定交割仓库、客户和各会员单位征求意见的通知》。随着大连商品交易所期货品种的不断增多，交割仓库的数量和分布区域都发生了很大变化，并且有越来越多的产业客户参与到大连期货市场中来。该草案包括交割仓库资格审核、现场检查、年度评审等6项制度，内容涵盖了交割仓库设立及取消的条件及程序、日常监管、年终考核以及内部审核流程等诸多方面，对交割仓库日常交割业务的办理也提出了明确的要求。

（3）2010年10月28日，大连商品交易所公布的《关于公布2011年度指定交割仓库入出库费用和杂项作业服务收费最高限价的通知》中的玉米指定交割仓库入出库费用最高限价中，玉米指定交割仓库入出库费用和杂项作业服务收费最高限价较2010年已实施的最高限价没有变动。

（4）2010年11月15日，发布《大连商品交易所异常交易管理办法（试行）》

和《大连商品交易所异常交易管理办法（试行)》。

（5）2010 年 12 月 10 日，取消大连港散粮码头公司的玉米指定交割仓库资格，增设大连港集团有限公司为上述品种的指定交割仓库，仓库调整后，期货商品存放地址、升贴水、业务联系方式等与调整前保持一致。

五、棕榈油期货运行状况

2010 年，棕榈油期货市场处于经济危机“过山车”行情后的反弹阶段。当年市场炒作热点依然在天气和政策调控两个方面。国内棕榈油期货价格整体表现为价格震荡上行、底部逐渐抬升趋势。第 1 季度棕榈油期货价格窄幅震荡上行，上涨幅度约为 350 元/吨。5、6 月份为消费需求淡季，加之缺乏外盘提振，棕榈油期货价格震荡下行。7 至 12 月份棕榈油期货价格大幅攀升至高点。虽然 11 月底及 12 月中上旬，在国家密集调控政策维稳物价的打压下，国内棕榈油期货价格有所回落调整，但 12 月下旬，在市场担忧强降雨损害印尼与马来西亚棕榈油产量的因素影响下，棕榈油期货价格再次恢复趋强走势。

（一）交易情况

2010 年，大连商品交易所棕榈油合约共成交 8359. 95 万手，同比减少 5. 91%。成交额为 62562. 12 亿元，同比增加 13. 17%，年末持仓量 17. 44 万手，同比减少 53. 88%。2010 年前 7 个月，大连商品交易所棕榈油期货成交量状况呈现出逐月递减的态势，8 月份之后成交量有所增加，10、11、12 月再度大幅增加。2010 年大连商品交易所棕榈油期货月度交易情况见表 3 - 1 - 21。

表 3 - 1 - 21　　　2010 年棕榈油期货月度交易情况

月　度	成交量（万手）	同比变化（%）	成交额（亿元）	同比变化（%）	持仓量（万手）	同比变化（%）
1 月	1357. 99	640. 52	9438. 97	862. 91	31. 78	311. 74
2 月	606. 30	123. 28	4103. 36	185. 55	33. 89	290. 72
3 月	929. 92	189. 56	6446. 77	277. 10	28. 45	98. 98
4 月	532. 86	- 35. 60	3707. 84	- 27. 24	29. 61	106. 17
5 月	437. 82	- 43. 18	2934. 95	- 43. 64	24. 96	82. 57
6 月	295. 94	- 62. 68	1915. 55	- 61. 72	25. 78	- 3. 08
7 月	381. 11	- 73. 21	2469. 10	- 69. 87	26. 44	- 25. 39
8 月	896. 31	- 42. 77	6383. 94	- 36. 51	26. 76	- 18. 19
9 月	645. 67	- 24. 80	4763. 63	- 6. 92	17. 30	- 17. 61

续表

月　度	成交量（万手）	同比变化（%）	成交额（亿元）	同比变化（%）	持仓量（万手）	同比变化（%）
10月	457.99	37.71	3798.03	87.33	19.63	-3.93
11月	1085.07	130.08	9742.98	220.86	21.33	4.42
12月	732.97	-31.28	6857.00	-7.52	17.44	-53.88
全　年	8359.95	-5.91	62562.12	13.17	17.44	-53.88

资料来源：大连商品交易所。

2010年，大连商品交易所棕榈油期货合约成交活跃，市场参与度较高，成交额大幅上升，成交量窄幅下落，持仓规模减弱。2007～2010年棕榈油期货年度交易情况见表3-1-22。

表3-1-22　　2007～2010年棕榈油期货年度交易情况

年　度	成交量（万手）	同比变化（%）	成交额（亿元）	同比变化（%）	持仓量（万手）	同比变化（%）
2007年	67.84	—	592.20	—	1.04	—
2008年	1260.50	—	8664.12	—	8.63	719.81
2009年	8885.30	604.91	55282.34	538.06	37.83	338.11
2010年	8359.95	-5.91	62562.12	13.17	17.44	-53.88

资料来源：大连商品交易所。

（二）交割情况

大连商品交易所现有棕榈油交割库（包括了交割仓库和交割厂库）共19处，主要分布在天津市、上海市及广州市周边地区。

2010年，大连商品交易所豆油期货交割总量为5.06万吨，较2009年同比变化573.22%，交割总量增长量较大；成交额为3.53亿元，同比变化748.71%，也有非常大的增长。其中，月度交割状况如表3-1-23所示。2008～2010年棕榈油期货年度交割情况如表3-1-24所示。

表3-1-23　　2010年棕榈油期货月度交割情况

月　度	交割量（手）	同比变化（%）	交割额（亿元）	同比变化（%）
1月	1825	-36.96	1.25	-14.96
2月	—	—	—	—
3月	13	—	0.009	—

续表

月 度	交割量（手）	同比变化（%）	交割额（亿元）	同比变化（%）
4月	2	—	0.001	—
5月	1189	385.31	0.80	358.59
6月	38	26.67	0.02	19.15
7月	—	—	—	—
8月	—	—	—	—
9月	1991	198.20	1.45	385.93
10月	—	—	—	—
11月	—	—	—	—
12月	—	—	—	—
总 计	5058	573.22	3.53	748.71

资料来源：大连商品交易所交易月报。

表3-1-24　　2008～2010年棕榈油期货年度交割情况

年 份	交割量（手）	同比变化（%）	交割额（亿元）	同比变化（%）
2008年	2893	—	2.76	—
2009年	3675	27.03	1.96	-28.99
2010年	5058	37.63	3.53	80.61

资料来源：大连商品交易所。

2010年棕榈油期货月度注册、注销仓单量比较见图3-1-9。

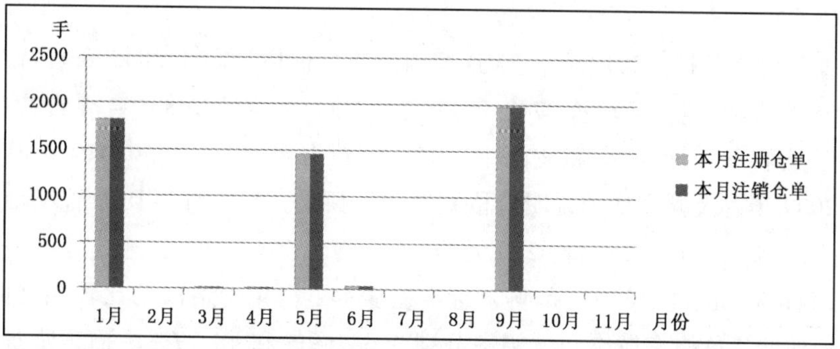

图3-1-9　2010年棕榈油期货月度注册、注销仓单量比较

资料来源：大连商品交易所交易月报。

（三）价格走势

1. 总体价格走势。2010 年棕榈油期货价格处于经济危机“过山车”行情后的反弹阶段。大连商品交易所棕榈油期货指数年初开盘价 7302 元/吨、年末收盘价 9786 元/吨、年内盘中最高价 9814 元/吨（12 月 28 日）、年内盘中最低价 6220 元/吨（7 月 7 日）。BMD 棕榈油开盘价 2656 令吉特/吨，年内最高价 3845 令吉特/吨，年内最低价 2305 令吉特/吨，年终报收价 3656 令吉特/吨，年内涨幅 37.65%。国内棕榈油现货价格走势与期货价格相似，1 月 4 日报价为 6700 元/吨，年内最高价 9600 元/吨（12 月 28 日），年内最低价 6160 元/吨（7 月 7 日），年终报收 9500 元/吨，年内涨幅 41.80%。图 3-1-10 显示了 2010 年棕榈油期货内外盘和现货市场价格比较情况。

图 3-1-10　2010 年棕榈油期货内外盘和现货市场价格比较

资料来源：国内期货价格来自世华财讯；外盘价格来自 Bloomberg；现货价格来自国家粮油信息中心黄埔港现货棕榈油价格。

2. 期货价格分析。2010 年，BMD 棕榈油期货价格最高价 3845 令吉特/吨，最低价 2305 令吉特/吨，平均价 2748.95 令吉特/吨，标准差 1088.94 令吉特/吨，极差 1540 令吉特/吨，离散率和波幅率较高，分别为 39.61% 和 56.02%。其中，标准差较 2009 年有大幅度增加说明价格波动比较频繁。2010 年，DCE 棕榈油期货价格最高价 9814 元/吨，最低价 6220 元/吨，平均价 7368.86 元/吨，标准差、极差分别是 2541.34 元/吨、3594 元/吨。标准差显示了全年价格波动比较频繁的特点。DCE 棕榈油期货价格离散率和波幅率分别为 34.49% 和 48.77%。而现货价格与期货价格走势趋同。其中，最高价 9600 元/吨，最低价 6160 元/吨，平均价 7254.71 元/吨，标准差、极差分别是 2432.45 元/吨和 3440 元/吨，离散率 33.53%，波幅率 47.42%。表 3-1-25 为 2010 年棕榈油期货内外盘和现货市场价格主要显性指标数值。

表 3-1-25　2010 年棕榈油期货内外盘和现货市场价格主要显性指标

市场分类	绝对指标（令吉特/吨、元/吨）					相对指标（%）	
	最高价	最低价	平均价	标准差	极差	离散率	波幅率
BMD 连续价格	3845	2305	2748.95	1088.94	1540	39.61	56.02
DCE 连续价格	9814	6220	7368.86	2541.34	3594	34.49	48.77
现货市场价格	9600	6160	7254.71	2432.45	3440	33.53	47.42

资料来源：国内期货价格来自世华财讯；外盘价格来自 Bloomberg；现货价格来自国家粮油信息中心黄埔港现货棕榈油价格。

（四）市场重大变化及政策调整

1. 交易重大变化情况。2010 年，大连商品交易所棕榈油合约共成交 8359.95 万手，同比减少 5.91%，成交额为 62562.12 亿元，同比增加 13.17%，年末持仓量 17.44 万手，同比减少 53.88%。2010 年前 7 个月，大连商品交易所棕榈油期货成交量状况呈现出逐月震荡递减的态势，8 月份之后成交量有所增加，10、11、12 月再度大幅震荡增加。

2. 交易所对政策的调整。

（1）自 2010 年 2 月 11 日结算时起，因春节长假，大连商品交易所对棕榈油合约涨跌停板和保证金进行调整，2 月 22 日结算时起恢复正常。

（2）自 2010 年 6 月 10 日结算时起，因端午节放假，大连商品交易所对棕榈油合约涨跌停板和保证金进行调整，6 月 17 日结算时起恢复正常。

（3）自 2010 年 9 月 29 日结算时起，因国庆节长假，大连商品交易所对棕榈油合约涨跌停板和保证金进行调整，10 月 8 日结算时起恢复正常。

（4）自 2010 年 11 月 15 日起，为规范期货交易行为，保护期货交易当事人的合法权益，维护市场正常秩序，根据《大连商品交易所交易规则》等业务规则，制定了《大连商品交易所异常交易管理办法（试行）》，自 2010 年 11 月 22 日起施行。

（5）自 2010 年 11 月 29 日起，暂停各品种当日开平仓交易手续费减半收取优惠措施。自 2011 年 1 月 1 日起，暂停《关于调整交易手续费收取标准的通知（大连商品交易所发［2010］59 号)》中有关各品种手续费减收优惠措施。

（6）自 2010 年 11 月 29 日结算时起，棕榈油合约最低交易保证金标准提高至 10%，涨跌停板幅度扩大至 6%。

3. 合约制度的修订和完善。

（1）2010 年 6 月 3 日，拟对《大连商品交易所章程》和《大连商品交易所交易规则》进行修订，发布修订草案并公开征求意见。

（2）2010 年 6 月 7 日，大连商品交易所发布《关于就大连商品交易所交割仓库管理制度向各指定交割仓库、客户和各会员单位征求意见的通知》。随着大连商品交易所期货品种的不断增多，交割仓库的数量和分布区域都发生了很大变化，并且有越来越多的产业客户参与到大连期货市场中来。该草案包括交割仓库资格审核、现场检查、年度评审等6项制度，内容涵盖了交割仓库设立及取消的条件及程序、日常监管、年终考核以及内部审核流程等诸多方面，对交割仓库日常交割业务的办理也提出了明确的要求。

（3）2010 年 10 月 28 日，大连商品交易所公布的《关于公布 2011 年度指定交割仓库入出库费用和杂项作业服务收费最高限价的通知》中的棕榈油指定交割仓库入出库费用最高限价中，2011 年棕榈油指定交割仓库入出库费用和杂项作业服务收费最高限价较 2010 年已实施的最高限价没有变动。

（4）2010 年 11 月 15 日，发布《大连商品交易所异常交易管理办法（试行）》和《大连商品交易所异常交易管理办法（试行）》。

六、小麦期货运行状况

（一）交易情况

2010 年，郑州商品交易所（ZCE，简称郑商所）优质强筋小麦期货（以下简称强麦）成交量达 1160.93 万手，成交额为 2995.34 亿元，年末持仓量 10.06 万手；与 2009 年相比，成交量减少 15.07%，成交额增加 3.15%，年末持仓量增加 39.76%。硬白小麦期货（以下简称硬麦）成交量达 7.02 万手，成交额为 15.25 亿元，年末持仓量 0.42 万手，与 2009 年相比，分别增加 74%、98% 和 322.72%。2010 年，郑州商品交易所小麦期货交易平稳，成交量有所减少，强麦期价累计上涨近 18%。其主要原因是 2010 年年初西南小麦遭遇低温天气，生产前景引发忧虑，但国家库存充足，上半年强麦运行较为平稳；下半年黑海地区国家小麦减产，俄罗斯等国禁止小麦出口，美国大平原的旱情和澳大利亚的洪水引发市场担忧，国际小麦价格飙升，对国内小麦期价产生传导作用，且下半年北方冬小麦产区遭遇大面积旱灾，市场忧虑引发强麦期价上涨。有关小麦期货全年成交量、成交额以及月末持仓情况见表 3－1－26、表 3－1－27。

表 3－1－26　　2010 年强麦期货月度交易情况

月度	成交量（万手）	同比变化（%）	成交额（亿元）	同比变化（%）	持仓量（万手）	同比变化（%）
1月	22.72	－83.45	51.55	－81.21	5.71	－69.57
2月	7.51	－98.34	16.97	－98.23	5.55	－73.17

续表

月　度	成交量（万手）	同比变化（%）	成交额（亿元）	同比变化（%）	持仓量（万手）	同比变化（%）
3月	13.51	-93.24	30.84	-92.79	5.85	-66.03
4月	27.41	-83.73	63.03	-82.54	6.49	-61.07
5月	16.95	-75.41	38.72	-73.48	5.04	-69.80
6月	14.36	-82.81	32.80	-81.63	4.50	-74.08
7月	53.73	3.75	127.02	14.69	13.12	-19.82
8月	203.33	140.22	502.38	174.20	19.44	36.95
9月	81.14	91.87	207.09	126.83	15.97	77.21
10月	414.04	1563.18	1105.16	1950.77	15.00	88.08
11月	191.59	793.68	508.80	988.83	10.74	70.36
12月	114.65	262.00	311.06	339.63	10.06	39.76
全　年	1160.93	-15.07	2995.34	3.15	10.06	39.76

资料来源：郑州商品交易所网站。

表3-1-27　　2010年硬麦期货月度交易情况

月　度	成交量（万手）	同比变化（%）	成交额（亿元）	同比变化（%）	持仓量（万手）	同比变化（%）
1月	0.19	-68.67	0.37	-66.74	0.05	-81.17
2月	0.11	-86.21	0.22	-85.89	0.04	-91.89
3月	0.37	125.15	0.72	129.99	0.07	-82.89
4月	0.26	-35.48	0.49	-33.79	0.08	-69.38
5月	0.21	5.41	0.42	9.36	0.10	-56.69
6月	0.21	53.27	0.41	58.98	0.13	-49.69
7月	0.24	160.75	0.48	182.96	0.13	-47.91
8月	0.83	89.84	1.75	109.39	0.21	-16.81
9月	0.27	4.79	0.58	16.12	0.16	-34.84
10月	1.73	610.44	3.90	704.54	0.21	-15.60
11月	1.93	554.58	4.39	650.96	0.41	91.71
12月	0.67	77.09	1.50	102.81	0.42	322.72
总　计	7.02	74.00	15.25	98.00	0.42	322.72

资料来源：郑州商品交易所网站。

2003~2010年强麦期货年度交易情况见表3-1-28。

表 3-1-28　　2003~2010 年强麦期货年度交易情况

年　度	成交量（万手）	同比变化（%）	成交额（亿元）	同比变化（%）	持仓量（万手）	同比变化（%）
2003 年	1931	—	3273	—	11.31	—
2004 年	2317	20.0	4371	33.6	20.49	81.20
2005 年	3324	43.43	5654	29.35	37.57	83.34
2006 年	2935	-11.70	5067	-10.38	18.03	-52.02
2007 年	7797	165.62	15129	198.56	22.39	24.18
2008 年	5502	-29.43	11407	-24.59	21.85	-2.41
2009 年	1366	-75.16	2903	-74.55	7.20	-67.05
2010 年	1160.93	-15.07	2995.34	3.16	10.06	39.76

资料来源：郑州商品交易所网站。

1993~2010 年硬麦期货年度交易情况见表 3-1-29。

表 3-1-29　　1993~2010 年硬麦期货年度交易情况

年　度	成交量（万手）	同比变化（%）	成交额（亿元）	同比变化（%）	持仓量（万手）	同比变化（%）
1993 年	11	—	9	—	—	—
1994 年	30	173	31	244	—	—
1995 年	11	-49	19	-39	0.024	—
1996 年	13	18	23	21	4.94	20483
1997 年	88	577	133	478	1.15	-76.72
1998 年	537	510	786	491	2.93	154.78
1999 年	69	-87	87	-88	5.63	92.15
2000 年	1123	1527	1561	1694	23.99	326.11
2001 年	1464	30	1836	18	16.70	-30.38
2002 年	1827	25	2252	23	30.08	80.11
2003 年	3051	67	4688	108	24.42	-18.81
2004 年	1931	-36.7	3484	-25.7	5.13	-79
2005 年	196.3	-89.83	305	-91.24	0.13	-97.43
2006 年	5.61	-97.14	8.4	-97.24	0.11	-19.42
2007 年	5.14	-8.32	8.5	1.17	0.12	10.73
2008 年	33	538.47	60	600.00	0.46	288.18

续表

年　度	成交量（万手）	同比变化（%）	成交额（亿元）	同比变化（%）	持仓量（万手）	同比变化（%）
2009 年	3.97	-87.92	7.58	-87.28	0.10	-78.26
2010 年	7.02	74.00	15.25	98.00	0.42	322.72

资料来源：郑州商品交易所网站。

2005～2010 年国内外小麦年度交易情况对比见表 3－1－30。

表 3－1－30　　2005～2010 年国内外小麦年度交易情况对比

年　度	郑州商品交易所强麦成交量（万手）	郑州商品交易所硬麦成交量（万手）	美国芝加哥期货交易所小麦成交量（万手）	美国堪萨斯期货交易所小麦成交量（万手）
2005 年	3508.68	—	1966.20	368.29
2006 年	2934.69	4.92	1629.25	476.32
2007 年	7795.35	5.14	1014.64	431.80
2008 年	5501.70	32.84	1924.23	377.83
2009 年	1366.72	3.97	1757.73	366.07
2010 年	1160.93	7.02	2315.49	554.98

资料来源：郑州商品交易所网站。

2005～2010 年国内外小麦成交、持仓情况对比见表 3－1－31。

表 3－1－31　　2005～2010 年国内外小麦成交、持仓情况对比

年　度	成交量（万手）		成交额（亿元）		月末持仓量（万手）	
	郑州商品交易所强麦	美国芝加哥期货交易所小麦	郑州商品交易所强麦	美国芝加哥期货交易所小麦	郑州商品交易所强麦	美国芝加哥期货交易所小麦
2005 年	3508.68	1966.20	5654	—	37.57	30.33
2006 年	2934.69	1629.25	5067	—	18.03	45.21
2007 年	7795.35	1014.64	15129	—	22.39	43.17
2008 年	5501.70	1924.23	11407	—	21.85	25.23
2009 年	1366.72	1757.73	2903	—	7.20	36.44
2010 年	1160.93	2315.49	2995	—	10.06	49.15

注：芝加哥期货交易所 1 张小麦合约为 5000 蒲式耳，约 136 吨。郑州商品交易所 1 张合约为 10 吨。资料来源：郑州商品交易所、芝加哥期货交易所网站。

（二）交割情况

截至 2010 年底，强麦期货交割库 11 处，强麦交割库主要分布在山东济宁、荷泽，河北藁城、元氏、邢台、衡水，江苏徐州，河南郑州、新乡、濮阳，陕西西安等地；硬麦期货交割库14处，硬麦交割库主要分布在江苏南京、靖江、南通、徐州、江阴，陕西西安，河北藁城、邢台、柏乡，山东德州、兖州，河南濮阳、新乡和安阳等地。

2010年，郑州商品交易所强麦期货交割总量为7.037万吨，交割额为1.59亿元，比2009年分别减少49.23%和41.73%；硬麦期货交割总量为0.393万吨，交割额为767.23万元，比2009年分别增长66.84%和64.5%。2010年小麦期货月度交割见表3－1－32、表3－1－33。

表3－1－32　　2010年强麦期货月度交割情况

月　度	交割量（手）	同比变化（%）	交割额（亿元）	同比变化（%）	交割数（吨）	同比变化（%）
1月	1221	－72.55	0.26	－69.24	12210	－72.55
3月	66	－90.88	0.015	－89.52	660	－90.88
5月	3478	19.44	0.78	40.77	34780	19.44
7月	785	55.14	0.17	77.17	7850	55.14
9月	886	－79.82	0.213	－76.39	8860	－79.82
11月	601	－31.70	0.149	－18.41	6010	－31.70
总　计	7037	－49.23	1.585	－41.73	70370	－49.23

资料来源：郑州商品交易所网站。

表3－1－33　　2010年硬麦期货月度交割情况

月　度	交割量（手）	同比变化（%）	交割额（万元）	同比变化（%）	交割数（吨）	同比变化（%）
1月	32	－95.70	60.35	－95.45	320	－95.70
3月	14	－78.79	26.81	－77.86	140	－78.79
5月	50	－65.03	91.2	－66.84	500	－65.03
7月	36	176.92	70.47	213.53	360	176.92
9月	161	155.56	316.494	171.41	1610	155.56
11月	100	－35.48	201.9	－32.86	1000	－35.48
总　计	393	－66.84	767.23	－64.50	3930	－66.84

资料来源：郑州商品交易所网站。

2006～2010年强麦期货交割情况见表3－1－34。

表 3-1-34　　2006~2010 年强麦期货交割情况

年　度	交割量（手）	同比变化（%）	交割额（亿元）	同比变化（%）
2006 年	46121	366.29	7.67	392.55
2007 年	19441	-57.85	3.46	-54.95
2008 年	26344	35.51	4.87	40.78
2009 年	13860	-47.39	2.72	-44.09
2010 年	7037	-49.23	1.59	-41.73

注：(1) 交割量按单边计；(2) 不含期转现数。

2006~2010 年硬麦期货交割情况见表 3-1-35。

表 3-1-35　　2006~2010 年硬麦期货交割情况

年　度	交割量（手）	同比变化（%）	交割额（亿元）	同比变化（%）
2006 年	118	-96.64	0.016	-96.94
2007 年	126	6.78	0.0194	20.76
2008 年	194	53.97	0.032	63.84
2009 年	1185	510.82	0.216	580.61
2010 年	393	-66.84	0.077	-64.50

注：(1) 交割量按单边计；(2) 不含期转现数。

2010 年强麦期货月度注册、注销仓单量见图 3-1-11。

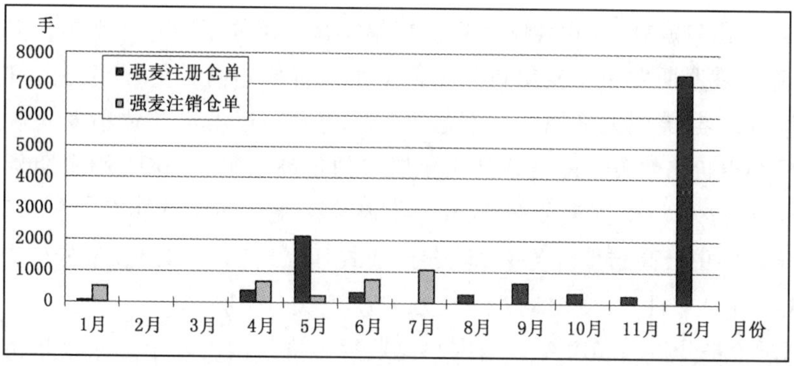

图 3-1-11　2010 年强麦期货月度注册、注销仓单量

2010 年硬麦期货月度注册、注销仓单量见图 3-1-12。

（三）价格走势

1. 总体价格走势。2010 年，郑州商品交易所强麦呈现出先稳后涨走势。上半

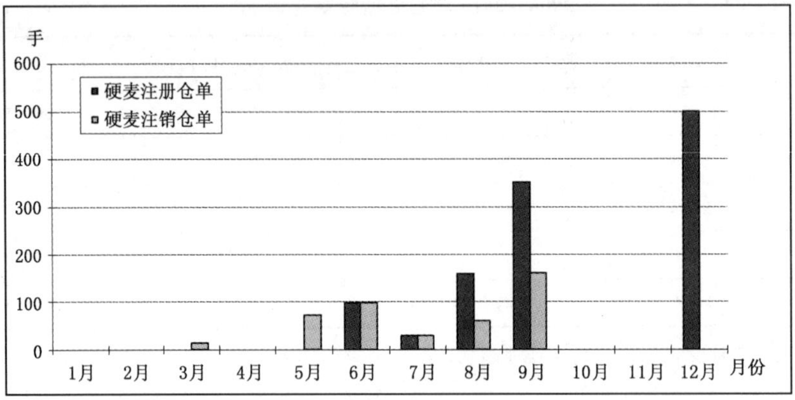

图 3－1－12　2010 年硬麦期货月度注册、注销仓单量

年年初虽遭遇低温天气，但国家政策性粮源库存充足，投放稳定，强麦期价平稳运行。下半年因黑海地区减产导致俄罗斯乌克兰等国发布小麦出口禁令，推动国际麦价飙升对国内麦价产生传导作用，且国内主要小麦产区遭遇旱灾影响，后市看涨预期增强，郑州商品交易所强麦期价逐步走高。年末，国家发改委提高了 2011 年小麦收购价格，提振了小麦市场，拉升了麦价。郑州商品交易所强麦主力合约年初结算价 2278 元/吨，7 月份之前运行平稳，自 7 月份进入上涨通道，结算价逐渐走高，12 月 23 日结算价 2775 元/吨，创下年内最高，年末结算价 2737 元/吨，年内最低结算价 2245 元/吨，最大价差 492 元/吨。强麦、硬麦期货总体价格波动情况见图 3－1－13。

2010 年，CBOT 小麦与国内小麦期货走势大致相仿。年初，国际小麦供应宽松，美国小麦出口疲软，CBOT 小麦期价窄幅震荡，总体平稳。下半年，黑海地区因干旱减产，俄罗斯发布小麦出口禁令推动小麦价格走高，美国小麦出口势头强劲，需求转旺，且美国大平原地区遭遇旱灾，澳大利亚洪水导致小麦质量损失严重，CBOT 小麦价格攀升，一度达到两年以来的最高水平。CBOT 小麦期货近交割月结算价格年初为 557.75 美分/蒲式耳，年末结算价为 791.75 美分/蒲式耳，涨幅为 41.95%。年中最高结算价 799.25 美分/蒲式耳（12 月 29 日），最低价为 428 美分/蒲式耳（6 月 9 日），年内最大差价为 317.25 美分/蒲式耳。

2. 期货价格分析。2010 年，国内小麦期货价格与国内外走势大致相仿，均呈现上半年稳定，下半年走高的走势。国际方面上半年国际小麦供应宽松，需求平稳，美国小麦出口疲软，CBOT 小麦价格总体保持稳定态势；下半年受俄罗斯小麦出口禁令，以及美国大平原旱情和澳大利亚小麦产区过量降水的影响，美麦出口提振，CBOT 小麦期价上涨。国内方面，上半年国内政策性小麦库存充足，供应宽松，麦价走稳；下半年受国际麦价上涨的传导作用影响，且国内主要小麦产区遭受

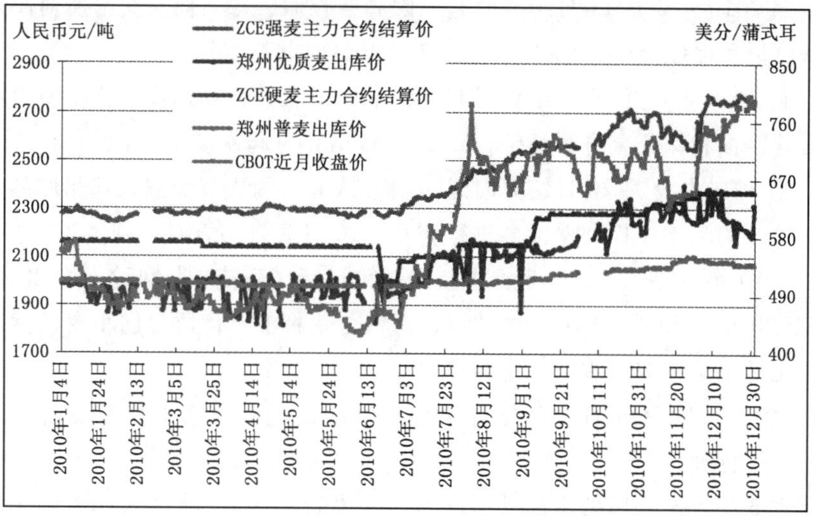

图 3－1－13　国内外期、现货小麦价格走势对比

资料来源：郑州商品交易所网站。

大面积旱情，郑州商品交易所强麦期价走高。2010 年小麦期货内外盘和现货市场价格主要指标见表 3－1－36。

表 3－1－36　　2010 年小麦期货内外盘和现货市场价格主要指标

市场分类	绝对指标（元/吨、美分/蒲氏耳）					相对指标（%）	
	最高价	最低价	平均价	标准差	极差	离散率	波幅率
ZCE 强麦连续价格	2615	2122	2289.11	125.2	493	5.5	21.5
ZCE 硬麦连续价格	2240	1768	1936.86	95.94	472	5	24.4
郑州优麦现价	2370	1920	2191.86	92.54	450	4.2	20.5
郑州普麦现价	2100	1800	2010.83	37.24	300	1.9	14.9
CBOT 小麦期价	840.00	425.50	582.32	111.63	414.50	19.2	71.2

资料来源：郑州商品交易所网站。

（四）市场重大变化及政策调整

1. 交易重大变化情况及原因分析。2010 年，郑州商品交易所小麦期货成交量比 2009 年稍有下降，主要原因是 2010 年上半年成交平淡，下半年在国际小麦价格上涨和国内旱灾的影响下，交投较为活跃，但国内政策性小麦库存充足，投放稳定，小麦现货市场价格总体平稳，企业经营相对稳定，价格避险需求不大，成交量略有下降。

2. 郑州商品交易所小麦政策的调整。

（1）自2010年2月11日结算时起，因春节长假，郑州商品交易所对小麦期货合约涨跌停板和保证金进行调整，2月22日结算时起恢复正常。

（2）自2010年6月10日结算时起，因端午节放假，郑州商品交易所对小麦期货合约涨跌停板和保证金进行调整，6月17日结算时起恢复正常。

（3）自2010年9月20日结算时起，因中秋节、国庆节长假，郑州商品交易所对小麦期货合约涨跌停板和保证金进行调整，10月8日结算时起恢复正常。

（4）2010年10月25日，为促进市场平稳运行，防范市场风险，自2010年10月27日至2010年12月31日，早籼稻、白糖、菜籽油、优质强筋小麦期货合约当日开平仓交易手续费减半收取规定暂停。

（5）2010年11月4日，郑州商品交易所调整优质强筋小麦和硬白小麦出入库、检验费用标准：

优质强筋小麦出入库费用标准：汽车出入库费用6元/吨（入库含卸车、入库等，出库含扒垛、装车等）。硬白小麦出入库费用标准：汽车出入库费用6元/吨（入库含卸车、入库、检验等，出库含扒垛、装车等）。优质强筋小麦检验费用：检验费用1元/吨，单垛不足1000吨的按1000吨计。以上费用标准自2010年12月1日开始实施。

（6）2010年11月24日，郑州商品交易所决定自2010年11月26日结算时起，强麦期货合约交易保证金标准由原比例调整为10%，涨跌停板幅度由原比例调整为6%。

（7）2010年11月26日，郑州商品交易所决定自2010年11月29日结算时起，硬麦期货合约交易保证金标准由原比例调整为10%，涨跌停板幅度由原比例调整为6%。

（8）2010年12月20日，郑州商品交易所指定中国检验认证集团河南有限公司为优质强筋小麦、菜籽油期货指定质检机构。

（9）2010年12月30日，郑州商品交易所决定自2011年1月1日起，暂停各品种交易手续费达标减收优惠措施。

七、棉花期货运行状况

郑州商品交易所棉花期货上市6年多以来，市场不断发展和成熟，有效推动了中国棉花产业的持续健康发展。2010年以来，受全球棉花供不足需的基本面影响，棉花价格波幅加大，企业参与度显著提高，市场规模得以快速提升，成交量、持仓量和成交价格均创出上市以来的新高。为了缓解市场压力，国家于8月10日至10月20日公开竞卖储备棉100万吨。

（一）交易情况

2010 年，棉花期货合约成交量 17391.06 万手，同比增长 918.85%，成交额 205952.19 亿元，同比增长 1487.78%。其中，2010 年 11 月 24 日成交量为 454.32 万手，成交额为 5774.36 亿元，是自棉花上市以来最高日成交量和日成交额。2010 年棉花期货月度交易情况见表 3－1－37。

表 3－1－37　　2010 年棉花期货月度交易情况

月　度	成交量（万手）	同比变化（%）	成交额（亿元）	同比变化（%）	持仓量（万手）	同比变化（%）
1 月	713.25	1604.44	5871.45	2272.50	27.15	409.78
2 月	260.26	378.73	2106.90	547.71	27.11	287.93
3 月	623.60	2068.53	5278.23	2928.69	33.69	532.81
4 月	310.57	661.95	2621.20	887.95	35.11	460.52
5 月	761.14	2194.93	6561.23	2885.46	38.52	712.21
6 月	681.52	1400.28	5775.07	1827.63	38.23	876.70
7 月	584.47	1354.72	4915.77	1702.89	36.72	642.88
8 月	379.49	623.99	3251.52	809.74	29.29	554.69
9 月	1987.12	3496.93	20081.86	5223.77	45.96	794.84
10 月	2647.70	3177.94	33199.10	5574.91	56.00	475.78
11 月	5007.89	1075.45	69503.15	1976.92	42.65	88.77
12 月	3434.05	325.03	46786.72	619.73	33.12	－10.16
全　年	17391.06	918.85	205952.19	1487.78	33.12	－10.16

注：按双边统计。

2006～2010 年棉花期货年度交易情况见表 3－1－38。

表 3－1－38　　2006～2010 年棉花期货年度交易情况

年　度	成交量（万手）	同比变化（%）	成交额（亿元）	同比变化（%）	持仓量（万手）	同比变化（%）
2006 年	416.91	－80.82	3079.47	－80.37	8.29	10.47
2007 年	591.05	41.77	4355.35	41.43	9.56	15.35
2008 年	1080.17	82.75	7101.28	63.05	5.79	－39.49
2009 年	1706.94	58.03	12971.10	82.66	36.86	537.09
2010 年	17391.06	918.85	205952.19	1487.78	33.12	－10.16

注：按双边统计。

表 3－1－39　　2008～2010 年棉花期货内外盘交易情况比较

年　度	成交量（万手）		成交额（亿元）		持仓量（万手）	
	ZCE	ICE	ZCE	ICE	ZCE	ICE
2008 年	1080.17	616.30	7101.28	—	5.79	12.61
2009 年	1706.94	357.50	12971.10	—	36.86	18.80
2010 年	17391.06	548.41	205952.19	—	33.12	20.68

注：（1）因纽约期货交易所 2006 年被洲际交易所收购，2004 年以后的棉花交易金额数据没有公布；（2）郑州商品交易所每手 5 吨，按双边统计，洲际交易所每手 50000 磅，按单边统计。

（二）交割情况

2010 年，郑州商品交易所启用棉花交割库 18 处，其中新增 4 处。具体分布：河南 3 处、山东 4 处、江苏 5 处、湖北 2 处，河北、湖南、安徽、浙江各 1 处。2010 年共实现棉花仓单交割 17928 手，较 2009 年增加 107.50%；交割额 14.93 亿元，较 2009 年增加 175.54%。

2010 年棉花期货月度交割情况见表 3－1－40。

表 3－1－40　　2010 年棉花期货月度交割情况

月　度	交割量（手）	同比变化（%）	交割额（亿元）	同比变化（%）
1 月	4672	110.83	3.68	189.46
3 月	4920	328.57	3.94	482.33
5 月	6188	128.17	5.23	196.55
7 月	1736	－8.44	1.62	29.28
9 月	300	－23.47	0.28	11.22
11 月	112	－59.42	0.18	－11.35
总　计	17928	107.50	14.93	175.54

注：（1）交割量按单边计；（2）不含期转现数量；（3）合约大小：5 吨/张。

2006～2010 年棉花期货年度交割情况见表 3－1－41。

表 3－1－41　　2006～2010 年棉花期货年度交割情况

年　度	交割量（手）	同比变化（%）	交割额（亿元）	同比变化（%）
2006 年	17028	—	12.00	—
2007 年	16528	－2.94	11.16	－7.02
2008 年	30132	82.31	20.69	85.43
2009 年	8640	－71.33	5.42	－73.81
2010 年	17928	107.50	14.93	175.54

注：（1）交割量按单边计；（2）不含期转现数量；（3）合约大小：5 吨/张。

2010 年棉花期货月度注册、注销仓单量比较见图 3－1－14。

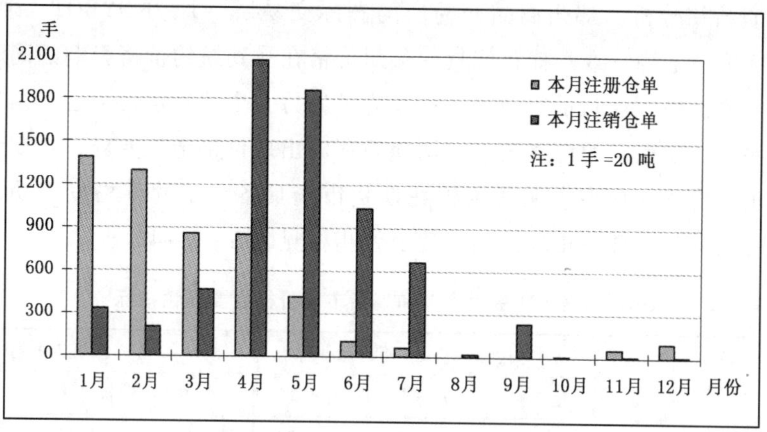

图3-1-14　2010年棉花期货月度注册、注销仓单量比较

（三）价格走势

1. 总体价格走势。2010年，郑州棉花期货价格创上市以来的历史新高。由于2009年国内棉花隐性库存过度消耗的影响延续至2010年，棉价在2010年1月至8月保持震荡上升趋势，新旧棉花年度交替之后，由于亚洲新棉上市普遍推迟、印度棉出口的不确定性以及活跃的市场需求支撑，棉花价格快速攀升，CF101合约于11月9日创出郑州棉花期货上市以来的最高值34250元/吨，随后价格陷入宽幅震荡，年末收于28490元/吨，郑棉连续合约年涨幅达75.3%。国家于8月10日至10月20日公开竞卖储备棉100万吨，有效地缓解了市场压力。2010年棉花期货内外盘和现货市场价格比较见图3-1-15。

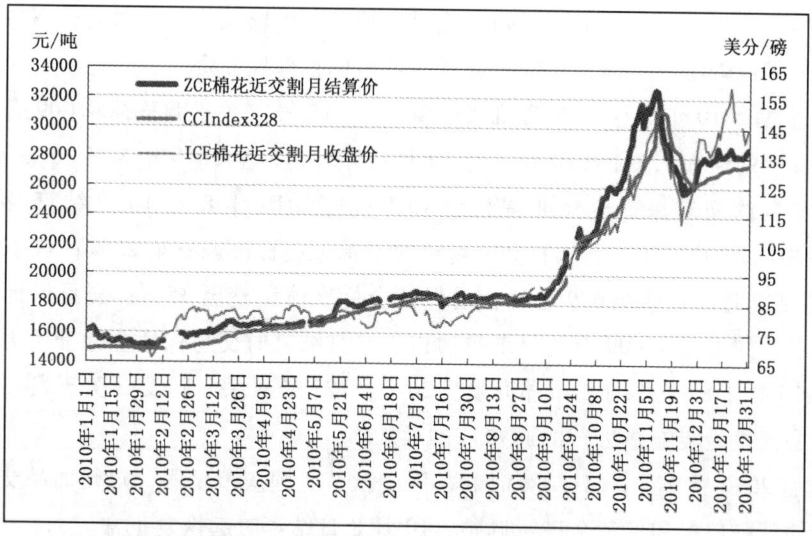

注：右轴ICE价格以美分/磅表示。

图3-1-15　2010年棉花期货内外盘和现货市场价格比较

2. 期货价格分析。郑州商品交易所与洲际交易所（原为 NYBOT，现为 ICE）的棉花期货价格走势一致。棉花期货的郑州价格在受到纽约价格影响的同时，也正在影响着纽约价格，这昭示出中国正在成为世界另一个棉花定价中心。期货价格和现货价格保持长期稳定的协整关系，即使短期内出现价格走势差异，长期看也会得到逐步修正。协整的存在说明我国棉花期货市场具备一定的价格发现功能。2010年棉花期货内外盘和现货市场价格主要显性指标见表 3-1-42。

表 3-1-42　2010 年棉花期货内外盘和现货市场价格主要显性指标

市场分类	绝对指标（美分/磅、元/吨）					相对指标（%）	
	最高价	最低价	平均价	标准差	极差	离散率	波幅率
ICE 连续价格	159.12	66.55	94.10	23.24	92.57	24.70	98.37
ZCE 连续价格	33000	15050	20115.33	4916.23	17950	24.44	89.24
现货市场价格	31302	14862	19476.60	4627.93	16440	23.76	84.40

注：美棉按美分/磅报价，现货市场价格为 CCIndex328 指数。

（四）市场重大变化及政策调整

1. 自 2010 年 2 月 11 日结算时起，因春节长假，郑州商品交易所对棉花合约涨跌停板和保证金进行调整，2 月 22 日结算时起恢复正常。

2. 自 2010 年 6 月 10 日结算时起，因端午节放假，郑州商品交易所对棉花合约跌停板和保证金进行调整，6 月 17 日结算时起恢复正常。

3. 2010 年 7 月 21 日郑商函［2010］159 号《风险提示函》指出，棉花 009 合约即将临近交割月，鉴于市场不确定性因素较多，市场风险明显增大。请各会员单位注意做好风险防范工作，提醒投资者谨慎运作，理性投资。

4. 依据 2010 年 7 月 27 日郑商发［2010］115 号《关于调整棉花 009 合约交易保证金标准的通知》，自 2010 年 7 月 29 日结算时起，至 2010 年 8 月 10 日闭市止，棉花 009 合约交易保证金标准调整至 15%；自 2010 年 8 月 10 日结算时起，至 2010 年 8 月 20 日闭市止，棉花 009 合约交易保证金标准调整至 25%；自 2010 年 8 月 20 日结算时起，棉花 009 合约交易保证金标准值调整至 35%；交易保证金标准调整以后，如果棉花 009 合约出现单边市，当日结算时交易保证金标准不再提高。

5. 2010 年 8 月 11 日发布郑商发［2010］127 号《关于转发〈关于发布（期货交割棉公证检验实施办法）的通知〉的通知》。

6. 自 2010 年 9 月 20 日结算时起，因中秋节、国庆节长假，郑州商品交易所对小麦合约涨跌停板和保证金进行调整，10 月 8 日结算时起恢复正常。

7. 依据 2010 年 9 月 19 日郑商函［2010］179 号《关于非通用仓单系统上线及上线前测试的通知》，自 CF011 合约起棉花实行仓单非通用。2010 年 9 月 27 日

8:00 起启用支持非通用仓单的结算、交割、会员服务系统。现有的结算、交割、会员服务系统于 9 月 21 日 18:00 起停止使用，以便进行数据迁移和系统升级。

8. 依据 2010 年 9 月 30 日（2010）第 8 号《关于调整部分棉花交割仓库升贴水的通知》，对湖北银丰仓储物流有限责任公司棉花指定交割仓库注册的仓单升贴水每吨棉花比期货合约价升贴水由 –150 元调整为 –100 元，从 2010/2011 年度生产的棉花开始实施。

9. 依据 2010 年 10 月 12 日郑商函［2010］185 号《关于举办棉花期货非通用仓单规则及操作专项培训的通知》，郑州商品交易所于 2010 年 10 月 22 日、11 月 5 日分别在杭州、西安举办棉花期货非通用仓单规则及操作专项培训，两次培训内容相同。

10. 2010 年 10 月 18 日郑商函［2010］187 号《风险提示函》指出，近期影响棉花市场的不确定性因素较多，价格波动较大，请各会员单位切实加强投资者教育和风险防范工作，提醒投资者谨慎运作，理性投资，确保市场平稳运行。

11. 依据 2010 年 10 月 18 日郑商发［2010］166 号《关于调整棉花期货当日开平仓交易手续费收取标准的通知》，为促进棉花期货市场平稳运行，防范市场风险，经研究决定，自 2010 年 10 月 20 日至 2010 年 11 月 2 日，棉花期货合约当日开平仓交易手续费减半收取规定暂停执行。

12. 依据 2010 年 10 月 19 日郑商发［2010］168 号《关于调整棉花期货交易保证金标准和涨跌停板幅度的通知》，自 2010 年 10 月 21 日结算时起，棉花期货合约交易保证金标准由 5% 调整为 8%，涨跌停板幅度由 4% 调整为 5%。

13. 依据 2010 年 10 月 25 日郑商发［2010］179 号《关于调整部分品种当日开平仓交易手续费收取标准的通知》，自 2010 年 11 月 3 日至 2010 年 12 月 31 日，棉花期货合约当日开平仓交易手续费减半收取规定继续暂停执行。

14. 依据 2010 年 11 月 24 日郑商发［2010］209 号《关于调整部分品种交易保证金标准和涨跌停板幅度的通知》，自 2010 年 11 月 26 日结算时起，棉花、早籼稻、白糖期货合约交易保证金标准由原比例调整为 12%，涨跌停板幅度由原比例调整为 7%。

15. 依据 2010 年 12 月 7 日（2010）第 14 号《关于一号棉指定交割仓库变更名称的通告》，根据郑商函 242 号，原郑州商品交易所一号棉指定交割仓库“南阳市棉花储运有限公司”更名为“南阳红棉仓储有限公司”。

八、白糖期货运行状况

2010 年，郑州商品交易所白糖期货交易创历史新高，由于 2009/2010 榨季中国食糖较大的供需缺口，2010 年度 ZCE 白糖期货价格走出了波澜壮阔的牛市行情。

虽然国家抛储会对糖价产生一定抑制作用，但仍无法改变糖价大幅快速上涨的大趋势。

（一）交易情况

2010 年，郑州商品交易所白糖期货交易高度活跃，全年成交量 61060.63 万手，同比增长 109.02%，全年成交额 335961.91 亿元，同比增长 162.16%，是本年度国内最活跃的品种之一；白糖期货 2010 年末持仓 58.00 万手，同比减少 56.04%；全年交割量 309590 吨（单边），同比减少 23.68%。2010 年白糖期货月度交易情况见表 3－1－43。2006～2010 年白糖期货年度交易情况见表 3－1－44。

表 3－1－43　　2010 年白糖期货月度交易情况

月　度	成交量（万手）	同比变化（%）	成交额（亿元）	同比变化（%）	持仓量（万手）	同比变化（%）
1 月	6156.16	334.1	33992.75	696.55	106.03	174.47
2 月	4253.37	41.47	23425.9	120.42	4253.37	41.47
3 月	8387.75	120.23	43786.36	205.28	123.82	57.51
4 月	7162.32	303.4	36561.89	426.02	146.65	138.51
5 月	6005.78	749.13	28733.47	882.61	121.65	121.68
6 月	3948.94	313.84	18883.12	374.13	114.88	85.80
7 月	3462.28	214.81	17364.99	280.91	117.65	84.49
8 月	4746.5	22.61	25289.96	38.35	136.24	59.26
9 月	4061.11	27.84	22835.78	55.17	92.63	52.01
10 月	5008.98	163.06	32010.08	268.82	128.59	45.83
11 月	4977.51	83.19	33268.38	154.40	59.72	－48.01
12 月	2889.92	－39.46	19809.25	－23.05	58.00	－56.04
全　年	61060.63	109.02	335961.91	162.16	58.00	－56.04

资料来源：郑州商品交易所网站。

表 3－1－44　　2006～2010 年白糖期货年度交易情况

年　度	成交量（万手）	同比变化（%）	成交额（亿元）	同比变化（%）	持仓量（万手）	同比变化（%）
2006 年	5868.41	—	23504.77	—	148.57	—
2007 年	9093.70	54.96	35240.32	49.93	61.94	316.87
2008 年	33097.20	263.96	118708.98	236.86	42.57	－31.27
2009 年	29212.67	－11.74	128150.62	7.95	131.94	209.94
2010 年	61060.63	109.02	335961.91	162.16	58.00	－56.04

资料来源：郑州商品交易所网站。

2008～2010年白糖期货内外盘交易情况比较见表3－1－45。

表3－1－45　　2008～2010年白糖期货内外盘交易情况比较

年　度	成交量（万手）		成交额（亿元）		持仓量（万手）	
	ZCE	ICE	ZCE	ICE	ZCE	ICE
2008年	33097	2702	118709	—	42	161
2009年	29213	2730	128151	—	132	199
2010年	61061	2913	335962	—	58	124

注：与外盘比较时均按照单边统计。

（二）交割情况

截至2010年末，郑州商品交易所白糖交割库共38处，主要分布在广西、广东、云南、上海、浙江、辽宁、河北、湖北、天津、云南、安徽等地。2010年，郑州商品交易所白糖交割量为29428手，同比减少4.95%（见表3－1－46），白糖交割额为15.49亿元，同比增长30.14%（见表3－1－47）。

表3－1－46　　2010年白糖期货月度交割情况

月　度	交割量（手）	同比变化（%）	交割额（亿元）	同比变化（%）
1月	5890	593.87	3.09	1164.14
3月	6824	73.68	3.64	162.49
5月	6712	0.90	3.28	32.40
7月	5570	0.62	2.91	50.48
9月	3658	－70.42	2.01	59.98
11月	774	－61.95	0.56	－32.64
总　计	29428	－4.95	15.49	30.14

注：（1）交割量按单边计；（2）月度交割数量，不含期转现数。

表3－1－47　　2006～2010年白糖期货年度交割情况

年　度	交割量（手）	同比变化（%）	交割额（亿元）	同比变化（%）
2006年	1816	—	0.78	—
2007年	8857	387.72	3.26	317.95
2008年	40566	358.01	12.80	292.64
2009年	30959	－23.68	11.91	－6.95
2010年	29428	－4.95	15.50	30.14

注：（1）交割量按单边计；（2）不含期转现数。

资料来源：郑州商品交易所网站。

2010年白糖期货月度注册、注销仓单量比较见图3－1－16。

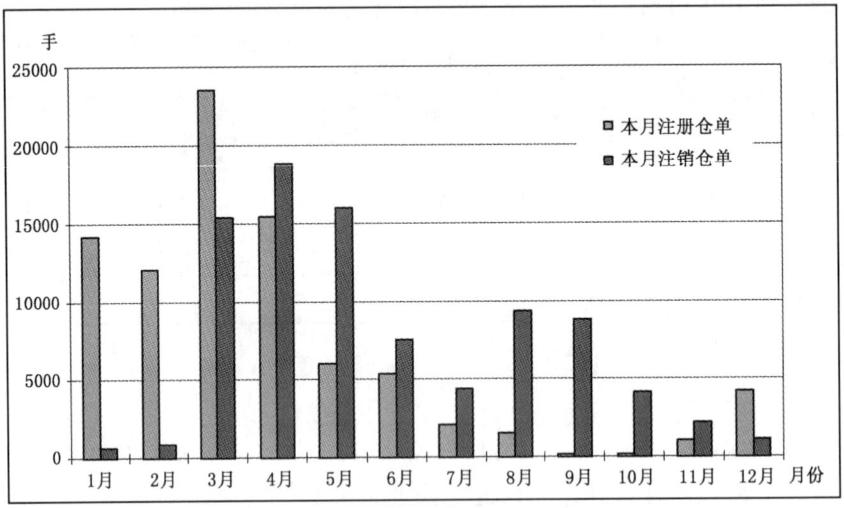

图 3-1-16　2010 年白糖期货月度注册、注销仓单量比较

（三）价格走势

1. 总体价格走势。2010 年度国内外食糖价格在供应紧张格局下先抑后扬，基本可分为四个阶段：第一阶段为 1 月初到 2 月中旬（高位震荡）。年初，尽管央行在年初调高存款准备金，但由于需求放大，春节期间 ZCE 白糖期货指数延续高位运行的态势，国内糖价逼近历史高位。第二阶段从 2 月中下旬到 5 月中旬（震荡下行）。受 ISO 调高全球供应以及印度大幅增产预期的利空影响，期价大幅下挫，跌幅超过 50%。此外，欧洲债务危机引发的市场悲观情绪打压全球资本市场：此时国内糖市正处在传统消费淡季，多种利空打压，糖价出现下行调整。第三阶段从 5 月中旬至 11 月上旬（再度上扬）。受美国二次量化宽松政策和经济改善的影响，全球商品市场大幅上涨，糖领涨于其他商品。进入 5 月中下旬后，国内进入夏季消费旺季，用糖消费品增速加快，产销数据明显好转，前期下跌趋势得到遏制，开启了一轮波澜壮阔的大涨行情。第四阶段从 11 月中旬到年底（震荡回调）。美国量化宽松政策利好出尽，加上新兴发展中国家货币收紧的预期，美元止跌反弹，商品整体回调，加上本身基本面透支，糖价回调整理。国内白糖现货价格走势与期货价格走势基本一致。南宁现货价格 2010 年 1 月 4 日为 5200 元/吨，年终报收于 7000 元/吨，全年涨幅 34.62%；同期，白糖期货从 5762 元/吨上涨到 7278 元/吨，全年涨幅为 20.82%。受巴西、印度减产影响，2010 年度 ICE11 号原糖期货价格先抑后扬，总体震荡幅度高于 ZCE 白糖期货价格。ICE 近交割月价格 2010 年 1 月 4 日收盘价为 27.62 美分/磅，年终报收于 32.12 美分/磅，涨幅 16.29%。2010 年白糖期货内外盘和现货市场价格比较见图 3-1-17。

2. 期货价格波动分析。2010 年度 ICE 白糖期货连续价格主要显示指标绝对指

图 3－1－17　2010 年白糖期货内外盘和现货市场价格比较

数最高价 34.77 美元/吨，最低价 13 美元/吨，平均价 22.28 美元/吨，标准差 5.83 美元/吨，极差 21.77 美元/吨，相对指数离散率 26.17%，波幅率 97.71%。同期，ZCE 白糖期货连续价格最高价 7518 元/吨，最低价 4773 元/吨，平均价 5566.69 元/吨，标准差 685.40 元/吨，极差 2385 元/吨，离散率 12.31%，波幅率 42.84%。南宁白糖现货市场价格最高价 7650 元/吨，最低价 4975 元/吨，平均价 5701.41 元/吨，标准差 779.25 元/吨，极差 2675 元/吨，离散率 13.67%，波幅率 46.92%。2010 年白糖期货内外盘和现货市场价格主要显示指标见表 3－1－48。

表 3－1－48　　2010 年白糖期货内外盘和现货市场价格主要显示指标

市场分类	绝对指标（美元/吨、元/吨）					相对指标（%）	
	最高价	最低价	平均价	标准差	极差	离散率	波幅率
ICE 白糖连续价格	34.77	13	22.28	5.83	21.77	26.17	97.71
ZCE 白糖连续价格	7518	4773	5566.69	685.40	2385	12.31	42.84
南宁现货市场价格	7650	4975	5701.41	779.25	2675	13.67	46.92

资料来源：郑州商品交易所网站。

（四）市场重大变化与政策调整

1. 自 2010 年 2 月 11 日结算时起，因春节长假，郑州商品交易所对白糖合约涨跌停板和保证金进行调整，2 月 22 日结算时起恢复正常。

2. 自 2010 年 6 月 10 日结算时起，因端午节放假，郑州商品交易所对白糖合约跌停板和保证金进行调整，6 月 17 日结算时起恢复正常。

3. 自 2010 年 9 月 20 日结算时起，因中秋节、国庆节长假，郑州商品交易所对白糖合约涨跌停板和保证金进行调整，10 月 8 日结算时起恢复正常。

4. 2010 年度，郑州商品交易所新批准 5 处白糖交割仓库（海南 1 处，天津 1 处，云南 1 处，广西 2 处），变更名称 1 家（原“南海华商实业有限公司”现变更为“佛山市华商物流有限公司”），2010 年度年底交割仓库共计 38 处。

九、菜籽油期货运行状况

2010 年，国内菜籽油呈现先区间盘整后震荡走强的格局。上半年，受 2009/2010 年度菜籽丰产、菜籽油库存充足和油菜籽收储的共同影响，菜籽油期货价格区间运行，较为平稳。下半年，受 2010/2011 年度国内外油籽减产和国际油脂油料市场价格强势上涨的提振，郑州商品交易所菜籽油期货震荡上行，年末国家竞价销售临储菜籽油以增加国内供应，期价应声回落。

（一）交易情况

2010 年，郑州商品交易所菜籽油期货成交量为 1905.58 万手，成交额 5863.34 亿元，较 2009 年分别下降 13.4% 和增长 5.33%；年末持仓量 18.4 万手。与 2009 年相比，除成交量小幅下降外，成交额与年末持仓量均有不同程度的增长。

表 3-1-49　　2009 年菜籽油期货月度交易情况

月 度	成交量（万手）	同比变化（%）	成交额（亿元）	同比变化（%）	持仓量（万手）	同比变化（%）
1 月	130.83	63.32	543.70	103.53	8.10	32.2
2 月	45.60	-86.04	182.17	-84.03	7.56	-34.08
3 月	214.54	-26.24	874.63	-10.77	12.53	-2.87
4 月	107.69	-73.86	444.73	-70.22	12.82	-14.4
5 月	73.83	-78.43	300.90	-77.44	11.33	-20.05
6 月	91.83	-44.96	374.97	-42.67	11.57	-13.3
7 月	77.41	-39.20	321.55	-32.34	12.30	-0.54
8 月	327.78	208.77	1426.79	244.68	14.87	40.23
9 月	98.43	99.40	430.95	132	10.62	48.78
10 月	266.73	293.16	1276.62	379.66	18.54	96.86

续表

月　度	成交量（万手）	同比变化（%）	成交额（亿元）	同比变化（%）	持仓量（万手）	同比变化（%）
11 月	297.58	171.46	1494.25	234.65	16.96	174.06
12 月	173.32	54.19	892.06	88.54	18.40	154.05
全　年	1905.58	-13.04	8563.34	5.33	18.40	154.05

资料来源：郑州商品交易所网站。

表 3-1-50　　2007～2010 年菜籽油期货年度交易情况

年　度	成交量（万手）	同比变化（%）	成交额（亿元）	同比变化（%）	持仓量（万手）	同比变化（%）
2007 年	131.92	—	586.01	—	1.02	—
2008 年	1285.88	874.73	6095.81	940.22	8.24	705.28
2009 年	2191.37	70.42	8130.39	33.38	7.24	-12.11
2010 年	1905.58	-13.04	8563.34	5.33	18.40	154.05

资料来源：郑州商品交易所网站。

表 3-1-51　　2007～2010 年郑州商品交易所菜籽油期货与 ICE 油菜籽期货交易情况比较

年　度	成交量（万手）		成交额（亿元）		持仓量（万手）	
	ZCE	ICE	ZCE	ICE	ZCE	ICE
2008 年	1285.88	313.22	6095.81	—	8.24	8.45
2009 年	2191.37	342.84	8130.39	—	7.24	10.23
2010 年	1905.58	420.15	8563.34	—	18.40	19.34

注：ICE 为洲际交易所，油菜籽期货成交量和持仓量为单边计算，20 吨/手；ZCE 菜籽油期货成交量和持仓量为双边计算，5 吨/手。

（二）交割情况

截至 2010 年底，郑州商品交易所指定菜籽油交割库 14 处，主要沿长江的港口和集散地分布，分布在江苏的张家港、泰州、镇江和南京，安徽的合肥，湖北的武汉、钟祥、老河口及荆州，湖南的岳阳，四川的广汉，浙江的德新和陕西的西安。

2010 年，郑州商品交易所菜籽油期货交割总量为 13886 手，比 2009 年减少 5.72%，由于菜籽油期货价格上涨，2010 年交割额比 2009 年上涨 5.76%，为 5.88 亿元。2010 年菜籽油期货月度交割量统计见表 3-1-52。

表 3-1-52　　2010 年菜籽油期货月度交割量统计

月　度	交割量（手）	同比变化（%）	交割额（亿元）	同比变化（%）
1 月	2910	-40.12	1.18	-36.09
3 月	20	-75.00	0.01	-73.87
5 月	1647	-27.06	0.65	-24.32
7 月	10	-89.13	0.004	-88.26
9 月	9299	26.33	4.04	46.18
11 月	—	—	—	—
总　计	13886	-5.72	5.88	5.72

2007～2010 年菜籽油期货年度交割情况见表 3-1-53。

表 3-1-53　　2007～2010 年菜籽油期货年度交割情况

年　度	交割量（手）	同比变化（%）	交割额（亿元）	同比变化（%）
2007 年	4353	—	2.02	—
2008 年	14014	221.94	7.34	263.22
2009 年	14729	5.10	5.56	-24.29
2010 年	13886	-5.72	5.88	5.72

注：以上统计为单边数量，不含期货转现货量。资料来源：郑州商品交易所网站。

2010 年菜籽油期货月度注册、注销仓单量比较见图 3-1-18。

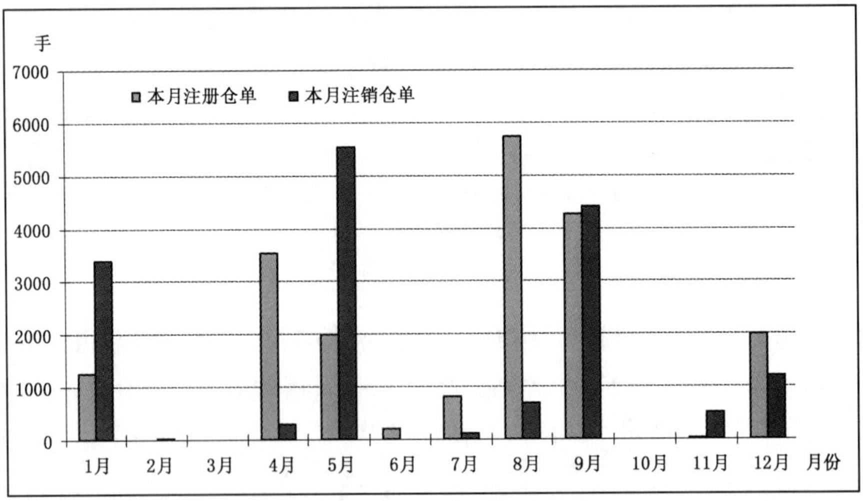

图 3-1-18　2010 年菜籽油期货月度注册、注销仓单量比较

资料来源：郑州商品交易所网站。

（三）价格走势

1. 总体价格走势。2010 年，菜籽油期货价格区间后震荡上涨。菜籽油结算价指数由年初的 8530 元/吨上涨至年末的 10431 元/吨，上涨了 1901 元/吨，涨幅 22.29%，年度内最低价是 2 月 2 日的 7312 元/吨，最高价是 12 月 28 日的 10000 元/吨。上半年，油菜籽丰产、菜籽油库存充足和收储的共同影响，菜籽油期货价格小幅下跌后区间盘整，较为平稳。下半年，受 2010/2011 年度国内外油籽减产和国际油脂油料市场价格强势上涨的提振，郑州商品交易所菜籽油期货震荡上行，年末国家竞价销售临储菜籽油以增加国内供应，期价承压回调。

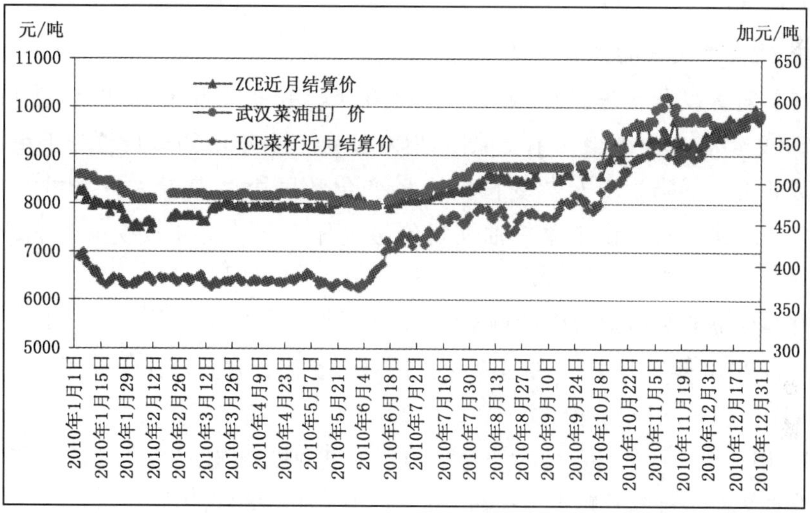

图 3－1－19　2010 年菜籽油期货、国内现货和 ICE 油菜籽期货对比走势图

注：ZCE 近月结算价是指郑州商品交易所近月合约结算价。资料来源：ZCE 近月结算价取自郑州商品交易所网站；ICE 菜籽近月收盘价取自 ICE 网站；武汉菜油出厂价取自国家粮油信息中心数据库。

2. 期货价格分析。郑州商品交易所与洲际交易所（ICE）旗下加拿大温尼伯油菜籽期货价格走势较为一致。中国作为加拿大油菜籽的主要进口国，菜籽油期货价格受加拿大油菜籽期货走势影响的同时，也一定程度上影响了 ICE 油菜籽价格。菜籽油期货价格和现货价格走势一致，期货价格受相关外盘指引的同时也受到国内现货供需状况的影响，一致的价格走势说明菜籽油期货价格发现的功能得到充足的发挥。

2010 年 ZCE、ICE 油菜籽期货和现货市场价格主要显示指标见表 3－1－54。

表 3-1-54　2010 年 ZCE、ICE 油菜籽期货和现货市场价格主要显性指标

市场分类	绝对指标（加元/吨、元/吨）					相对指标（%）	
	最高价	最低价	平均价	标准差	极差	离散率	波幅率
ICE 油菜籽连续价格	585.4	360	441.48	64.79	225.4	14.68	51.06
ZCE 菜籽油连续价格	10000	7312	8413	645.72	2688	7.68	31.95
武汉现货市场价格	10200	7950	8667	630.67	2250	7.28	25.96

注：最高价、最低价为近交割月合约盘中的最高价格和最低价格；平均价为近交割月合约结算价的算术平均值；现货市场价格为湖北武汉四级菜籽油的价格。

资料来源：ICE 连续价格数据取自 ICE 网站；ZCE 连续价格数据取自郑州商品交易所网站；现货市场价格数据取自国家粮油信息中心数据库。

（四）市场重大变化及政策调整

1. 交易重大变化情况及原因分析。2010 年，郑州商品交易所菜籽油期货成交量比 2009 年有小幅减少，主要原因是 2010 年上半年市场运行较为平稳，投机减少交易量相应下降，下半年受国际市场变化和国内油菜籽减产影响，交易活跃，成交量同比上涨。由于菜籽油期货价格整体上行，全年成交额较 2009 年上涨 5.72%。

2. 郑州商品交易所对政策的调整。

（1）自 2010 年 2 月 11 日结算时起，因春节长假，郑州商品交易所对菜籽油期货合约涨跌停板和保证金进行调整，2 月 22 日结算时起恢复正常。

（2）2010 年 6 月 1 日起，对益海（广汉）粮油饲料有限公司菜籽油指定交割仓库注册的菜籽油仓单升贴水由 +340 元/吨调整为 +280 元/吨。

（3）2010 年 6 月 9 日，郑州商品交易所暂停南通永芳仓储有限公司、湖南粮食中心批发市场、湖南金健植物油有限责任公司、重庆市油脂公司、武汉长江沙鸥植物油有限公司交割仓库入库业务。

（4）2010 年 6 月 9 日，郑州商品交易所取消江苏中苏储油脂有限公司、张家港江海油脂接运有限公司和绵阳市游仙粮油购销公司三家菜籽油指定交割仓库资格。

（5）2010 年 6 月 9 日，郑州商品交易所批准南京铁心桥国家粮食储备库为菜籽油指定交割仓库，自 2010 年 7 月 1 日起仓库可以开展菜籽油期货交割业务。

（6）自 2010 年 6 月 10 日结算时起，因端午节放假，郑州商品交易所对菜籽油期货合约跌停板和保证金进行调整，6 月 17 日结算时起恢复正常。

（7）自 2010 年 9 月 20 日结算时起，因中秋节、国庆节长假，郑州商品交易所对菜籽油期货合约涨跌停板和保证金进行调整，10 月 8 日结算时起恢复正常。

（8）2010 年 10 月 28 日结算时起，早籼稻、菜籽油、优质强筋小麦、白糖期货合约交易保证金标准由原比例调整为8%，涨跌停板幅度由原比例调整为5%。

（9）2010年11月24日，郑州商品交易所通知，自2011年1月1日起，棉花、白糖、精对苯二甲酸（PTA）、菜籽油、早籼稻和优质强筋小麦期货合约当日开平仓交易手续费减半收取规定继续暂停执行。

（10）2010年11月29日结算时起，PTA、菜籽油、硬麦期货合约交易保证金标准由原比例调整为10%，涨跌停板幅度由原比例调整为6%。

（11）2010年12月20日，郑州商品交易所指定中国检验认证集团河南有限公司为优质强筋小麦、菜籽油期货指定质检机构。从2010年12月30日起该单位开展期货交割质检业务。

（12）2010年12月30日，郑州商品交易所发布通知，自2011年1月1日起，暂停各品种交易手续费达标减收优惠措施。

十、早籼稻期货运行状况

2010年，国内早籼稻期货价格在经历了6年的增产后，因天气灾害因素导致早籼稻单产和品质都有明显下降，产量接近2002年水平，创近7年来最低，加上经济复苏背景下通货膨胀预期抬头，使得2009年才上市的该农产品期货倍受市场资金青睐，从而给期货价格带来强劲的支撑。

（一）交易情况

2010年，郑州商品交易所早籼稻期货成交量为5370.82万手，成交额12663.45亿元，年末持仓量13.19万手，与2009年相比分别上升1277.06%、1457.68%和2.43%。2010年早籼稻期货月交易情况见表3－1－55。

表3－1－55　　2010年早籼稻期货月交易情况

月　度	成交量（万手）	同比变化（%）	成交额（亿元）	同比变化（%）	持仓量（万手）	同比变化（%）
1月	55.29	—	117.98	—	11.05	—
2月	42.09	—	88.11	—	13.4	—
3月	108.32	—	232.5	—	18.56	—
4月	136.58	344.29	288.72	358.82	20.71	2218.56
5月	107.49	991.11	221.37	1002	15.15	2214.21
6月	85.53	314.24	175.01	311.65	16.01	985.54
7月	177.85	1541.85	377.17	1594.51	23.02	1050.29
8月	283.68	234.86	615.54	245.64	23.98	154.4

续表

月　度	成交量（万手）	同比变化（%）	成交额（亿元）	同比变化（%）	持仓量（万手）	同比变化（%）
9月	146.92	166.07	318.3	178.06	21.48	389.03
10月	1358.27	4373.25	3263.78	5203.2	30	366.51
11月	2659.34	5923.51	6464.25	6994.04	21.37	174.2
12月	209.46	102.38	500.72	127.64	13.19	2.43
全　年	5370.82	1277.06	12663.45	1457.68	13.19	2.43

资料来源：郑州商品交易所。

2009～2010年早籼稻期货年度交易情况见表3－1－56。

表3－1－56　　2009～2010年早籼稻期货年度交易情况

年　度	成交量（万手）	同比变化（%）	成交额（亿元）	同比变化（%）	持仓量（万手）	同比变化（%）
2009年	390.02	—	812.97	—	12.88	—
2010年	5370.82	1277.06	12663.45	1457.68	13.19	2.43

注：2009年度成交量、成交额、月末持仓量从4月20日开始。

2009～2010年早籼稻期货内外盘交易情况比较见表3－1－57。

表3－1－57　　2009～2010年早籼稻期货内外盘交易情况比较

年　度	成交量（万手）		成交额（亿元）	
	ZCE（内盘）	CBOT（外盘）	ZCE（内盘）	CBOT（外盘）
2009年	390.02	22.56	812.97	—
2010年	5370.82	44.87	12663.45	—

注：2009年度ZCE成交量、成交金额、月末持仓量从4月20日开始。2010年是全年数据。

（二）交割情况

截至2010年底，郑州商品交易所早籼稻期货交割仓库共17处。根据早籼稻现货市场产销分布和贸易流向特点，早籼稻期货交割仓库主要分布在产区和主要集散地，其中包括湖南8处、江西6处、湖北1处、浙江1处、广东1处。截至2010年12月31日，郑州商品交易所早籼稻期货交割总量为7879手（7.9万吨），2010年交割金额为1.57亿元，与2009年相比分别增加240.64%和248.89%。2010年早籼稻期货交割情况见表3－1－58。

表 3-1-58　　2010 年早籼稻期货月度交割情况

月　度	交割量（手）	同比变化（%）	交割额（亿元）	同比变化（%）
1 月	2012	—	0.4	—
3 月	1691	—	0.33	—
5 月	2033	—	0.39	—
7 月	657	—	0.13	—
9 月	743	-51.21	0.15	-50
11 月	743	-5.95	0.17	13.33
总　计	7879	240.64	1.57	248.89

注：交割量和交割金额均以单边统计。

2009～2010 年早籼稻期货年度交割情况见表 3-1-59。

表 3-1-59　　2009～2010 年早籼稻期货年度交割情况

年　度	交割量（手）	同比变化（%）	交割额（亿元）	同比变化（%）
2009 年	2313	—	0.45	—
2010 年	7879	240.64	1.57	248.89

注：（1）交割量按单边计；（2）不含期转现数。资料来源：郑州商品交易所。

2010 年早籼稻期货月度注册、注销仓单比较见图 3-1-20。

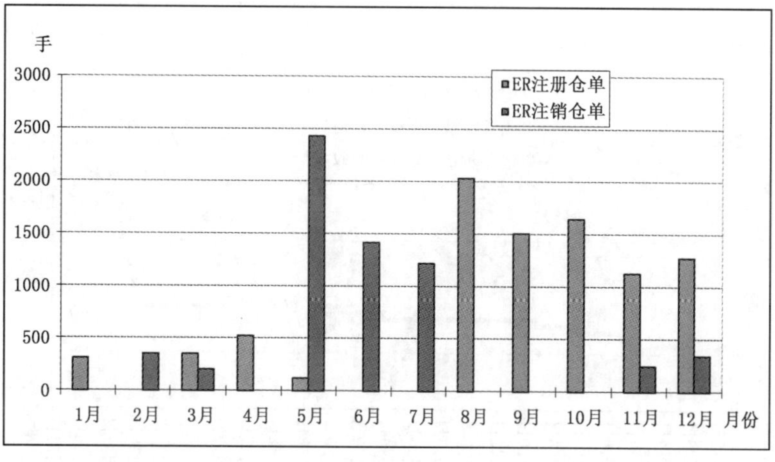

图 3-1-20　2010 年早籼稻期货月度注册、注销仓单比较

（三）价格走势

2010 年上半年，新稻市场供需基本处于贸易淡季，市场价格持续疲软。加之早稻连续 6 年的丰收，国家籼稻库存充裕，因此早籼稻期货价格基本处于箱体震荡走势。2010 年下半年，随着早稻收获期的到来，早稻因早期出现冷空气低

温以及后期的洪水等恶劣天气对早稻的生长及收获带来极为不利的影响，造成产量减产，整体质量明显下降。受此影响，早籼稻价格走出一小波上涨行情。早籼稻近交割月合约结算价方面，2010 年第一个交易日（1 月 4 日）为 2056 元/吨，年末（12 月 31 日）为 2241 元/吨，最大价差达 185 元/吨。年内主力合约最高结算价为 2572 元/吨（12 月 28 日），最低价 2012 元/吨（6 月 29 日），最大价差达 560 元/吨。

国内早籼稻现货价格走势与早籼稻期货价格走势基本一致，湖南长沙地区现货价格 2010 年 1 月 4 日为 2700 元/吨，2010 年 12 月 31 日为 3220 元/吨，上涨 520 元/吨，涨幅 19.26%。

2010 年，CBOT 籼稻期货走势与 ZCE 早籼稻价格走势较为不同。上半年，CBOT 籼稻期货继续受到国际大米需求匮乏因素影响，美国和全球稻米产量有望创下历史新低，籼稻价格震荡走低。虽然越南和泰国丰收，且全球库存水平处于历史高位，但需求冷淡，期价下跌。下半年因受小麦玉米等农产品大涨带动，籼稻价格上涨，且 USDA 报告显示美国农户将减少稻米播种面积，推动籼稻期价进入上涨通道。CBOT 籼稻期货近交割月结算价由 2010 年 1 月 4 日的 14.81 美元/英担，跌至 12 月 31 日的 14 美元/英担，下跌 0.81 美元/英担，跌幅为 5.47%。年中最高价格为 15.02 美元/英担（11 月 9 日），最低价为 9.43 美元/英担（6 月 30 日）。早籼稻国内外期、现货价格走势情况见图 3－1－21。

图 3－1－21　2010 年国内外期、现货籼稻价格走势对比图

资料来源：郑州商品交易所、易盛信息、CBOT 网站。

ZCE 与 CBOT 的早籼稻期货价格走势基本一致。

期货价格和现货价格保持长期稳定的协整关系，即使短期内出现价格走势差异，长期看也会得到逐步修正。协整存在说明我国早籼稻期货充分发挥了价格发现功能。

表 3-1-60　　2010 年不同市场早籼稻价格主要显示指标

市场分类	绝对指标（元/吨、美元/英担）					相对指标（%）	
	最高价	最低价	平均价	标准差	极差	离散率	波幅率
ZCE 连续价格	2336	1835	2085.5	129.44	501	6.21	24
现货市场价格	3240	2700	2970	153.96	540	5.18	18.1
CBOT 连续价格	15.02	9.43	12.2	1.47	5.59	12	45.8

注：表中最高价、最低价均为结算价。资料来源：郑州商品交易所、CBOT 网站。

（四）市场重大变化及政策调整

1. 市场重大变化情况。2010 年，郑州商品交易所早籼稻市场总体保持上涨态势，且较大幅度高于 2009 年同期水平运行。主要原因是：第一，受物价整体攀升、自然灾害多发等因素支撑，国内籼稻价格总体保持上扬势态；第二，近年来大米加工业发展迅速，对原粮的需求也随之增加；第三，金融危机以来，国家持续实施宽松的货币政策，社会充裕的流动性，多元化收购主体较强的收购能力，均促进了新季籼稻价格高开高走；第四，随着国家对粮油市场宏观调控力度的加强，虽然籼稻整体略有回调，但价格仍位居高位。

2. 郑州商品交易所对政策的调整。

（1）自 2010 年 2 月 11 日结算时起，因春节长假，郑州商品交易所对早籼稻期货合约涨跌停板和保证金进行调整，2 月 22 日结算时起恢复正常。

（2）自 2010 年 6 月 10 日结算时起，因端午节放假，郑州商品交易所对早籼稻期货合约跌停板和保证金进行调整，6 月 17 日结算时起恢复正常。

（3）自 2010 年 9 月 20 日结算时起，因中秋节、国庆节长假，郑州商品交易所对早籼稻期货合约涨跌停板和保证金进行调整，10 月 8 日结算时起恢复正常。

（4）2010 年 10 月 26 日，郑州商品交易所对部分品种交易保证金标准和涨跌停板幅度进行调整，自 2010 年 10 月 28 日结算起，早籼稻期货合约交易保证金标准由原比例提高至 8%，涨跌停板幅度由原比例提高至 5%。按规则规定执行的交易保证金标准和涨跌停板幅度高于上述标准的合约，仍按原规定执行。

（5）2010 年 11 月 24 日，郑州商品交易所对部分期货品种交易保证金标准和涨跌停板幅度进行调整，自 2010 年 11 月 26 日结算起，早籼稻期货合约交易保证金标准由原比例提高至 12%，涨跌停板幅度由原比例提高至 7%。按规则规定执行的交易保证金标准和涨跌停板幅度高于上述标准的合约，仍按原规定执行。

第二节 金属类期货品种运行状况

一、铜期货运行状况

2010年，上海期货交易所（SHFE）铜期货交易活跃，期货价格与现货市场铜价、国际市场铜价走势高度一致，市场运行平稳。

（一）交易情况

2010年，上海期货交易所铜期货月交易量与交易金额较2009年普遍有所下降，铜期货年交易量为5078.86万手，较2009年下降37.47%；年交易额为148218.77亿元，较2009年下降10.65%，但仍然处于近5年来相对较高水平。月末持仓量均较2009年同期有不同程度增长，进一步显示稳定的期货投资需求有所上升，期货市场交易依然十分活跃。2010年铜期货月度交易情况见表3-2-1。

表3-2-1　　2010年铜期货月度交易情况

月度	成交量（万手）	同比变化（%）	成交额（亿元）	同比变化（%）	持仓量（万手）	同比变化（%）
1月	440.37	33.35	13250.32	197.67	19.31	89.29
2月	338.87	-27.33	9371.96	45.57	19.95	92.87
3月	456.40	-33.29	13707.04	28.46	19.39	22.92
4月	373.61	-60.52	11468.78	-33.97	17.36	10.69
5月	583.15	-32.56	16049.96	0.54	18.63	42.70
6月	611.75	-40.92	16010.00	-22.54	17.75	50.80
7月	555.31	-52.51	14847.67	-39.05	19.60	17.73
8月	477.64	-47.90	13735.27	-37.95	17.26	23.65
9月	269.29	-57.67	8026.01	-47.96	14.49	27.21
10月	234.79	-32.97	7431.24	-15.26	15.56	20.98
11月	435.21	17.67	14042.61	43.72	14.47	16.85
12月	302.47	-14.05	10277.92	4.14	18.66	23.25
全年	5078.86	-37.47	148218.77	-10.65	18.66	23.25

注：成交量和持仓量单边统计。资料来源：上海期货交易所。

2006～2010 年铜期货年度交易情况见表 3－2－2。

表 3－2－2　　2006～2010 年铜期货年度交易情况

年　度	成交量（万手）	同比变化（%）	成交额（亿元）	同比变化（%）	持仓量（万手）	同比变化（%）
2006 年	539. 34	－56. 34	4269. 57	－78. 90	3. 89	－26. 47
2007 年	1632. 80	202. 74	50725. 61	1088. 07	9. 19	136. 25
2008 年	2077. 33	27. 22	49820. 44	－1. 78	17. 18	86. 94
2009 年	8121. 74	290. 97	165892. 81	232. 98	15. 14	－11. 87
2010 年	5078. 86	－37. 47	148218. 77	－10. 65	18. 66	23. 25

资料来源：上海期货交易所。

2010 年，国内铜期货市场规模与国际铜期货市场相比，仍有较大差距，按同一口径计算，国内铜期货交易量仅为国际市场交易量的 34. 07%；国内铜期货市场的年末持仓量仅为国际市场的 11. 90%。2008～2010 年铜期货内外盘交易情况比较见表 3－2－3。

表 3－2－3　　2008～2010 年铜期货内外盘交易情况比较

年　度	成交量（万手）		成交额（亿元）		持仓量（万手）	
	上海期货交易所（内盘）	伦敦金属交易所（外盘）	上海期货交易所（内盘）	伦敦金属交易所（外盘）	上海期货交易所（内盘）	伦敦金属交易所（外盘）
2008 年	2077. 33	2617. 9	49820. 44	—	17. 18	24. 19
2009 年	8121. 74	2465. 6	165892. 81	—	15. 14	25. 59
2010 年	5078. 86	2981. 5	148218. 77	—	18. 66	31. 35

资料来源：上海期货交易所、路透社。

（二）交割情况

2010 年，上海铜期货交割量为 38390 手，较 2009 年增长 36. 69%，交割额为 113. 40 亿元，较 2009 年增长 81. 39%。

不过已制成期货仓单的铜库存在可制作成期货仓单的铜库存中的占比，普遍处于较低水平，4 月份已制成期货仓单的铜库存在可制作成期货仓单的铜库存中的占比达到最高，为 44. 37%；4 月份实际交割量为 4620 手，只占到已制成期货仓单铜库存的 27. 48%。2010 年铜期货月度交割情况见表 3－2－4。

表 3-2-4　　2010 年铜期货月度交割情况

月　度	交割量（手）	同比变化（%）	交割额（亿元）	同比变化（%）
1 月	2005	74.35	6.05	265.40
2 月	1755	3.54	4.64	89.68
3 月	3220	135.90	9.32	343.81
4 月	4620	298.28	14.20	463.90
5 月	4855	76.23	13.13	159.99
6 月	2925	16.77	7.68	54.11
7 月	3570	153.19	9.57	229.76
8 月	2185	-15.47	6.25	1.20
9 月	2205	-14.04	6.52	5.57
10 月	3120	4.35	9.82	33.93
11 月	3850	16.49	12.50	46.50
12 月	4080	-11.30	13.71	8.46
总　计	38390	36.69	113.40	81.39

注：交割量和交割额单边统计。资料来源：上海期货交易所。

表 3-2-5　　2006~2010 年铜期货年度交割情况

年　度	交割量（手）	同比变化（%）	交割额（亿元）	同比变化（%）
2006 年	33755	10.09	101.94	86.82
2007 年	37210	10.24	118.05	15.80
2008 年	27075	-27.24	79.04	-33.05
2009 年	28085	3.73	62.52	-20.90
2010 年	38390	36.69	113.40	81.39

注：交割量和交割额单边统计。资料来源：上海期货交易所。

2010 年铜期货月末库存见图 3-2-1。

（三）价格走势

1. 价格总体走势。2010 年，上海期货交易所铜期货价格与现货市场铜价和国际市场铜价走势高度一致。上半年，主要是受“欧元区债务危机”影响，铜价走出震荡的探底行情；下半年，主要是受美国“定量宽松货币政策”导致的美元走软和输入性通货膨胀压力的影响，铜价持续走高。2010 年铜期货内外盘和现货市场价格比较见图 3-2-2。

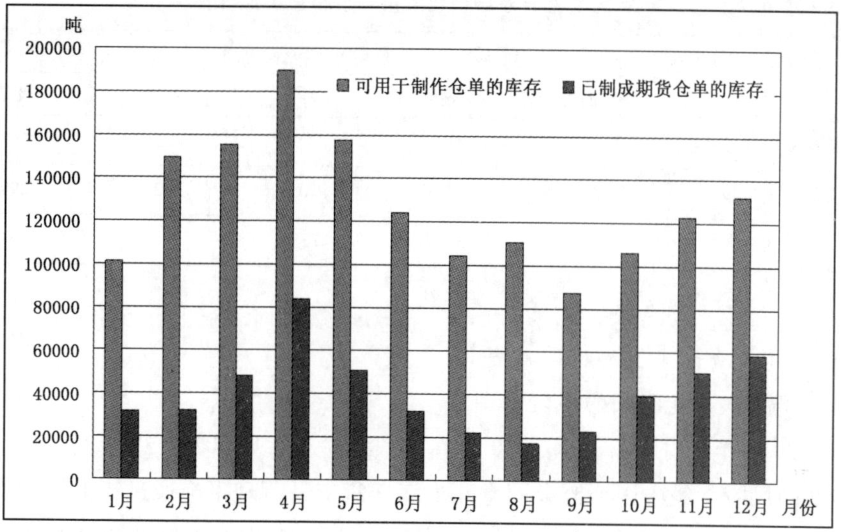

图 3－2－1　2010 年铜期货月末库存

资料来源：上海期货交易所。

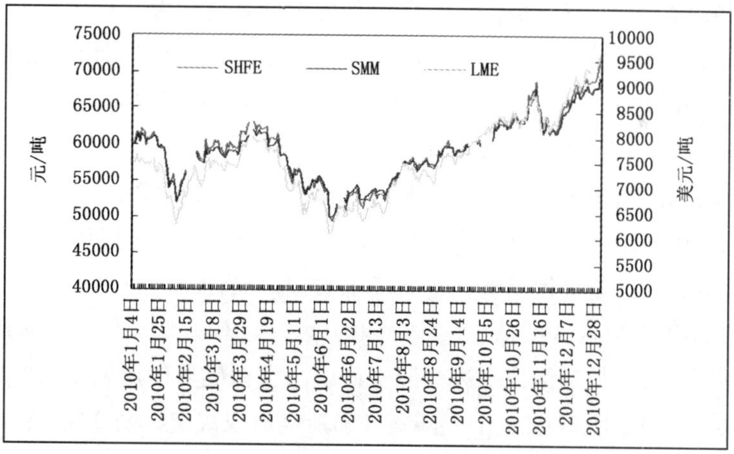

图 3－2－2　2010 年铜期货内外盘和现货市场价格比较

资料来源：上海期货交易所、上海金属网、路透社。

2. 期货价格分析。2010 年，国内铜期货价格最高价为 71970 元/吨，最低价为 49300 元/吨，最大波动幅度为 31.5%；国际铜期货价格最高价为 9687 美元/吨，最低价为 6038 美元/吨；最大波动幅度为 37.7%；国内现货价格最高价为 73075 元/吨，最低价位 50085 元/吨，最大波动幅度为 31.5%。国内期货价格与现货价格的波动幅度明显小于国际市场，国内期货价格波动幅度与现货价格波动幅度完全一致。2010 年铜期货内外盘和现货市场价格主要显性指标见表 3－2－6。

表 3-2-6　　2010 年铜期货内外盘和现货市场价格主要显性指标

市场分类	绝对指标（元/吨、美元/吨）				
	最高价	最低价	平均价	标准差	极差
上海期货交易所连续价格	71970	49300	59296	4666	22670
上海金属网现货报价	73075	50085	59100	4229	22990
伦敦金属交易所连续价格	9687	6038	7550	768	3649

资料来源：上海期货交易所、上海金属网、路透社。

（四）市场重大变化及政策调整

1. 市场重大变化和长假风险管理。

（1）2010 年 2 月 2 日，因 2010 年春节长假适逢 CU1002 合约进入交割，为有效防范交割风险，经中国证监会同意和上海期货交易所理事会通过，上海期货交易所决定，将 2010 年 2 月份相关期货合约的最后交易日调整为 2010 年 2 月 9 日，交割期调整为 2 月 10 日、11 日、12 日、22 日和 23 日 5 个交割日。

（2）自 2010 年 2 月 11 日结算时起，因春节长假，上海期货交易所对铜期货合约涨跌停板和保证金进行调整，2 月 22 日结算时起恢复正常。

（3）自 2010 年 4 月 1 日结算时起，因清明节放假，上海期货交易所对铜期货合约涨跌停板和保证金进行调整，4 月 6 日结算时起恢复正常。

（4）自 2010 年 4 月 29 日结算时起，因五一节放假，上海期货交易所对铜期货合约涨跌停板和保证金进行调整，5 月 4 日结算时起恢复正常。

（5）自 2010 年 6 月 10 日结算时起，因端午节放假，上海期货交易所对铜期货合约涨跌停板和保证金进行调整，6 月 17 日恢复正常。

（6）自 2010 年 9 月 20 日结算时起，因中秋节、国庆节长假，上海期货交易所对铜期货合约涨跌停板和保证金进行调整，10 月 8 日结算时起恢复正常。

（7）2010 年 11 月 24 日，上海期货交易所经研究决定，从 2010 年 11 月 29 日起，暂停执行所有品种期货合约当日开平仓交易手续费单边收取的规定，由单边收取统一改为双边收取。

（8）2010 年 11 月 25 日，上海期货交易所经研究决定，对上市品种期货合约的交易保证金比例、涨跌停板幅度和交易手续费调整如下：自 2010 年 11 月 29 日收盘结算时起，铜期货合约的交易保证金水平，由原比例提高至 10%。2010 年 11 月 30 日起，铜期货合约的涨跌幅度限制扩大至 6%。2010 年 11 月 29 日起，暂停执行所有品种 6 个月后期货合约手续费减半收取规定。

2. 交易所重大政策制定和调整。

（1）上海期货交易所对程序化交易客户实行报备制度。2010 年 10 月 22 日，为加强程序化交易的统一监管，维护市场公平交易，上海期货交易所于10月25日起对程序化交易客户实行报备制度。会员单位应事先向上海期货交易所上报使用“由计算机按照事先设定的具有行情分析、风险管理等功能的交易模型，自动下达交易信号或报单指令”程序化交易软件客户的相关信息。会员单位应如实填写程序化交易软件使用情况表，并通过书面和电子邮件两种方式向上海期货交易所报备。报备内容应包括但不限于情况表内相关内容。对于存在不报、漏报、未及时报备程序化交易等情况的会员单位，上海期货交易所将根据情节轻重，采取谈话提醒、书面警示、限制相关业务等措施。

（2）上海期货交易所对异常交易行为的处理标准及处理程序通知。2010年11月9日，为加强对期货市场异常交易行为的监管，遏制过度交易，严厉打击各类违法违规行为，根据《上海期货交易所异常交易监控暂行规定》的相关内容，就异常交易行为的处理标准及处理程序发布通知，主要涉及以下主要内容：自成交、频繁报撤单、大额报撤单异常交易行为的处理标准及处理程序；关联账户合并持仓超限异常交易行为的处理标准及处理程序。

（3）上海期货交易所于2010年12月24日正式启动期货保税交割试点工作。2010年12月23日，为贯彻落实《国务院关于推进上海加快发展现代服务业和先进制造业，建设国际金融中心和国际航运中心的意见》（国发［2009］19号）有关精神，经中国证监会同意，上海期货交易所将于2010年12月24日正式启动期货保税交割试点工作。具体安排如下：试点品种为铜和铝。试点区域为洋山保税港区，指定保税交割库名单另文公布。保税交割业务有关增值税按照《财政部、国家税务总局关于上海期货交易所开展期货保税交割业务有关增值税问题的通知》（财税［2010］108号）执行。保税交割具体操作按照《上海期货交易所保税交割实施细则（试行）》执行。各指定保税交割库自2011年3月16日起接受并办理期货保税标准仓单相关业务申请，制作期货保税标准仓单的货物须为上海期货交易所注册品牌。

二、铝期货运行状况

2010年，上海期货交易所铝期货全年的价格走势总体呈现为V型对称状，以6月份为对称点，上半年走势为冲高回落，逐步下跌，下半年则表现为探底回升，稳步走高。铝价在1月份开年时即达全年最高价18470元/吨，随后便一路下跌，6月份跌至全年最低价13800元/吨，随后价格逐步回升，至12月份已重拾大部分跌幅，但未能再现年初高点。

（一）交易情况

2010年，上海期货交易所铝期货的月度交易情况见表3-2-7。从表3-2-7

中可以看出，2010年铝期货的成交量总共为3452.40万手，与2009年相比减少了15.92%，月度成交量最高为1月份的711.37万手，最低为12月份的107.30万手；2010年全年成交额为2.83万亿元，与2009年相比增加了14.30%；2010年最大月末持仓量为1月份的36.51万手，最小月末持仓量为12月份的25.59万手。

表3-2-7　　2010年铝期货月度交易情况

月　度	成交量（万手）	同比变化（%）	成交额（亿元）	同比变化（%）	持仓量（万手）	同比变化（%）
1月	711.37	14.53	6263.03	69.32	36.51	78.91
2月	270.07	-36.68	2230.09	-11.71	34.13	65.00
3月	246.72	-31.49	2067.82	-7.26	31.20	-1.09
4月	266.58	-50.51	2232.89	-35.45	31.56	0.61
5月	245.27	38.55	1896.49	67.21	29.74	13.87
6月	263.40	16.99	1941.02	29.40	27.34	16.12
7月	166.21	-48.03	1253.82	-45.15	26.98	-18.97
8月	252.53	-55.38	1964.45	-53.93	27.87	-0.17
9月	201.05	2.51	1585.43	8.33	28.53	25.21
10月	270.95	85.61	2242.64	102.62	35.10	36.41
11月	450.94	160.61	3773.36	181.72	26.88	8.57
12月	107.30	-69.91	890.37	-69.66	25.59	-27.56
全　年	3452.4	-15.92	28342.48	14.30	25.59	-27.56

注：成交量和持仓量双边统计。资料来源：上海期货交易所。

2010年铝期货合约成交量较2009年有所下降，但因铝价整体高于2009年水平，成交额依然呈现为增长，全年成交额总计2.83万亿元，同比增加14.30%。

2006~2010年铝期货年度交易情况见表3-2-8。

表3-2-8　　2006~2010年铝期货年度交易情况

年　度	成交量（万手）	同比变化（%）	成交额（亿元）	同比变化（%）	持仓量（万手）	同比变化（%）
2006年	2786.30	555.60	28467.24	666.39	15.67	94.42
2007年	964.71	-65.38	9377.90	-67.06	9.16	-41.54
2008年	2957.78	206.60	22078.82	135.43	22.47	145.31
2009年	4106.11	38.82	27942.91	26.56	37.03	64.80
2010年	3452.40	-15.92	28342.48	1.43	25.59	-27.56

注：成交量和持仓量双边统计。资料来源：上海期货交易所。

表3－2－9是上海期货交易所与伦敦金属交易所（LME）铝期货年度成交数据的比较。从表中可以看出，2010年上海期货交易所铝期货成交量高达3452.4万手，伦敦金属交易所铝期货成交量4594万手。按照上海期货交易所成交量双边和伦敦金属交易所成交量单边统计、上海期货交易所锌期货合约单位5吨/手和伦敦金属交易所合约单位25吨/手的差异，折算成实际吨数进行比较，上海期货交易所铝期货成交量约为伦敦金属交易所的15%，国内铝期货市场规模与国际铝期货市场相比，仍有较大差距。

表3－2－9　　2008～2010年铝期货内外盘交易情况比较

年　度	成交量（万手）		成交额（亿元）		持仓量（万手）	
	SHFE	LME	SHFE	LME	SHFE	LME
2008年	2957.78	4767.85	22078.82	—	22.47	70.54
2009年	4106.11	4652.77	27942.91	—	37.03	73.2
2010年	3452.40	4594.00	28342.48	—	25.59	70.93

资料来源：上海期货交易所、路透社。

（二）交割情况

目前，上海期货交易所铝期货指定的交割仓库共有15处，存放地20处，其中位于长三角地区的仓库有12处，存放地16处，位于珠三角地区的仓库有3处，存放地4处。2010年上海期货交易所铝期货合约的交割量为576100吨，同比增加56.44%。2010年中，4月份铝期货的交割量最大，为64950吨；8月份交割量最小，为27250吨。2010年铝期货月度交割情况见表3－2－10。

表3－2－10　　2010年铝期货月度交割情况

月　度	交割量（吨）	同比变化（%）	交割额（亿元）	同比变化（%）
1月	36700	90.40	6.31	169.66
2月	41650	106.44	6.62	170.20
3月	46675	231.03	7.58	325.84
4月	64950	221.14	10.64	280.00
5月	53750	235.41	7.98	289.27
6月	60325	75.49	8.66	86.64
7月	38025	－2.19	5.56	5.70
8月	27250	－36.03	4.14	－33.97
9月	46825	27.76	7.13	30.59

续表

月　度	交割量（吨）	同比变化（%）	交割额（亿元）	同比变化（%）
10 月	50675	48.39	8.12	60.16
11 月	63525	28.92	10.32	40.03
12 月	45750	7.58	7.34	6.69
总　计	576100	56.44	90.4	72.62

注：交割量和交割额为单边计算。资料来源：上海期货交易所。

2006～2010 年铝期货年度交割情况见表 3－2－11。

表 3－2－11　　2006～2010 年铝期货年度交割情况

年　度	交割量（吨）	同比变化（%）	交割额（亿元）	同比变化（%）
2006 年	237475	117.77	48.82	170.17
2007 年	120850	-49.11	23.37	-52.13
2008 年	278475	130.43	48	105.39
2009 年	368250	32.24	52.37	9.10
2010 年	576100	56.44	90.4	72.62

注：交割量和交割额为单向计算。资料来源：上海期货交易所。

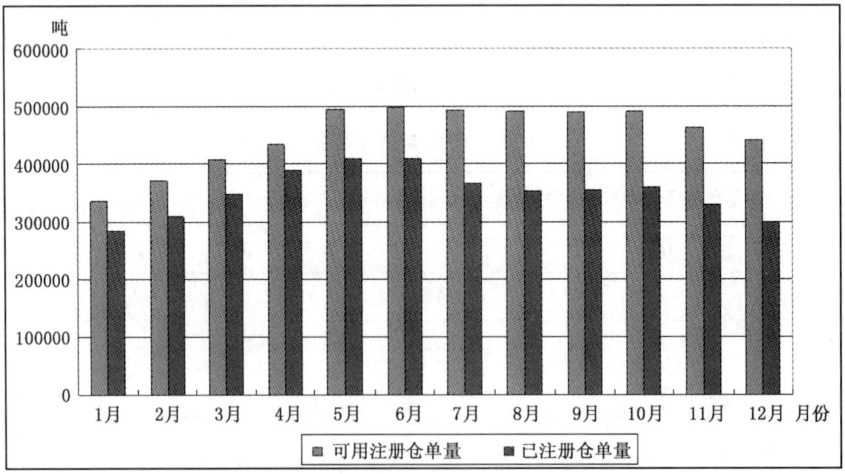

图 3－2－3　2010 年铝期货月度注册仓单情况

资料来源：上海期货交易所。

（三）价格走势

2010 年，上海期货交易所铝期货价格与国际市场铝价和国内现货市场铝价走势一致。上半年受欧元区债务危机影响，铝价震荡下跌，下半年受全球经济稳步复苏、铝消费前景趋好及国内电解铝企业电价成本上升支撑，铝价探底回升，稳步走高。

图 3－2－4　2010 年铝期货、现货和外盘价格比较

注：上海期货交易所（SHFE），上海现货价格单位为元/吨，伦敦金属交易所（LME）价格单位为美元/吨。资料来源：上海期货交易所、上海有色金属网、路透社。

2010 年铝期货内外盘和现货价格主要显性指标见表 3－2－12。

表 3－2－12　　2010 年铝期货内外盘和现货价格主要显性指标

市场分类	绝对指标（元/吨、美元/吨）				
	最高价	最低价	平均价	标准差	极差
上海期货交易所连续价格	18470	13800	15782	800	2688
SMM 现货价格	17380	13815	15712	728	1668
LME 连续价格	2486	1835	2198	156	651

资料来源：上海期货交易所、上海有色金属网、路透社。

（四）市场重大变化及政策调整

1. 市场重大变化和长假风险管理。

（1）2010 年 2 月 2 日，因 2010 年春节长假适逢 AL1002 合约进入交割，为有效防范交割风险，经中国证监会同意和上海期货交易所理事会通过，上海期货交易所决定，将 2010 年 2 月份相关合约的最后交易日调整为 2010 年 2 月 9 日，交割期调整为 2 月 10 日、11 日、12 日、22 日和 23 日 5 个交割日。

（2）自2010年2月11日结算时起，因春节长假，上海期货交易所对铝合约涨跌停板和保证金进行调整，2月22日结算时起恢复正常。

（3）自2010年4月1日结算时起，因清明节放假，上海期货交易所对铝合约涨跌停板和保证金进行调整，4月6日结算时起恢复正常。

（4）自2010年4月29日结算时起，因五一节放假，上海期货交易所对铝合约涨跌停板和保证金进行调整，5月4日结算时起恢复正常。

（5）自2010年6月10日结算时起，因端午节放假，上海期货交易所对铝合约涨跌停板和保证金进行调整，6月17日恢复正常。

（6）自2010年9月20日结算时起，因中秋节、国庆节长假，上海期货交易所对铝合约涨跌停板和保证金进行调整，10月8日结算时起恢复正常。

（7）发布关于调整交易时间的通知。为促进期货市场统一监管体系的完善，交易所对交易时间作适当调整，自2010年6月28日起，取消下午交易时段的休息时间，上午交易时间不变。调整后交易时间为：上午第一节交易时间自9:00至10:15，第二节交易时间自10:30至11:30；下午交易时间自13:30至15:00。

（8）发布《关于暂停执行当日开平仓交易手续费单边收取规定的通知》。从2010年11月29日起，暂停执行所有品种期货合约当日开平仓交易手续费单边收取的规定，由单边收取统一改为双边收取。自2010年11月29日收盘结算时起，铝期货合约的交易保证金水平，由原比例提高至12%。2010年11月30日起，铝期货合约的涨跌幅度限制扩大至6%。自2010年11月29日起，暂停执行所有品种6个月后期货合约手续费减半收取规定。

2. 交易所重大政策制定和调整。政策调整详情参见铜期货运行内容。

三、锌期货运行状况

2010年初，受到欧债危机蔓延和升级的冲击，上海期货交易所锌期货价格以21210元/吨开盘，年初创下最高价21570元/吨后，从高位逐步下跌，6月份跌至全年最低价13200元/吨，随后在以美国为代表的发达国家继续实施量化宽松货币政策作用下，沪锌价格逐步开始反弹，年底收盘价19475元/吨，全年的价格走势总体呈现为V型对称状。

（一）交易情况

2010年，上海期货交易所锌期货的月度交易情况见表3－2－13。从表3－2－13中可以看出，2010年锌期货的成交量总共为2.93亿手，与2009年相比增长了354.5%，月度成交量最高为7月份的4484.48万手，最低为1月份的1063.99万手；2010年全年成交额为25.57万亿元，与2009年增长了93.09%；2010年最大月末持仓量为8月份的51.8878万手，最小月末持仓量为2月份的

29.7914 万手。

表 3－2－13　　2010 年锌期货月度交易情况

月　度	成交量（万手）	同比变化（%）	成交额（亿元）	同比变化（%）	持仓量（万手）	同比变化（%）
1 月	1249.13	279.52	12808.37	615.98	30.087	99.69
2 月	1226.44	227.36	10922.9	462.73	29.7914	24.13
3 月	1539.07	255.2	14423.92	505.11	30.5288	30.15
4 月	1063.99	55.31	10225.95	136.98	32.1116	43.83
5 月	2169.98	284.23	17567.85	383.44	45.5844	131.50
6 月	3882.86	634.16	28769.4	707.72	47.9144	140.54
7 月	4484.48	710.85	34528.36	816.41	47.857	138.57
8 月	3483	513.8	29886.41	597.12	51.8878	198.02
9 月	2869.09	503.5	25673.97	606.2	32.218	145.73
10 月	2262.96	423.5	22674.38	534.1	46.7756	114.64
11 月	3335.63	378.89	31862.9	418.37	41.8454	71.79
12 月	1751.26	116.16	16381.2	109.27	40.2422	56.23
全　年	29317.87	354.49	255725.62	445.66	40.2422	56.23

注：成交量和持仓量双边统计。资料来源：上海期货交易所。

2010 年上海期货交易所锌期货成交量高达 2.93 亿手，比 2009 年大幅增加了 355%；成交额高达 25.57 万亿元，比 2009 年大幅增加了 445%。2007～2010 年锌期货年度交易情况见表 3－2－14。

表 3－2－14　　2007～2010 年锌期货年度交易情况

年　度	成交量（万手）	同比变化（%）	成交额（亿元）	同比变化（%）	持仓量（万手）	同比变化（%）
2007 年	2043.0898	—	24753.79	—	6.2702	—
2008 年	4707.7794	130.42	39074.26	57.85	13.512	115.50
2009 年	6450.6772	37.02	46865.08	19.94	25.7586	90.63
2010 年	29317.875	354.49	255725.62	445.66	40.2422	56.23

注：成交量和持仓量双边统计。资料来源：上海期货交易所。

表 3－2－15 是上海期货交易所（SHFE）与伦敦金属交易所（LME）锌期货年度成交数据比较。从表 3－2－15 中可以看出，2010 年上海期货交易所锌期货成交量高达 2.93 亿手，伦敦金属交易所锌期货成交量 1791 万手。按照上海期货交易

所成交量双边和LME成交量单边统计、上海期货交易所锌期货合约单位5吨/手和LME合约单位25吨/手的差异，折算成实际吨数进行比较，上海期货交易所锌期货成交量大约为LME的1.64倍，第一次超越伦敦金属交易所，排名世界第一。

表3-2-15　　2007~2010年锌期货内外盘年度交易情况比较

年　度	成交量（万手）		成交额（亿元）		持仓量（万手）	
	SHFE	LME	SHFE	LME	SHFE	LME
2007年	2043.0898	1232.9464	24753.79	—	6.2702	17.7383
2008年	4707.7794	1600.4957	39074.26	—	13.512	21.7239
2009年	6450.6772	1572.7926	46865.08	—	25.7586	22.9051
2010年	29317.875	1791.1059	255725.62	—	40.2422	23.2346

注：上海期货交易所交易量为双向计算，LME为单向计算，单位为手；SHFE 1手=5吨，LME 1手=25吨。资料来源：上海期货交易所。

（二）交割情况

2010年，上海期货交易所锌期货指定交割仓库共7处，5处设在上海，广东和浙江各有1处，分别是上海国储天威、中储股份、广东南储、上海期晟、上海京鸿、浙江康运、上港物流。

2006~2010年上海期货交易所锌期货合约的交割情况见表3-2-16和表3-2-17。2010年，上海期货交易所交割量为307650吨，交割额为53.77亿元，全年交割量整体上呈现平稳变化的态势。2010年中，11月份铜期货的交割量最大，为38275吨；2月份交割量最小，为14850吨。

表3-2-16　　2010年锌期货月度交割情况

月　度	交割量（吨）	交割额（亿元）
1月	19200	3.8506
2月	14850	2.5155
3月	26100	4.6901
4月	32950	6.2011
5月	26125	4.1107
6月	21500	3.0771
7月	24875	3.7163
8月	22225	3.7106
9月	19500	3.3549
10月	31700	5.9865

续表

月　度	交割量（吨）	交割额（亿元）
11 月	38275	7.0254
12 月	30350	5.5298
总　计	307650	53.7690

注：交割量和交割额为单向计算。资料来源：上海期货交易所。

表 3-2-17　　2007~2010 年锌期货年度交割情况

年　度	交割量（吨）	同比变化（%）	交割额（亿元）	同比变化（%）
2007 年	36225	—	8.2570	—
2008 年	91800	153.4	13.0556	58.1
2009 年	161700	76.1	24.3518	86.5
2010 年	307650	90.3	53.7690	120.8

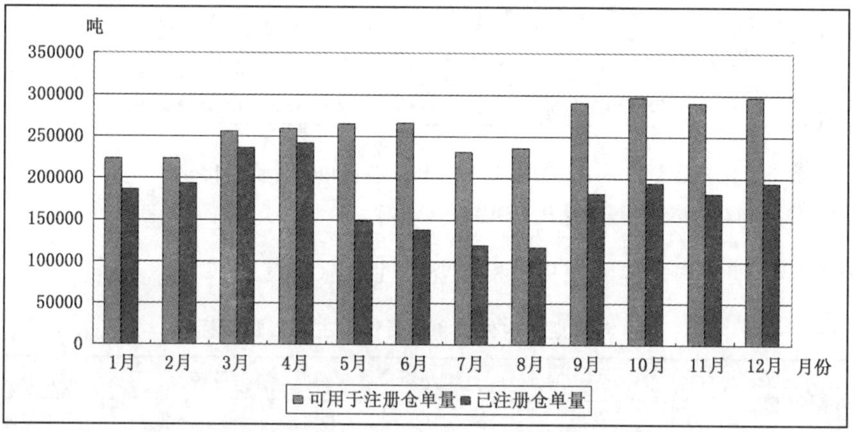

图 3-2-5　2010 年锌期货注册仓单情况

（三）价格走势

2009 年 12 月，全球三大评级公司下调希腊主权评级，揭开了欧洲债务危机的序幕。2010 年 1~2 月，欧洲债务危机迅速在西班牙、葡萄牙等欧洲其他国家蔓延，整个欧盟都受到债务危机困扰。2010 年初，上海期货交易所锌期货价格以 21210 元/吨开盘，年初创下最高价 21570 元/吨后，从高位逐步下跌。2010 年 4 月，希腊正式向欧盟与 IMF 申请援助，标志着欧洲债务危机的升级。欧洲债务危机的蔓延和升级导致欧元大幅下跌，欧洲股市暴挫，以及铜、锌等大宗商品期货市场暴跌，锌 6 月份跌至全年最低价 13200 元/吨。2010 年 5 月，欧盟批准 7500 亿欧元希腊援助计划。欧洲债务危机的逐步缓和也推动了有色金属期货市场价格在6月份逐步企稳回升，沪锌价格逐步展开反弹。2010年11月，美联储在结束为期两天的利率会议后，宣布启动第二轮定量宽松计划，并在2011年第2季度前采购6000亿美元的债券，每个月的采购额约为750亿美元；与此同时，美联储宣布维持0～0.25%的基准利率区间不变，以推动经济走出当前低通胀和低增长的疲软局面。沪锌年底收盘价为19475元/吨，同比下跌8.12%。2010年国内外锌期货和现货价格比较见图3-2-6。

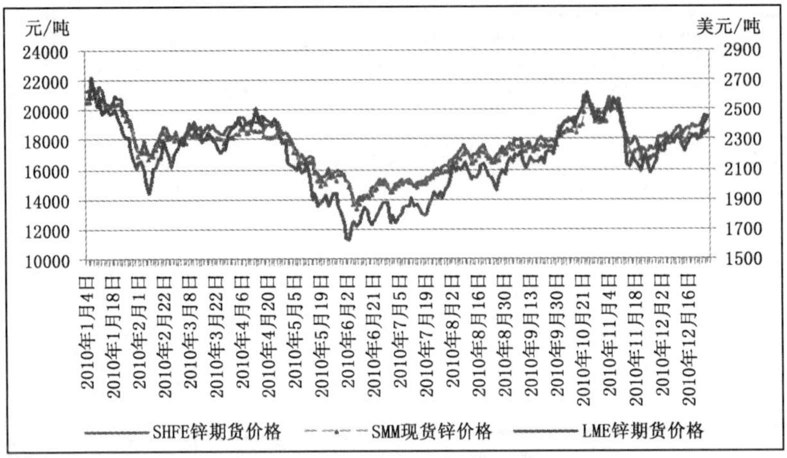

图3-2-6　2010年国内外锌期货和现货价格比较

资料来源：上海期货交易所、路透社、SMM。

2010年锌期货内外盘和现货价格主要显性指标见表3-2-18。

表3-2-18　　2010年锌期货内外盘和现货价格主要显性指标

市场分类	绝对指标（美元/吨、元/吨）				
	最高价	最低价	平均价	标准差	极差
LME连续价格	2718	1628	2180	233	1090
SHFE连续价格	21570	13200	17829	1776	8370
SMM现货价格	21250	13300	17402	1637	7950

资料来源：上海期货交易所、上海有色金属网、路透社。

（四）市场重大变化及政策调整

1. 市场重大变化和长假风险管理。

（1）2010年2月2日，因2010年春节长假适逢ZN1002合约进入交割，为有效防范交割风险，经中国证监会同意和上海期货交易所理事会通过，上海期货交易所决定，将2010年2月份相关期货合约的最后交易日调整为2010年2月9日，交割期调整为 2 月 10 日、11 日、12 日、22 日和 23 日 5 个交割日。

（2）自 2010 年 2 月 11 日结算时起，因春节长假，上海期货交易所对锌期货合约涨跌停板和保证金进行调整，2 月 22 日结算时起恢复正常。

（3）自 2010 年 4 月 1 日结算时起，因清明节放假，上海期货交易所对锌期货合约涨跌停板和保证金进行调整，4 月 6 日结算时起恢复正常。

（4）自 2010 年 4 月 29 日结算时起，因五一节放假，上海期货交易所对锌期货合约涨跌停板和保证金进行调整，5 月 4 日结算时起恢复正常。

（5）自 2010 年 6 月 10 日结算时起，因端午节放假，上海期货交易所对锌期货合约涨跌停板和保证金进行调整，6 月 17 日恢复正常。

（6）自 2010 年 9 月 20 日结算时起，因中秋节、国庆节长假，上海期货交易所对锌期货合约涨跌停板和保证金进行调整，10 月 8 日结算时起恢复正常。

（7）发布《关于调整交易时间的通知》。为促进期货市场统一监管体系的完善，对交易时间作适当调整，自 2010 年 6 月 28 日起，取消下午交易时段的休息时间，上午交易时间不变。调整后交易时间为：上午第一节交易时间自 9:00 至 10:15，第二节交易时间自 10:30 至 11:30；下午交易时间自 13:30 至 15:00。

（8）发布《关于对锌和天然橡胶期货合约当日开平仓双边收取手续费的通知》。为保证市场平稳运行，促进市场功能有效发挥，在 2010 年 8 月 2 日至 2010 年 8 月 27 日期间，锌和天然橡胶期货合约当日开平仓手续费由单边收取暂改为双边收取。

（9）发布《关于暂停执行当日开平仓交易手续费单边收取规定的通知》。从 2010 年 11 月 29 日起，暂停执行所有品种期货合约当日开平仓交易手续费单边收取的规定，由单边收取统一改为双边收取。自 2010 年 11 月 29 日收盘结算时起，锌期货合约的交易保证金水平，由原比例提高至 12%。2010 年 11 月 30 日起，锌期货合约的涨跌幅度限制扩大至 6%。自 2010 年 11 月 29 日起，暂停执行所有品种 6 个月后期货合约手续费减半收取规定。

2. 交易所重大政策制定和调整。政策调整详情参见铜期货运行内容。

四、螺纹钢期货运行状况

2010 年，上海期货交易所螺纹钢期货总体运行平稳、投资者结构逐步优化，市场功能初步显现。目前，螺纹钢期货已成为全球最活跃的钢铁类期货品种，初步具备了服务钢铁行业、发挥市场功能的基本条件。

（一）交易情况

2010 年，上海期货交易所螺纹钢期货交易成交量为 45122.48 万手，与 2009 年相比增长 39.63%，月交易量基本保持在 3000 万手以上；年成交额为 199517.15 亿元，与2009年相比增长49.98%，月交易额基本保持在1.50万亿元左右。全年最大月交易量为6033万手（5月），最高月成交额为2.63万亿元（5月），最高月末持仓量为169万手（7月）。

表3-2-19　　2010年螺纹钢期货月度交易情况

月　度	成交量（万手）	同比变化（%）	成交额（亿元）	同比变化（%）	持仓量（万手）	同比变化（%）
1月	2943.07	—	13070.69	—	123.91	—
2月	1895.19	—	8091.48	—	128.21	—
3月	4331.86	7406.03	20230.60	9727.66	146.77	3061.21
4月	3415.27	739.15	16253.00	1028.27	136.84	347.56
5月	6033.42	2060.23	26264.40	2497.65	142.71	306.07
6月	3702.97	405.91	15205.88	441.66	111.41	175.86
7月	4738.35	285.11	19414.49	275.07	169.46	180.46
8月	4837.50	-8.04	20890.75	-10.95	139.74	36.45
9月	4074.56	-29.51	18013.80	-21.24	115.12	43.73
10月	3426.76	-43.23	15283.23	-34.06	124.79	-4.49
11月	4418.79	-42.08	20601.45	-34.58	75.36	-43.66
12月	1304.72	-73.39	6197.38	-71.02	66.29	-52.82
全　年	45122.48	39.63	199517.15	49.98	66.29	-52.82

注：成交量和成交额双边统计。资料来源：上海期货交易所。

表3-2-20　　2009~2010年螺纹钢期货年度交易情况

年　度	成交量（万手）	同比变化（%）	成交额（亿元）	同比变化（%）	持仓量（万手）	同比变化（%）
2009年	32314.90	—	133025.23	—	139.74	—
2010年	45122.48	39.63	199517.15	49.98	66.29	-52.82

注：成交量和成交额双边统计。资料来源：上海期货交易所。

目前，国际市场上没有对应的螺纹钢期货品种。伦敦金属交易所（LME）钢坯期货的交易标的是螺纹钢期货的上游原料，其成交量很低、流动性较差。

（二）交割情况

上海期货交易所共有9处螺纹钢期货指定交割仓库。2010年，上海期货交易所螺纹钢期货全年交割量为60030手，5月为最大交割月份，交割量为13200手，交割金额为5.20亿元；6月份交割量最小，为1890手，交割金额为0.76亿元。

2010年螺纹钢期货月度交割情况见表3-2-21。

表3-2-21　　2010年螺纹钢期货月度交割情况

月　度	交割量（手）	同比变化（%）	交割额（亿元）	同比变化（%）
1月	4200	—	1.67	—
2月	5760	—	2.20	—
3月	8070	—	3.23	—
4月	3060	—	1.35	—
5月	13200	—	5.20	—
6月	1890	—	0.76	—
7月	2130	—	0.80	—
8月	4830	—	1.98	—
9月	3510	7.34	1.55	41.94
10月	4650	34.78	2.01	70.20
11月	4260	-31.73	1.98	-13.05
12月	4470	-21.16	2.17	3.33
总　计	60030	222.22	24.89	274.67

注：交割量和交割额为单向统计。资料来源：上海期货交易所。

2009~2010年螺纹钢期货年度交割情况见表3-2-22。

表3-2-22　　2009~2010年螺纹钢期货年度交割情况

年　度	交割量（吨）	同比变化（%）	交割额（亿元）	同比变化（%）
2009年	186300	—	6.64	—
2010年	600300	222.22	24.89	274.67

注：交割量和交割额为单向统计。资料来源：上海期货交易所。

（三）价格走势

1. 总体价格走势。2010年，我国经济处于由回升向好、向稳定发展转变的关键时期，钢铁工业持续回升，产量保持增长，出口增幅较大。但自下半年以来，由于国内外经济复苏和增长的不确定、不稳定性，行业运行水平逐步回落，钢铁工业全年运行呈前高后低态势。螺纹钢期货市场全年运行平稳，期货价格与现货价格走势趋同，交易保持活跃，持仓维持高位运行，市场风险可控，参与者日趋广泛，市场功能初步显现。2010年螺纹钢期货和现货市场价格比较见图3-2-8。

2. 期货价格分析。2010年，螺纹钢期货主力合约日结算价与上海、天津现货

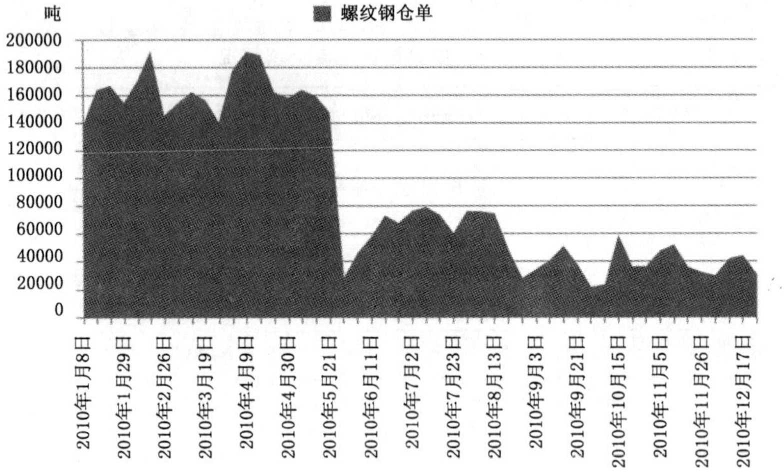

图 3-2-7　2010 年螺纹钢期货仓单变化情况

资料来源：上海期货交易所。

图 3-2-8　2010 年螺纹钢期货和现货市场价格比较

资料来源：上海期货交易所、Mysteel。

价格联动紧密，相关系数基本维持在 0.8 左右；主力合约价格的最大波动幅度均小于上海、天津现货价格以及中证钢铁行业指数同期最大波动幅度。2010 年螺纹钢期货和现货市场价格主要显性指标见表 3-2-23。

表 3-2-23　　2010 年螺纹钢期货和现货市场价格主要显性指标

市场分类	绝对指标（元/吨）					相对指标（%）	
	最高价	最低价	平均价	标准差	极差	离散率	波幅率
期货价格	4879	3911	4437	256	968	5.77	21.82
现货价格	4856	3763	4256	330	1093	7.75	25.68

资料来源：上海期货交易所、Mysteel、现货价格取上海价格。

（四）市场重大变化及政策调整

1. 市场重大变化和长假风险管理。

（1）自 2010 年 2 月 11 日结算时起，因春节长假，上海期货交易所对螺纹钢期货合约涨跌停板和保证金进行调整，2 月 22 日结算时起恢复正常。

（2）自 2010 年 4 月 29 日结算时起，因五一节放假，上海期货交易所对螺纹钢期货合约涨跌停板和保证金进行调整，5 月 4 日结算时起恢复正常。

（3）自 2010 年 9 月 20 日结算时起，因中秋节、国庆节长假，上海期货交易所对螺纹钢期货合约涨跌停板和保证金进行调整，10 月 8 日结算时起恢复正常。

（4）11 月 25 日，上海期货交易所发布《关于调整上市品种交易保证金、涨跌停板和交易手续费的通知》，自 2010 年 11 月 29 日收盘结算时起，螺纹钢期货合约的交易保证金水平，由原比例提高至 12%；2010 年 11 月 30 日起，螺纹钢期货合约的涨跌幅度限制扩大至 6%；自 2010 年 11 月 29 日起，暂停执行所有品种 6 个月后期货合约手续费减半收取规定。

（5）12 月 27 日，上海期货交易所发布《关于做好 2011 年元旦期间市场风险控制相关工作的通知》，要求各会员单位做好相关合约持仓限额、自然人持仓、整倍数调整以及交割方面的工作，提醒投资者谨慎运作，理性投资，并根据投资者的持仓及风险大小适当提高节日期间保证金的收取比例，严格投资者的出入金管理，做好节日期间技术系统的维护和网络安全工作，确保市场平稳运行。

2. 交易所重大政策制定和调整。政策调整详情参见铜期货运行内容。

五、线材期货运行状况

2010 年，上海期货交易所线材期货成交清淡，全年累计成交 30.34 万手、128.88 亿元。线材期货市场总体运行平稳，但市场规模逐步下降。

（一）交易情况

2010 年，上海期货交易所线材期货交易相对清淡，年成交量同比降低 86.10%，年成交额同比降低 84.39%，月交易量和月成交额逐月下滑。全年最大月交易量为 6.19 万手（3 月），最高月成交金额为 26.18 亿元（3 月），最高月末持仓量为24.92万手（2月）。2010年线材期货月交易情况见表3－2－24。

表3－2－24　　2010年线材期货月交易情况

月　度	成交量（手）	同比变化（%）	成交额（亿元）	同比变化（%）	持仓量（手）	同比变化（%）
1月	51150	—	21.52	—	26724	—
2月	26408	—	10.56	—	24922	—
3月	61890	－63.31	26.18	－54.51	20798	48.26
4月	57680	－83.10	25.86	－77.78	19798	－48.97
5月	51118	－67.45	21.62	－60.93	7744	－78.65
6月	24998	－92.11	10.23	－91.37	4990	－86.07
7月	13312	－92.48	5.39	－92.42	3062	－85.91
8月	6778	－98.11	2.95	－98.09	1900	－92.23
9月	5436	－97.98	2.43	－97.62	838	－96.43
10月	1504	－99.24	0.68	－99.07	304	－99.09
11月	2634	－98.01	1.22	－97.62	124	－99.46
12月	496	－99.22	0.23	－99.10	78	－99.66
全　年	303404	－86.10	128.88	－84.39	78	－99.66

注：成交量和持仓量双边统计。资料来源：上海期货交易所。

2009～2010年线材期货年度交易情况见表3－2－25。

表3－2－25　　2009～2010年线材期货年度交易情况

年　度	成交量（万手）	同比变化（%）	成交额（亿元）	同比变化（%）	持仓量（手）	同比变化（%）
2009年	218.40	—	825.69	—	22916	—
2010年	30.34	－86.11	128.88	－84.39	78	－99.66

资料来源：上海期货交易所。

目前，国际市场上没有对应的线材期货品种。伦敦金属交易所（LME）钢坯期货的交易标的是线材期货的上游原料，其成交量很低、流动性较差。

（二）交割情况

上海期货交易所线材期货指定的交割仓库共有9处。2010年，上海期货交易所线材期货全年交割量为6420手，5月为最大交割月份，交割量为3360手，交割额为1.36亿元；7月至12月份没有交割。

表 3－2－26　　2010 年线材期货月度交割情况

月　度	交割量（手）	交割额（万元）
1 月	330	1290.30
2 月	300	1118.40
3 月	840	3297.84
4 月	1320	5880.60
5 月	3360	13618.08
6 月	270	1113.75
7 月	0	0
8 月	0	0
9 月	0	0
10 月	0	0
11 月	0	0
12 月	0	0
总　计	6420	26318.97

注：交割量和交割额单边计算。资料来源：上海期货交易所。

2009～2010 年线材期货年度交割情况见表 3－2－27。

表 3－2－27　　2009～2010 年线材期货年度交割情况

年　度	交割量（手）	同比变化（%）	交割额（亿元）	同比变化（%）
2009 年	4170	—	1.47	—
2010 年	6420	53.96	2.63	78.91

注：交割量和交割额单边计算。资料来源：上海期货交易所。

2010 年线材期货仓单变化情况见图 3－2－9。

（三）价格走势

1. 总体价格走势。2010 年，我国经济处于由回升向好和稳定发展转变的关键时期，钢铁工业持续回升，产量保持增长、出口增幅较大。但自下半年以来，由于国内外经济复苏和增长的不确定、不稳定性，行业运行水平逐步回落，钢铁工业全年运行呈前高后低态势。线材期货市场全年运行平稳，期货价格与现货价格走势趋同，交易和持仓逐步减少，但市场风险可控。

2010 年线材期货和现货市场价格比较见图 3－2－10。

2. 期货价格分析。2010 年，线材期货主力合约日结算价与上海、天津现货价格联动紧密，相关系数基本维持在 0.8 左右；主力合约价格的最大波动幅度均小于

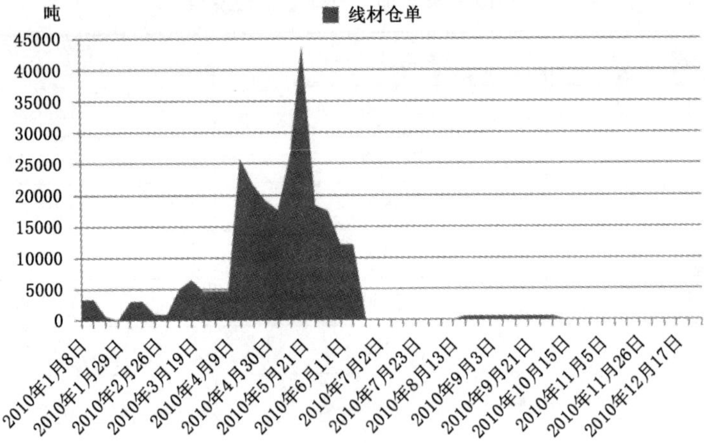

图 3-2-9　2010 年线材期货仓单变化情况

资料来源：上海期货交易所。

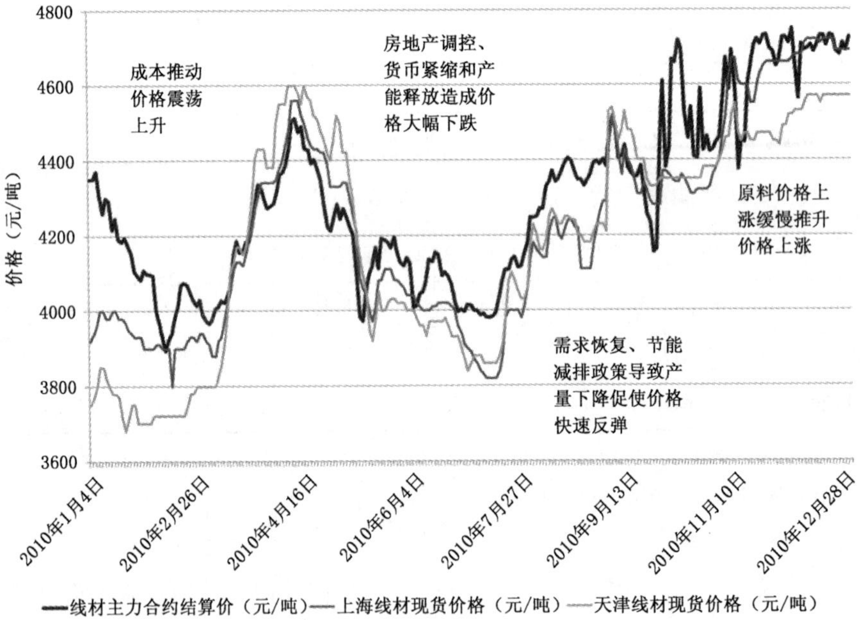

图 3-2-10　2010 年线材期货和现货市场价格比较

资料来源：上海期货交易所，Mysteel。

上海、天津现货价格以及中证钢铁行业指数同期最大波动幅度。2010 年线材期货和现货市场价格主要显性指标见表 3-2-28。

表 3-2-28　　2010 年线材期货和现货市场价格主要显性指标

市场分类	绝对指标（元/吨）					相对指标（%）	
	最高价	最低价	平均价	标准差	极差	离散率	波幅率
期货价格	4749	3894	4300	234	855	5.44	19.88
现货价格	4720	3800	4225	267	920	6.32	21.78

资料来源：上海期货交易所、Mysteel、现货价格取上海价格。

（四）市场重大变化及政策调整

1. 市场重大变化和长假风险管理。

（1）自 2010 年 2 月 11 日结算时起，因春节长假，上海期货交易所对线材期货合约涨跌停板和保证金进行调整，2 月 22 日结算时起恢复正常。

（2）自 2010 年 4 月 29 日结算时起，因五一放假，上海期货交易所对线材期货合约涨跌停板和保证金进行调整，5 月 4 日结算时起恢复正常。

（3）自 2010 年 9 月 20 日结算时起，因中秋节、国庆节长假，上海期货交易所对期货线材合约涨跌停板和保证金进行调整，10 月 8 日结算时起恢复正常。

（4）2010 年 11 月 25 日，上海期货交易所发布《关于调整上市品种交易保证金、涨跌停板和交易手续费的通知》，自 2010 年 11 月 29 日收盘结算时起，线材期货合约的交易保证金水平，由原比例提高至 10%；2010 年 11 月 30 日起，线材期货合约的涨跌幅度限制扩大至 6%；自 2010 年 11 月 29 日起，暂停执行所有品种 6 个月后期货合约手续费减半收取规定。

（5）12 月 27 日，上海期货交易所发布《关于做好 2011 年元旦期间市场风险控制相关工作的通知》，要求各会员单位做好相关合约持仓限额、自然人持仓、整倍数调整以及交割方面的工作，提醒投资者谨慎运作，理性投资，并根据投资者的持仓及风险大小适当提高节日期间保证金的收取比例，严格投资者的出入金管理，做好节日期间技术系统的维护和网络安全工作，确保市场平稳运行。

2. 交易所重大政策制定和调整。政策调整详情参见铜期货运行内容。

六、黄金期货运行状况

2010 年，在全球抗通胀需求和避险需求的交互作用下，国际金价继续大幅上涨。以纽约商业交易所（NYMEX）芝加哥分部的黄金期货（以下简称“COMEX 黄金期货”）为代表的国际金价全年涨幅为 29.34%，我国黄金期货价格全年涨幅为 25.97%。在国际金价持续上涨的局势下，2010 年我国黄金期货市场总体运行平稳，风险可控，全年成交 679.41 万手（合 6794.09 吨），成交额为 1.83 万亿元。2010 年，上海期货交易所新批农业银行和浦发银行为非期货公司会员。

(一). 交易情况

2010 年，我国黄金期货成交量与 2009 年基本持平。全年黄金期货各合约成交量 679.41 万手，同比减少 0.27%；成交额 1.83 万亿元，同比增长 19.77%。年末持仓 78836 手。从国际市场来看，2010 年 COMEX 黄金期货主力品种（100 盎司）成交量增加 27.29%。

2010 年，我国黄金期货市场月度成交量与 2009 年相比变化较大。5～7 月月度成交量较 2009 年增加较多，同比分别增加 191.51%、58.10%、76.87%；9 月、12 月月度成交量减少较多，同比分别下降 64.90%、67.65%。

表 3-2-29　　2010 年黄金期货月度交易情况

月　度	成交量（万手）	同比变化（%）	成交额（亿元）	同比变化（%）	持仓量（手）	同比变化（%）
1 月	86.08	156.57	2149.57	247.56	65978	93.10
2 月	33.08	-20.59	802.49	-6.73	62266	44.12
3 月	49.40	-9.15	1221.84	9.89	57306	40.98
4 月	48.38	22.10	1224.40	57.04	58114	90.49
5 月	93.59	191.51	2483.19	281.06	52568	16.40
6 月	65.62	58.10	1777.42	105.47	54636	29.30
7 月	56.51	76.87	1476.81	125.19	56120	34.17
8 月	37.97	34.76	1008.71	71.47	52530	39.51
9 月	32.06	-64.90	885.90	-56.09	56538	30.34
10 月	46.81	0.34	1358.50	25.83	62720	-1.89
11 月	80.16	-7.32	2393.26	10.22	65122	-22.78
12 月	49.75	-67.65	1509.82	-61.02	78836	-22.20
全　年	679.41	-0.27	18291.92	19.77	78836	-22.20

注：交易量和持仓量双边统计。资料来源：上海期货交易所。

2008～2010 年黄金期货年度交易情况见表 3-2-30。

表 3-2-30　　2008～2010 年黄金期货年度交易情况

年　度	成交量（万手）	同比变化（%）	成交额（亿元）	同比变化（%）	持仓量（手）	同比变化（%）
2008 年	778.09	—	14975.50	—	46316	—
2009 年	681.25	-12.45	15272.80	1.99	101328	118.78
2010 年	679.41	-0.27	18291.91	19.77	78836	-22.20

资料来源：上海期货交易所。

2008～2010年黄金期货内外盘交易情况比较见表3－2－31。

表3－2－31　　2008～2010年黄金期货内外盘交易情况比较

年　度	上海期货交易所黄金期货（万手）	COMEX黄金期货
2008年	778.09	3837.74
2009年	681.25	3513.95
2010年	679.41	4473.03

注：COMEX黄金期货主力品种（100盎司）的年度成交量。资料来源：上海期货交易所和路透社。

（二）交割情况

目前已批准中国工商银行、中国建设银行、中国银行以及交通银行4家银行为指定交割金库，涉及32处黄金存放库。2010年，共交割黄金537千克，同比减少26.94%，交割额为1.46亿元，同比减少9.76%。

表3－2－32　　2010年黄金期货月度交割情况

月　度	交割量（手）	同比变化（%）	交割额（万元）	同比变化（%）
1月	6	－97.14	146.02	－96.32
2月	6	－77.78	145.90	－71.26
3月	12	300.00	291.59	339.54
4月	0	0.00	0.00	0.00
5月	0	－100.00	0.00	－100.00
6月	351	192.50	9247.45	259.50
7月	3	－83.33	81.91	－78.10
8月	0	－100.00	0.00	－100.00
9月	9	－70.00	242.59	－61.50
10月	12	300.00	339.50	414.32
11月	0	－100.00	0.00	－100.00
12月	138	－39.47	4098.88	－31.10
总　计	537	－26.94	14593.83	－9.76

注：交割量和交割额单边计算。资料来源：上海期货交易所。

表3－2－33　　2008～2010年黄金期货年度交割情况

年　度	交割量（公斤）	同比变化（%）	交割额（万元）	同比变化（%）
2008	897	—	16905.54	—
2009	735	－18.06	16172.05	－4.34
2010	537	－26.94	14593.83	－9.76

注：交割量和交割额单边计算。资料来源：上海期货交易所。

（三）价格走势

1. 总体价格走势。2010 年，国际黄金期货价格走势总体经历了震荡、上涨、回调、上涨四个阶段。以 COMEX 黄金期货为例，新年伊始，COMEX 黄金期货价格以 1099.0 美元/盎司开盘，随后呈现震荡走势，在 2 月 5 日跌至全年最低价 1050.8 美元/盎司；之后，受欧洲主权债务危机等因素的影响，COMEX 黄金期货价格持续上涨，于 6 月中旬突破 1260 美元/盎司，形成阶段高点；7 月，COMEX 黄金期货价格整体回调，并于月末跌至 1155 美元/盎司附近；8 月以后，随着市场对美联储采取进一步量化宽松政策的预期不断增强，COMEX 黄金期货价格重新开始发力，一路上扬，并于 10 月中旬突破 1370 美元/盎司；10 月中旬以后，尽管价格震荡加剧，但是 COMEX 黄金期货价格整体仍呈上升趋势，12 月 7 日创出 1430.2 美元/盎司历史新高。2010 年年末 COMEX 黄金期货价格收于 1421.4 美元/盎司（见图 3 - 2 - 11）。2010 年 COMEX 黄金期货价格涨幅为 29.34%。受国际金价影响，2010 年上海期货交易所黄金期货价格走势与 COMEX 黄金期货价格、国内现货价格（上海黄金交易所（SGE）黄金 T + D 价格）走势基本保持一致。上海期货交易所黄金期货年初开盘于 245.38 元/克，年末收于 309.11 元/克，全年涨幅为 25.97%。全年盘中最低价 234.88 元/克出现于 2 月 5 日，全年盘中最高价 314.00 元/克出现于 11 月 9 日。

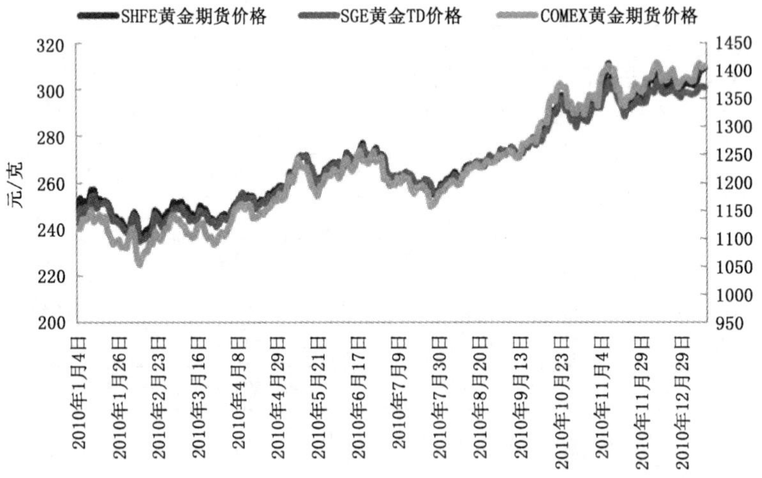

图 3 - 2 - 11　2010 年黄金期货内外盘和现货市场价格比较

资料来源：上海期货交易所和路透社。

2. 黄金期货价格分析。

表 3-2-34　2010 年黄金期货内外盘和现货市场价格主要显性指标

市场分类	绝对指标（美元/盎司、元/克）			
	最高价	最低价	平均价	极差
上海期货交易所黄金期货连续价格	314.00	234.88	268.86	79.12
SGE 黄金 T+D 连续价格	306.00	233.10	267.46	72.90
COMEX 黄金期货连续价格	1430.2	1050.8	1226.84	379.4

资料来源：上海期货交易所、SGE、路透社。

（四）市场重大变化及政策调整

1. 市场重大变化和长假风险管理。

（1）自 2010 年 2 月 11 日结算时起，因春节长假，上海期货交易所对黄金期货合约涨跌停板和保证金进行调整，2 月 22 日结算时起恢复正常。

（2）自 2010 年 4 月 29 日结算时起，因五一节放假，上海期货交易所对黄金期货合约涨跌停板和保证金进行调整，5 月 4 日结算时起恢复正常。

（3）自 2010 年 9 月 20 日结算时起，因中秋节、国庆节长假，上海期货交易所对黄金期货合约涨跌停板和保证金进行调整，10 月 8 日结算时起恢复正常。

（4）2010 年 11 月 25 日，上海期货交易所发布《关于调整上市品种交易保证金、涨跌停板和交易手续费的通知》，研究决定自 2010 年 11 月 29 日收盘结算时起，将黄金期货合约的交易保证金水平，由原比例提高至 10%；自 2010 年 11 月 30 日起，将黄金期货合约的涨跌幅度限制扩大至 6%；自 2010 年 11 月 29 日起，暂停执行黄金期货 6 个月后合约手续费减半收取规定；并申明将根据市场运行情况，采取进一步监管措施，打击违规交易，制止异常交易行为，确保市场平稳运行。

（5）2010 年 12 月 27 日，上海期货交易所发布《关于做好 2011 年元旦期间市场风险控制相关工作的通知》，要求各会员单位做好相关合约持仓限额、自然人持仓、整倍数调整以及交割方面的工作，提醒投资者谨慎运作，理性投资，并根据投资者的持仓及风险大小适当提高节日期间保证金的收取比例，严格投资者的出入金管理，做好节日期间技术系统的维护和网络安全工作，确保市场平稳运行。

2. 交易所重大政策制定和调整。政策调整详情参见铜期货运行内容。

第三节　能源、化工类期货品种运行状况

一、天胶期货运行状况

2010 年，上海期货交易所天然橡胶（简称天胶）期货主力合约价格从 24595 元/吨升至 37190 元/吨，总体涨幅 51.21%。2010 年第 1 季度经历 2 次小幅冲高至 25900 元/吨后走势疲弱，6 月一度跌至 22500 元/吨；7 月底开始，伴随着天胶库存下降，国际市场胶价不断创出新高，受现货供应偏紧等因素影响，天然橡胶价格走出 4 轮上攻行情，年末价格推高至 37190 元/吨。

（一）交易情况

2010 年，上海期货交易所天胶期货的月度交易情况见表 3－3－1。从表3－3－1 中可以看出，2010 年天胶期货的成交量为 3.35 亿手，与 2009 年相比增长了 88.03%，月度成交量最高为 7 月份的 4022.69 万手，最低为 2 月份的 1682.21 万手；2010 年全年成交额为 42.65 万亿元，与 2009 年相比增长了 184.90%；2010 年最大月末持仓量为 7 月份的 41.56 万手，最小月末持仓量为 11 月份的 18.37 万手。

表 3－3－1　　2010 年天胶期货月度交易情况

月　度	成交量（手）	同比变化（%）	成交额（亿元）	同比变化（%）	持仓量（手）	同比变化（%）
1 月	21039176	116.90	26085.40	330.86	235390	158.64
2 月	16822120	10.77	19846.99	98.98	246246	48.54
3 月	37075560	193.29	44774.63	443.53	260154	65.72
4 月	28487696	63.85	35326.87	177.15	227500	47.18
5 月	34201320	139.82	37952.36	250.60	291992	106.23
6 月	37736220	155.09	40691.94	258.66	333986	77.06
7 月	40226940	100.31	44228.22	166.94	415688	87.26
8 月	30954146	121.39	38545.14	194.22	394184	116.71
9 月	21494238	49.82	27927.87	120.73	186530	35.97
10 月	20467180	75.12	31932.04	187.26	235944	5.16
11 月	24639372	54.90	41288.21	149.16	183722	－16.39

续表

月　度	成交量（手）	同比变化（%）	成交额（亿元）	同比变化（%）	持仓量（手）	同比变化（%）
12月	21685856	19.82	37865.13	84.22	214550	-7.14
全　年	334829824	88.03	426464.81	184.79	214550	-7.14

注：成交量和持仓量双边统计。资料来源：上海期货交易所。

2006～2010年天胶期货年度交易情况见表3-3-2。

表3-3-2　　　2006～2010年天胶期货年度交易情况

年　度	成交量（万手）	同比变化（%）	成交额（亿元）	同比变化（%）	持仓量（手）	同比变化（%）
2006年	5209.41	—	55726.9	—	86002	—
2007年	8438.35	61.98	87225.28	56.52	91288	6.15
2008年	9292.22	10.12	92758.34	6.34	172888	89.39
2009年	17807.19	91.64	149747.26	61.44	231056	33.64
2010年	33482.98	88.03	426464.81	184.79	214550	-7.14

注：成交量和持仓量双边统计。资料来源：上海期货交易所。

表3-3-3是上海期货交易所与东京商品交易所（TOCOM）天胶期货年度成交数据比较。从表3-3-3中可以看出，2010年上海期货交易所天胶期货成交量高达3.35亿手，东京商品交易所天胶期货成交量626.02万手。按照上海期货交易所成交量双边和TOCOM成交量双边统计、上海期货交易所天胶期货合约单位5吨/手和TOCOM合约单位5吨/手，折算成实际吨数进行比较，上海期货交易所天胶期货成交量大约为TOCOM的53.49倍，排名世界第1。

表3-3-3　　　2008～2010年天胶期货内外盘年度交易情况比较

年　度	成交量（万手）		成交额（亿元）		持仓量（手）	
	SHFE	TOCOM	SHFE	TOCOM	SHFE	TOCOM
2008年	9292.22	1182.95	92758.34	—	172888	—
2009年	17807.19	664.02	149747.26	—	231056	—
2010年	33482.98	626.02	426464.81	—	214550	73074

注：上海期货交易所交易量为双向计算，TOCOM为双向计算，单位为手；上海期货交易所1手=5吨，TOCOM1手=5吨。资料来源：上海期货交易所、TOCOM。

（二）交割情况

2010年上海期货交易所天胶期货指定交割仓库共9处，其中上海三处，山东、海南各两处，天津和云南各一处，分别是上海长桥、上海晶通化、山东奥润特、山东储备物管八三二、海口港、海南新思科、中储股份（上海）、中储股份（天津）和云南天胶储运。

2007～2010年上海期货交易所天胶期货合约的交割情况见表3－3－4和表3－3－5所示。2010年交割量为128690吨，交割额为32.21亿元，全年交割量在1月和3月较为集中。2010年中，1月份天胶期货的交割量最大，为38180吨；4月份交割量最小，为3935吨。

表3－3－4　　2010年天胶期货月度交割情况

月　度	交割量（手）	同比变化（%）	交割额（亿元）	同比变化（%）
1月	7636	2497.28	9.324	4692.26
2月	—	—	—	—
3月	4957	74.67	5.736	199.22
4月	787	－32.45	0.994	16.70
5月	2286	53.84	2.605	140.27
6月	1432	63.66	1.775	177.92
7月	1859	21.58	2.169	86.71
8月	1773	265.57	2.185	435.43
9月	1836	23.72	2.360	133.04
10月	989	84.51	1.518	224.38
11月	2183	－51.17	3.542	－17.07
12月	—	—	—	—
总　计	25738	72.4	32.208	168.23

注：交割量单向计算；橡胶期货2月和12月为非交割月。资料来源：上海期货交易所。

2007～2010年天胶期货年度交割情况见表3－3－5。

表3－3－5　　2007～2010年天胶期货年度交割情况

年　度	交割量（吨）	同比变化（%）	交割额（亿元）	同比变化（%）
2007年	125715	—	24.46	—
2008年	107850	－14.21	25.97	－6.17
2009年	74665	－30.77	12.01	－53.75
2010年	128690	72.4	32.21	168.2

注：交割量、交割金额单边计算。资料来源：上海期货交易所。

2010 年天胶期货注册仓单情况见图 3－3－1。

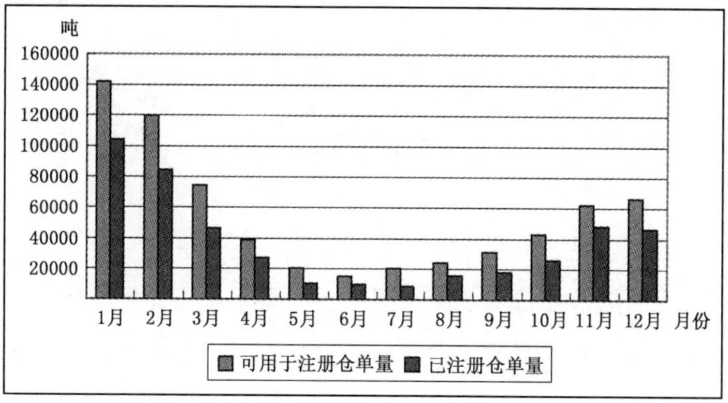

图 3－3－1　2010 年天胶期货注册仓单情况

（三）价格走势

1. 价格走势。2010 年，全球的经济形势更加复杂，市场走势更加反复。年初的欧元区债务危机和国内的宏观调控延迟了大宗商品的上涨行情，天然橡胶市场也结束了 2009 年的震荡上行走势。第 1 季度经历两次小幅冲高至 25900 元/吨后转向疲弱。随后，在外盘持续走高的情况下，国储两次抛胶共 6 万吨，上海天胶期货也陷入调整，6 月一度跌至 22500 元/吨。下半年，在国内汽车和轮胎销售大幅增长，国外产区供应持续偏紧，特别是泰南特大洪水等利好因素作用下，天然橡胶市场也结束了上半年的调整行情，进入上升通道。年底在美联储二次量化宽松的政策影响下，全球大宗商品市场飙升，天胶期货走出四轮上攻行情，价格连创新高，年末价格推高至 37190 元/吨，年总体涨幅 51.21%。2010 年国内外天胶期货和现货的价格比较见图 3－3－2。

2010 年天胶期货内外盘和现货价格主要显性指标见表 3－3－6。

表 3－3－6　　2010 年天胶期货内外盘和现货价格主要显性指标

市场分类	绝对指标（日元/吨、元/吨）				
	最高价	最低价	平均价	标准差	极差
TOCOM 连续价格	455.4	258.5	333.1	40.88	196.9
SHFE 连续价格	36350	21800	26277	3939	14730
上海现货价格	35900	22200	26328	3547	13700

（四）市场重大变化及政策调整

1. 市场重大变化和长假风险管理。

（1）自 2010 年 2 月 11 日结算时起，因春节长假，上海期货交易所对天然橡胶

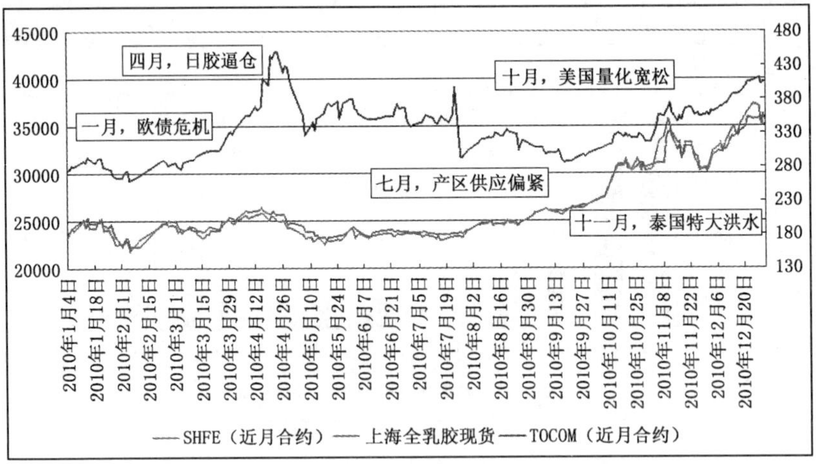

图 3－3－2　2010 年国内外天胶期货和现货价格比较

资料来源：上海期货交易所、TOCOM 和中橡。

期货合约涨跌停板和保证金进行调整，2 月 22 日结算时起恢复正常。

（2）自 2010 年 4 月 1 日结算时起，因清明节放假，上海期货交易所对天然橡胶期货合约涨跌停板和保证金进行调整，4 月 6 日结算时起恢复正常。

（3）自 2010 年 4 月 29 日结算时起，因五一节放假，上海期货交易所对天然橡胶期货合约涨跌停板和保证金进行调整，5 月 4 日结算时起恢复正常。

（4）自 2010 年 6 月 10 日结算时起，因端午节放假，上海期货交易所对天然橡胶期货合约涨跌停板和保证金进行调整，6 月 17 日恢复正常。

（5）自 2010 年 9 月 20 日结算时起，因中秋节、国庆节长假，上海期货交易所对天然橡胶期货合约涨跌停板和保证金进行调整，10 月 8 日结算时起恢复正常。

（6）发布《关于调整交易时间的通知》。为促进期货市场统一监管体系的完善，对交易时间作适当调整，自 2010 年 6 月 28 日起，取消下午交易时段的休息时间，上午交易时间不变。调整后交易时间为，上午第一节交易时间自 9:00 至 10:15，第二节交易时间自 10:30 至 11:30；下午交易时间自 13:30 至 15:00。

（7）发布《关于对天胶和天然橡胶期货合约当日开平仓双边收取手续费的通知》。为保证市场平稳运行，促进市场功能有效发挥，在 2010 年 8 月 2 日至 2010 年 8 月 27 日期间，天胶和天然橡胶期货合约当日开平仓手续费由单边收取暂改为双边收取。

（8）发布《关于调整天然橡胶期货合约交易手续费的通知》。从 2010 年 10 月 25 日起，天然橡胶期货合约的交易手续费调整如下：①当日开平仓手续费由单边收取改为双边收取；②收费标准由现行的 5 元/手调整至成交金额的万分之一。

（9）发布《关于调整天然橡胶期货合约交易保证金标准和远期合约手续费收

取标准的通知》。为防范市场风险，促进天然橡胶期货市场平稳运行，经研究决定：①从2010年11月2日结算时起，天然橡胶期货合约交易保证金标准从8%调整到11%；②自2010年11月1日起至2010年12月31日止，天然橡胶期货6个月后合约手续费减半收取规定暂停执行。

（10）发布《关于调整上市品种交易保证金、涨跌停板和交易手续费的通知》。从2010年11月29日起，暂停执行所有品种期货合约当日开平仓交易手续费单边收取的规定，由单边收取统一改为双边收取。①自2010年11月29日收盘结算时起，天胶期货合约的交易保证金水平，由原比例提高至13%。②2010年11月30日起，天胶期货合约的涨跌幅度限制扩大至6%。③自2010年11月29日起，暂停执行所有品种6个月后期货合约手续费减半收取规定，天然橡胶期货合约的交易手续费收费标准由现行成交金额的万分之一调整至成交金额的万分之一点五。

2. 交易所重大政策制定和调整。政策调整详情参见铜期货运行内容。

二、燃料油期货运行状况

2010年，燃料油期货总体追随原油期货走势，但受其自身特点影响，短期方向上又与原油走势有所不同，变化幅度相对迟缓。燃料油期货主力合约从年初的4516元/吨上涨至4735元/吨，涨幅4.85%，而同期WTI原油期货涨幅高达14.77%。2010年，由于燃料油合约标的的基本面发生了变化，消费税等因素导致国内外市场联系减弱，现货市场需求疲软，以及合约修订预期加剧市场参与者观望情绪，国内燃料油价格相对国际价格滞涨滞跌，这也直接导致与2009年相比，燃料油期货交易量和持仓量萎缩，市场波动相对国际油价较小。

（一）交易情况

2010年，受国内现货需求疲弱影响，上海期货交易所燃料油期货交易相对平淡，交易量较2009年大幅降低，1月份交易量为522.86万手，成交额2408.46亿元，均为全年最高水平。2010年，总持仓量有所降低，反映了市场兴趣不断减少。Fu1001、Fu1003和Fu1005最高持仓超过10万手，全年单个合约最高持仓规模为Fu1005的19万手较2009年单个合约的最高持仓26万手减少26.9%。全年最高日持仓量为1月6日的21.63万手，最低日持仓量为7月29日的8.04万手，日均持仓量为10.24万手。2010年燃料油期货月度交易情况见表3－3－7。

表3－3－7　　2010年燃料油期货月度交易情况

月　度	成交量（万手）	同比变化（%）	成交额（亿元）	同比变化（%）	持仓量（手）	同比变化（%）
1月	522.86	－46.05	2408.46	－13.58	171946	6.99

续表

月　度	成交量（万手）	同比变化（%）	成交额（亿元）	同比变化（%）	持仓量（手）	同比变化（%）
2月	154.26	-86.08	683.15	-79.69	115906	-40.36
3月	124.87	-91.57	573.99	-87.45	94270	-60.96
4月	54.43	-95.24	257.99	-93.30	57840	-77.21
5月	114.18	-87.22	513.89	-83.94	84944	-62.18
6月	108.61	-81.30	471.41	-78.34	65602	-60.42
7月	65.64	-82.83	283.70	-80.19	79224	-44.32
8月	127.58	-82.42	566.71	-80.75	131430	-21.78
9月	117.38	-77.12	517.63	-74.58	68384	-42.20
10月	179.54	-46.97	839.78	-39.15	127744	-17.71
11月	429.24	20.30	2097.93	38.80	109950	-37.49
12月	137.86	-79.07	671.74	-76.53	104372	-40.89
全　年	2136.44	-76.65	9886.37	-69.22	104372	-40.89

注：成交量和持仓量双边统计。资料来源：上海期货交易所。

上海期货交易所燃料油期货自2004年8月25日上市以来，截至2010年底共计1547个交易日，燃料油期货各月合约累计成交已达24.9亿吨，总成交金额为8.6万亿元。

2010年，上海期货交易所燃料油期货交易及持仓规模大幅降低，累计成交合约2136.44万手，同比降低76.65%；成交额9886.37亿元，同比降低69.22%。日均成交量为8.83万手，日均成交金额为40.85亿元。年末持仓量10.44万手，同比下降40.89%。2006～2010年燃料油期货年度交易情况见表3－3－8。

表3－3－8　　2006～2010年燃料油期货年度交易情况

年　度	成交量（万手）	同比变化（%）	成交额（亿元）	同比变化（%）	持仓量（手）	同比变化（%）
2006年	2546.81	29.81	8539.13	51.87	74634	10.04
2007年	2401.02	-5.72	8496.46	-0.50	81846	9.66
2008年	6162.11	156.65	20192.10	137.65	167532	104.69
2009年	9150.79	48.50	32118.82	59.07	176560	5.39
2010年	2136.44	-76.65	9886.37	-69.22	104372	-40.89

注：成交量和持仓量双边统计。资料来源：上海期货交易所。

2010年，上海期货交易所燃料油期货成交2136.44万手（双边），NYMEX的原油期货成交 16957.14 万手（单边）。

表 3-3-9　　2008~2010 年燃料油期货内外盘交易情况比较

年度	成交量（万手）		成交额（亿元）		持仓量（手）	
	SHFE（内盘）	NYMEX 交易所（外盘）	SHFE（内盘）	NYMEX 交易所（外盘）	SHFE（内盘）	NYMEX 交易所（外盘）
2008 年	6162.11	13461.33	20192.10	—	167532	1189046
2009 年	9150.79	13735.21	32118.82	—	176560	1193065
2010 年	2136.44	16857.14	9886.37	—	104372	1430155

注：上海期货交易所交易量为双向计算，NYMEX 为单向计算，单位为手；上海期货交易所 1 手 =10 吨，NYMEX 1 手 =1000 桶。资料来源：上海期货交易所，Bloomberg。

（二）交割情况

截至 2010 年 12 月 31 日，上海期货交易所燃料油指定交割油库 9 家（分别是中油燃料油股份有限公司湛江公司、广州南沙泰山石化发展有限公司、广州发展碧辟油品有限公司、中国石油化工股份有限公司广东石油分公司、珠海中燃石油有限公司、中化兴中石油转运有限公司、洋山申港国际石油储运有限公司、浙江海洋石油仓储有限公司和上海百联石化物流有限公司），核定库容 74 万方，比 2004 年上市初期设置的 38 万方库容增加 36 万方，增长 94.74%。6 年来燃料油期货累计交割总量为 472.62 万吨。2010 年交割 138 万吨，同比下降 20.97%，交割率 0.51%，全部为标准交割。2010 年燃料油期货月度交割情况见表 3-3-10。

表 3-3-10　　2010 年燃料油期货月度交割情况

月度	交割量（吨）	同比变化（%）	交割额（万元）	同比变化（%）
1 月	184600	—	76609.00	—
2 月	—	—	—	—
3 月	216400	17.23	94631.72	75.98
4 月	17200	62.26	7844.92	149.02
5 月	208200	-26.79	98207.94	7.34
6 月	44600	-81.45	19409.92	-76.80
7 月	51800	-69.06	22175.58	-63.78
8 月	3400	-97.15	1429.70	-96.73
9 月	286400	101.41	123008.80	127.70
10 月	127800	42.00	54890.10	64.13

续表

月　度	交割量（吨）	同比变化（%）	交割额（万元）	同比变化（%）
11月	80800	-43.02	36222.64	-35.00
12月	158800	-49.00	71253.56	-43.19
总　计	1380000	-20.97	605683.88	-2.37

注：交割量、交割金额为双边计算；2009年1月、2010年2月份为非交割月。资料来源：上海期货交易所。

2006~2010年燃料油期货年度交割情况见表3-3-11。

表3-3-11　　2006~2010年燃料油期货年度交割情况

年　度	交割量（吨）	同比变化（%）	交割额（亿元）	同比变化（%）
2006年	516800	31.70	167101.22	69.34
2007年	339000	-34.40	113379.92	-32.15
2008年	351800	3.78	148012.60	30.55
2009年	1746200	396.36	620356.70	319.12
2010年	1380000	-20.97	605683.88	-2.37

注：交割量、交割金额为双边计算。资料来源：上海期货交易所。

2010年燃料油期货月度仓单量见图3-3-3。

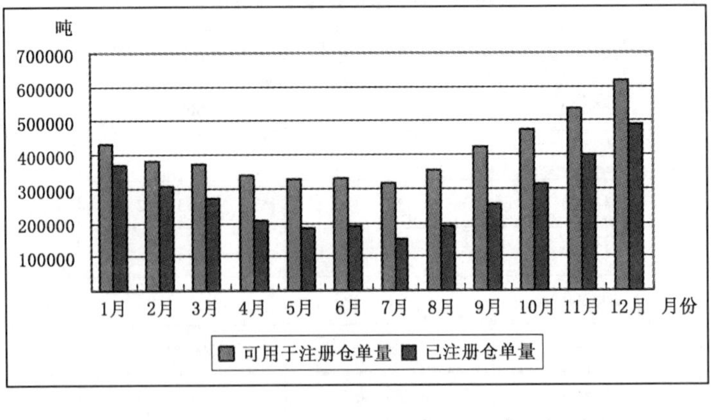

图3-3-3　2010年燃料油期货月度仓单量

（三）价格走势

1. 总体价格走势。2010年，上海期货交易所燃料油期货的市场人气逐渐下滑，这与现货市场的转变是分不开的。由于节能减排等一系列原因，华南部分电厂选择用天然气替换燃料油。2010 年山东地炼平均开工率约为 35%，年末时略有走高，华南地炼开工率则一直保持在 20% 左右。

2010 年燃料油的走势可以分为 5 个阶段。第 1 阶段（1 月至 2 月），2009 年上行走势过后，由于受到中国政策紧缩、提高存款准备金比率等影响，市场进入邻近春节的调整期。第 2 阶段（2 月至 4 月），燃料油价格震荡上升，但成交和持仓却出现下滑，下游需求受到节能减排的压力，需求替代导致燃料油被动跟随原油走势。第 3 阶段（5 月至 9 月），自希腊主权债务危机集中爆发，5 月份外围市场出现巨幅震荡起，国外经济数据随即开始走下坡路，导致"二次探底"的担忧笼罩投资人。国内对地产政策的收紧加剧了其下行的幅度，在此期间，燃料油下跌并震荡筑底。第 4 阶段（10 月至 11 月），在预期美联储将启动"二次量化宽松"措施的背景下，原油展开一轮上行走势，通胀预期和热钱涌入国内的预期推高了国内金融市场价格。在此期间，燃料油也出现资金快速涌入，价格疯狂高涨的局面。第 5 阶段（11 月至 12 月），随着 10 月和 11 月 CPI 数据公布，通胀压力不断加大，国内连续提高存款准备金率，资金快速离场。而尽管爱尔兰危机引发外盘市场的信心退缩，但良好的经济数据以及美联储不断放出积极信号，都推动了原油价格的快速回升。但时近年末，市场资金处于犹豫期，加上燃料油库存压力积聚，市场表现相对平衡。

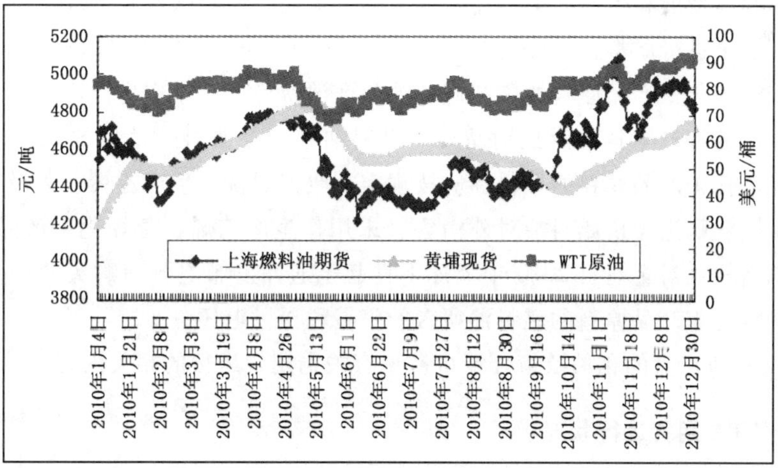

图 3-3-4　2010 年上海燃料油期货和 WTI 原油、黄埔现货价格比较

2. 期货价格分析。上海期货交易所燃料油连续 3 月合约最高价 5088 元/吨，最低价 4226 元/吨，平均价 4590.03 元/吨。

表 3-3-12　　2010 年燃料油期货内外盘和现货市场价格主要先行指标

市场分类	绝对指标（元/吨、美元吨）					相对指标（%）	
	最高价	最低价	平均价	标准差	极差	离散率	波幅率
SHFE 连续价格	5088	4226	4590.03	197.28	862	4.30	18.78
黄埔现货市场价格	4832.14	4216.79	4587.35	116.77	615.35	2.55	13.41
NYMEX 交易所连续价格	91.51	68.01	79.61	5.19	23.5	6.52	29.52

注：（1）NYMEX 原油期货单位为美元/桶，上海期货交易所燃料油期货和黄埔现货单位为元/吨。（2）上海期货交易所燃料油期货为连续 3 月价格；NYMEX 原油期货为连续 1 月价格。资料来源：上海期货交易所、路透社。

（四）市场重大变化及政策调整

1. 5～7 号燃料油进口关税税率上调。根据国务院关税税则委员会《关于 2010 年关税实施方案的通知》，2010 年 1 月 1 日起 5～7 号燃料油（税则号：27101922）进口暂定税率由 1% 上调至 3%。这一调整是继燃料油消费税后，进口燃料油再次受到国家政策面抑制的结果，符合国家实现节能减排目标和促进新能源发展的政策要求。

2.《关于调整部分燃料油消费税政策的通知》。2010 年 8 月 20 日，财政部和国家税务总局发布《关于调整部分燃料油消费税政策的通知》，为了促进烯烃类化工行业的健康发展和生产同类产品企业间的公平竞争，经国务院批准，将部分燃料油消费税政策进行调整：2010 年 1 月 1 日起到 2010 年 12 月 31 日止，对用作生产乙烯、芳烃等化工产品原料的国产燃料油免征消费税，对用作生产乙烯、芳烃等化工产品原料的进口燃料油返还消费税。燃料油生产企业对外销售的不用作生产乙烯、芳烃等化工产品原料的燃料油应按规定征收消费税。生产乙烯、芳烃等化工产品的化工企业购进免税燃料油对外销售且未用作生产乙烯、芳烃化工产品原料的，应补征消费税。对企业自 2010 年 1 月 1 日起至通知发布之日前购买的用作生产乙烯、芳烃等化工产品原料的燃料油所含的消费税予以退还。

3. 交易所出台的相关政策详情可参见有关铜期货运行的相关内容。

三、PTA 期货运行状况

2010 年，精对苯二甲酸（以下简称 PTA）期货的成交量与 2009 年相比，增加了 16.44%，市场流动性提高，影响力逐步增强。现货企业与贸易商积极利用期货市场进行套期保值操作，规避现货经营风险，PTA 期货价格已经成为聚酯化纤原料市场的“晴雨表”。

（一）交易情况

2010 年，郑州商品交易所 PTA 期货成交量达 12284.95 万手，同比增长了

16.44%。PTA全年期货成交额为51846.98亿元，同比增长了35.92%。年末持仓量为25.61万手。2010年各月份的PTA期货成交情况见表3-3-13。

表3-3-13　　2010年PTA期货月度交易情况

月　度	成交量（万手）	同比变化（%）	成交额（亿元）	同比变化（%）	持仓量（万手）	同比变化（%）
1月	1266.05	203.95	5242.45	359.21	18.68	130.02
2月	563.3	4.47	2302.39	40.24	20.07	48.57
3月	840.32	124.61	3498.51	206.20	26.16	143.66
4月	525.29	-38.83	2252.73	-24.90	27.03	66.11
5月	895.43	13.35	3449.37	23.44	28.93	150.04
6月	678.09	-29.15	2498.45	-23.77	24.34	33.32
7月	961.71	28.64	3476.74	26.81	30.54	129.95
8月	1615.12	110.01	6282.47	104.73	36.37	167.18
9月	1127.26	54.02	4482.28	76.16	26.78	87.91
10月	826.41	-26.34	3606.32	-11.37	28.83	52.36
11月	1721.84	23.21	8513.51	57.42	21.44	21.98
12月	1264.13	-31.55	6241.76	-14.69	25.61	10.00
全　年	12284.95	16.44	51846.98	35.92	25.61	10.00

资料来源：郑州商品交易所。

2006～2010年PTA期货年度交易情况见表3-3-14。

表3-3-14　　2006～2010年PTA期货年度交易情况

年　度	成交量（万手）	同比变化（%）	成交额（亿元）	同比变化（%）	持仓量（万手）	同比变化（%）
2006年	33.44	—	149.79	—	1.49	—
2007年	992.18	2866.68	3871.63	2484.71	14.92	900.91
2008年	3513.46	254.12	12226.98	215.81	16.03	7.41
2009年	10550.54	200.29	38146.21	211.98	23.28	45.25
2010年	12284.96	16.44	51846.98	35.92	25.61	10.00

资料来源：郑州商品交易所。

（二）交割情况

2010年，郑州商品交易所PTA交割仓库共7处。其中，浙江有3处交割仓库，分别位于杭州萧山（1 处）和宁波（2 处）；江苏有 4 处交割库，江苏太仓 1 处、江阴 1 处、张家港 2 处。

2010 年，PTA 共完成交割仓单量 95799 手，实际货物量为 47.90 万吨，交割额为 376825.21 亿元。2010 年 PTA 期货交割情况可参见表 3－3－15。

2010 年，流入期货市场的 PTA 货源较多。不少化纤工厂已经把期货市场作为原料采购的一个稳定的渠道。

表 3－3－15　　2010 年 PTA 期货月度交割情况

月　度	交割量（手）	同比变化（%）	交割额（亿元）	同比变化（%）
1 月	6641	43.40	26848.10	107.74
2 月	4420	73.33	17511.50	104.29
3 月	10853	791.78	44240.93	1114.68
4 月	4519	34661.54	18691.25	40688.33
5 月	22988	626.32	89401.06	648.46
6 月	4352	1199.10	15506.18	1248.30
7 月	7821	6700.87	27586.60	6690.16
8 月	3300	268.72	11932.22	225.62
9 月	16166	166.28	59673.24	173.09
10 月	7780	136.40	32821.14	183.86
11 月	3804	29.56	17925.32	63.99
12 月	3155	－51.78	14687.68	－42.44
总　计	95799	201.62	376825.21	235.82

注：月度交割数量，不含期转现。资料来源：郑州商品交易所。

2006～2010 年 PTA 期货年度交割情况见表 3－3－16。

表 3－3－16　　2006～2010 年 PTA 期货年度交割情况

年　度	交割量（手）	同比变化（%）	交割额（亿元）	同比变化（%）
2006 年	—	—	—	—
2007 年	42968	—	167316.19	—
2008 年	118323	175.37	494113.48	195.32
2009 年	31762	－73.16	112210.57	－77.29
2010 年	95799	201.62	376825.21	235.82

注：年度交割数量，不含期转现。资料来源：郑州商品交易所。

2010 年 PTA 期货月度注册、注销仓单量比较见图 3 – 3 – 5。

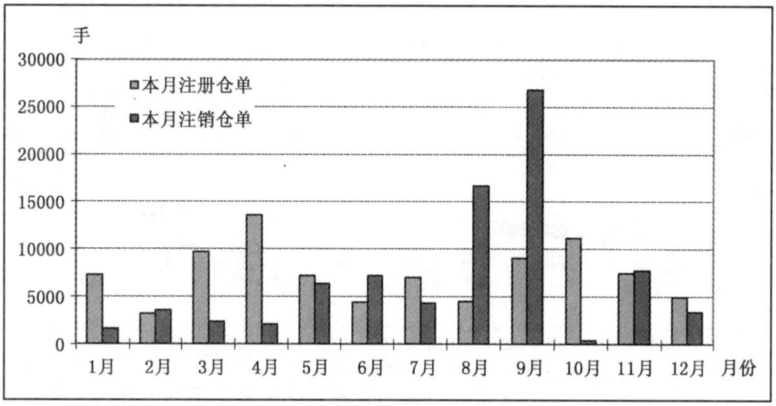

图 3 – 3 – 5　2010 年 PTA 期货月度注册、注销仓单量比较

资料来源：郑州商品交易所。

（三）价格走势

2010 年，PTA 现货价格呈震荡上行态势，现货价格由 7770 元/吨上涨到 9900 元/吨，上涨了 2630 元/吨。全年最高价为 11250 元/吨，最低价为 6880 元/吨，最大波动幅度为 4370 元/吨。PTA 期货价格（近交割月结算价）由 7872 元/吨上涨至 9948 元/吨，上涨了 2076 元/吨。全年最高价为 10700 元/吨，最低价为 6766 元/吨，最大波动幅度为 3934 元/吨。2010 年期货价格走势基本可以分为 3 个阶段：1 月至 4 月为价格上涨阶段；5 月至 7 月份为回调阶段；8 月至 11 月上旬价格再次上涨，11 月中下旬价格回调；12 月价格再次上涨。具体来看：1 ~ 4 月，PTA 现货价格震荡上涨，上年底期货价格为 7872 元/吨，到 4 月 30 日上涨到 8048 元/吨，上涨 176 元/吨，涨幅为 2.24%。之后，期货价格回调，到 7 月 16 日，期货价格下跌到 6914 元/吨。8 月至 11 月上旬，期货价格出现上涨行情。11 月 11 日，期货价格达 10534 元/吨，较前期价格低点上涨了 3620 元/吨，涨幅约 34.36%。之后，期货价格指数适度回调，到 11 月 30 日，期货价格指数下跌到 9016 元/吨。12 月，PTA 期货价格稳步上涨。12 月 31 日，PTA 期货价格收盘价为 9948 元/吨，较前期价格低点上涨了 932 元/吨，涨幅约 10.34%。

（四）市场重大变化及政策调整

1. 自 2010 年 2 月 11 日结算时起，因春节长假，郑州商品交易所对小麦期货合约涨跌停板和保证金进行调整，2 月 22 日结算时起恢复正常。

2. 2010 年 2 月 26 日，郑州商品交易所批准台化兴业（宁波）有限公司和逸盛大化石化有限公司生产的 PTA 为期货交割品牌，并认定其为期货免检交割品牌；认定中国石化扬子石油化工有限公司生产的 PTA 为期货免检交割品牌。

图 3－3－6　2010 年 PTA 期货和现货市场价格比较

资料来源：郑州商品交易所和中国化纤信息网。

3. 2010 年 4 月 16 日，郑州商品交易所公告调整 2010 年 4 月 21 日至 2011 年 4 月 20 日期货公司会员持仓限额情况。

4. 自 2010 年 6 月 10 日结算时起，因端午节放假，郑州商品交易所对小麦期货合约跌停板和保证金进行调整，6 月 17 日结算时起恢复正常。

5. 自 2010 年 9 月 20 日结算时起，因中秋节、国庆节长假，郑州商品交易所对小麦期货合约涨跌停板和保证金进行调整，10 月 8 日结算时起恢复正常。

6. 2010 年 11 月 8 日，郑州商品交易所公告，因 PTA101、102、103、104、105、106、107、108、109、110 期货合约出现连续 3 个涨停板单边市。11 月 9 日，上述合约暂停交易 1 天。

7. 2010 年 11 月 9 日，郑州商品交易所公告，因 PTA101、102、103、104、105、106、107、108、109、110 期货合约出现连续 3 个涨停板单边市，11 月 9 日闭市后，对上述合约执行强制减仓。11 月 10 日，上述合约恢复交易。

8. 2010 年 11 月 9 日，郑州商品交易所将 PTA 期货合约交易保证金标准由 6% 调整为 8%，涨跌停板幅度由 4% 调整为 5%。按规则规定执行的交易保证金标准和涨跌停板幅度高于上述标准的合约，仍按原规定执行。

9. 2010 年 11 月 9 日，郑州商品交易所公告自 2010 年 11 月 11 日至 2010 年 12 月 31 日，精对苯二甲酸（PTA）期货合约当日开平仓交易手续费减半收取规定暂停执行。

10. 2010 年 11 月 10 日，郑州商品交易所公告，由于 PTA011、012 两个期货合约出现连续3个涨停板单边市，11月10日闭市后，对上述合约执行强制减仓。11月11日，上述合约恢复交易。

11. 2010年11月9日，郑州商品交易所公告，因PTA011、012两个期货合约出现连续3个涨停板单边市，11月10日，上述合约暂停交易1天。

12. 2010年11月10日，郑州商品交易所公告，因PTA011、012两个期货合约出现连续3个涨停板单边市，11月10日闭市后，对上述合约执行强制减仓。11月11日，上述合约恢复交易。

13. 2010年11月24日，郑州商品交易所公告，自2011年1月1日起，暂停执行精对苯二甲酸（PTA）期货合约当日开平仓交易手续费减半收取的规定。

14. 2010年11月26日，郑州商品交易所公告，自2010年11月29日结算时起，PTA期货合约交易保证金标准由原比例调整为10%，涨跌停板幅度由原比例调整为6%。按规则规定执行的交易保证金标准和涨跌停板幅度高于上述标准的合约，仍按原规定执行。

15. 2010年12月20日，郑州商品交易所公告，自2011年1月1日起，暂停各品种交易手续费达标减收优惠措施。

四、LLDPE期货运行状况

2010年，线型低密度聚乙烯（LLDPE）期货价格呈现“V”型走势。上半年，LLDPE期价呈现震荡下行行情，7月上旬触及年度低点后开始出现反弹，走出一轮较好的上涨行情，11月上旬达到年度高点，之后小幅回落，呈现震荡整理行情。究其原因，一方面是受供给面先松后紧、季节性需求集中在下半年发力的影响；另一方面是因上半年欧洲主权债务危机、第4季度国外期货价格和国内物价飙升的推波助澜，外加投机资金对第4季度供给紧张、需求旺盛的频繁炒作的影响。整体上来看，全年LLDPE期货价格走势较为平稳，呈现震荡整理走势。LLDPE期货价格与现货价格拟合良好，价格发现作用得到充分发挥。

（一）交易情况

2010年，大连商品交易所LLDPE期货共成交12497.66万手，成交额68710.98亿元，分别较2009年同期增长39.63%、55.33%，年末持仓量为19.69万手，较2009年同期增长110.60%。按成交额计算，LLDPE期货在大连商品交易所所有品种中排第3位。7～9月份是一个消费旺季，成交额都在8000亿元左右，而在年底11、12月份出现了翘尾行情，成交额也创了新高。2010年LLDPE期货月交易情况见表3－3－17。

表 3-3-17　　2010 年 LLDPE 期货月度交易情况

月　度	成交量（万手）	同比变化（%）	成交额（亿元）	同比变化（%）	持仓量（万手）	同比变化（%）
1 月	565. 29	39. 69	3408. 89	106. 53	7. 47	32. 44
2 月	280. 85	-50. 20	1617. 93	-32. 76	5. 87	-11. 30
3 月	656. 85	-37. 73	3737. 60	-16. 66	12. 90	37. 69
4 月	412. 08	-74. 18	2399. 13	-67. 75	10. 78	-11. 07
5 月	537. 31	-46. 49	2850. 36	-40. 98	10. 52	-17. 11
6 月	1030. 20	48. 03	4994. 04	44. 48	16. 15	48. 88
7 月	1835. 03	141. 58	8693. 91	119. 86	21. 34	99. 63
8 月	1587. 80	142. 10	8304. 91	122. 21	22. 58	141. 85
9 月	1374. 34	134. 98	7278. 76	146. 27	17. 97	94. 78
10 月	912. 98	244. 59	5218. 48	276. 47	23. 25	201. 35
11 月	1861. 55	276. 32	11425. 72	308. 72	14. 42	91. 09
12 月	1443. 39	65. 68	8781. 30	70. 80	19. 69	110. 60
全　年	12497. 66	39. 63	68710. 98	55. 33	19. 69	110. 60

资料来源：大连商品交易所。

2010 年，世界经济出现企稳回升态势，LLDPE 成交量和成交额都创了历史新高。其中，全年成交量同比增长 39. 63%，成交额达到 68710. 98 亿元，同比增长 55. 33%。第 1 季度受到市场淡季的影响，成交量环比萎缩，但是整体的成交量和成交额都维持增长态势。2007 ~2010 年 LLDPE 期货年度交易情况见表 3-3-18。

表 3-3-18　　2007 ~2010 年 LLDPE 期货年度交易情况

年　度	成交量（万手）	同比变化（%）	成交额（亿元）	同比变化（%）	持仓量（万手）	同比变化（%）
2007 年	76. 37	—	500. 27	—	0. 785	—
2008 年	2650. 59	3370. 72	11941. 74	500. 27	8. 88	1031. 16
2009 年	8950. 59	237. 68	44236. 61	270. 44	9. 348	5. 28
2010 年	12497. 66	39. 63	68710. 98	55. 33	19. 69	110. 60

注：LLDPE 期货在 2007 年 7 月上市。资料来源：大连商品交易所。

（二）交割情况

2010 年，大连商品交易所 LLDPE 期货交割库共有 11 处，其中天津 3 处，上海 3 处，宁波 2 处，广州 1 处，佛山 1 处，青州 1 处。交割仓库围绕区域中心城市布局，便于铁路运输。

2010 年，大连商品交易所 LLDPE 期货全年交割 12.78 万吨，交割额 13.38 亿元，分别是 2009 年同期的 159.71%、156.51%。2010 年 LLDPE 期货月度交割见表 3－3－19。2007～2010 年 LLDPE 年度交割见表 3－3－20。2010 年 LLDPE 月度仓单注册、注销情况见图 3－3－7。

表 3－3－19　　2010 年 LLDPE 期货月度交割情况

月　度	交割量（手）	同比变化（%）	交割额（亿元）	同比变化（%）
1 月	2191	2334.44	1.29	3224.58
2 月	127	252.78	0.07	344.19
3 月	177	34.09	0.10	73.39
4 月	10	—	0.01	—
5 月	3688	156.65	1.93	176.51
6 月	74	－56.21	0.03	－56.92
7 月	318	－76.48	0.14	－79.06
8 月	420	－20.60	0.20	－32.24
9 月	14358	260.84	7.24	258.71
10 月	513	1325.00	0.28	1404.73
11 月	1949	－71.64	1.16	－70.20
12 月	1744	26.56	0.92	23.99
总　计	25569	59.71	13.38	56.51

注：2009 年 4 月无交割。资料来源：大连商品交易所。

表 3－3－20　　2007～2010 年 LLDPE 期货年度交割情况

年　度	交割量（万手）	同比变化（%）	交割额（亿元）	同比变化（%）
2007 年	—	—	—	—
2008 年	1467	—	0.08	—
2009 年	16010	991.34	0.85	962.50
2010 年	25569	59.71	1.34	56.51

注：2007 年全年无交割。资料来源：大连商品交易所。

（三）价格走势

1. 总体价格走势。2010 年，在全球经济企稳复苏、增长势头渐趋明朗的背景下，大连商品交易所线型低密度聚乙烯期货价格整体上呈震荡整理态势，主要经历了 4 个阶段。第 1 阶段（1 月 4 日～7 月 19 日）震荡下行。第 2 阶段（7 月 20

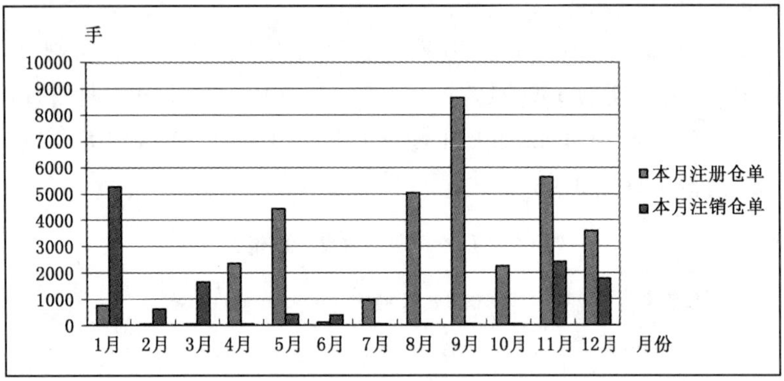

图 3－3－7　2010 年 LLDPE 期货月度注册、注销仓单量比较

资料来源：大连商品交易所。

日～9 月 30 日）经历了一段温和上涨的走势，LLDPE 价格在 10100 元/吨至 10700 元/吨之间的区间内震荡上行。第 3 阶段（10 月 8 日～11 月 10 日）LLDPE 期货价格迅速上涨，达到年内高点 13800 元/吨。第 4 阶段（11 月 11 日～12 月 31 日）触及高点之后期货价格迅速回落，在 11550 元/吨至 10500 元/吨范围内震荡整理，12 月 15 日向上突破 11600 元/吨，跃升至 12100 元/吨至 12500 元/吨区间窄幅震荡。全年 LLDPE 各合约共出现停板 96 次。其中，跌停板 44 次，集中出现在 2010 年 5 月、6 月和 11 月；涨停板 52 次，集中出现在 2010 年 8 月、9 月、10 月和 11 月。可见，LLDPE 期货在 2010 年 11 月波动幅度较大。2010 年 LLDPE 期货和现货价格走势见图 3－3－8。2010 年主要厂商现货出厂价格变化见图 3－3－9。

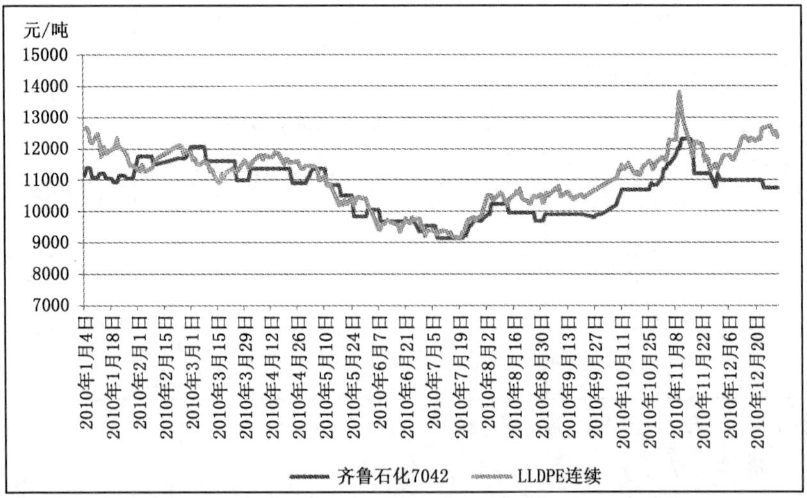

图 3－3－8　2010 年 LLDPE 期货和现货市场价格比较

资料来源：大连商品交易所、隆众石化商务网。

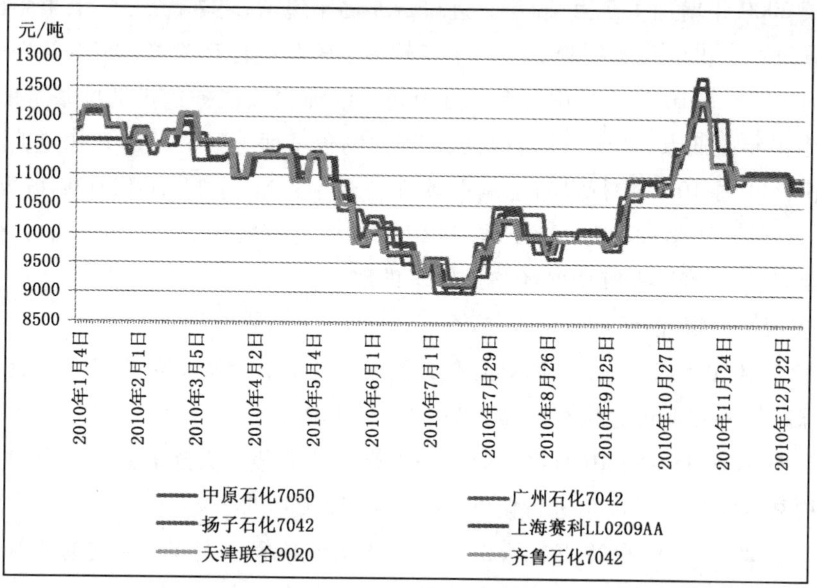

图 3－3－9　2010 年 LLDPE 现货出厂价比较

资料来源：隆众石化商务网。

2. 期货价格分析。2010 年，我国 LLDPE 期价最高收盘价为 13800 元/吨（11 月 10 日），年内盘中最低价为 9175 元/吨（7 月 19 日），平均价为 11106.47 元/吨，标准差为 958.62 元/吨，极差为 4625 元/吨。2010 年，我国 LLDPE 现货价格最高价 12300 元/吨，最低价 9150 元/吨，平均价为 10742.34 元/吨，标准差为 866.79 元/吨，极差为 3150 元/吨。2010 年 LLDPE 期货和现货市场价格主要显性指标见表 3－3－21。

表 3－3－21　　2010 年 LLDPE 期货和现货市场价格主要显性指标

市场分类	绝对指标（元/吨）					相对指标（%）	
	最高价	最低价	平均价	标准差	极差	离散率	波幅率
DCE 连续价格	13800	9175	11106.47	958.62	4625	8.63	41.64
齐鲁石化出厂价格	12300	9150	10742.34	866.79	3150	8.07	29.32

资料来源：大连商品交易所；现货价格来自隆众石化商务网。

（四）市场重大变化及政策调整

1. 市场重大变化情况。2010 年，第 1 季度 LLDPE 的超量进口为上半年价格持续震荡下跌埋下隐患。下半年人民币的较快升值导致 LLDPE 进口量未有市场预期的季节性表现，2010 年进口量占总产能的比重同比下滑 10.98%。2010 年 LLDPE

总产能较2009年增加117万吨/年，进口量亦逐年递增，供应充足。上半年国内大量新装置投产，供应量集中释放。下半年较多装置陆续停产检修，成为被夸大炒作的基本面因素。2010年4月中旬至6月中旬，欧洲主权债务危机助推基本面利空，LLDPE走出年度低点；"十一"长假后，国内物价全面上扬，LLDPE加速上涨冲刺年度峰值；11月10日央行宣布上调存款准备金率，11月11日LLDPE指数暴跌，结束疯涨行情。虽然原油和石脑油与LLDPE的相关系数在0.714和0.84，但本年度原油及石脑油价格对LLDPE价格助跌不助涨。

2. 政策调整情况。

（1）自2010年2月11日结算时起，因春节长假，大连商品交易所对聚乙烯期货合约涨跌停板和保证金进行调整，2月22日恢复正常。

（2）自2010年6月10日结算时起，因端午节放假，大连商品交易所对聚乙烯期货合约涨跌停板和保证金进行调整，6月17日恢复正常。

（3）自2010年9月29日结算时起，因国庆节长假，大连商品交易所对聚乙烯期货合约涨跌停板和保证金进行调整，10月8日恢复正常。

（4）自2010年11月29日起，暂停各品种当日开平仓交易手续费减半收取优惠措施。自2011年1月1日起，暂停《关于调整交易手续费收取标准的通知（大连商品交易所发［2010］59号）》中有关各期货品种手续费减收优惠措施。

（5）自2010年11月29日结算时起，线型低密度聚乙烯期货合约最低交易保证金标准提高至10%，涨跌停板幅度扩大至6%。

3. 合约制度的修订和完善情况。

（1）2010年6月3日拟对《大连商品交易所章程》和《大连商品交易所交易规则》进行修订，发布修订草案并公开征求意见。

（2）2010年6月7日，大连商品交易所发布《关于就大连商品交易所交割仓库管理制度向各指定交割仓库、客户和各会员单位征求意见的通知》。随着大连商品交易所期货品种的不断增多，交割仓库的数量和分布区域都发生了很大变化，并且有越来越多的产业客户参与到大连期货市场中来。该草案包括交割仓库资格审核、现场检查、年度评审等6项制度，内容涵盖了交割仓库设立及取消的条件及程序、日常监管、年终考核以及内部审核流程等诸多方面，对交割仓库日常交割业务的办理也提出了明确的要求。

（3）2010年7月27日，增设中储发展股份有限公司天津南仓分公司为线型低密度聚乙烯非基准指定交割仓库，升贴水为0元/吨。取消天津工艺品进出口（集团）公司艺达储运贸易公司的线型低密度聚乙烯指定交割仓库资格。

（4）2010年10月28日，公布2011年度LLDPE指定交割仓库入出库费用和杂项作业服务收费的最高限价，并自2011年1月1日起实施。2011年费用调整情况及新增加交割库费用见表 3－3－22。

表 3－3－22　2011 年 LLDPE 指定交割仓库入出库费用最高限价　单位：元/吨

收费项目	广州中储		宁波高新	中储南仓
	2011 年	2010 年		
平板汽车入库	18	15	16	15
集装箱汽车入库	18	15	18	20
铁路入库	无	无	32	无
平板汽车出库	18	15	16	15
集装箱汽车出库	18	15	18	20
铁路出库	无	无	32	无

资料来源：大连商品交易所相关通知。

（5）2010 年 11 月 15 日发布《大连商品交易所异常交易管理办法（试行）》和《大连商品交易所异常交易管理办法（试行）》。

（6）2010 年 12 月 10 日，取消中储发展股份有限公司上海浦东分公司、中储发展股份有限公司上海大场分公司、中储发展股份有限公司天津南仓分公司的线型低密度聚乙烯指定交割仓库资格，增设中储发展股份有限公司指定交割仓库。

（7）2010 年 12 月 24 日取消中国外运广东有限公司黄埔分公司的指定交割仓库资格，增设广州市川金路物流有限公司、浙江省国际贸易集团物流有限公司、浙江尖峰国际贸易有限公司以及上海安石仓储管理有限公司为备用交割仓库。

五、PVC 期货运行状况

2010 年是全球经济企稳回升和中国经济继续走强的一年，大连商品交易所 PVC 期货整体走势呈现宽幅震荡的局面。年初的 1 月到 2 月，受到春节期间停工放假的影响，PVC 下游消费低迷，期价弱势盘整。3 月份由于仓单的集中注销，PVC 现货市场供应充足，期货价格在 7800 元/吨盘整。4 月下旬欧元债务危机的爆发，加上国家对房地产行业开始重拳调控，使得 PVC 期货价格出现了连续下跌。2010 年 9 月份开始，随着国家节能减排政策力度的逐步加大，电石价格快速走高，成本因素使得 PVC 期货价格开始步入上升轨道，并在 11 月中旬创出了上市以来的新高。随后，在 2010 年末 CPI 创出 22 个月以来新高的背景下，市场再度担忧国家紧缩货币政策，PVC 期货价格再次跟随整个商品市场步入下跌行情。整体来看，2010 年 PVC 期货的运行呈现出两头高，中间低的特点，震荡较往年加剧而重心稳步上移。上半年走势较为平稳，下半年因电石价格上涨，PVC 期货价格震荡上行，波动幅度加大。

（一）交易情况

2010 年，大连商品交易所 PVC 期货共成交 1696.72 万手，成交额 6721.12 亿元，年末持仓量为 9.59 万手。按成交额计算，PVC 期货在大连商品交易所所有品种中排第 5 位。从月度成交额看，1 月、11 月、12 月是 PVC 合约交易旺季，成交金额是平时的 3 ~4 倍。2010 年 PVC 期货月度交易情况见表 3 -3 -23。2009 ~2010 年 PVC 期货年度交易情况见表 3 -3 -24。

表 3 -3 -23　　2010 年 PVC 期货月度交易情况

月　度	成交量（万手）	同比变化（%）	成交额（亿元）	同比变化（%）	持仓量（万手）	同比变化（%）
1 月	211.79	—	822.15	—	8.70	—
2 月	57.41	—	214.41	—	7.23	—
3 月	83.49	—	315.65	—	5.68	—
4 月	124.84	—	493.67	—	9.27	—
5 月	137.47	397.72	514.91	473.62	7.01	207.85
6 月	118.59	-59.25	424.60	-57.77	5.49	-13.43
7 月	58.91	-81.14	206.57	-81.47	3.20	-84.36
8 月	70.41	-92.37	262.41	-92.50	4.47	-75.97
9 月	121.75	-64.74	470.91	-60.16	5.94	-38.09
10 月	94.79	-68.16	379.10	-62.61	5.94	-60.10
11 月	318.52	-41.19	1381.19	-27.90	7.18	-46.50
12 月	298.75	-65.95	1235.61	-62.83	9.59	-46.89
全　年	1696.72	-53.07	6721.12	-48.87	9.59	-46.89

资料来源：大连商品交易所。

表 3 -3 -24　　2009 ~2010 年 PVC 期货年度交易情况

年　度	成交量（万手）	同比变化（%）	成交额（亿元）	同比变化（%）	持仓量（万手）	同比变化（%）
2009 年	3615.73	—	13145.83	—	18.062	—
2010 年	1696.72	-53.07	6721.12	-48.87	9.59	-46.89

资料来源：大连商品交易所。

（二）交割情况

2010 年，大连商品交易所 PVC 期货交割库共有 14 处，其中上海 4 处，江苏 2 处，广州 4 处，浙江 4 处。从分布来看，交割仓库主要位于区域中心城市，便于铁路运输。

2010年，大连商品交易所PVC期货全年交割量为17.80万吨，交割额为12.84亿元。2010年PVC期货月度交割情况见表3-3-25。2009~2010年PVC交割情况见表3-3-26。

表3-3-25　　2010年PVC期货月度交割情况

月　度	交割量（手）	同比变化（%）	交割额（亿元）	同比变化（%）
1月	13296	—	4.86	—
2月	3780	—	1.32	—
3月	11215	—	4.015	—
4月	330	—	0.12	—
5月	5045	—	1.81	—
6月	428	—	0.15	—
7月	52	—	0.02	—
8月	74	—	0.03	—
9月	1138	-93.83	0.42	-93.16
10月	18	-97.90	0.01	-97.38
11月	102	-99.12	0.04	-98.92
12月	116	-95.82	0.05	-95.25
总　计	35594	5.87	12.84	13.32

资料来源：大连商品交易所。

表3-3-26　　2009~2010年PVC期货年度交割情况

年　度	交割量（手）	同比变化（%）	交割额（亿元）	同比变化（%）
2009年	16010	—	11.33	—
2010年	35594	5.87	12.84	13.32

资料来源：大连商品交易所。

2010年PVC期货月度注册、注销仓单量比较见图3-3-10。

（三）价格走势

1. 总体价格走势。2010年，PVC合约走势呈震荡上行态势。年初到9月中旬，合约价格在6600元/吨至7700元/吨之间波动。7月下旬，价格触底回升，9月中旬向上突破，形成一波4个月左右的上升行情。11月30日，价格冲高至9100元/吨的全年高点后迅速回落，之后在7900元/吨附近窄幅整理。全年PVC各合约

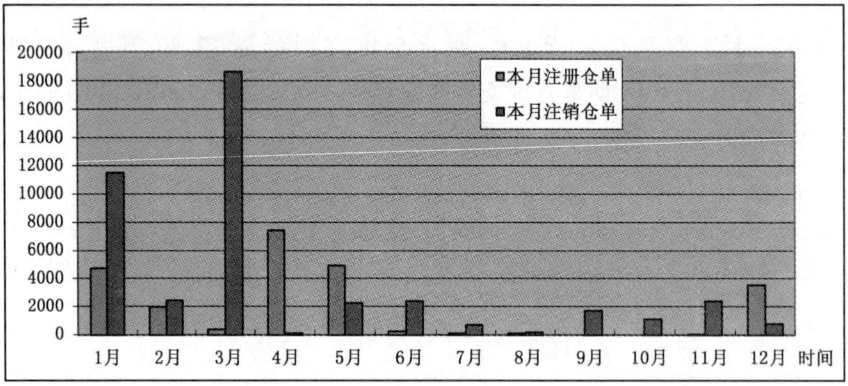

图 3-3-10 2010 年 PVC 期货月度注册、注销仓单量比较

资料来源：大连商品交易所。

共出现停板 64 次，其中，跌停板 54 次，集中出现在 2010 年 11 月和 12 月；涨停板 10 次，集中出现在 2010 年 11 月 9 日和 10 日。2010 年 PVC 期货、现货价格走势见图 3-3-11。2010 年 PVC 现货出厂价格走势见图 3-3-12。

图 3-3-11 2010 年 PVC 期货和现货市场价格比较

资料来源：大连商品交易所、隆众石化商务网。

2. 期货价格分析。2010 年，我国 PVC 期价最高收盘价为 9100 元/吨（11 月 11 日），最低收盘价为 6835 元/吨（7 月 16 日），平均价为 7678.51 元/吨，标准差为 450.41 元/吨，极差为 2265 元/吨（见表 3-3-27）。2010 年，我国 LLDPE 现货出厂价最高价为 8900 元/吨，最低价为 7000 元/吨，平均价为 7632.38 元/吨，标准差为 526.21 元/吨，极差为 1900 元/吨。

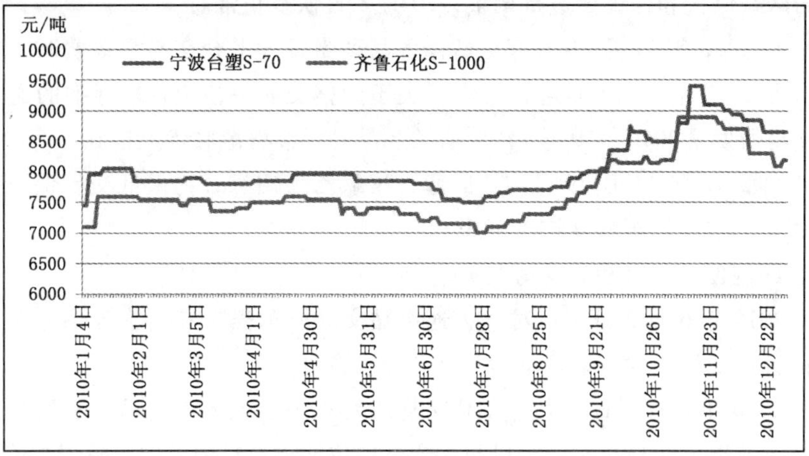

图 3－3－12　2010 年 PVC 现货出厂价格比较

资料来源：隆众石化商务网。

表 3－3－27　　2010 年 PVC 期货和现货市场价格主要显性指标

市场分类	绝对指标（元/吨）					相对指标（%）	
	最高价	最低价	平均价	标准差	极差	离散率	波幅率
DCE 连续价格	9100	6835	7678.51	450.41	2265	5.86	29.50
齐鲁石化出厂价格	8900	7000	7632.38	526.21	1900	6.89	24.89

资料来源：大连商品交易所、隆众石化商务网。

（四）市场重大变化及政策调整

1. 市场重大变化情况。

2010 年上半年，市场整体走势较为平稳，PVC 价格呈震荡整理态势。第 3 季度开始，国内聚氯乙烯市场呈现出快速拉高的趋势，其中涨价的主要推动力是国内电石市场货源紧张，推高了 PVC 的生产成本。进入 10 月后，由于上游原材料涨价的动力减弱，同时下游需求的拉动不足，PVC 市场的涨势在国庆长假后有所减弱，加上天气转冷使下游需求逐渐转淡，并且各地政府陆续出台了新的房地产调控政策，PVC 走势呈现出一定的下行压力，但仍处于高位徘徊态势。

2. 政策调整情况。

（1）自 2010 年 2 月 11 日结算时起，因春节长假，大连商品交易所对 PVC 期货合约涨跌停板和保证金进行调整，2 月 22 日恢复正常。

（2）自 2010 年 6 月 10 日结算时起，因端午节放假，大连商品交易所对 PVC 期货合约涨跌停板和保证金进行调整，6 月 17 日恢复正常。

（3）自 2010 年 9 月 29 日结算时起，因国庆节长假，大连商品交易所对 PVC

期货合约涨跌停板和保证金进行调整，10 月 8 日恢复正常。

（4）自 2010 年 11 月 29 日起，暂停各品种当日开平仓交易手续费减半收取优惠措施。自 2011 年 1 月 1 日起，暂停《关于调整交易手续费收取标准的通知（大连商品交易所发［2010］59 号）》中有关各品种手续费减收优惠措施。

（5）自 2010 年 11 月 29 日结算时起，聚氯乙烯期货合约最低交易保证金标准提高至 10%，涨跌停板幅度扩大至 6%。

3. 合约制度的修订和完善情况。

（1）2010 年 6 月 3 日，拟对《大连商品交易所章程》和《大连商品交易所交易规则》进行修订，发布修订草案并公开征求意见。

（2）2010 年 6 月 7 日，大连商品交易所发布关于就大连商品交易所交割仓库管理制度向各指定交割仓库、客户和各会员单位征求意见的通知。随着大连商品交易所期货品种的不断增多，交割仓库的数量和分布区域都发生了很大变化，并且有越来越多的产业客户参与到大连期货市场中来。该草案包括交割仓库资格审核、现场检查、年度评审等 6 项制度，内容涵盖了交割仓库设立及取消的条件及程序、日常监管、年终考核以及内部审核流程等诸多方面，对交割仓库日常交割业务的办理也提出了明确的要求。

（3）2010 年 10 月 28 日，公布 2011 年度 PVC 指定交割仓库入出库费用和杂项作业服务收费的最高限价，并自 2011 年 1 月 1 日起实施。2011 年费用调整情况及新增加交割库费用见表 3－3－28。

表 3－3－28　2011 年聚氯乙烯指定交割仓库入出库费用最高限价　单位：元/吨

收费项目	荣大国际		广州中储		上港物流	江阴协丰	华东塑化城	上海安石	广州华润
	2011	2010	2011	2010					
平板汽车入库	16	16	18	15	14	16	15	15	20
集装箱汽车入库	20	20	18	15	23	20	20	25	20
铁路入库	33	30	无	无	无	无	无	无	无
平板汽车出库	16	16	18	15	18	16	15	20	20
集装箱汽车出库	20	20	18	15	23	20	20	25	20
铁路出库	30	30	无	无	无	无	无	无	无

资料来源：大连商品交易所。

（4）2010 年 11 月 15 日，发布《大连商品交易所异常交易管理办法（试行）》和《大连商品交易所异常交易管理办法（试行）》。

（5）2010 年 12 月 10 日，取消中储发展股份有限公司上海浦东分公司的聚氯乙烯指定交割仓库资格，增设中储发展股份有限公司为指定交割仓库。

（6）2010 年 12 月 24 日，增设广州市川金路物流有限公司为指定交割仓库，增设宁波保税区高新货柜有限公司为备用交割仓库。

第四节　股指期货运行情况

一、沪深 300 股指期货运行状况

自 2010 年 4 月 16 日沪深 300 股指期货上市以来，市场总体运行平稳，一线监管严格，市场功能逐步发挥。截至 2010 年 12 月 31 日，共 174 个交易日，总成交 9174① 万手，总成交金额 82 万亿元，日均成交 52 万手，日均成交金额 4720 亿元，日均持仓量 5.6 万手；累计参与会员 131 家，参与客户 5.6 万。

截至 2010 年底，中国金融期货交易所共有会员 133 家，其中：全面结算会员 15 家，交易结算会员 61 家，交易会员 57 家。

同时，中国金融期货交易所投资者数量保持稳步增长。截至 2010 年底，客户开户总数共 6 万余个，其中，自然人开户 5.9 万个，占比 98.2%；一般法人开户 1030 个，占比 1.7%；特殊法人开户 68 个，占比 0.1%。IB 营业部累计开户 1.5 万个，占总开户数的 25%；期货营业部累计开户 4.5 万个，占比 75%。

（一）交易情况

2010 年沪深 300 股指期货月度交易情况见表 3－4－1。

表 3－4－1　　2010 年沪深 300 股指期货月度交易情况

月度	成交量（万手）	环比增幅（%）	成交金额（亿元）	环比增幅（%）	月末持仓量（万手）	环比变化 %
4 月	285.92	—	27460.5	—	2.18	—
5 月	1097.58	283.88	94201.38	243.04	4.52	106.92
6 月	1088.9	－0.79	89725.16	－4.75	5.76	27.41
7 月	1507.38	38.43	121090.56	34.96	6.18	7.18
8 月	1393.16	－7.58	121046.32	－0.04	6.56	6.43
9 月	860.02	－38.27	75596.58	－37.55	5.04	－23.31

① 中国金融交易所的数据仍按本报告统一为双边统计。

续表

月度	成交量（万手）	环比增幅（%）	成交金额（亿元）	环比增幅（%）	月末持仓量（万手）	环比变化%
10月	894.52	4.01	90805.36	20.12	7.54	49.63
11月	1129.36	26.25	113430.62	24.92	5.34	-29.05
12月	917.82	-18.73	88041.08	-22.38	5.96	11.49
总计	4587.33	—	410698.76	—	—	—

资料来源：中国金融期货交易所。

（二）交割情况

截至2010年底，共实现8个合约的顺利交割，交割率较低，市场没有出现对到期合约的过度炒作。合约交割前最后2小时，合约价格均围绕交割结算价微幅波动，走势平稳。交割期间，主力合约切换价格平稳连续。

表3-4-2　　2010年沪深300股指期货月度交割情况

月　度	交割量（手，双边）	交割额（亿元，双边）
5月	1280	10.56
6月	2788	22.72
7月	2490	19.40
8月	1092	8.54
9月	1852	15.92
10月	1420	14.1
11月	2226	20.84
12月	2702	26.12
总　计	15850	139.20

资料来源：中国金融期货交易所。

2010年，股指期货年末持仓59610手，持仓金额568亿元；全年日均持仓56224手，日均持仓金额514亿元。从各月月末持仓量来看，4~8月份月末持仓保持稳定增长；受国庆节长假影响，9月份月末持仓量出现下降；10月份月末持仓继续保持增长，达到75358手，为全年最大月末持仓；11、12月份，月末持仓较10月份出现回落。2010年股指期货月末持仓情况见表3-4-3。

表 3-4-3　　　　2010 年股指期货月末持仓情况

月 份	持仓量（万手）	持仓额（亿元）	持仓量增长率（%）
4 月	2.18	102	—
5 月	4.52	191	106.92
6 月	5.76	223	27.41
7 月	6.18	266	7.18
8 月	6.56	288	6.43
9 月	5.04	222	-23.31
10 月	7.54	390	49.63
11 月	5.34	254	-29.05
12 月	5.96	284	11.49

资料来源：中国金融期货交易所。

（三）价格走势

1. 总体价格走势。2010 年，沪深 300 股指期货呈宽幅震荡走势，上市初期受国内外一系列不确定因素影响，指数震荡下挫，并触及年内最低的 2462.20 点；第 3 季度后指数展开反弹，并创下年内最高的 3557.99 点，11 月中旬后指数快速回落，随后在 3000 点至 3300 点间横盘震荡。沪深 300 股指期货与现货指数保持了高度的相关性，期现价格拟合度较好，主力合约与沪深 300 指数相关系数为 99.7%（见图 3-4-1）。

图 3-4-1　2010 年沪深 300 股指期货和沪深 300 指数价格比较

资料来源：中国金融期货交易所

2. 期现价格分析。2010 年沪深 300 股指期货和现货市场价格主要显性指标见表 3-4-4。

表 3-4-4　2010 年沪深 300 股指期货和现货市场价格主要显性指标

市场分类	绝对指标					相对指标（%）	
	最高价	最低价	平均价	标准差	极差	变异系数	波幅率
沪深 300 股指期货连续价格	3606.0	2530.6	3006.7	261.2	1075.4	8.69	35.77
沪深 300 指数价格	3548.57	2512.65	2989.70	249.22	1035.92	8.34	34.65

资料来源：中国金融期货交易所。

第四部分

2010 年中国期货中介机构发展状况报告

第一节　期货公司基本情况

2010 年是“十一五”的收官之年，中国资本市场迎来 20 年庆典。沪深 300 指数期货正式上市后，覆盖农产品、金属、能源、化工和金融等领域的期货品种体系初步形成，期货市场与证券市场的相互联系和交织影响日益紧密，为期货行业新一轮的创新发展提供了重要机遇。2010 年，期货市场继续保持健康快速发展势头，规模迅速扩大，服务国民经济和实体经济的功能作用逐步显现，期货经营机构整体实力、盈利能力和服务水平进一步提升，期货市场进入由量的扩张向质的提升转变的关键时期。

一、期货公司整体经营指标大幅提升

2010 年，我国正常经营的期货公司共 163 家，其中，证券公司参股控股期货公司达到了 66 家。全国期货营业部共 1022 家，较 2009 年底增加了 173 家。全国期货公司总资产为 1922.59 亿元（含客户资产），净资产为 270.14 亿元，净资本为 251.25 亿元，分别较 2009 年增长了 59.25%、50.59% 和 56.04%。

截至2010年底，全国163家期货公司代理成交额为309.12万亿元，共吸纳客户保证金1570.34亿元，手续费收入为105.69亿元，分别较2009年增长了136.87%、56.05%和42.40%。期货公司盈利水平进一步提升，总利润为31.29亿元，净利润为25.44亿元，分别较2009年增加了39.56%和46.54%（见表4-1-1）。

表4-1-1　　2010年期货公司整体状况

项　目	2009年	2010年	增长率（%）
公司数量（家）	164	163	-0.61
营业部数量（个）	849	1022	20.38
总资产（亿元）	1207.29	1922.59	59.25
净资产（亿元）	179.39	270.14	50.59
净资本（亿元）	161.02	251.25	56.04
客户保证金（亿元）	1006.30	1570.34	56.05
手续费收入（亿元）	74.22	105.69	42.40
总利润（亿元）	22.42	31.29	39.56
净利润（亿元）	17.36	25.44	46.54
代理成交额（万亿元）	130.50	309.12	136.87

资料来源：中国期货业协会。

注：期货公司数量仅统计正常经营的公司，北京天星期货经纪有限公司因为长期停业未纳入2009年统计。

二、期货公司资本实力进一步增强

（一）部分期货公司被注销、恢复营业和更名

2010年全国期货公司中有3家公司被注销，分别为北京天星期货经纪有限公司、中国国际期货经纪有限公司和中期嘉合期货经纪有限公司，其中，中国国际期货经纪有限公司和中期嘉合期货经纪有限公司被中期期货有限公司吸收合并后更名为中国国际期货有限公司；1家期货公司恢复营业，为京都期货经纪有限公司。此外，2010年度更名的期货公司共有17家（见表4-1-2）。

表4-1-2　　2010年期货公司更名一览表

序号	辖区	现用名	曾用名
1	上海	华鑫期货有限公司	上海金城期货经纪有限公司
2	浙江	浙商期货有限公司	浙江天马期货经纪有限公司
3	北京	中国国际期货有限公司	中期期货有限公司
4	上海	华元期货有限责任公司	上海金鹏期货经纪有限公司
5	上海	国投中谷期货有限公司	中谷期货经纪有限公司

续表

序号	辖区	现用名	曾用名
6	北京	京都期货经纪有限公司	京都期货有限公司
7	广东	盛达期货有限公司	中天期货经纪有限公司
8	广东	五矿期货有限公司	五矿实达期货经纪有限责任公司
9	上海	恒泰期货经纪有限公司	上海永大期货经纪有限公司
10	广东	华泰长城期货有限公司	长城伟业期货有限公司
11	广东	广州期货有限公司	冠华期货经纪有限公司
12	北京	国元海勤期货有限公司	五矿海勤期货有限公司
13	大连	国富期货有限公司	辽粮期货经纪有限公司
14	北京	银河期货有限公司	银河期货经纪有限公司
15	安徽	安粮期货有限公司	国元期货有限责任公司
16	海南	华融期货有限责任公司	海南星海期货经纪有限公司
17	北京	英大期货有限公司	鲁能金穗期货经纪有限公司

资料来源：中国期货业协会网站。

（二）资本实力进一步增强

随着我国期货市场的迅猛发展以及上市品种的不断增加，加上股指期货推出的影响，期货公司整体规模逐渐扩大，资本实力进一步增强。2010 年，从期货公司注册资本分布情况来看，资本扩大现象非常明显，1.5 亿以上注册资本的期货公司增加到了 45 家（见表 4－1－3 和表 4－1－4）。

表 4－1－3　　实收资本情况表　　单位：万元

实收资本	2010 年	2009 年	2008 年	变动幅度（%）	
				2010 年比 2009 年	2010 年比 2008 年
总额	2142264.38	1490010.00	1250488.00	43.78	71.31
平均额	13142.73	9085.43	7671.71	44.66	71.31

资料来源：中国期货业协会。

表 4－1－4　　2010 年注册资本情况表　　单位：家

实收资本	<1 亿	1 亿～1.5 亿	1.5 亿～2 亿	>2 亿	总数
公司数目	73	45	10	35	163
比例	44.79%	27.61%	6.13%	21.47%	100.00%

资料来源：中国期货业协会。

三、期货公司代理规模快速增长和区域优势明显

（一）代理规模继续快速增长

2010 年，期货公司代理规模继续保持了稳定、快速增长的态势，代理交易量为 31.34 亿手，同比增长 45.29%，增幅较 2009 年减缓约 13 个百分点；代理交易额为 309.12 亿元，同比增长 136.86%，增幅较 2009 年提高约 55 个百分点（见表 4-1-5）。

表 4-1-5　2006~2010 年期货公司代理交易量和代理交易额

年　度	成交量（亿手）	增长率（%）	成交额（万亿元）	增长率（%）
2006 年	4.46	38.08	21	56.25
2007 年	7.28	63.23	40.97	95.10
2008 年	13.64	87.36	71.91	75.52
2009 年	21.57	58.14	130.51	81.49
2010 年	31.34	45.29	309.12	136.86

资料来源：中国期货业协会。

（二）三大中心区域优势明显

从期货公司的区域分布看，我国期货公司仍然主要集中在以三大城市为中心的三大区域，即以北京为中心，向天津、大连、山东和山西辐射的环渤海地区；在上海、浙江和江苏区域形成的相互促进、共同发展的长江三角洲地区；以深圳为中心，向广东辐射的珠江三角洲地区。这三大区域都是经济非常发达的区域，其经济的发展带动了期货公司业务的增长，所以这些地区期货公司的整体发展规模、经营状况相对都较好。从 2006~2010 年全国期货公司的代理额排名来看，排名靠前的期货公司也大多为上述地区的公司（见表 4-1-6）。

表 4-1-6　2006~2010 年代理交易量期货公司辖区占比分布情况　单位：%

地区	2006 年	2007 年	2008 年	2009 年	2010 年
上海	13.04	4.2	5.04	14.07	18.75
浙江	15.14	8.34	13.82	18.02	16.08
广东	7.22	2.33	5.67	8.37	8.81
深圳	11.58	8.51	7.84	6.17	7.51
河南	5.92	5.00	4.90	4.44	2.67
山西	3.39	2.56	2.28	4.01	2.36

资料来源：中国期货业协会。

从163家期货公司的区域分布图（见图4－1－1）可以看出，我国期货公司主要集中在经济较发达的上海、北京、广东、深圳、浙江、江苏等地。其中，上海期货公司数量最多，达到26家。

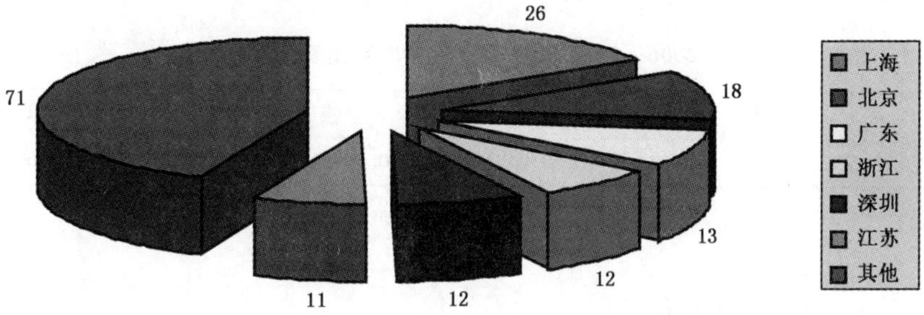

图4－1－1　2010年期货公司区域分布

资料来源：中国期货业协会。

四、期货公司竞争日趋激烈

（一）盈利水平两极分化现象比较严重

从期货公司资产总额、手续费收入、净利润三项指标综合排名来看，2010年三项指标排名前10的公司相对应指标加总分别占全国总额的28.52%、25.87%和32.73%（见表4－1－7），2009年度该比例分别为26.33%、26.64%和35.18%。期货公司资产总额大幅增长，抗风险能力显著提升，尤其是排名居前的期货公司，资本实力进一步增强，但手续费收入、净利润等盈利能力指标集中度较2009年有所下降。2010年度净利润为负的期货公司25家，亏损面达15.34%，而2009年度这两个数据分别为21家和12.8%。

表4－1－7　2006～2010年排名前10的期货公司占全行业比例表　单位:%

指　标	2006年	2007年	2008年	2009年	2010年
总资产	27.62	28.33	26.87	26.33	28.52
手续费收入	26.82	27.22	27.87	26.64	25.87
净利润	86.48	44.05	58.38	35.18	32.73

资料来源：中国期货业协会。

（二）手续费率持续下降

2010年度，全国163家期货公司代理交易额为309.12万亿元，手续费收入为105.69亿元，手续费收入占代理交易额的比率为0.00342%，较2009年大幅下滑了近40%，远低于近5年的平均水平（见表4－1－8）。期货行业手续费率进一步下滑，一方面，是历史原因，期货居间人的大量存在和高流动性蚕食了期货公司的利润空间；另一方面，是受股指期货上市后，期货公司利用低价策略积极抢占市场份额，拉低了市场整体手续费率的影响。

表4－1－8　　2006～2010年期货行业平均手续费率　　单位:%

年　度	2006年	2007年	2008年	2009年	2010年
平均手续费率	0.00714	0.00738	0.00691	0.00569	0.00342

注：手续费率＝手续费收入/代理交易额。资料来源：中国期货业协会。

（三）营业部数量稳步增加

近年来，期货公司的营业部也在稳步扩张。2006年，我国期货行业平均每家期货公司大约拥有2.38家营业部；2007年为2.71家；2008年达到近4家；2009年则超过了5家；到2010年，平均每家期货公司已拥有6.25家营业部，全国期货营业部总数快速增长到了1022家（见表4－1－9）。拥有营业部数量前5名的期货公司主要包括华泰长城期货、广发期货、南华期货、江苏弘业期货和浙江永安期货，其营业部数量均已达到20家以上。在营业部数量迅速增加的同时，一些营业部的业务规模也得到了迅猛发展，甚至个别营业部的代理规模已经超过了当地期货公司总部的代理规模。

表4－1－9　　期货公司平均营业部数量

年　度	平均营业部数量（家）	增长（%）
2006年	2.38	5.06
2007年	2.71	13.87
2008年	3.77	39.11
2009年	5.18	37.4
2010年	6.27	21.04

资料来源：中国期货业协会。

（四）券商系期货公司稳步发展

2010年，股指期货正式推出，为券商系期货公司的发展带来了更大的市场机遇。截至2010年底，全国共有66家券商系期货公司（包括证券公司参股、控股以及与证券公司受同一控制人控制的期货公司），占现有163家期货公司的40.49%。与传统期货公司相比，券商系期货公司背靠实力雄厚的券商，在网点布局、客户开发等方面具有先天优势，在2010年也取得了较快的发展。

从表 4－1－10 可以看到，66 家券商系期货公司在 2010 年的代理额达到了 170.08 万亿元，客户保证金、手续费收入和净利润则分别达到了 809.97 亿元、52.83 亿元和 12.37 亿元，市场占比均较 2009 年有一定的增长。

表 4－1－10　　2007～2010 年券商系期货公司发展情况

指　标	2007 年		2008 年		2009 年		2010 年	
	数量	占比（%）	数量	占比（%）	数量	占比（%）	数量	占比（%）
公司数量（家）	49	29.7	54	33.13	66	39.63	66	40.49
代理额（万亿元）	11.53	28.6	21.24	30.42	54.6	41.84	170.08	55.24
客户保证金（亿元）	92.68	24.81	148.91	33.9	423.17	42.05	809.97	50.06
手续费收入（亿元）	8.25	27.28	15.85	32.82	31.3	42.17	52.83	49.96
净利润（亿元）	2.12	27.79	1.11	16.9	6.3	36.29	12.37	48.21

注：表中券商系期货公司包括证券公司参股、控股以及与证券公司受同一控制人控制的期货公司。资料来源：中国期货业协会。

第二节　期货公司财务状况

一、期货公司资本和资产实力迅速壮大

（一）资本实力进一步增强

2010 年，期货公司继续通过增资扩股提升业务拓展和抗风险能力，资本实力进一步增强，注册资本在 5000 万以上的期货公司达到 127 家，1 亿元以上的期货公司为 90 家，1.5 亿元以上的公司为 39 家，较 2009 年大幅增加（见表 4－2－1）。

表 4－2－1　　2006～2010 年期货公司注册资本分布情况　　单位：家

年　度	3000 万元以下	3000 万～5000 万元	5000 万～8000 万元	8000 万～1 亿元	1 亿～1.5 亿元	1.5 亿元以上
2006 年	112	38	4	1	9	0
2007 年	58	32	20	33	15	4
2008 年	43	23	32	34	23	8
2009 年	37	2	43	8	50	24
2010 年	20	16	36	1	51	39

资料来源：中国期货业协会。

（二）资产总额大幅增长

截至 2010 年底，163 家期货公司的资产总额为 1922.59 亿元，平均每家公司资产总额为 11.8 亿元，较 2009 年的资产总额 1207.29 亿元和平均资产总额 7.36 亿元分别上升了 59.25% 和 60.33%，期货市场总体规模稳步扩大（见表 4－2－2）。

从资产总额的分布情况来看，2010 年总资产在 8 亿元以上的期货公司有 71 家，5 亿元以上的公司有 96 家，1 亿元以上的公司则达到 152 家，表明期货公司的整体资产规模和结构水平都得到了很大的提高。

表 4－2－2　　2009～2010 年期货公司资产规模

年　度	2010 年				2009 年			
金额区间	公司数（家）	占公司总数的比例（%）	金额（亿元）	占总资产的比例（%）	公司数（家）	占公司总数的比例（%）	金额（亿元）	占总资产的比例（%）
5 亿元以上	96	58.99	1750.32	91.04	79	48.17	1002.12	83
2 亿～5 亿元	37	22.69	136.50	7.10	47	28.66	165.18	13.68
1 亿～2 亿元	19	11.66	29.22	1.52	21	12.8	30.35	2.51
0.5 亿～1 亿元	6	3.68	4.81	0.25	10	6.1	7.08	0.59
0.5 亿元以下	5	3.07	1.73	0.09	7	4.27	2.57	0.21
合　计	163	100.00	1922.59	100.00	164	100.00	1207.29	100.00

资料来源：中国期货业协会。

二、客户保证金稳步增长

股指期货上市使期货市场投资主体趋于多元化，市场增量资金大幅增加，同时期货市场服务实体经济的功能逐步发挥，产业客户通过期货市场进行风险管理的热情持续增长。截至 2010 年底，全国 163 家期货公司共吸收客户保证金 1570.34 亿元，较 2009 年底的 1006.3 亿元增长了 56.05%（见表 4－2－3）。其中，11 月份客户保证金规模曾一度突破 2000 亿元。

表 4－2－3　　2009～2010 年客户保证金分布情况表

年　度	2010 年				2009 年			
金额区间	公司数（家）	占公司总数的比例（%）	金额（亿元）	占保证金总额的比例（%）	公司数（家）	占公司总数的比例（%）	金额（亿元）	占保证金总额的比例（%）
5 亿元以上	83	50.92	1394.39	88.80	64	39	791.38	78.64
1 亿～5 亿元	54	33.13	163.05	10.38	68	41.46	199.49	19.82

续表

年　度	2010 年				2009 年			
金额区间	公司数（家）	占公司总数的比例（%）	金额（亿元）	占保证金总额的比例（%）	公司数（家）	占公司总数的比例（%）	金额（亿元）	占保证金总额的比例（%）
0.5 亿～1 亿元	13	7.98	10.09	0.64	17	10.37	12.56	1.25
0.3 亿～0.5 亿元	5	3.07	2.06	0.13	3	1.83	1.13	0.11
0.15 亿～0.3 亿元	1	0.61	0.20	0.01	6	3.66	1.36	0.14
0.05 亿～0.15 亿元	4	2.45	0.46	0.03	4	2.44	0.3	0.00
0.05 亿元以下	3	1.84	0.08	0.00	2	1.22	—	0.00
合　计	163	100.00	1570.34	100.00	164	100	1006.3	100.00

资料来源：中国期货业协会。

从保证金分布情况看，客户保证金前 20 名的期货公司合计为 717.18 亿元，占市场总额的 45.67%，该项指标较 2009 年提升 2 个百分点；前 60 名公司合计为 1242.27 亿元，占市场总额的 79.11%，较 2009 年提升 2.5 个百分点。期货行业集中度进一步提高，行业领先期货公司吸纳客户保证金的能力进一步增强，少数公司只能依靠利息收入和投资收益来维持生存。

三、期货公司盈利水平进一步改善

（一）总体利润水平继续提升

2010 年，期货行业全年实现营业利润 31.29 亿元，净利润 25.44 亿元，较 2009 年营业利润 22.42 亿元和净利润 17.36 亿元分别上升 39.56% 和 46.54%。全国 163 家期货公司中有 140 家盈利，23 家亏损，盈利公司占全部期货公司比重从 2009 年的 87.20% 下降为 2010 年的 85.89%（见表 4－2－4）。

表 4－2－4　　2008～2010 年期货公司盈利情况表

年　度	2010 年			2009 年			2008 年		
净利润	公司数（家）	比例（%）	金额（亿元）	公司数（家）	比例（%）	金额（亿元）	公司数（家）	比例（%）	金额（亿元）
盈利	140	85.89	26.17	143	87.2	18.2	121	74.23	9.20
亏损	23	14.11	－0.73	21	12.8	－0.84	42	25.77	2.62
合　计	163	100.00	25.44	164	100	17.36	163	100.00	6.59

资料来源：中国期货业协会。

利润增长远低于代理交易额136.87%的增幅，期货行业出现了“增产不增收”的现象。这一方面体现了行业竞争的激烈程度，另一方面也说明行业整体盈利能力有待提升。

从利润结构看，2010年期货公司主营业务利润占利润总额的46.70%，利息净收入占比46.09%，继续保持了2009年的利润结构，即经纪业务利润与利息净收入保持齐头并进的态势（见表4-2-5）。

表4-2-5　　2008～2010年期货公司利润结构

指　标	2010年		2009年		2008年	
	金额	占比（%）	金额	占比（%）	金额	占比（%）
利润总额	34.16		23.17		9.44	
其中：经纪业务利润	15.95	46.70	10.64	45.92	2.38	25
利息净收入	15.74	46.09	9.48	40.91	6.67	71
投资收益	2.44	7.13	1.85	7.98	1.37	15
公允价值变动收益	0.03	0.09	1.2	5.18	-1.35	-14
所得税	8.72	50.34	5.8	103.51	2.85	
净利润	25.44		17.36		6.59	

注：所得税项计算的为同比增长率而非占比。资料来源：中国期货业协会。

（二）手续费收入快速增长

2010年手续费收入突破100亿元大关，达到105.69亿元，较2009年的74.22亿元增长了42.40%。从手续费收入占总营业收入的比例看，2010年为74.42%，较2009年的85.83%下降了11个百分点，手续费收入在营业收入中的比重有所下降，但仍占主导地位。经纪业务依然是期货公司最重要的收入来源（见表4-2-6）。

表4-2-6　　2008～2010年期货公司手续费收入情况比较

指　标	2008年（亿元）	2009年（亿元）	2010年（亿元）	变动幅度（%）	
				2009/2008	2010/2009
手续费收入	48.28	74.22	105.69	53.72	42.40
手续费收入占总营业收入比重	63.17%	85.83%	74.42%	22.66	-11.41

资料来源：中国期货业协会。

四、税收贡献大幅增加

2010年，163家期货公司向国家上缴营业税金及附加和所得税共14.87亿元，较2009年度的10.26亿元增长了44.93%。其中，上缴营业税金及附加5.88亿元，较2009年的4.16亿元增长了41.35%；上缴所得税8.99亿元，较2009年的6.11亿元增长了47.14%。

表4-2-7　　2006~2010年税收贡献年度比较表　　单位：万元

项　目	2006年	2007年	2008年	2009年	2010年
营业税金及附加	8356.58	17097.95	26861.75	41592.85	58829.17
所得税	7772.12	32427.37	28497.45	61084.63	89920.59
税金合计	16128.70	49525.33	55359.20	102677.49	148749.76

资料来源：中国期货业协会。

第三节　期货从业人员状况

2010年，我国期货从业人员（从业人员指已通过期货从业资格考试且取得期货从业资格的人员，包括期货公司的从业人员和证券IB机构的期货从业人员）的整体状况和结构特点，主要包括从业人员总体状况、年龄结构、性别结构、学历结构、地区分布、从业年限以及专业背景分析。

2010年，随着股指期货的上市，我国期货行业人才状况有了进一步的改善，从业人员数量持续增加，人员整体素质有所提高，人员结构发生了显著变化，为期货行业的快速发展提供了可靠的人才保障。

一、总体状况

据统计，截至2010年12月31日，期货行业在中国期货业协会从业人员数据库中登记注册的员工总数为30106人。其中，正常营业的163家期货公司员工数为24064人，具备期货从业资格的为22993人，分布在全国1022个期货营业部；在具有为期货公司提供中间介绍业务（以下简称“IB业务”）资格的55家证券公司中，取得IB从业资格的共6042人，分布在全国1127个证券公司营业部；期货公司的高级管理人员为992人，营业部经理为1022人。期货从业人员在数量持续增长的同时，在人员素质结构等方面也发生了显著的变化。

（一）期货公司员工数量继续保持快速增长，持证人员比例显著提高

股指期货的推出和商品期货市场的快速发展，推动期货公司经营规模不断扩大。2010年期货行业员工总数继续保持快速增长，增长率达到43.6%（见表4-3-1）。

表 4-3-1　　2006~2010 年期货公司从业人员增长情况

项　目	2006 年	2007 年	2008 年	2009 年	2010 年
员工总数（人）	6373	8857	13574	17182	24064
增长率（%）	—	38.98	53.26	26.58	40.05
期货从业人员数（人）	4729	6510	11989	16007	22993
增长率（%）	—	37.66	84.16	33.51	43.64
期货从业人员占员工总数比（%）	74.20	73.50	88.32	93.16	95.55
高级管理人员数（人）	544	626	728	933	992

资料来源：中国期货业协会。

（二）期货从业人员队伍结构发生显著变化，IB 从业人员数量快速增加

2010 年，证券公司纷纷申请 IB 业务，获得 IB 业务资格的证券公司迅速扩大到 55 家，通过业务资格验收的证券公司营业部达到 1127 家，取得 IB 业务资格的证券公司员工达到 6042 人。在不到一年的时间里 IB 从业人员数量迅速达到期货从业人员总量的 21%（见图 4-3-1）。

图 4-3-1　期货从业人员单位分布

资料来源：中国期货业协会。

（三）期货行业人才竞争不断加剧，从业人员流动率较高

2010 年，期货公司共有 92 位高管人员、105 位营业部经理、200 位中层管理人员、3825 位普通员工从原公司离职，流动率分别为 9.27%、11.01%、16.64% 和 16.47%（见图 4-3-2）。

造成人员流动的原因：一是资金实力较强的证券公司入主期货公司，打破了行业薪酬平衡状况，加剧了行业人才竞争，推高了从业人员流动率；二是期货公司股东结构调整，导致高管人员的流动；三是期货公司营业部扩展速度加快、针对期货公司技术人员数量和 IB 业务人员数量的监管要求，导致一般从业人员的跳槽；四

是期货行业人才培养周期长、投入高，许多公司急功近利，高薪挖人的现象较为突出；五是股指期货的推出及允许基金业从事商品期货业务政策的推出，直接引发了各类基金公司、券商研究所和投资咨询公司对期货公司研发分析人员的需求，导致业内人才的流失。

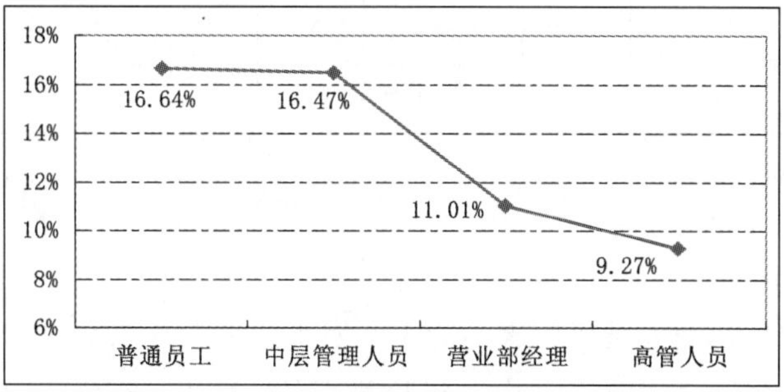

图 4-3-2　2010 年期货公司离职人员比例

资料来源：中国期货业协会。

从离职的从业人员看，有 38.06% 的人员流向其他期货公司，有 23.18% 的人员流向证券行业，10.39% 的人员流向基金行业，8.22% 的人员流向现货企业，7.23% 的人员流向银行行业，12.93% 的人员流向其他行业。流向其他金融行业的占到 41%（见图 4-3-3）。

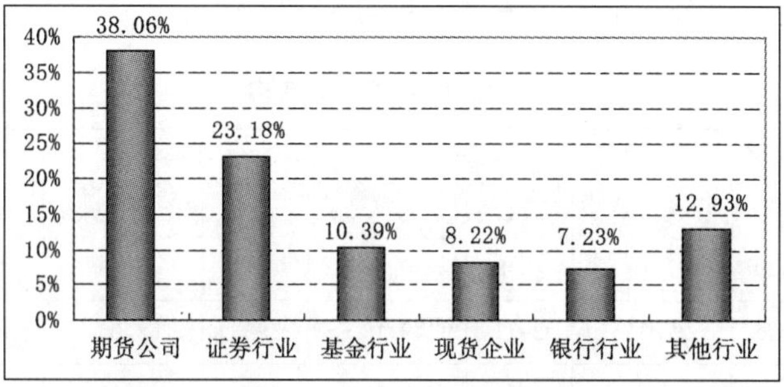

图 4-3-3　2010 年期货公司离职人员流向

资料来源：中国期货业协会。

二、结构特点

（一）性别结构

2010 年，期货从业人员男女比例基本平衡，但中高层管理人员男女比例为 5∶1，男性人数远多于女性（见表 4-3-2）。

表 4-3-2　　2010 年期货从业人员性别结构

性　别	期货公司		证券公司 IB 人员		期货营业部经理		期货公司高级管理人员	
	人数	比例（%）	人数	比例（%）	人数	比例（%）	人数	比例（%）
男	13473	58.6	3103	51.35	765	80.19	797	80.34
女	9520	41.4	2940	48.65	189	19.81	195	19.66
合计	22993	100	6043	100	954	100	992	100

资料来源：中国期货业协会。

（二）年龄结构

2010 年，期货从业人员以中青年为主，期货公司中近 60% 的员工年龄在 30 岁以下。其中，期货公司从业人员中，年龄最小的 19 岁，最大的 68 岁，平均年龄 30.7 岁。30 岁以下年龄段人数最多，占全部从业人员的 57.10%（见表 4-3-3）。

证券公司 IB 从业人员中，年龄最小的 20 岁，年龄最大的 59 岁，平均年龄 34.2 岁。30～40 岁年龄段人数最多，占全部人员的 49.18%。

期货公司营业部经理中，年龄最小的为 26 岁，年龄最大的为 60 岁，平均年龄为 39.9 岁，30～40 岁年龄段人数最多，占全部人员的 38.05%。

期货公司高管人员中，年龄最小的 27 岁，年龄最大的 68 岁，平均年龄 43.9 岁。40～50 岁年龄段分布最多，占总人数的 50.81%。

表 4-3-3　　期货从业人员年龄结构

年　龄	期货公司从业人员		证券公司 IB 人员		营业部经理		高管人员	
	人数	比例（%）	人数	比例（%）	人数	比例（%）	人数	比例（%）
30 岁以下	13129	57.10	1848	30.58	68	7.13	31	3.13
30～40 岁	6675	29.03	2972	49.18	363	38.05	364	36.69
40～50 岁	2830	12.31	1192	19.73	308	32.29	504	50.81
50 岁以上	359	1.56	31	0.51	22	2.31	93	9.38
总计	22993	100	6043	100	954	100	992	100

资料来源：中国期货业协会。

2010 年期货从业人员平均年龄比较见图 4-3-4。

（三）学历结构

2010 年，期货从业人员学历水平整体较高，60% 以上人员具有本科及以上学历。其中，期货公司从业人员中，具有本科及以上学历的人数占全部员工总数的 63.44%，其中，硕士学历占比 10.19%，博士学历占比 0.33%（见表 4-3-4）。

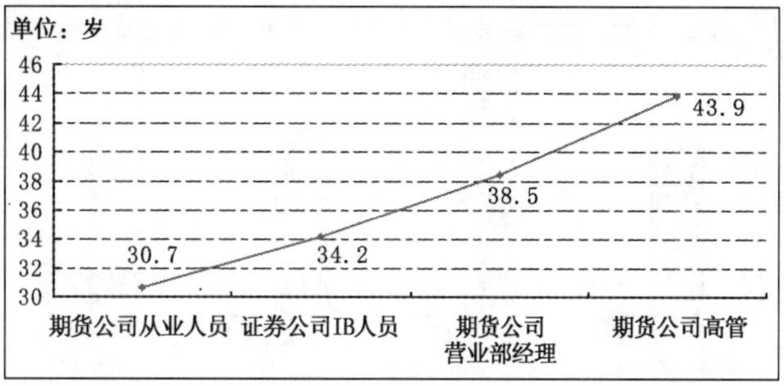

图 4－3－4　2010 年期货从业人员平均年龄比较

资料来源：中国期货业协会。

表 4－3－4　　2010 年期货从业人员学历结构

学　历	期货公司从业人员		证券公司 IB 人员		营业部经理		高管人员	
	人数	比例（%）	人数	比例（%）	人数	比例（%）	人数	比例（%）
本科以下	8407	36.56	1050	17.37	374	39.20	208	20.97
本科	12167	52.92	4422	73.18	500	52.41	547	55.14
硕士研究生	2343	10.19	567	9.38	80	8.39	224	22.58
博士研究生	76	0.33	4	0.07	0	0.00	13	1.31
总　数	22993	100	6043	100	954	100	992	100

资料来源：中国期货业协会。

证券公司 IB 从业人员中，具有本科及以上学历的人数占全部 IB 从业人数的 82.63%，高出期货公司从业人员近 20 个百分点。其中，硕士学历占比 9.38%，博士学历占比 0.07%。

期货公司营业部经理中，具有本科及以上学历的人数占总数的 60.8%，其中，硕士学历占比 8.39%，尚无人员具有博士学历。

期货公司高管人员中，具有本科及以上学历的人数占总数的 79.03%，其中，硕士学历占比 22.58%，博士学历占比 1.31%。期货公司高管人员学历水平远高于普通从业人员和营业部经理。

2010 年期货从业人员学历比较见图 4－3－5。

（四）从业时间

2010 年，期货从业人员中，约 50% 的一般员工期货从业年限不足 2 年，但有约 60% 的中高层管理人员具有 6 年以上从业经历。2010 年期货公司一般从业人员从业年限统计见图 4－3－6。

具体而言，在期货公司高管人员中，近 60% 的人从业时间超过 6 年，其中具

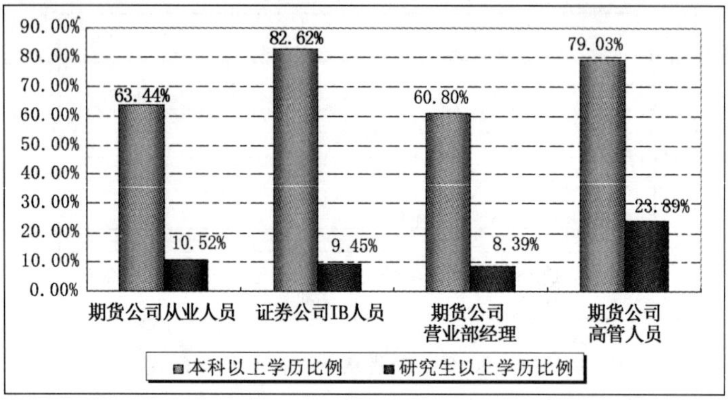

图 4-3-5　2010 年期货从业人员学历比较

资料来源：中国期货业协会。

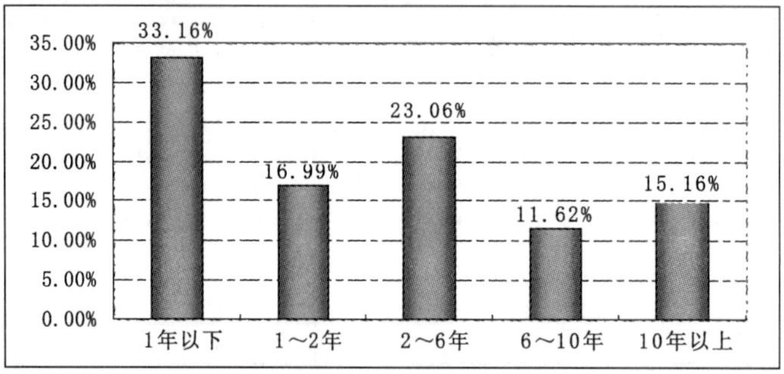

图 4-3-6　2010 年期货公司一般从业人员从业年限统计

资料来源：中国期货业协会。

有 10 年以上期货从业经历者占 40.17%。营业部经理中，有 64.22% 的人从业时间在 6 年以上，其中具有 10 年以上期货从业经历者占 36.21%。2010 年期货公司营业部经理从业年限统计见图 4-3-7。

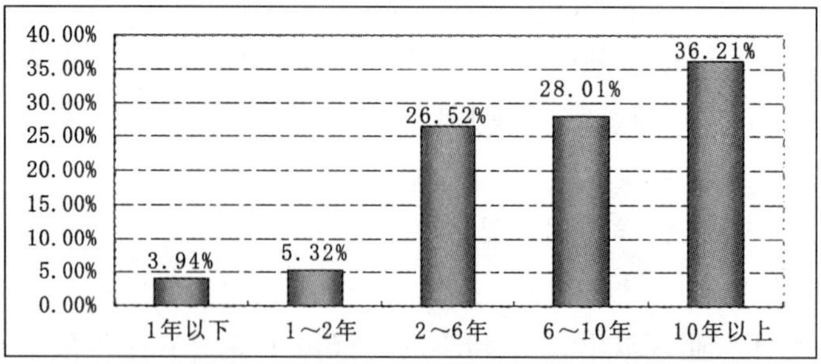

图 4-3-7　2010 年期货公司营业部经理从业年限统计

资料来源：中国期货业协会。

由于近年来期货行业发展较快，期货从业人员的平均从业年限有所缩短，其中，期货从业时间不足2年的高管人员、营业部经理以及一般员工占比分别为15.71%、10%和近50%。2010年期货公司高管人员从业年限分布见图4-3-8。

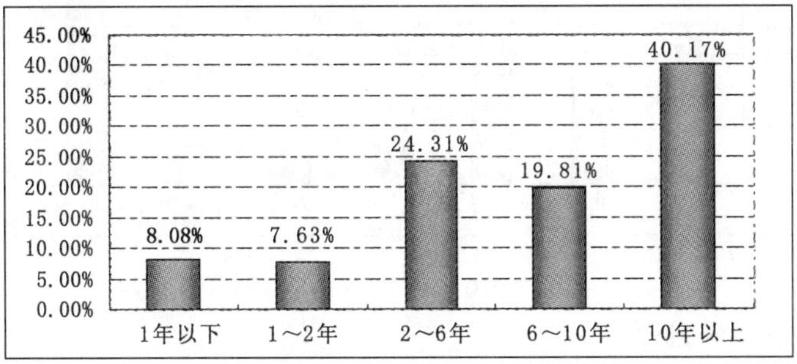

图4-3-8　2010年期货公司高管人员从业年限分布

资料来源：中国期货业协会。

（五）岗位分布

2010年，从期货公司11个岗位类别划分统计情况看，客户开发岗位人员最多，占35.27%，其次是客户服务，占15.06%。两类岗位人数占全部人数的50.33%（见图4-3-9）。

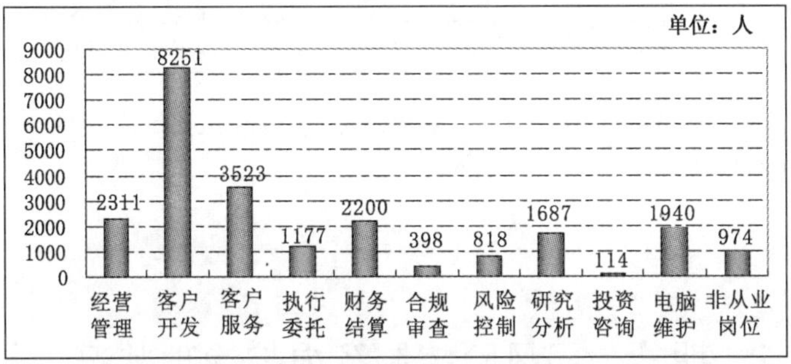

图4-3-9　2010年期货公司从业人员岗位分布图

资料来源：中国期货业协会。

（六）地区分布

统计表明，2010年浙江、北京、上海三地期货从业人员数均超过了3000人，广东、江苏、深圳三地的从业人员数在1000～2000人之间，上述六个地区的从业人员数占全国的65.22%（见图4-3-10）。

按各地区平均每家公司员工数量进行比较，浙江地区的期货公司平均从业人员规模最大，达到每公司293人。其中，南华期货有限公司从业人员数量居全国之首，截至2010年12月31日，员工总数为700人（见图4-3-11）。

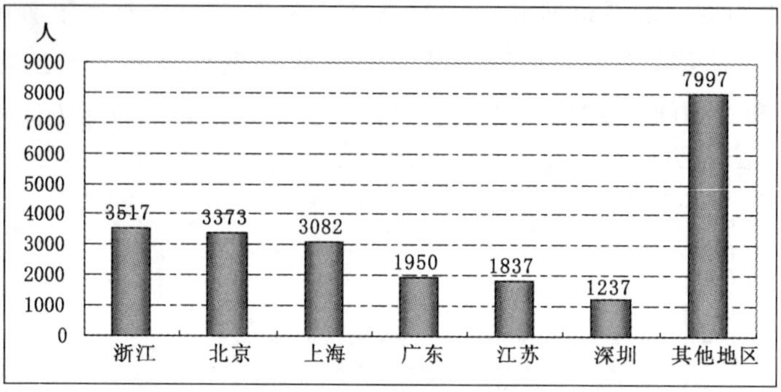

图 4－3－10　2010 年期货从业人员地区分布图

资料来源：中国期货业协会。

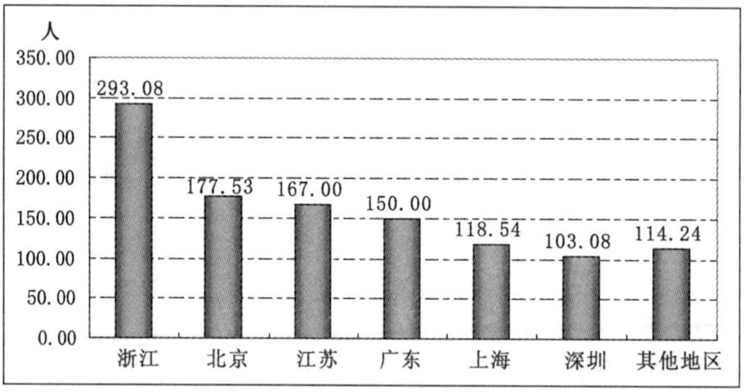

图 4－3－11　2010 年期货公司平均从业人员统计

资料来源：中国期货业协会。

第四节　期货公司风险控制及内控治理状况

期货公司的风险包括不可控的系统风险和可控的非系统风险。其中，系统风险主要包括市场风险和政策风险，非系统风险包括财务风险、信用风险、流动性风险、技术风险和法律风险等。根据 2007 年 4 月 18 日证监会发布的《期货公司风险监管指标管理试行办法》，我国期货市场实行以净资本为核心的风险监管模式。

一、风险控制状况

（一）期货公司净资本情况

1. 净资本总量继续保持较快增长。自2007年正式实施净资本监管以来，期货公司的净资本稳步增加，合规意识逐步增强。2010年，期货公司净资本合计为251.25亿元，较2009年增长了59.04%，较2006年增长了452.44%。股指期货上市使各公司保证金规模持续增长，上半年有多家公司追加注册资本，以达到净资本监管要求。截至2010年底，共有90家公司注册资本超过了1亿元，其中7家公司注册资本金超过了5亿元（见表4－4－1）。

表4－4－1　　2006～2010年全国期货公司净资本情况

年　度	净资本总额（亿元）	增长率（%）	平均净资本额（万元）	增长率（%）
2006年	45.48	—	2773.41	—
2007年	94.40	107.54	5271.05	106.28
2008年	120.67	27.83	7403.06	29.40
2009年	161.02	33.44	9818.29	32.62
2010年	251.25	56.04	15414.11	56.99

资料来源：中国期货业协会。

2. 全国一半期货公司的净资本超过了1亿元。从净资本的分级统计来看，2010年163家正常经营的期货公司中，净资本在1500万～3000万元之间的期货公司有19家，净资本在3000万～4500万元之间的期货公司有8家，净资本高于4500万元的期货公司有136家（见表4－4－2）。

表4－4－2　　2006～2010年全国期货公司净资本分级统计情况

年　度	1500万元～3000万元	3000万元～4500万元	4500万元及以上
2006年	97	22	23
2007年	55	22	83
2008年	36	18	108
2009年	29	13	122
2010年	19	8	136

资料来源：中国期货业协会。

从上述指标可以看到，2010 年，期货公司进一步加快了增资扩股的步伐，不仅净资本总额和平均净资本额继续保持了较高的增长速度，而且净资本高于 4500 万元以上的公司较 2009 年增加了 14 家，占公司总数的 83.44% 以上；全国超过一半的期货公司（82 家）净资本超过了 1 亿元，8 家公司净资本超过了 5 亿元，表明我国期货公司的资本实力得到了很大提高，期货公司抗风险能力显著增强。

（二）净资本风险监管指标

1. 净资本与客户权益总额的比例。2010 年底，期货公司净资本与客户权益总额的平均比例为 16%，基本与 2009 年持平（见表 4-4-3）。同时，全国 163 家期货公司中，没有公司净资本与客户权益总额比例低于 6%，而不符合监管要求。这说明期货公司的综合实力得到了进一步的提高，公司越来越重视采用增加资本投入或增强流动性或其他快速补充资本的方法来满足风险控制的要求。2006～2010 年期货公司净资本与客户权益情况见表 4-4-3。

表 4-4-3　　2006～2010 年期货公司净资本与客户权益情况　　单位：亿元

年　度	2006 年	2007 年	2008 年	2009 年	2010 年
净资本	45.48	90.39	120.67	161.02	251.25
客户权益	199.78	375.76	439.23	1006.3	1570.34
净资本与客户权益比	22.77%	24.06%	27.47%	16.00%	16.00%

资料来源：中国期货业协会。

2. 净资本与净资产的比例。2010 年底，期货公司净资本与净资产的平均比例为 93.01%，较 2009 年有所增长。全国 163 家期货公司均满足“净资本与净资产的比例不得低于 40%”的监管要求（见表 4-4-4）。

表 4-4-4　　2006～2010 年期货公司净资本与客户权益情况　　单位：亿元

年　度	2006 年	2007 年	2008 年	2009 年	2010 年
净资本	45.48	90.39	120.67	161.02	251.25
净资产	64.13	113.86	139.53	179.39	270.14
净资本与净资产比	70.92%	79.39%	86.48%	89.76%	93.01%

资料来源：中国期货业协会。

3. 流动资产与流动负债的比例。该监管指标中的流动资产、流动负债都是扣除期货公司吸收客户保证金形成的资产与负债后计算的数值。2010 年底，全国 163 家公司的流动资产与流动负债的比例均高于 100%，说明各家期货公司都充分保证了短期负债的偿还能力。

综合上述风险监管指标可知，2010 年全国 163 家期货公司都已经达到了风险监管指标标准。

二、内控制度及内部治理状况

2010 年期货公司依照有关法规及监管部门要求，不断完善公司治理机制和内部管理制度。目前，大部分期货公司基本建立了较完善的内控制度，规范运作水平也进一步提高。

（一）期货公司法人治理结构情况

2010 年，大多数期货公司能够遵守《公司法》、《期货公司治理准则（试行）》和《关于进一步加强期货公司内部管理制度建设，完善法人治理结构的通知》的规定，不断完善法人治理结构，优化公司的股权结构，规范股东会、董事会、监事会及经理层议事规则，完善内控制度建设。

但也有少数期货公司的法人治理结构运行情况不太理想，存在一些问题，比如有的公司存在高管兼任两职的现象；部分公司未按规定定期召开股东会、董事会和监事会；未建立独立董事制度，或独立董事未能取得高管资格，或独立董事不能参与公司重大决策，发表独立意见；有的公司未建立稽核部门，或者已建立内部稽核岗位但因独立性不强，不能较好地履行职责；总经理或副总经理等高级管理人员空缺；风险控制制度不健全，部门业务规章制度和重要的业务流程需要进一步充实等。总体上来看，内部控制制度缺失或者不到位是期货公司在法人治理方面存在的最主要问题。

（二）期货公司交易和结算制度的建立和执行情况

自《关于进一步加强期货公司开户环节实名制工作的通知》颁布实施以来，大多数期货公司能够做好投资者的相关解释和服务工作，认真办理开户环节相关手续，严格审核开户资料，为客户办理交易编码时执行一户一码、专码专用的规定。现在期货公司新开客户实名制已基本施行，正在推进对存量客户的实名制工作，但也有少部分期货公司仍然存在代客户签名的现象。

在结算制度完善方面，期货公司大多按照“四统一”的要求建立了比较完善的制度，单独设立了结算部门和结算岗位，进一步加强了动态风险监控工作，使数据处理、结算档案都能保持完整性、准确性、及时性、规范性。有的公司还采用计算机软件实现了动态反映和监督公司的资金变动、动态风险监控及关注每个客户的交易过程和保证金的变动，基本上能保障风险控制和对客户的有效服务。但部分期货公司也存在诸如多次客户穿仓或保证金不足、未对高风险客户实行强制平仓、给客户提供短期透支交易、保证金内转、结算确认不及时、交易编码转借使用和乱码交易、客户出入金管理与数据报送不及时等问题。

（三）期货公司财务会计制度建设情况

2010 年，绝大多数期货公司能够按照《中华人民共和国会计法》、《企业会计准则》、《金融企业会计制度》、《商品期货交易财务管理暂行规定》和《商品期货业务会计处理暂行规定》进行核算和账务处理、编制会计报表；会计、出纳分工明确，相互制衡；会计账簿完整齐备、保存完好，财务部门能定期与结算部门进行账务核对，按照新的企业会计准则和期货公司净资本计算规则，对外提供财务信息和监管部门所需要的信息。

在公司会计制度中也存在一些不容忽视的问题，如财务负责人兼任结算员、分工不明确；财务制度不完善；银行转账方式不健全；未按照规定建立应付保证金明细账进行财务核算；以现金方式支付往来款和咨询费；风险监管指标计算不够准确；未对穿仓损失计提相应的坏账准备；少数银行账户未及时编制银行余额调节表，且银行余额调节表缺乏相关人员复核；部分期货公司与股东或子公司存在资金借贷关系；关联方资金未能得到很好控制等。

（四）期货公司保证金管理情况

大多数期货公司能够按照法规的有关要求管理客户保证金，严格将自有资金和客户保证金分开管理，做到对客户保证金专户存储，专款专用，单独设账；同时，从保证金到账的确认、保证金出金的限制到保证金的结算以及保证金的专人、单账开户管理都做严格、详尽的规定，从而保证了客户保证金和期货公司保证金的安全。从监管部门现场检查情况来看，也基本没有发现期货公司出现挪用客户保证金的行为。

在期货公司保证金管理中仍然存在一些问题，如质押管理有待加强、部分客户出入金单结算部复核手续不全、部分客户以现金入出金和未从登记账户入金，个别公司还存在客户透支交易和透支出金的情况。其中，客户透支交易和透支出金、出入金单结算部复核手续不健全以及未从登记账户入金的现象比较多，表明期货公司应该进一步加强对客户的监督管理，对客户保证金严格实行封闭管理，以确保全部存放在期货保证金账户和期货交易所专用结算账户的资金不被挪用和占用，并杜绝客户透支交易和透支出金等不规范行为。

第五节 期货市场竞争状况分析

我国期货市场在经历了 1993 ~ 2000 年的治理整顿时期之后，已逐步进入规范发展阶段。从2002年到2009年，在这8年的时间里，期货业总体规模实现了持续性的增长。特别是自2005年来以来，呈现出快速增长的运行态势，2010年，全国期货市场成交量和成交额均创历史新高。本节收集了2002年至2010年各期货公司的成交数据进行统计分析，以判断我国期货业的竞争状况。

一、期货行业市场集中度分析

本节采用集中度系数和赫芬达尔-赫希曼指数衡量，主要对手续费收入、代理额、保证金、总资产（扣除保证金）等指标计算集中度进行分析。

1. 集中度系数（Concentration Ratio，CR_N）。CR_N以产业（行业）内规模最大的前N家企业的相关数值占整个产业（行业）的份额衡量，表示产业（行业）的集中程度。N通常取4家或8家，由于期货公司数量较多，在此取8家计算。本节选取2002年至2010年9年中每年居前8名的期货公司的手续费收入、代理额、保证金和总资产（扣除保证金），计算分别占市场份额，得到相应的CR_8。

从表4-5-1可见，以手续费和代理额衡量的集中度表现为先增大后缩小的趋势。手续费的CR_8从2002年的16.3%增加到2009年的22.86%，2010年的数值为21.28%。代理额的CR_8从2002年的20.17%增加到2007年的27.29%，之后逐渐减少，2010年的数值为23.3%。

以保证金和总资产衡量的集中度并未凸显逐年递增的趋势。2002年保证金的集中度为20.6%，2004年至最高29.61%，之后有所波动，2010年为25.29%。总资产的集中度波动较大，2002年为17.53%，2003年达到最高37.1%，之后大幅度下降，2010年为24.23%。

根据美国经济学家贝恩和日本通产省对产业集中度的划分标准①，期货公司的市场结构属于竞争型市场，并且属于低集中度竞争型。手续费、代理额和保证金衡量的CN_8年度间波动不大，2010年分别为21.28%、23.3%和25.29%。各年度集中度的数值均在30%以内，应属于低集中度竞争型市场（见表4-5-1）。总资产（扣除保证金）衡量的集中度年度间波动较大，2008年的集中度仅为16.16%，小于20%的标准。鉴于前3个指标数值波动性不大，且前3个指标具有较好的一致性。综合分析以上结果，可将期货公司的市场结构归为竞争型市场，且属于低集中度的竞争型市场。

① 将产业市场结构粗分为寡占型（$CR_8 \geq 40$）和竞争型（$CR_8 < 40\%$）两类。其中，寡占型又细分为极高寡占型（$CR_8 \geq 70\%$）和低集中寡占型（$40\% \leq CR_8 < 70\%$）；竞争型又细分为低集中竞争型（$20\% \leq CR_8 < 40\%$）和分散竞争型（$CR_8 < 20\%$）。

表 4-5-1　　集中度变化情况（2002~2010 年）

项　目	2002 年	2003 年	2004 年	2005 年	2006 年	2007 年	2008 年	2009 年	2010 年
手续费（前 8 家）（亿）	1.04	2.22	2.677	2.3	2.787	6.736	10.72	16.97	22.47
总手续费（亿）	6.38	12.76	14.18	11.24	14.68	30.24	48.28	74.22	105.56
CR_8（%）	16.3	17.39	18.81	20.46	18.98	22.27	22.34	22.86	21.28
代理额（前 8 家）（亿）	7800	22310	29278	31250	55974	109757	187043	313623	711491
总代理额（亿）	38664	106022	142255	129906	205666	403521	698392	1300422	3053252
CN_8（%）	20.17	21.04	20.58	24.06	27.22	27.29	26.78	24.12	23.3
保证金（前 8 家）（亿）	13.2	30.3	39.4	35.7	54.7	109.2	116.97	237.97	409.3
总保证金（亿）	64.15	116.47	133.2	128.0	199.7	374.3	439.2	1006.23	1618.5
CN_8（%）	20.6	26	29.61	27.92	27.42	29.5	26.63	23.65	25.29
总资产（前 8 家）（亿）	13.0	37.3	19.6	10.18	15.4	19.9	24.9	273.1	465.76
总资产（亿）	74.27	100.5	85.6	71.8	77.9	130.0	154.9	1207.28	1922.59
CN_8（%）	17.53	37.1	22.1	14.16	19.79	15.3	16.16	22.62	24.23

资料来源：根据全国各期货公司财务数据计算整理得到。部分数据已按新会计准则调整。

2002~2010 年期货市场集中度年度变化见图 4-5-1。

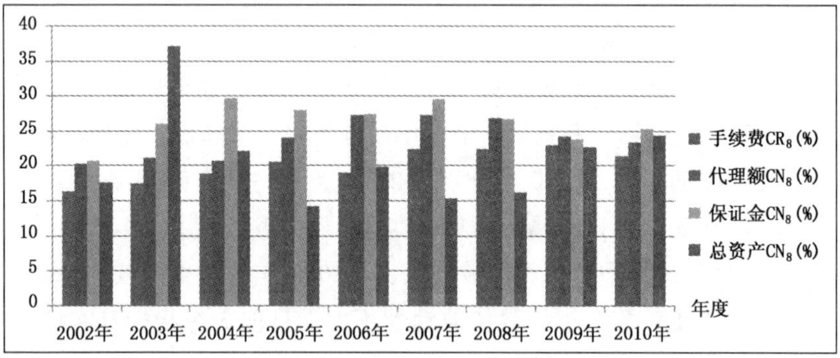

图 4-5-1　2002~2010 年期货市场集中度年度变化

资料来源：根据全国各期货公司财务数据计算整理得到。

2. 赫芬达尔-赫希曼指数（Herfindahl-Hirschman Index，简称 HHI）。

HHI 指标是以一个行业中所有企业所占行业总收入或总资产百分数（仅保留百分比中的分子）的平方和，用来计量市场份额的变化，即市场中厂商规模的离散度。可表示为：

$$HHI = \sum_{i=1}^{n}\left(X_i \Big/ \sum_{i=1}^{n}\right)^2$$

式中：X——市场的总规模；X_i——i 企业的规模。

当市场处于完全垄断时，HHI = 1；当市场上有许多企业，且规模都相同时，HHI = 1/n，n 趋向无穷大，HHI 就趋向 0。

根据手续费、代理额、保证金和总资产（扣除保证金）指标分别计算了 2002 ~ 2010 年的 HHI 指数，计算结果见表 4 - 5 - 2 和图 4 - 5 - 2。

表 4 - 5 - 2　　2002 ~ 2010 年逐年 HHI 数据变化表

项　目	2002 年	2003 年	2004 年	2005 年	2006 年	2007 年	2008 年	2009 年	2010 年
手续费 HHI	0.0136	0.0102	0.0106	0.0122	0.0135	0.0144	0.0145	0.0098	0.01333
代理额 HHI	0.0112	0.0125	0.0153	0.0150	0.0179	0.0173	0.0168	0.0114	0.0146
保证金 HHI	0.0165	0.0182	0.0180	0.0179	0.0195	0.0160	0.0127	0.0108	0.0156
总资产（扣除保证金）	0.0099	0.004	0.0169	0.0076	0.0133	0.0093	0.0094	0.0098	0.0148

资料来源：期货公司财务分析报告。

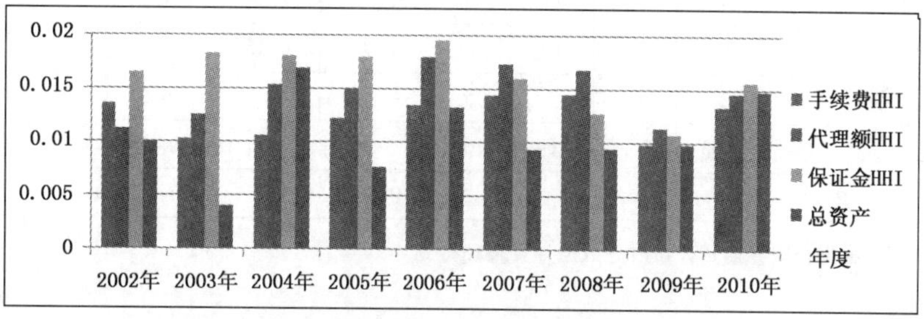

图 4 - 5 - 2　2002 ~ 2009 年逐年 HHI 数据变化表

资料来源：根据全国各期货公司财务数据计算整理得到。

由上述数据我们可以看出 2002 ~ 2010 年以总资产来衡量的 HHI 指数整体均呈逐年增加趋势（2004 年较高），反映行业集中度在增加。以手续费衡量的 HHI 指数从 2002 年 0.0135 增加到 2008 年的 0.0145，但最近两年的数据显示手续费的 HHI 数据又在下降，2008 年和 2009 年分别是 0.0098 和 0.0135，代理额衡量的 HHI 指数从 2002 年的 0.0128 增加到 2006 年的 0.0179，而近 4 年的数据又显示以代理额为参考的 HHI 数据又在下降，保证金的变化趋势同代理额趋势相同。

根据1992年美国司法部公布的《并购指南》提供的标准①判断，以手续费、代理额、保证金和总资产（扣除保证金）衡量的HHI指数远低于1000，因此可以判断期货公司的市场结构应该是非集中的市场，即竞争型市场。这一结论与CR_8衡量的结果是一致的。

二、规模经济特征分析

规模经济是指随着期货公司扩大业务规模而形成的平均成本递减的现象，可以反映企业业务规模与营运成本、经营收益的变动关系。

利润率是一项综合性的指标，能综合反映企业的经营效率。在此，将企业按规模分类，然后计算不同时期每种规模企业的平均利润率。如果规模越大的企业平均利润率越高，则反映该行业是规模经济显著的行业。

表4-5-3　　中国期货市场的总资产规模平均利润率变化情况

总资产规模	期货公司数					平均利润率（%）				
	2006年	2007年	2008年	2009年	2010年	2006年	2007年	2008年	2009年	2010年
5亿元以上	8	26	33	79	96	1.22	1.84	1.84	1.57	1.41
2亿~5亿元	33	57	63	47	36	0.93	1.32	0.97	0.337	0.55
1亿~2亿元	48	47	32	21	20	0.28	1.14	-1.26	-0.042	0.05
0.5亿~1亿元	39	20	23	10	6	0.99	0.15	-2.22	-0.512	-0.8
0.5亿元以下	36	15	12	7	5	-2.15	1.27	-6.58	-2.18	4.1
总　计	164	165	163	164	163	总平均利润率				
						0.58	1.51	1.11	0.0185	1.32

资料来源：根据全国各期货公司财务数据计算整理得到。

统计结果显示，期货经纪行业具有规模经济特征，即规模大的企业经营效率通常也高。总资产规模在5亿元以上的期货公司2007年较2006年平均利润率有较大幅度提升，2007年与2008年几乎持平，虽然2009年与2010年较前两年表现有下降趋势，但相对于其他4种规模的期货公司而言，平均利润率仍普遍偏大。由此可以大致推断，总资产规模在5亿元以上的期货公司代表目前我国期货公司的最优规模。

① HHI不足1000，视为非集中化市场；HHI为1000~1800之间则为中度集中的市场；HHI高于1800点以上的，为高度集中的市场。

第五部分

2010年中国期货业自律组织发展状况报告

第一节　期货交易所工作概况

一、上海期货交易所工作概况

（一）会员数量及结构

截至2010年底，上海期货交易所共有会员209家，其中期货公司164家，非期货公司45家。

（二）交易情况概述

2010年，上海期货交易所投资者数量仍然保持稳步增长。2010年底，客户开户总数达119.6万户，同比增长30.61%。其中，法人客户开户数32415户，同比增长22.13%，个人投资者数量达到116万户，同比增长30.87%。

（三）品种与制度创新

为了更有效地服务于实体经济，2010年，上海期货交易所在夯实基础，确保市场平稳运行的基础上，积极推动规则创新，不断深化产品创新，持续加大研究创新，通过创新推动上海期货交易所的稳健发展。

1. 积极推动规则创新。2010 年，上海期货交易所结合实践需要，根据前瞻性、科学性和系统性要求，对 14 个实施细则进行了全面梳理，推出了能与国际接轨的、全新的《上海期货交易所实施细则》。为了适应市场发展的需要，2010 年上海期货交易所全面推进了交易所章程、交易规则、实施细则的修订和完善工作，改进了不适应市场发展的相关规则，增加了有利于市场功能发挥的相关规定。

2. 不断深化产品创新。积极推进铅、白银、石油等期货品种的开发上市工作，特别是加大了对铅期货上市的推动力度；继续深化期权、有色金属指数等品种的研究。铅期货合约规则设计在风险控制管理制度、套期保值管理办法和交割制度等多方面进行了试点创新，充分体现了鼓励企业开展套期保值业务、严控交易交割风险、促进优秀期货公司做大、做强的宗旨。

3. 持续加强研究创新。2010 年，上海期货交易所有序推进“期货与衍生品研究院”的筹建工作；完成了自主研发的“上期有色金属指数”的方案设计工作，方案设计得到了行业及科研院所指数专家的充分肯定；继续深化与中国浦东干部学院的合作，双方合作的案例研究成果取得了良好的市场反响，案例专集已通过中国金融出版社出版。

（四）信息技术创新与发展

2010 年，上海期货交易所继续深入推进技术创新，保持行业领先优势。作为交易所实施战略规划和实现国际一流衍生品交易所愿景的重要举措，“张江中心”项目经过 5 年建设于 2010 年 6 月 25 日正式启用。作为一个面向现代化和全国资本市场的，集数据处理、灾难备份、产品开发、技术创新、科研培训于一体的综合性多功能基地，张江中心的建成标志着上海期货交易所的技术系统在硬件、软件和队伍建设等方面均达到行业先进水平。2010 年 9 月，上海期货交易所基本完成北京异地灾备的建设工作，并于 11 月 13 日完成了首次全市场切换演练。北京异地灾备中心的正式启用，将在证券期货交易所中率先实现“两地三中心”的运行模式，是上海期货交易所进一步完善技术系统的重要一步。

为满足对交易量持续增加的态势，上海期货交易所于 2010 年 6 月份平稳完成了交易系统的扩容工作。同时，为全面提升后台应用系统的容量和处理性能，上海期货交易所启动了以结算和交割为核心的新一代交易所系统第三阶段一期项目。此外，为提高技术管理水平，上海期货交易所还开展了质量保障体系（ISO9001）和 IT 服务管理体系（ISO20000）的咨询和认证工作。

（五）自律管理

2010 年，面对内外部形势的快速变化，上海期货交易所在中国证监会的统一指导下，持续强化市场监管，完善行情动态研判机制，严格查处违规行为，优化监测稽查体系，确保各品种在运行平稳、风险可控的基础上，实现了规模的稳步增长。

1. 灵活应对市场变化，牢固掌控监管主动。2010 年，各期货品种价格探底回升后维持高位震荡，市场流动性充裕。根据品种运行形势，上海期货交易所通过深化对市场风险的认识，切实强化日常运行管理，不断提高市场服务水平。

（1）在元旦、春节、清明节、“五一”、端午节、中秋节和国庆节等六大节点，上海期货交易所提早部署，平稳实施了保证金与涨跌停板等风控措施，并借助视频网络等新型媒介进行长假风险警示，有效防范了节假效应带来的市场系统风险。

（2）正确看待交易规模，妥善处理交易量和市场效率关系，及时抑制过热短线交易，优化市场结构。

（3）加强市场行情预研预判，综合分析国际资本市场变动，深入研究各品种运行特点，分析投资者行为、结构特征，制订共有针对性、切实有效的监管方案。

（4）配合股指期货上市，上海期货交易所密切关注跨市场客户交易动态，依据形势发展落实市场风险提示和进行市场引导。

2. 加强应急能力建设，全力护航世博维稳。2010 年适逢上海世博会召开之际，上海期货交易所全面贯彻落实中国证监会和上海市委、市府有关世博维稳的各项要求，综合分析各种外部因素对于市场运行的影响，提早制定应对预案，积极落实防控措施。与此同时，进一步加强交易场所安全管理、完善硬件物资准备和技术保障，确保紧急状态下交易、交割、结算各环节运作顺畅。

3. 加大对市场操纵、违规违法交易行为的查处与打击力度，同时拓宽思路、创新方式，促使监管水平与市场发展相匹配。主要措施如下：探索建立新型交易行为的监管机制，跟踪监测程序化交易发展变化，细致分析其对市场的影响，针对其行为特点，制定了程序化交易报备制度，强化了事先防范；加强实际控制关系账户交易（关联交易）的市场研究，落实实际控制关系账户市场测算，拟定应对防范方案；加大了违规行为处理力度，并在现有法规及规则的框架内，加大了处罚力度，取得了较好的效果；全面推动会员合规运作检查督促工作，加强对大额资金客户交易动向和资金风险的管理；制作多种类型市场风险警示宣传品，多形式推广合规交易理念。为保障期货市场平稳、规范、健康运行，遏制过度交易，打击期货市场中的各类违法违规行为，保护投资者合法权益，2010 年 11 月 5 日，上海期货交易所根据有关业务细则规定制定了《上海期货交易所异常交易监控暂行规定》。该规定对打击市场异常交易行为起到了重要的作用。

4. 在夯实市场基础，确保市场平稳运行的基础上，上海期货交易所还通过各项措施，继续做深做精现有品种，促进期货市场功能的充分发挥。

（1）完善相关规则，方便企业更好地利用期货市场进行套期保值。2010 年，上海期货交易所在评估已上市品种市场运行质量和功能发挥情况的基础上，深入总结期货品种服务产业经济的成功案例，探索建立套期保值管理机制。根据证监会相关指引，上海期货交易所通过梳理现有规则、细则和操作流程，制定交割仓库管理系列指引，为交割工作规范化、流程化，减少风险点，方便企业参与期货市场进行套期保值打好基础。

（2）推动境外品牌的注册工作。2010 年，上海期货交易所就生产工艺、生产管理、质量检测、交割范围等作出规定，实现对境外产品从书面资料审核、取样质检、厂家试用、实地生产与管理体系检查等全流程注册过程的监督，通过“制定标准”和“输出标准”，进一步确立“中国标准”的全球地位。

（3）期货保税交割业务正式启动。2010 年 12 月 24 日，期货保税交割业务启动仪式在上海期货交易所顺利举行。期货保税交割是指以海关特殊监管区域或保税监管场所内处于保税监管状态的期货合约所载商品作为交割标的物进行期货交割的过程。目前，我国商品期货的交易价格都是含税价格，是以我国生产的货物或进口完税状态下的货物作为期货交易和交割的标的物，而国际上主要的商品期货市场的交易价格都是不含税净价。在保税港区设置交割仓库，虽然是以人民币结算，却反映了国际价格，而缴纳相应的税费出了保税港区，就形成了国内价格。推出期货保税交割业务是期货市场一项重大制度创新，对拓展我国期货市场发展空间，提高我国期货市场的国际影响力均具有深远的影响。

（4）对交易时间作出适当调整，实现了国内商品期货市场交易时段同步，促进了统一监管体系的完善。上海期货交易所经研究决定，自 2010 年 6 月 28 日起，取消下午交易时段的休息时间，上午交易时间不变。交易时间调整后，市场运行平稳。

（5）2010 年，上海期货交易所继续全面推进“走进现货企业”活动，为现货生产、贸易、流通、终端用户、质检机构，交割仓库等企业用好期货市场、提升抗风险能力、提升管理水平打下了扎实基础。

（六）市场服务

上海期货交易所本着服务实体经济、促进功能发挥的主旨，深入了解会员需求，切实提升会员服务水平，取得显著成效。

1. 深入了解会员需求，认真落实相关建议。2010 年上半年，上海期货交易所先后在浙江、江苏、广东、上海、北京等地举行了 5 次会员座谈会，了解各地会员单位负责人对“十二五”期间期货市场和行业发展的基本看法，倾听他们对交易所各方面工作的意见和建议。共有 36 家会员单位的 38 名公司主要负责人或高管人员出席了上述 5 场座谈会。目前，上海期货交易所已基本落实对会员意见或建议的回复工作。

2. 积极支持会员办会，为促进产业发展服务。截至 2010 年 10 月底，上海期货交易所共支持会员单位举办投资者教育和市场推广活动 67 场次，覆盖企业总数约 5000 家。

3. 加强会员培训。启动了 2010 年度会员高管培训，第一批次 20 名学员已经入学，同时，进一步扩大培训覆盖面，增加专项短训。

4. 初步形成会员信息管理系统建设方案，目前已进入立项阶段。

（七）国际交流与合作

2010 年，上海期货交易所充分利用上海举办世博会的有利环境，成功举办第 7 届年会，巩固了年会的地位，并提升了年会的行业影响力。展开确立中国衍生品行业规则的英译标准，并开展交易所英文规则的修订工作。

（八）内部建设

2010 年，市场形势和内外部环境的不断变化，对交易所内部管理的优化、运作效能的提升提出了新的要求。上海期货交易所按照 5 年战略规划，有步骤、有重点地推进自身建设，通过继续深化人事制度改革、提升执行力建设水平、进一步完善内部运作系统和机制，促进了交易所整体素质和竞争能力的不断提高。

1. 全面修订完善内部管理制度。为适应新形势发展的需要，2010 年，上海期货交易所对一些不符合科学发展要求的制度进行了系统的梳理，如完善了制度的格式体例、更新了制度内容的，确保制度与流程的一致性等。在细致梳理的基础上，上海期货交易所启动了全所制度的更新修订工作，并在实践中不断对业务系统进行优化。

2. 严格规范内部管理，提升执行力水平。2010 年，上海期货交易所在规范员工基本行为的基础上，更加注重业务流程、各项管理规章制度的修订和实施，并将“尊重制度、遵守流程”的意识固化为全所从上至下的共同行为。

3. 探索新组织架构下的管理模式，进一步提高管理效能。在完成组织机构调整的基础上，2010 年上海期货交易所进一步探索事业部制管理模式。以有利于促进市场功能有效发挥，有利于服务产业发展和经济结构调整为目标和宗旨，上海期货交易所通过逐步建立有效的工作机制，确保职能明确、责任清晰、协作互补、执行到位，使内部管理体制更好地适应市场发展的要求。继续推进无纸化办公，启动了档案电子化管理信息系统工程；将原来向场内会员代表发送纸质文件改为在交易大厅内广播通知，提醒会员及时登录网站查收文件，促进了办公效率的提高。

4. 倡导以人为本，推进人才强所战略。市场的快速发展为人才队伍建设提供了难得的机遇，而人才的聚集和成长又为市场持续发展提供了有力支持。2010 年，上海期货交易所积极应对交易品种多样化、监管复杂化、技术现代化、市场国际化的趋势，进一步优化人力资源，加快人才队伍建设，努力形成行业竞争相对优势。同时，上海期货交易所把加强党建和组织文化建设摆在重要位置，加大教育监督检查力度，创新党建工作内容和方式，提炼交易所核心价值观，促进了交易所整体素质和竞争能力的不断提高。

（九）投资者教育

2010 年，上海期货交易所在拓展宣传渠道、丰富传播载体的基础上，继续深化投资者教育。

1. 以“期货大讲堂”为抓手，大力开展期货知识宣传普及工作。截至 10 月底先后走进 22 所高校和 1 个地方政府、3 个省委党校、3 个地方国资委，为 4000 余名政府官员、国企和上市公司高管、在校学生做了期货知识宣讲。

2. 根据市场需要，拓展教学模式，丰富教学内容。2010 年完成了《投资者教育手册——钢材期货分册》的修订工作和样稿制作，铜期货分册也正在编写；以目前市场上多发的“对敲交易”为题材，制作“期货市场风险警示”动漫，普及期货市场法律法规，突出宣传合规交易；与国资委合作开展对大型国有企业和上市公司的联合培训，将“利用期货公司促使企业稳健运行”的内容加入培训课件，目前已成功开展第一期活动。

3. 通过各种渠道强化投资者风险意识。采用网络视频会议方式完成端午长假风险警示工作，配合《上海期货交易所期货异常交易监控暂行规定》的发布，举办了“强化风险管理、维护市场稳定”为主题的风险管理视频会议，目前正积极推进网络视频演播室的改造方案和设备添置，争取使网络视频教育方式的覆盖范围和内容整合能力迈上一个新台阶。

二、郑州商品交易所工作概况

（一）会员数量及结构

截至 2010 年底，郑州商品交易所共有会员 215 家，其中期货公司 173 家，非期货公司 42 家。

（二）投资者数量及结构

2010 年，郑州商品交易所投资者数量仍然保持稳步增长。截至 2010 年底，客户开户总数达 120.9 万个，同比增长 30.81%。其中，法人客户开户数 31884 个，同比增长 25.77%；个人投资者数量达到 117 万个，同比增长 30.95%。

（三）交易情况概述

2010 年，郑州商品交易所全年累计成交 9.9 亿手，同比增长 118.3%，占全国期货成交量的 31.6%；成交额 61.8 万亿元，同比增长 223.3%，占全国期货成交额的 20.0%。

（四）品种与制度创新

郑州商品交易所积极开展新品种研发工作，甲醇期货立项申请、预审等工作已获中国证监会通过。为了进一步拓宽期货市场服务实体经济的领域和范围，深入研发乙二醇、动力煤、平板玻璃、化肥以及商品指数等新品种，加大期货期权的研究力度。从贴近现货市场和适应产业发展的实际出发，全面梳理、修订完善了已上市品种交易、交割、结算、风控等各项业务制度规则，并报送中国证监会。

（五）信息技术创新与发展

郑州商品交易所实施技术优先发展策略，增加投入，科学创新，技术保障能力显著提升。一是进一步优化交易系统程序，扩充交易系统容量、提升交易系统的撮合处理速度。二是开发上线“交易撮合主机双机热备”系统，彻底消除交易系统单点故障，实现系统各个环节的热备份。三是完善运维管理制度和操作流程，建立和强化流程执行的审核机制，加强测试和应急演练，不断提升运维管理能力。四是同城灾备中心建成使用后运行良好。五是持续引进 IT 专业人才。2010 年在交易规模显著增大的情况下，交易信息技术系统全年安全无事故运行，达到了安全组织交易的目标。

（六）自律管理

2010 年，面对国内外复杂的经济形势，在中国证监会正确领导下，郑州商品交易所围绕业务规则完善、会员公司合规运作检查、投资者风险教育和加强异常交易行为监管等工作，依法依规开展自律监管。

1. 完善规则体系，进一步夯实自律监管制度基础，提高市场监管工作透明度。

（1）重点完善风险监管规则细则，丰富自律监管制度体系。2010 年 11 月 8 日，郑州商品交易所向市场发布实施《郑州商品交易所异常交易行为监管工作指引（试行）》和《关于〈郑州商品交易所异常交易行为监管工作指引（试行）有关认定标准及处理程序的通知〉》，明确规定异常交易行为包含但不限于自成交、频繁报撤单、大额报撤单、关联账户合并持仓超限、影响交割结算价、盗码交易、自然人客户违规持仓等情形，要求会员切实履行客户交易行为管理职责，及时发现、及时报告、及时制止异常交易行为，引导客户理性投资、合规参与交易。11 月 17 日，郑州商品交易所向市场发布《关于程序化交易报备工作的通知》，加强对程序化交易的分析、研究。为适应市场发展新形势和国家期货法规政策的变化，12 月 17 日郑州商品交易所向市场发布《关于征求郑州商品交易所章程和交易规则修改工作意见建议的通知》，全面梳理、修订章程和交易规则。

（2）健全风险监控管理制度，为市场提供安全交易平台。在加强风险监控监测、防范市场风险、打击违法违规交易行为方面，进一步修订了相关内部管理制度。完善细化了交易监控中心、交易监控工作人员、交易数据保密、监控资料保管等方面的管理制度。建立了关于市场异常波动的监管工作制度，设定量化指标，加大对市场异常波动的排查力度。制定了违规交易行为调查处理工作制度，细化调查处理工作程序，对违规交易行为实现依法依规调查和处理。

2. 加强投资者风险教育，开展会员合规检查，督促会员提升规范化管理水平。

（1）加强规则培训和投资者风险教育工作，从源头防范市场风险。本着“将规则讲透、把风险讲够”的风险教育原则，多次开展针对会员或投资者的风险教育和市场监管规则宣讲工作，引导投资者理性投资、合规交易，从源头防范市场风险。先后3次举办面向全体会员风控负责人和广大投资者的现场培训和视频培训，向与会人员宣讲市场监管新形势、新要求以及相关监管规定、措施，帮助会员和投资者加深对期货交易规则和市场风险的理解和认识。

（2）开展会员合规运作检查，督促会员提升客户管理水平。2010年，郑州商品交易所首次开展了针对部分会员遵守期货交易规则及实施细则情况的现场检查。针对存在的一些问题，检查组要求会员及时整改，确保合规运作。对会员合规运作的首次检查收效很大，不仅实地调查了会员实际管理、合规运作情况，督促会员提升客户管理水平，还充分征求了会员对交易所加强市场一线监管的意见和建议。

3. 加强异常交易行为监管，坚决防止市场操纵，严厉打击违法违规交易。

（1）加大对异常交易行为的监控力度，防范和制止市场违规行为。2010年，郑州商品交易所共约见会员或客户谈话20次，发出监管警示函49次，对会员进行现场调查3次，发出监管意见函13次。通过加大对异常交易行为的监控力度和及时制止力度，有效防范和制止了各类违法违规交易行为。

（2）坚决防止市场操纵，严厉打击各类违法违规交易行为。为有效防止市场操纵行为，维护市场正常交易秩序，郑州商品交易所从风险实时监测监控、持仓大户报告、市场异常波动排查等多方面，加强市场风险防范工作。

4. 加强调查工作，加大对违规行为的惩戒力度，依法依规作出自律监管纪律处分。

郑州商品交易所从日常监控发现的异常交易行为入手，进一步加大对涉嫌违法违规交易行为的查处力度，提升市场规范化运作水平。2010年，共处罚违规交易行为11起，对违规当事人采取了警告、通报批评、强行平仓、暂停开仓交易等自律处分措施。对违规当事人的自律处分全部记入我国资本市场统一诚信档案，达到“守法诚信受益、违法失信受损”的监管目的，强化期货市场诚信意识，从而进一步提高自律监管的威慑和实效。

（七）市场服务

2010年，郑州商品交易所创新市场服务方式，推动从“量的扩张”到“质的提升”转变，不断增强服务实体经济能力。

1. 持续深入开展“期货服务三农”系列活动，充分依靠政府部门支持，调动行业协会、会员公司、农合组织、龙头企业和新闻媒体等服务现货企业的积极性和主动性，初步构建了以交易所为龙头，多方协作、共同推动的市场大服务长效工作机制。2010 年，相继与湖南、湖北、江西、河南、河北、山东等主产区的当地政府和证监局联合，开展了期货服务“三农”系列活动，宣讲期货市场功能与作用，进一步提高了涉农企业利用期货市场的意识和能力。举办了“走进产业，贴近行业，服务企业”主题活动，制订了《会员“三业”活动办法》，通过科学设计指标和严格考核，引导和鼓励期货公司服务“三农”。

2. 搭建期现交流平台，探讨服务农业发展的有效途径。郑州商品交易所成功举办了首届“郑州农产品期货（棉花）高峰论坛”。国家有关部委领导、国内外专家、现货企业和期货公司代表等共 900 多人参加，解读国家农业产业政策，探讨农产品市场发展机遇，交流期货服务“三农”经验，取得了良好的市场效果。

3. 启动了集宣传、研究、教育、评估于一体的期货市场功能作用示范基地建设工程。郑州商品交易所探索建设了 17 个“点”基地和 13 个“面”基地。通过挖掘、宣传推广典型企业和农业主产区利用期货市场的成功经验，引导更多涉农企业利用期货交易规避现货风险，稳定生产经营。

（八）内部建设

郑州商品交易所不断加强内部基础制度建设，加大人才引进与培养力度，提升内部管理水平和人力资源保障能力。

1. 完善内部管理制度机制。修订完善了《郑州商品交易所实物资产管理办法》、《郑州商品交易所差旅费管理办法》和《郑州商品交易所假期管理办法》等 5 项制度。同时，着眼于提高工作质量和效率，进一步优化了相关内设职能部门和岗职体系，合理配置岗位人员。继续强化全面财务预算管理，与绩效考核相结合，严格预算控制，最大限度提高资金运用效益。高度重视内部审计工作，对 4 个职能部门和 1 个专项建设临时机构进行内部审计，强化了规章制度的执行力，确保合规运作。

2. 加强高素质人才队伍建设。加大急需人才、特殊适用人才引进工作力度。以完善 IT 队伍为重点，共引进计算机专业人才 5 人和博士后 1 人。

3. 扎实开展内容丰富、形式多样的内部培训活动。顺利推进由交易所中层干部、优秀员工和部分期货公司管理人员参加的期货业高级工商管理核心课程研修班项目。有序开展全员参与的专业机构轮训工作，稳步实施以借鉴国外市场成熟经验为目的的境外学习考察，分批次派遣业务骨干赴海外培训学习。

4. 认真贯彻落实中国证监会党委关于开展党风廉政教育活动的有关精神和要求，开展自查自纠，查找工作中存在的薄弱环节，建立完善内控机制和内部管理制度流程，牢固树立廉政意识，为市场改革发展工作提供了有力保障。

5. 深入开展创先争优活动。紧密结合期货市场发展实际和当前工作重点认真制订活动实施方案，科学明确活动目标，精心设计活动载体，切实加强组织领导，在市场服务、品种创新、技术进步、功能发挥等工作方面争先进、创优秀，推动交易所工作取得了新进展。

6. 加强基层党组织建设，积极发展新党员。

7. 开展丰富多彩的文体活动，调动了员工争先创优的积极性，增强了交易所的凝聚力。

（九）国际交流

2010 年，郑州商品交易所进一步加大对外交流合作力度。全年共接待来自境外的政府机构、期货监管机构、期货交易所及科研机构等访问组 9 批次，组织员工赴境外参加行业会议、业务考察和短期学习培训 8 批次。

（十）投资者教育

郑州商品交易所认真贯彻落实中国证监会关于做好投资者教育工作的各项要求，突出对投资者的风险教育和规则培训，扎实开展了内容丰富、主体多元、形式多样的投资者教育活动。

1. 探索建立投资者教育长效机制。持续深入开展“期货服务三农”系列活动，充分依靠政府部门支持，调动行业协会、会员公司、农合组织、龙头企业和新闻媒体等服务现货企业的积极性和主动性，探索构建以交易所为龙头，多方协作、共同推动的投资者教育长效工作机制。

2. 启动了集宣传、研究、教育、评估于一体的期货市场功能作用示范基地建设工程，探索建设了 17 个“点”基地和 13 个“面”基地。

3. 不断强化市场风险教育，重点开展一系列旨在增强投资者风险意识和提高其风险控制能力的教育工作。面向会员及投资者，2010 年举办交割及结算员培训班 4 场，培训交割与结算员 461 人；举办 1 期风险控制培训班，召开 2 次风险控制教育视频会。

4. 制作印发多种形式的投资者教育材料，增强教育的可持续性。2010 年，印发郑州商品交易所制度汇编、各品种宣传折页、上市品种宣传手册、企业服务手册等资料 51000 册。同时，在交易所网站显著位置设置期货业务实施细则、品种知识、培训课件、视频资料等子栏目，介绍期货交易流程，解答常见问题，进行风险提示和教育。

5. 加大媒体宣传，扩大教育的范围。2010 年全年各类媒体对交易所宣传报道共 90 篇（次），11 余万字。

三、大连商品交易所工作概况

（一）会员数量及结构

截至2010年底，大连商品交易所（简称大商所）共有会员188家，其中，经纪会员173家，非经纪会员15家。

（二）投资者数量及结构

2010年，大连商品交易所投资者数量保持增长。截至2010年底，客户开户总数达120.14万个，同比增长31.20%，其中，法人开户数由31775个增加到25128个，增加6647个，同比增长26.45%。个人投资者数量达到116.96万个，同比增长31.33%。

（三）交易情况概述

2010年大连商品交易所共成交8.06亿手，同比减少3.27%；成交额41.71万亿元，同比增长10.79%；日均交易量333.20万手、日均持仓量338.63万手，同比分别减少2.47%、增长43.32%；日均保证金数约176亿元，同比增长59.77%。

（四）品种与制度创新

在品种创新上，大连商品交易所稳步推进新品种研发和新老品种交易交割制度的改进。一是全力推动焦炭期货上市，优化新品种的交易交割制度。顺利通过焦炭期货的立项和预审审批，并对焦炭期货的套保、限仓、强平、强减制度进行改进，完成新制度下的系统测试验收。二是努力做好焦煤、尿素、指数、纯碱、液化石油气、沥青、碳排放权等新品种的筹备工作。完成了焦煤品种立项的材料申报，有条不紊推进焦煤合约和相关制度设计；完成了大豆指数的编制和套保效果论证研究报告，论证分析了尿素、纯碱、沥青、碳排放权交易的可行性。三是针对国家棕榈油期货合约质量标准修改，推动棕榈油期货制度相关调整以及推进豆粕交割仓库设置优化。

在制度创新上，大连商品交易所进一步对各项业务与规则进行完善。一是借鉴国内外交易所做法，重新制定规则制定工作办法，进一步理顺规则制定修改程序，促进规则制定修改的规范化和科学化。二是制定并发布了《大连商品交易所异常交易管理办法（试行）》和相关监管标准与处理程序。三是根据业务需要，制定了交割仓库的准入退出、日常考核、等级评定等六项制度，基本建立了较为完备的仓库管理制度体系。四是对场内席位管理规定、三板强减、仓单分散等相关规则进行研究和修改。

（五）信息技术创新及发展

大连商品交易所持续推进一流信息系统开发建设，确保行业领先地位。一是期货大厦顺利平稳搬迁，系统电力、通讯、机房等基础设施实现了质的飞跃。二是构建了信息系统建设的“三驾马车”。系统规划办负责IT系统的规划、架构、IT项目管理及协调推进工作；技术运维中心负责全所技术系统的运营、维护和管理；飞创公司主要负责项目开发，3个部门共同推动大连商品交易所信息化水平迈上新的台阶。三是加快6期系统优化和升级步伐，对6期系统架构进行描述和全面评估，理清3大技术瓶颈、7项重大任务。四是初步理清了7期系统架构的总体思路。运用科学的方法论、对支撑交易的关键技术平台设计了概念测试方案（POC）、对国内外交易所技术架构进行深入分析，并多次开展技术交流和调研。五是启动“两地三中心”灾备系统建设。同城灾备一期（期货大厦－会展中心）12月实现上线；同城灾备二期（期货大厦－同城远距离灾备中心）的解决方案即将完成；异地灾备中心的规划建设方案已上报证监会。六是加快相关技术项目开发和创新。全年共完成包括新监察系统一期等在内的39个项目的技术开发和创新。

（六）自律管理

在对市场秩序的管理上，大连商品交易所一是加大对市场违规行为的查处和打击力度，维护市场正常秩序。全年大连商品交易所对6起违规案件进行了立案查处，对违规人员给予相应的处罚，并及时向中国证监会期货一部移交了相关涉嫌违法违规案件。二是加强监管协作。不断加强与中国证监会期货一部和期货二部、地方证监局、期货保证金监控中心、期货业协会及兄弟交易所等单位的沟通联系。

在对市场风险的防控上，大连商品交易所切实加强风险防控管理、实现市场全年的安全稳定运行。一是强化市场风险分析和风险评估工作，密切跟踪、监测、分析评估市场运行情况，完善诚信档案及大户报告管理，接收大户报告400余份。二是推进新一代风险监控和监察技术系统建设。其中，预警系统、实时监控系统已于10月中旬试运行。三是及时调整交易保证金和涨跌停板标准，保证交易业务正常运行。根据市场价格波动情况，交易所先后5次调整了各品种交易保证金和涨跌停板标准（不含规则调整的），有效地防范了市场风险。四是加强交割仓库监管，全年共检查交割仓库85家，占大连商品交易所全部137家的62%，日常巡检仓库103次。五是全面加强资金结算风险控制。全年共执行盘中预结算2510次，要求会员盘中追加保证金56亿元，会员保证金不足次数同比下降73%，未发生一起因会员保证金不足而引发的强平事件，电子资金系统上线近一年运行平稳，未发生一笔资金处理错误，未发生一次重复或延迟结算。六是确保信息系统安全稳定可靠运行。强化日常应用维护、实行24小时值班、加强系统外部安全评估和检查、开展应急演练、完善应急预案等各项举措。全年完成17个项目的测试、上线和验收工作，进行信息系统测试36次，处理事件56项，排除专线故障112次，建设远程会员技术奖励专线升级链路160条，技术和应用变更238次，系统运行没有出现一次重大故障。

在信息宣传与舆论引导方面，大连商品交易所新闻、信息、网站等工作取得新成效，交易所影响力进一步提高。一是主动加强新闻宣传和舆论引导。全年撰写投放新闻材料 110 多篇，组织投放稿件 200 多篇次，其中，中央级媒体发稿量达到 100 多篇次，央视“新闻联播”、“经济半小时”和“中国财经报道”等重点栏目报道各一次。刊发 30 多期简报和动态，反映、宣传大连商品交易所重点工作情况。二是围绕交易所重点工作开展专项宣传。围绕参加“两会”、产业大会和十大研发团队评选等重点工作进行系列宣传报道，每项工作宣传报道量都在 10 篇次以上。三是加快新闻中心建设。中央电视台和新华社进驻期货大厦，两媒体每天定时播报期货市场行情信息，并拟在期货大厦分设演播室。四是优化中英文网站建设。新版网站受到各方好评。全年网站信息更新量 17000 多篇，工作日均信息更新量 76 篇，使网站成为我所重要的信息发布服务平台、会员业务服务平台和市场形象展示平台。英文网站质量明显提高，扩大了大连市场的国际影响。五是积极配合证监会做好资本市场 20 周年纪念相关各项工作。

（七）市场服务

大连商品交易所确立系统工作思路，在市场培育、产业链拓展、期货人才队伍培养等方面逐渐形成了比较完善的服务体系。一是改变产业服务部门分散由多位领导分管的局面，明确下属产业拓展部、会员服务部、期货学院、新闻信息部以及北京、上海、广州三个总部等 6 个部门作为服务工作主体，细化工作职责范围、工作计划和具体市场活动安排等，优化整合内外部力量。二是以龙头企业为重点，围绕“产业链服务”，深入推进千村万户、千厂万企等一系列市场服务工程，把品种相关上中下游企业和生产者全部纳入服务领域，丰富和深化了产业服务和市场服务的内涵。三是分别于 5 月、9 月和 11 月召开的玉米、塑料、油脂油料三个产业大会，总参会人数达到 2011 人，其中产业客户占比在 60% 以上，产业大会逐渐成为相关产业高端服务品牌。四是加强信息服务工作，每天定点向 2200 个市场客户发送期货交易信息。五是根据市场需求，重新开启了银行标准仓单质押业务，为产业客户提供深度服务，优化所内相关业务流程，并将质权登记电子化等纳入大商所仓单电子化的规划之中。六是继续组织 2010 年十大期货研发团队评选，帮助期货公司提升研发团队的整体水平。参评期货公司由去年的 108 家增加到 118 家，参选团队由 179 支增加到 212 支，掀起了期货研发团队建设与培养的热潮。

（八）国际交流与合作

大连商品交易所继续加强国际的交流与合作，提升自身管理水平和国际影响力。一是组织出访 10 起 35 人次，接待 60 个境外来访团组共计 482 人次，并安排 10 名香港实习生来大连商品交易所进行为期 42 天的实习。二是与多个国外交易所进行交流。与大马交易所续签了合作举办国际油脂油料大会的协议，与德意志交易所集团签署合作谅解备忘录。

（九）内部建设

在完善交易所内部管理上，大连商品交易所积极推进体制机制改革、组织管理创新。一是建立健全领导干部工作职责和工作责任制，领导自觉加压。先后出台《进一步落实领导干部责任制的若干规定》和《高级管理人员落实岗位责任暨绩效评价办法》两项重要制度，通过岗位责任制推动各项工作落实。注重加强集体领导，发挥集体智慧，不断提高班子决策透明度和决策水平。二是创新绩效管理体系，完善薪资福利体系。按照所领导、部门和员工三个不同的层面，将各项工作任务层层分解、逐级落实，在全所形成“想干事、能干事、会干事、干成事”的良好工作风气。三是2009年改革新设部门步入正常轨道，开始发挥重要作用。战略规划办公室完成了全所第一份业务发展规划、5项战略研究，开展19项业务制度的研究和论证。系统规划办着力推进IT系统的架构设计、整体规划和项目管理，在信息系统建设方面发挥出重要作用。四是创新财务管理，加强内部审计。完善财务费用管理制度，建立严格的财务审批程序，成立由10名普通员工和3名中层干部共同组成的财务委员会，对交易所重大财务支出进行审核决策，形成“事前谨慎立项、事中严格把关、事后审计监督”的工作机制。五是加强纪检监察工作。贯彻落实会纪委要求，组织开展《工作人员行为准则》执行情况检查、工作人员亲属遵守禁止买卖股票期货情况自查、党风廉政学习教育等三项活动，建立廉政行为规范，加强廉政制度建设。六是进一步推进体制改革。飞创公司稳步发展，自主产品开发实现突破；行政服务公司全力开展各项工作，为交易所发展作出了积极贡献，研究中心的设立已提上议事日程，各项筹备工作进展顺利。七是加强理事会工作。召开3次理事会和6次专门委员会会议，切实履行理事会职责。成立理事会办公室，建立健全内部工作制度。积极开展调查研究工作，加强对规则和业务细则的管理。

在交易所内部人才建设上，大连商品交易所继续面向国内外广纳贤才。一是持续引进海外高素质人才。全年引入7名海外人才并分别安排到理事会办公室、战略规划办、交易部和品种部等部门工作。至2010年底，所内海外归国人才已达27人，占全所人员比例为14%。二是引进高素质人才和业务骨干。2010年大连商品交易所面向国内招聘10名高素质人才，从社会相关单位引进3名业务骨干，安排到一些重要岗位。三是为员工提供专项技术培训机会。推荐2名员工赴美进行为期1年的培训。

在交易所企业文化建设上，大连商品交易所完善了工会相关制度。一是组建了13个学习型文体协会组织，丰富员工业余文化生活。二是组织春节联欢晚会、春季徒步活动和所庆员工包饺子活动 3 次大型集体活动，促进员工交流。

（十）投资者教育

大连商品交易所分别针对产业客户、分析师和期货公司后台人员强化相关业务培训及风险教育工作，并积极引导会员单位贴近产业、了解行业。一是开展产业链培训。全年累计 128 场，培训现货企业有关人员 11600 多人，其中，为石化行业龙头企业举办专题培训 14 场，参加人员共计 366 人。二是举办期货分析师提高班，共培训期货分析师 1024 人，进一步提升了期货研发人员的业务水平。三是对期货公司后台业务人员，分别在北京、上海、深圳和长沙举办了 4 场业务培训，组织视频培训和讲座 25 场，培训人数近 700 人。四是带领会员单位积极开展产业调研。全年共组织农产品、化工品种产业链考察 12 次，171 家会员单位的 227 名期货分析师参加了调研，总行程近 5 万公里，累计撰写调研考察报告 240 多篇。

四、中国金融期货交易所工作概况

在中国证监会的正确领导和统一部署下及各方共同努力下，历经 4 年艰苦扎实筹备，股指期货终于在 2010 年顺利推出。2010 年，中国金融期货交易所切实按照中国证监会党委确定的“以平稳推出和安全运行为首要目标，严格控制风险，引导投资者有序参与，不追求交易量和活跃程度，逐步发挥市场功能”的上市指导思想和“高标准、稳起步、强监管、防风险、重功能、促发展”的十八字方针，牢牢守住不发生系统性风险的底线，顺利实现了股指期货平稳起步、安全运行的预期目标。

（一）会员数量及结构

截至 2010 年底，中国金融期货交易所共有会员 133 家，其中，全面结算会员 15 家，交易结算会员 61 家，交易会员 57 家。

（二）品种与制度创新

中国金融期货交易所始终将风险防范作为首要目标，稳步推进市场创新发展。作为我国资本市场目前唯一的金融期货，股指期货市场采用了现金结算、分级结算、投资者适当性制度等一系列新的制度安排。股指期货上市以来的平稳运行，也检验了这些制度的有效性。

1. 现金结算风控良好。为确保股指期货市场平稳运行，中国金融期货交易所采取了一系列严格的风险管理措施，减小产品杠杆率，降低资金使用水平。一是设置了较高的保证金标准。将沪深 300 指数期货近月合约保证金标准设置为 15%，远月合约保证金标准设置为 18%，缩小了交易杠杆。二是加强对盘中资金的实时监控，及时引导会员化解潜在的资金风险。三是实施每日盘后资金压力测试，综合评估结算会员的风险承受能力，提前做好风险防范准备。

2. 分级结算平稳运行。中国金融期货交易所加强对代理结算会员的业务辅导和管理，促进代理结算业务的平稳运行。股指期货市场实行分层结算，不具备结算资格的交易会员须通过全面结算会员进行结算。分层结算制度的引入，有效延长了风险管理的链条，有助于防范系统性风险。截至目前，市场风险控制较好，分级结算平稳顺利，市场资金占用率基本维持在60%以内，资金量比较充裕，未发生一起结算会员资金不足的风险事件。

3. 投资者适当性制度督导检查持续加强。投资者适当性制度在我国建立，并非全球首创，包括欧洲、日本、我国香港地区等在内的市场，均有类似的制度安排。但这一制度在这些国家或地区均为告诫、警示性的内容，多起到友情提示作用，而现行的股指期货投资者适当性制度是一套较为完善、标准严格、可操作性强、具有强制性的制度约束，这在同类制度设计中，还是第一次。

中国金融期货交易所明确要求，投资者必须具备“三有”，才能参与股指期货交易。一是有资金，保证金账户可用资金余额不低于人民币50万元；二是有知识，必须通过股指期货仿真交易测试；三是有经验，具有至少10个交易日、20笔以上的股指期货仿真交易成交记录，或者最近3年内具有10笔以上商品期货交易成交记录。

2010年，中国金融期货交易所持续开展投资者适当性制度的督导检查全年共计对9.1万名客户进行了开户情况现场检查，客户覆盖全部会员公司，占开户总数的16%。

（三）信息技术创新与发展

2010年7月，中国金融期货交易所启动新一代基础设施建设。新一代基础设施在网络上采用了万兆骨干网络，在主机及设备上选择了性能、容量和可靠性比现有生产系统更高的型号。为推进开放化和标准化技术的应用，降低系统之间的关联风险，交易所将业务系统迁移至更加灵活的LINUX操作系统。为落实节能减排，贯彻绿色IT的方针，采用了虚拟化技术。

中国金融期货交易所还建立了基础设施资源池的概念，采用统一采购、按需分配的方式对硬件设备进行管理；在综合布线、监控等方面，采用国际通用标准；加强了网络结构的总体性和安全规划；在项目管理、施工工艺、系统规范、验收标准等方面建立了完整的文档体系，为今后大型基础设施建设项目打下了基础。

（四）自律管理

中国金融期货交易所始终强化一线监管职责，全力维护市场“三公”，努力从一开始就建立一个健康、规范、透明的股指期货市场。主要有以下六个方面：

1. 完善制度，细化标准。认真贯彻执行中国证监会期货一部各项指引，制定并实施《异常交易行为监控指引》及相关配套制度，对各类违规行为作出明确界定。

2. 及时果断采取各项措施，抑制市场过热倾向。针对股指期货上市不久，市场呈现交易量快速上升、出现过热倾向及受到舆论高度关注的现象，中国金融期货交易所深入分析市场形势，通过召开会员座谈会、开展窗口指导、向会员拨打提醒电话、发送警示函等措施，坚决遏制过度投机。

3. 加强风险实时监控，及早防范风险隐患和违规苗头。一方面，加强实时监控，排查市场异动，对价、量、仓变化较大的客户进行重点跟踪、排查、分析，并及时向中国证监会上报违规线索；另一方面，设置专岗，对可能的信息型操纵进行监测防范。

4. 及时制止和查处异常交易行为：拨打会员警示电话、发出问询函、协作函、关注函、警示函等，对涉嫌违规的案例报请中国证监会立案调查，对多次出现异常交易行为的客户，采取了限制开仓的处置措施，并及时通过会员服务系统进行全会员公告，收到良好的警示和教育效果。

5. 深入落实跨市场监管协作机制。在中国证监会的统一部署下，积极开展跨市场监管协作，不断充实信息交换内容，探索构建防范跨市场风险的长效机制。

6. 持续开展投资者适当性制度的督导检查。沪深 300 股指期货推出之后，中国金融期货交易所按照“标准不降、程序不减、拓宽渠道、平稳有序”的思想，采取“突出重点、以点带面”的检查策略和检查方法，集中力量检查重点公司、重点客户和重点问题。针对督导检查中发现相关问题，视其情节轻重，对其分别采取现场纠正、书面警示等监管措施，严格督促期货经营机构认真整改。

（五）市场服务

中国金融期货交易所高度重视会员服务，规范会员管理，积极开展合作培训。主要可分为三个方面：

1. 全力推进并完成会员入会和客户开户，稳步推进会员发展，用较少的时间完成会员入会手续办理。积极推进开户人员培训，就统一开户、适当性制度、开户流程等，开展多场开户人员以及营业部经理为对象的专场培训，接待机构来访和回答业务办理咨询，客户开户工作平稳有序。

2. 精心组织做好会员培训工作。举办期货公司和证券公司高管人员培训班，开设了 5 个类别 14 个培训班，有来自 130 家期货公司和 56 家相关证券公司的高管 2883 人接受培训。

3. 加强对会员公司技术服务和支持，确保市场信息系统安全稳定。

（六）国际交流与合作

中国金融期货交易所积极加强与海外市场机构及交易所的交流学习，全年共接待境外来访93批390人次。主要包括境外大型交易所、国际金融组织、外国政府代表、国际著名金融机构等。通过国际交流，加强了合作与联系，深化了对全球金融衍生品市场发展现状和监管动态的了解，也推进了与境外监管机构和市场机构之间的正式项目合作。

此外，中国金融期货交易所还承办中国证监会和上海市政府多个重大国际性会议。如3月份在上海举办的“APEC国家新产品监管专题培训会”，6月份承办的2010年陆家嘴论坛“浦江夜话：期货与衍生品市场的发展”专场等。

（七）内部建设

中国金融期货交易所一直按照现代企业制度要求，不断完善交易所内部治理结构，提高科学管理水平，狠抓队伍建设，努力建成一个运作规范、管理科学、竞争力强的交易所。

1. 把加强党建和组织文化建设摆在重要位置，围绕股指期货上市平稳运行，积极开展创新争优活动，结合金融期货市场自身特点，扎实推进党风廉政建设。

2. 不断完善交易所法人治理结构，不断加强内控建设经理层合规履行职责，行政班子遇事集体商量、集体决策，充分发扬民主，保障决策的科学性和规范性。

3. 健全监督制衡机制，强化内审合规稽查，完善内部管理。加强对规章制度和流程执行的稽查，并不断完善修改；加强财务管理，逐步完善审核机制；完成9项内部管理制度的修订，完善内部管理制度体系；启动办公信息系统一期项目建设，完成OA系统的原型搭建。

4. 进一步加强队伍建设，努力建设一支特别能战斗、充满生机活力的金融团队。进一步充实交易所人才队伍，完善部门设置，对部分部门职能和岗位人员进行优化配置。创造各种条件，组织员工前往境内外交易所、金融机构进行岗位挂职和一线实习，帮助员工更好地了解市场、理解市场。成立交易所工会组织，通过举办各种精神文化活动、办好内刊杂志、开展协会文体活动，提升员工队伍的精神面貌。积极鼓励员工学业务、干业务、精业务，鼓励队伍尽快成长。交易所“以人为本、健康和谐、竞争向上、团结奋进”的企业文化得到进一步升华。

（八）投资者教育

在中国证监会统一部署下，在各方的大力支持下，中国金融期货交易所根据工作特点和市场形势，不断调整工作方式，有针对性地开展了投资者教育和舆论宣传工作。主要有以下五个方面：

1. 成立“股指期货投资者教育媒体研究会”和“股指期货投资者教育研究会”，定期就市场和媒体关心的热点问题进行交流，营造良好舆论氛围。

2. 持续开展股指期货套期保值研修班，传播套保知识，弘扬套期保值文化。举办“股指期货套期保值研修班”22期，培训证券、基金、私募、期货等各类机构人员2700余人次。

3. 充分发挥中介机构主体作用，指导和支持会员单位大规模开展投资者教育与培训活动。每周由中国金融期货交易所指导支持举办的培训活动近8~10场，全国45个主要城市的主要会员公司已成功举办各种形式的投资者教育活动54场，培训人数达1.7万人。

4. 加强媒体沟通，2010年共召开20多次媒体见面会，发布新闻稿33篇，通报有关情况，开设14个报刊专栏、连续刊登近80期，做好舆论宣传工作，为股指期货上市营造良好的市场氛围。

5. 改进和丰富了各类投资者教育产品，不断充实产品库，充分发挥网络媒体的传播作用。

第二节　行业协会工作概况

一、中国期货业协会工作概况

2010年，在中国证监会的关心指导下，中国期货业协会坚持以党的十七大和十七届四中全会精神为指引，深入践行科学发展观，认真落实全国证券期货监管工作会议和期货监管工作座谈会的精神，稳步推进了自律管理，积极开展了会员服务，有序组织了行业培训，大力加强了人才培养，深入推动了投资者教育，完善优化了内部管理，开创了自律管理工作的新局面，充分发挥了中国期货业协会在“五位一体”期货监管体系中的积极作用。

（一）完善自律规则体系，健全自律管理机制，强化自律监督检查，稳步推进行业自律管理工作

1. 修订完善自律规则体系。为适应行业发展新形势和中国期货业协会第三次会员大会的召开，中国期货业协会对现行自律规则进行了全面梳理和修订，目前已基本完成了章程、会员管理办法、会员自律公约、纪律惩戒程序、期货公司信息技术管理指引、行业信息数据库系统管理规则等6项自律规则的修订工作。同时，为配合股指期货的上市，中国期货业协会制定发布了《股指期货特别风险提示》、《期货公司执行股指期货投资者适当性制度管理规则》，修订了《证券公司为期货公司提供中间介绍业务协议指引》，发布了《期货投资者信用风险信息共享管理办法》及实施细则，提前开通了信息共享数据库；制定发布了《反洗钱风险等级划分标准指引》，对75家期货公司的《反洗钱风险等级划分标准》进行了备案审查；

根据监管部门要求，研究起草了《投资咨询服务合同》及《投资咨询业务风险说明书》。

2. 进一步健全自律管理机制。按照章程规定，中国期货业协会于9月份成功召开了第三次会员大会，顺利通过了章程、会员管理办法、会员自律公约和会费收取办法的修订稿，进一步丰富和明确了协会的职能定位。同时，选举产生了第三届理事会和新一届协会领导班子，对理事会工作办法和专业委员会议事规则进行了修订完善，增加和调整了纪律、申诉、信息技术、分析师和研究发展5个专业委员会的成员，从而进一步提高了理事会的决策效率，明确了各专业委员会的职能定位，提高了理事和委员参与协会工作的积极性。此外，经国家民政部和证监会批准，中国期货业协会正式设立了人才培养和投资者教育两个专项基金，成立了基金管理委员会，加强了对基金经费募集和使用的管理，完善了对人才培养和投资者教育工作的长效机制。

3. 进一步强化对会员和从业人员自律管理。按照中央纪委和中国证监会纪委的统一部署，中国期货业协会于3月份全面启动了期货行业执行从业人员行为准则情况的检查工作，检查内容包括行为准则执行情况、合同备案情况、反洗钱情况等；为顺利推进检查工作，中国期货业协会先后派出4个检查小组分赴湖南、上海、浙江、江苏、深圳、天津、广东、北京、四川、重庆、山东、安徽、大连、辽宁等14个辖区，完成了对64家会员公司的现场检查整改工作；通过检查，进一步了解了期货公司对从业人员的管理现状及存在的主要问题，促进了期货公司和从业人员对行为准则等自律规则的理解和执行。此外，中国期货业协会共召开了4次纪律委员会和申诉委员会，对6家期货公司16名从业人员给予了自律惩戒，对14家违规行为较轻的期货公司下发了警示函。

4. 深入开展行业信息技术检查。按照中国证监会的委托，中国期货业协会在2010年继续开展了对《期货公司信息技术管理指引》落实情况的全面检查工作，于2月初全部完成了对163家期货公司信息技术系统的检查。同时，根据证监会的统一安排，组织开展了《期货公司信息技术管理指引》及其检查细则的修订工作，并制定了相关制度、工作流程和表格等模版，便于期货公司参考借鉴。此外，协会还于9月份启动了对未通过指引落实情况检查的11家期货公司以及1家恢复开业的公司的复查工作。通过检查、复查，协会全面摸清了行业信息技术系统现状及其存在的主要问题，有效地促进了行业信息技术的水平的提升。

（二）全面强化服务意识，引导会员提升专业化服务水平，进一步探索期货公司服务现货企业和产业经济的途径

1. 围绕促进期货市场功能发挥开展深入系统的研究。为全面深入了解期货市场在产业服务中的作用，中国期货业协会组织行业内有关专家，对农产品和有色金

属两个行业参与利用期货市场的情况开展了专项调研，从企业、产业、行业等多角度深入了解期货市场的功能作用以及存在的问题，并从政策、产品、制度、服务等方面提出了具有可操作性的建议，从而进一步引导会员单位提升服务产业发展的水平，也为其他产业、企业更好地参与期货市场提供了范例和指引。此外，中国期货业协会于今年上半年完成了“期货市场服务三农运作模式”、“商业银行如何参与和利用期货市场”、“期货市场投资者结构”、“期货套期保值的内涵、发展及其应用”四个重要课题的研究，并正在委托相关单位组织开展对“期货市场在经济发展方式转变中的作用”的研究工作，进一步总结和推动期货市场功能作用的发挥。

2. 大力推动会员单位提升服务产业经济发展的水平。为引导会员单位进一步明确中介机构定位，提高服务产业经济发展的能力和水平，中国期货业协会先后组织召开了“期货公司发展座谈会”和“期货市场形势分析与发展战略研讨会”，深入了解会员在服务现货企业、现货产业中面临的主要问题，并积极向有关部门反映，推动问题的解决；同时，通过会议、调研等多种途径，引导会员单位正确认识市场发展形势和中介服务发展定位，促进会员单位更好地服务实体经济发展。

3. 积极促进期货公司的创新发展。为深入了解会员实际情况及发展中面临的问题，中国期货业协会加强了对会员财务、经营情况的分析，每季度编写期货公司财务经营情况分析报告，并以情况反映的形式上报监管部门；组织召开了“期货行业财务问题座谈会”，对行业相关财务问题进行集中梳理和研讨。同时，以“中期协联合研究计划”为平台，组织开展“期货公司的现代金融企业内涵、特征及发展定位”、“期货公司客户风险评估与管理系统”、“证券公司期货中间介绍业务的发展与规范”等课题的研究；受证监会委托，开展了期货公司治理问题研究，并正在组织开展期货公司管理创新研究、高风险投资产品的投资者适当性制度及程序化交易等专项课题的研究工作。

4. 积极促进会员的沟通交流。中国期货业协会组织举办了期货女高管座谈会、两次联系会员座谈会、首届“期货杯”短信大赛等大型活动，成功举办了第六届“中国（深圳）国际期货大会”，编写出版了6期《中国期货》、6期《理事会通讯》和《中国期货业发展报告（2010）》等刊物，积极参加了证监会资本市场20周年活动筹备工作，组织开展了为玉树、舟曲灾区捐款活动。通过上述工作，进一步加强了会员服务和行业交流，树立了期货行业良好的社会形象。

（三）紧密配合股指期货上市，组织开展了分类别、有针对性的人员培训

1. 成功开展IB业务专项培训。股指期货的上市是2010年证监会的一项重要工作，而IB专项培训是保证股指期货顺利推出和平稳运行的重点工作之一。为保质保量地完成培训任务，按照中国证监会股指期货上市工作领导小组办公室的统一部署，根据中国证监会期货二部的具体安排和统筹协调，在时间紧、任务重、规模

大、涉及面广的情况下，中国期货业协会充分发扬拼搏进取、勇于奉献、创先争优的精神，与各地证监局密切配合，对师资、课件、会务、考务等各环节进行了精心的组织安排，圆满完成了针对证券公司从事IB业务的人员和营业部负责人的大规模的IB业务专项培训工作。截至11月30日，中国期货业协会共计在全国23个城市开展了56场IB培训，培训学员11322人，合格人数10862人（其中，证券公司营业部负责人2879人，IB专职业务人员7983人），为股指期货的平稳推出及顺利运行提供了重要保障。同时，在总结IB培训经验的基础上，中国期货业协会组织编写了《IB业务实用手册》和《IB业务培训光盘》，并发放给证券营业部等相关机构使用。

2. 组织开展期货监管干部培训。1月份，中国期货业协会还配合中国证监会期货二部组织了两期监管干部培训班，培训了400名监管干部，其中包括37名局级领导，使监管干部充分了解熟悉了股指期货投资者适当性制度、股指期货交易规则与制度安排、IB业务政策法规、股指期货交易保证金监控及风险管理等内容。

3. 组织开展信息技术人员培训。信息技术建设是当前行业发展的薄弱环节，也是证监会监管工作的重要内容。为提升行业信息技术人员的水平，中国期货业协会组织开展4期信息技术人员培训工作，共计培训人员600多名，进一步促进了行业信息技术水平的提高。

4. 顺利完成3期高管人员资质测试。中国期货业协会先后组织了3期期货公司高管人员资质测试，参加测试人数共计463人，其中，董事层高管99人，经理层高管272人，首席风险官92人。经过近3年的培训和测试，中国期货业协会共计开展了18期高管测试，参加培训的高管人员共计2040人。

（四）推动落实人才兴业工程，进一步完善了期货行业人才发展战略规划，顺利开展了期货从业人员资格考试

1. 完善期货行业人才发展战略规划。为贯彻落实国家2010～2020年人才发展战略规划，受中国证监会委托，中国期货业协会组织有关会员单位开展了期货行业2010～2020年人才发展战略规划的编制工作。为增强规划编制的科学性，中国期货业协会在已实施的期货行业人才发展战略规划的基础上，开展了行业人才的专项调研，通过发放调研问卷、召开座谈会等形式，全面真实掌握行业人才发展现状，深入分析行业发展形势及对人才的需求，提出了行业人才发展的战略方向和具体措施，为今后10年期货行业的人才培养提供了指引。

2. 加强对行业后备人才的培养。为适应当前期货公司业务创新发展的需要，中国期货业协会加强了对期货分析师人才的培养，基本完成了《期货投资分析》的编写，研究起草了“期货投资分析考试大纲”、“期货分析师资格管理办法”等相关文件，着手开展“期货投资分析”题库初步建设，并于4月份成功举办了

"第四届中国期货分析师论坛"。同时，为帮助解决会员单位普遍反映招人难、留人难、行业后备人才严重不足的问题，中国期货业协会在6月份召开了"期货市场后备人才专项培训座谈会"，交流了期货市场人才培养的经验，并着手开展后备人才专项培训的有关工作。此外，中国期货业协会还组织开展了首届"期望杯"高校期货论文大奖赛，收集了300余篇高校学生论文投稿，增强了高校学生关注期货、参与期货的积极性。

3. 组织开展期货从业人员资格考试。为适应股指期货上市后期货市场快速发展的形势，为行业发展补充后备人才，中国期货业协会先后于3月、5月、6月、9月和11月份举办了5次全国范围的期货从业人员资格考试。5次考试报名科次超过了32万科次，创造了从业资格考试的报名科次记录。同时，为使考务组织更加规范，中国期货业协会通过公开招标的形式，确定了今后3年期货从业资格考试考务承办机构；经过认真研究论证，制定了《地方协会承担期货从业人员资格考试巡考工作管理办法（试行）》，先后和11家地方协会签订了巡考协议，从而进一步加强了与地方协会的沟通联系，也促进了巡考工作质量的提高。截至11月30日，全国期货从业人员共计27845人，其中，期货公司从业人员22065人，证券IB机构期货从业人员为5780人。

（五）围绕保护投资者合法权益，持续开展了投资者教育工作

1. 加强开户环节对投资者的风险揭示。为了突显股指期货交易风险特点，强调投资者适当性制度要求，中国期货业协会在现有《期货交易风险说明书》之外，增加了《股指期货特别风险揭示》，要求会员公司在开户环节加强对投资者的风险提示。

2. 开展"我的期货故事"有奖征文活动。为落实中国证监会姜洋主席助理关于开展投资者教育工作的精神，中国期货业协会于今年组织搜集编写了旨在帮助投资者更好地理解期货交易的原则和特点的《期货投资故事》这一投资者教育读物。同时，为了配合这本书的出版，还在业内开展了"我的期货故事"征文大赛，吸引了广大期货从业人员及期货投资者的高度关注和热情参与，通过生动活泼的故事促进了投资者对期货市场运作特点的正确认识。

3. 编写投资者普及性材料。在2009年工作的基础上，协会继续组织编写《期货投资者教育丛书》，目前已基本完成了19部分册的编写工作，并正式出版了《股指期货》、《菜籽油》等8部分册。同时，制作出版了《期货投资者入市光盘》，使投资者更便利地接受有针对性的风险教育。

（六）以创先争优活动为契机，不断加强内部管理和自身建设，为协会工作的有效开展提供了坚实保障

1. 加强内部管理。2010年中国期货业协会制定发布了经费预决算管理办法、

员工内部培训管理办法及协会工会管理办法等三项内部制度，起草了人员招聘管理办法及工作流程，并编写完成了《中国期货业协会内部制度汇编》；经过公开招标，开发并正式上线了OA自动化办公系统；开展了协会员工执行行为准则等内部制度情况的检查工作及员工季度绩效考核工作；与全体员工签订了保密责任书，组织员工观看保密宣传教育资料片，对中国期货业协会涉密计算机及移动介质进行清理自查，进一步提高了内部管理的规范性和员工队伍素质。

2. 加强组织和队伍建设。为提高贯彻落实科学发展观的能力，中国期货业协会成立了党建工作小组，切实加强了党员队伍建设、政治学习、作风建设和党风廉政建设；组织开展了人员招聘和内部培训，进一步提高了员工队伍素质；将创先争优活动精神紧密融入业务工作和岗位职责中，切实做到了工作、活动“两不误、两促进”。

3. 积极配合中国证监会巡视工作。积极配合中国证监会巡视组的要求，实事求是地反映情况和问题，协助巡视组开展谈话、会员座谈、资料调阅等工作，进一步明确了发展思路和努力方向，加强了自身建设，完善了相关制度和流程，强化了党建、纪检监察工作，促进了职能的更好发挥。同时，根据中央巡视组及中国证监会党委的要求，在充分调研和广泛征求意见的基础上，及时完成了关于特别会费的整改工作。

二、地方期货协会工作概况

2010年，我国各地方协会结合市场变化，切实履行“自律、服务、传导”的基本职能，在做好会员服务工作的基础上，围绕市场发展的需要，以提高从业人员素质，加强风险管理，促进规范经营为重点，积极开展自律工作。

（一）人员培训

2010年，国内首个金融期货品种——沪深300股指期货上市交易，期货市场发展进入新阶段，对期货从业人员的综合业务能力提出更高的要求，为适应市场发展，提高从业人员业务素养，各地方期货协会积极组织培训活动，提升从业人员的整体素质。

在从业人员培训工作中，各地方期货协会均将股指业务培训作为重点，采取多种方式提升从业人员对股指期货的分析和服务能力，其中，不仅包括对期货从业人员的培训，还包括对证券行业相关人员的期货基本知识和IB业务培训。另外，各地方期货协会还配合交易所，积极组织了分析师提高班的培训活动。

安徽期货协会举办了证券营销人员后续教育培训班，利用4个月时间在合肥、蚌埠、芜湖3片区分别举办5批证券经纪人后续教育培训班，受训人员达1200人次。通过培训，各片区证券经纪人法律意识明显增强，职业道德和执业水准有了新的提高。

北京期货商会举办了7期股指期货知识系列讲座，聘请了证券公司、基金公司的专家、对股指期货研究较深入的市场人士和台湾具有实践经验的期货专家就股票的发行方式及特点、股票二级市场的策略分析、国外基金数量化投资的运行方式和股指期货等金融衍生品的运用、股指期货套期保值和套利等内容进行演讲，提高从业人员分析市场和管理风险的能力。此外，为增强首席风险官履职效能，提高期货公司依法合规运营的水平，北京期货商会还协助北京证监局举办了辖区期货公司首席风险官培训班，对辖区期货公司现任及拟任首席风险官及合规部门负责人进行了专项培训。

福建期货协会成立了教育培训部，拓展培训层次，精心设计课程，严抓培训管理，打造协会培训品牌。举办了7期培训班，包括打非联络员专项培训、维稳与合规培训、证券从业人员行为规范与IB业务培训、营业部负责人与合规专员培训、从业人员后续教育培训、新员工（营销人员）培训、期货分析师提高班培训，培训密度和强度是福建期货协会成立以来最大的一年。培训形式多样，有现场培训、网络培训和视频培训等。另外，福建期货协会还将高管人员和从业人员的考试组织作为一项重点工作，从辅导材料修订和编制到考试组织和管理，都强化责任、严格管理，取得了良好的效果。

甘肃期货协会除组织股指期货业务培训班外，还组织了从业人员后续职业培训，分高级管理人员、一般从业人员两个层次，对辖区证券期货从业人员进行了包括专业知识、礼仪规范等专题的培训。

江苏期货协会开展了不同层次的从业人员培训，除专项业务培训外，还与江苏重点高等学院合作“期货行业方向MBA”人才培养项目，行业内部分高管已通过全国统一考试进入该项目培训学习。

山东期货协会把“期货课程走进高校”作为一项重点工作来抓，借助中国期货业协会平台，加强后备人才培训和储备工作，制定了《期货市场后备人才专项培训工作方案》。

上海期货同业公会建立了培训备案制度，推行辖区内居间人的自律管理，提倡会员单位取得居间人自主培训的资格。该公会对辖区内没有自主培训资格机构的居间人组织开展培训。另外，在上海市金融工委和上海市职业能力考试院的组织下，该公会将期货师项目列入了专业水平认证考试项目，成为继金融理财师后第2个上海金融领域的专业水平认证项目，并于2011年11月由上海市职业能力考试院面向社会公布“上海市期货师专业水平认证”考试。在上海证监局期货处支持帮助下，该公会组织专家编写了《商品期货套期保值业务会计处理操作手册》，手册案例详实，具有很强的指导性。期货公司及相关企业从业人员则有章可循，提高了企业客户和期货公司业务人员套期保值业务会计处理及合规投资、合规经营水平。

天津期货协会通过不定期组织工作会议、研讨会等多种形式进行业务交流，促进从业人员业务技能和分析能力的提高。

广东期货协会广州和汕头分批举办了5期辖区期货服务居间人培训，提高了居间人的业务素质，共有1303名期货服务居间人参加了培训考试。通过培训，辖区期货服务居间人全面系统学习了我国期货市场有关法律法规知识和行业自律管理规则，大大提高了合规执业意识，为进一步净化辖区期货经纪业务市场竞争环境和促进辖区期货市场健康有序发展打下基础。

浙江和深圳期货协会除举办从业人员各项基础培训与岗位培训外，还举办了居间人的专项培训，进一步规范居间人的营销行为，加强对期货居间人的自律管理。

（二）投资者教育

2010年，为配合股指期货上市和投资者适当性制度的实施，各地方期货协会致力于拓展投资者教育渠道，落实投资者教育实效，真正使投资者教育活动发挥促进期货市场健康发展的作用。通过组织各种形式的投资者教育活动，促进期货市场对国民经济服务功能的发挥。

1. 股指期货投资者教育活动。北京期货商会协助北京证监局、中国金融期货交易所（中金所）举办了股指期货套期保值研修班，中国证监会和中金所的相关部门负责人在会上讲解了股指期货功能的培育与发挥及相关制度。富有实践经验的境外专家在会上交流了股指期货套期保值、风险管理的实践操作经验，并对成败案例进行了剖析，提高了投资者对股指期货的认识和风险管理的意识。

此外，在股指期货上市前，为了使新闻媒体及时学习掌握必备的期货知识，了解股指期货的相关制度、规定和要求，进一步搞好新闻报道，以正确的宣传舆论导向引导投资者理性参与股指期货，保证股指期货的顺利推出、平稳运行。北京期货商会举办了“2010年在京新闻媒体研讨班”。50余家在京媒体、网站及部分期货交易所的新闻工作者近60人参加了会议，会议邀请了监管部门的领导及期货资深人士与参会人员进行了深入的交流探讨。这次研讨会进一步加强了与媒体沟通交流，并使媒体人员增长了金融知识，加深了对期货市场和金融衍生品的了解，从舆论引导上加强了股指期货的投资者教育工作。

广西期货协会始终保持对投资者教育工作的高度重视，一是明确要求，积极部署、指导辖区各期货经营机构开展投资者教育工作。结合辖区证券期货市场的实际，制定并下发《2010年广西证券期货业协会开展投资者教育工作的意见》，对辖区各期货经营机构开展投资者教育工作进行部署并提出具体要求，为各期货经营机构实施投资者教育工作提供了操作指导。二是组织开展融资融券、股指期货巡回报告会。分别在南宁、柳州、桂林组织举办了3场融资融券、股指期货巡回报告会，活动期间还积极联系当地媒体出席报告会，通过电台、报纸等渠道，扩大了宣传效果，营造理性投资及风险防范的氛围。三是开展普法教育活动。为了增强投资者的法律意识，在12·4普法宣传日，广西期货协会会同广西证监局等在南宁市朝阳广场联合举办了普法教育宣传活动，为投资者答疑解惑，并通过发放相关宣传资料的方式引导投资者理性投资，远离非法证券、期货活动。

河南期货协会以股指期货风险教育为重点，保持投资者教育工作长效机制。为使广大投资者对股指期货全面了解，解析证券市场与期货市场的相互关联，河南期货协会联合中国金融期货交易所等共同主办了“2010股指期货投资者教育报告会”。河南期货协会印制了10000份典型案例，向投资者免费发放。河南期货协会还通过讲座、论坛等生动活泼、喜闻乐见的方式开展辖区投资者教育工作。

江西期货协会在辖区内组织了股指期货投资者教育巡回报告活动，为投资者提供专业服务。自2010年3月初开始，报告会先后在抚州、上饶、鹰潭、九江、景德镇、宜春、萍乡、赣州、吉安市等地举办，总共有1000余名期货、证券从业人员和投资者接受了教育和培训。

浙江期货协会配合股指期货上市，全方位开展股指期货投资者教育工作。一是制定《2010年股指期货宣传与投资者教育工作计划》，由浙江证监局期货处牵头，成立由证监局、期货协会与期货公司三方参加的“股指期货投资者教育工作小组”，具体负责股指期货宣传及投资者教育工作；二是印发《关于进一步加强股指期货投资者教育对外宣传的通知》，向会员单位发布经期货处审定的股指期货投资者教育统一警示语，要求会员单位利用现有的媒体资源、公司门户网站、宣传资料以及大型投资报告会上广泛使用宣传警示语，发动会员单位积极开展其他相关宣传教育工作；三是在各类媒体上连续进行股指期货投资者教育的宣传；四是制作“股指期货投资者教育”专门网页。另外，浙江期货协会还设计制作了期货投资者教育宣传折页、股指期货投资者教育宣传海报以及股指期货投资者教育宣传易拉宝，发放各会员单位。

2. 各地方期货协会积极组织开展层次丰富、形式多样的其他投资者教育活动。安徽期货协会组织开展了“投资者教育面对面”征文评选活动，将获奖文章在《安徽资本市场》和协会网站上摘登，在社会上引起了积极反响。安徽期货协会还参与并督导辖区证券期货经营机构认真开展投资者教育和法制宣传活动，如“3·15”投资者权益保护、树立理性投资理念宣传；“12·4”法制宣传，防诈骗宣传活动等。

北京期货商会举办了“北京期货沙龙——投资课堂”和“投资者保护和教育论坛”，引导投资者理性投资。“北京期货沙龙——投资课堂”是新推出的一项活动，由北京期货商会与期货日报社联合主办，相关期货公司协办。沙龙主题紧密结合当前的市场发展趋势，从投资的知识和技巧、市场的趋势进行研判探讨。该活动以揭示投资风险、倡导理性投资、传播期货知识为宗旨，是北京期货业加强投资者教育工作的重要环节，是建立北京地区投资者教育工作长效机制的探索。另外，北京期货商会还协助北京证监局举办了“中国资本市场20周年成就展”系列活动——“北京地区投资者保护和教育专题论坛”。论坛围绕进一步推动证券和期货市场做好投资者保护和教育工作的主题展开了深入的交流探讨，对引导投资者理性投资，加强风险管理具有极其重要的意义。

福建期货协会认真收集辖区投资者教育工作情况，促进投资者教育工作的沟通交流。一是每月编写辖区投资者教育简报和大事记，每季度末编写季度报告，及时、客观、全面反映辖区各会员单位及协会开展投资者教育的工作情况。二是落实福建证监局工作要求，收集相关数据，对全辖区投资者教育产品实物、宣传材料、媒体报导、活动、经费投入等数量进行统计和收集备案，以此着手积极开展辖区投资者教育数据库的建设工作。同时，还与媒体合作，加大投资者教育工作的宣传力度。持续办好“期货时间”电视专题节目，节目每周一期，贯穿全年。通过一年的宣传教育，投资者从中学到期货的基础知识，也为树立期货市场的正面形象做了良好的宣传。

海南期货协会依托辖区资本市场兼职新闻评论员队伍的宣传优势，利用媒体、报刊等多种形式组织开展投资者教育活动：一是召开辖区资本市场兼职新闻评论员总结暨表彰大会，总结先进经验，及早部署今年投资者教育宣传工作；二是开辟股指期货投资者教育专栏，将股指期货投资者教育工作引向深入。海南期货协会联合海南证监局在《证券导报》上开辟了股指期货投资者教育专栏，为营造有利于资本市场稳定发展的舆论环境奠定良好的基础；三是召开辖区资本市场兼职新闻评论员年中总结大会，提高相关人员的工作积极性。海南期货协会配合海南证监局组织召开了海南辖区资本市场兼职新闻评论员2010年年中总结征文活动表彰大会，对获得优秀组织奖的单位、优秀征文奖的个人进行了表彰。

江苏期货协会重视投资者教育工作长效管理，在省级有影响力的报刊专版上开辟了“股指期货知识问答”专栏，连续宣传股指期货投资者适当性制度和投资者基础知识，强化媒体舆论导向、加强投资者风险教育。2010年，江苏期货协会编印并向省内期货投资者发放投资者专刊2万余册。

湖南期货协会不遗余力抓好投资者教育工作。2010年4月上旬，湖南期货协会协助湖南证监局筹备郑州商品交易所“期货服务三农”（常德）系列活动。通过这些活动一方面向当地各部门主管领导普及了期货知识，另一方面也激发了农业产业经济中龙头企业参与期货市场的热情，为期货行业更好地服务产业经济打下了基础。

宁夏期货协会加大了对新市场、新业务、新产品、新入市投资者的宣传教育，以风险揭示和政策法规宣传为中心，以中小投资者为重点，以营业场所和新闻媒介为主要平台进行投资者教育。以形式多样的投资者教育活动向投资者传授投资知识、传播投资经验、培养投资技能、倡导理性投资观念、提示相关投资风险、告知投资者权利及保护途径，进而提高投资者素质，从服务角度引导投资者树立正确的理性投资理念，让投资者充分了解参与非法期货活动的危害，自觉远离非法期货活动。此外，宁夏期货协会还建立了本辖区投资者教育和服务的检查与评比机制，加大检查会员单位落实中国证券业协会和中国期货业协会关于投资者教育和服务的工作力度，取得积极成效。

厦门期货协会主要从以下几个方面促进辖区内投资者教育工作的开展。一是开展一年一度的投资者教育检查评比，举办投资者教育工作论坛。重点对各单位投资者教育工作的制度建设、宣传教育、业务环节、投资者园地建设和举报投诉等方面进行系统、严格的量化考评。检查结束后，专门举办投资者教育工作论坛，总结投资者教育检查评比的情况，交流先进工作经验，组织参会人员到先进营业部进行观摩学习。二是组织专项活动，进行投资者教育，2010 年 12 月 4 日，厦门期货协会在厦门证监局的指导下，认真组织辖区证券期货经营机构举办以“严厉打击内幕交易，防范非法证券期货活动，构建和谐市场经营秩序”为主题的大规模现场普法宣传活动，收到了很好的效果。

山东期货协会注重在投资者教育活动组织中发挥期货市场服务功能，与山东上市公司协会、山东省证券业协会联合举办“山东上市公司套期保值与资产管理业务研讨会”。山东省内近 80 家的上市公司与拟上市公司的董事长、董事会秘书、投资与资本运作负责人参加了研讨活动。研讨会主要就上市公司如何利用套期保值手段规避风险锁定利润，以及如何做好资产管理工作保证资金使用的安全性等议题作了深入的分析和讨论，对实体经济企业的长期稳定发展有很大的帮助。此外，经过山东期货协会的努力，山东广播经济频道“今日期货”栏目正式开播，该栏目主要邀请期货业内专家分析当前期货行情，并结合现货基本面预测未来走势，为广大投资者了解期货行情信息提供了一个很好的学习平台。

上海期货同业公会主要从以下几个方面开展投资者教育活动：一是利用新媒体，扩大投资者教育工作的受众面和影响力。与上海文广旗下 IPTV 理财频道联手打造、齐力推广国内第一档专业视频期货教程《走进期货》专题节目。由 8 家会员公司参与节目制作，借助媒体力量扩大期货投资者教育的影响范围。二是组织系列活动帮助广大投资者深入了解期货的功能与风险，与上海证券同业公会联合媒体举办“走进期货——2010 期货投资者教育系列活动”，通过“股指期货投资者调查问卷”、“股指期货仿真交易”和“期货知识冲关”等环节，普及“股指期货投资者适当性制度”，深入开展投资者教育。三是着力通过投资者教育活动培养机构投资者。针对基金等机构投资者，联合上海证券、基金、保险、银行同业公会，共同举办“2010 期货机构投资者峰会”，旨在解读国际国内经济金融发展趋势，深入普及股指期货、商品期货的投资知识和套保理念，指导机构投资者及潜在的机构投资者正确运用期货投资工具，为机构搭建交流和学习的舞台。四是开展法律知识普及活动，深入推进法制宣传教育，让期货投资者更便捷地得到法律援助，适时邀请上海证监局、上海期货交易所举办“期货法律知识宣传暨现场咨询会”，对新出台的法律法规进行现场解读，不仅对上海地区期货业规范运作、守法经营，维护上海地区期货投资者的合法权益起到积极推动作用，也为上海法治环境建设在金融领域的推广奠定了良好基础。

广东期货协会除举办股指期货报告会和股指期货有奖知识竞赛外，还组织开展了投资者教育先进单位评比活动，将获奖机构的经验材料编印成册供会员单位学习。另外，广东期货协会还组建了投资者教育讲师团，建立投资者教育长效机制。广东期货协会从辖区证券期货经营机构推荐的人选中选拔出 15 人成为辖区投资者教育讲师团成员并颁发聘书，印发了《辖区投资者教育讲师团工作制度》，供各有关会员单位及讲师团成员学习执行。

云南期货协会一方面要求、督促，各会员单位结合自身实际，利用多种形式，切实有效地对投资者进行必要的风险教育，并将此项工作作为服务好投资者的前置性工作，制度化、长期化。另一方面，结合实际情况组织开展了一系列的工作：一是与会员单位一起举办了股指期货风险教育专题培训班。二是通过现场和非现场检查方式对辖区各期货经营机构落实《期货投资者教育工作指引》和开展投资者教育工作的情况逐一进行了检查。三是创办内部刊物《投资者园地》月刊，编辑出版后免费由各会员单位向广大投资者发放。主要内容为宣传党和国家及各级监管部门的方针、政策，普及有关法律、法规知识，刊载相关的典型案例，公示合法证券、期货经营机构名录，防范和打击非法证券交易活动，引导广大投资者树立正确、理性的投资观念。

浙江期货协会除了与各类媒体合作，广泛深入开展投资者教育外，还与高校联合，大力开展“期货走进高校”活动，为行业选拔、储备优秀专业人才。联合浙江大学经济学院、浙江电视台经济生活频道《今日期货》栏目，与高校、媒体联手，开展“走近期货、走进浙大暨校园大型联合招聘会”系列活动，宣传期货市场，引进专业人才。

重庆协会积极开展投资者教育工作，培育良好的期货市场环境，组织辖区证券期货经营机构在全市范围统一开展“3・15”证券期货投资者权益保护宣传活动、“12・4”普法宣传活动，举办了“重庆市证券期货投资文化巡讲系列活动”，协助重庆市人民政府金融办等部门举办投资理财博览会，普及理财知识，推动财富增值，得到了投资者的广泛好评。

（三）自律管理

2010年，为促进行业平稳、和谐发展，各地方期货协会以加强自律管理，规范市场竞争行为为主要宗旨，分别就期货公司从业人员行为准则执行情况、期货公司合规经营情况等内容展开多次现场专项检查，规范和完善辖区内的相关自律管理体系，全面加强风险防控体系建设，努力为行业的健康发展营造良好条件，对强化期货经营机构合规经营起到了积极作用。

北京期货商会为了维护北京地区的公平竞争，将手续费分析作为重点，对手续费收取标准低于辖区比例的机构及时查明原因，及时调整解决。既维护了北京期货机构对外开发市场的积极性，又较好地维护了北京市场的公平竞争，确保了北京期货业的健康、有序、和谐发展。

甘肃期货协会努力完善协会制度建设，提高行业公信力。针对证券期货市场竞争日益激烈的现状，通过了《会员管理办法》修改稿、《会员公约》修改稿、《辖区从业人员培训办法》、《培训证样本》、《2010年培训计划》等。会议明确以“组织开展行业培训、加强从业人员综合素质、提高行业公信力”为工作重点，同时，还积极筹建协会网站，加强行业宣传服务性窗口建设。着手建立证券期货经营机构及其从业人员的电子信息档案（同步建立健全文本档案），初步构建辖区行业自律管理信息数据库。

江苏期货协会实施《江苏地区期货居间业务自律管理暂行规则》，通过会员信息平台的建立运行，深化期货协会网站“诚信平台”作用，明确江苏地区期货居间人应具备期货从业人员资格等条件，对符合资格条件的辖区期货居间人信息进行公开信息披露，推动地区期货行业信用体系建设。

广西期货协会的自律工作主要从以下几方面展开：一是组织开展辖区内“2009年10佳营业部”评选活动。二是进一步完善自律规则体系。为规范市场行为，遏制恶性竞争，广西期货协会结合辖区实际情况，制定了《广西期货交易手续费收取标准规范指引》和《广西期货居间业务自律管理暂行规则》两个自律文件，对遏制辖区期货经纪业务不正当竞争、防止投资者过度投机行为以及促进辖区期货市场的健康发展起到积极作用。

海南期货协会开展了辖区期货经营机构居间人调研工作，设计了期货居间人调查问卷，重点了解营业部期货居间人的基本情况、期货居间人对本单位的影响以及对居间人管理有何意见三方面内容，选取辖区几家具有代表性的期货经营机构，进行了现场调研，对下一步制定期货居间人管理办法奠定了基础。

河南期货协会健全了协会内部管理制度，提高办事效率，并为修订自律规则进行了大量准备工作。同时，还在协会网站上增加了期货居间人电子管理系统，提高了行业自律管理的系统性和透明度。

湖北期货协会积极建设诚信工作制度体系，为诚信文化建设提供制度保障，并通过评选优秀会员单、诚信挂牌制度等方式加强期货公司的诚信建设主体作用，促进期货经营机构的诚信合规经营。

湖南期货协会针对居间人管理出台了《湖南地区期货居间业务自律管理规则》、《关于湖南地区期货居间人佣金返还比例的规定》等相关制度。对居间人居间业务的自律性进行了规定，使居间人的管理走上了规范之路，有效地维护了市场秩序；同时，还通过公布《湖南省辖区证券、期货经营机构期货业务交易手续费收取最低标准公约》，加强了对本辖区内期货经营机构手续费竞争的自律管理。

江西期货协会制定了《江西省期货营业部佣金自律方案》，对手续费恶性竞争行为进行了规范和管理，辖区内的期货会员单位还签署了自律公约，共同努力，促进期货市场健康有序发展。此外，江西期货协会也对居间人加强了管理和规范。江西期货协会还制订了《江西辖区证券、期货营业部（服务部）综合考评暂行办法》，促进行业诚信建设，促进辖区证券、期货营业部（服务部）规范运作，稳健经营。

上海期货同业公会在上海市政府、证监局的大力支持下，通过树立行业典范、创建优秀品牌的方式，积极参与上海诚信创建活动，为每一家参加“诚信企业创建”活动的企业搭建一个权威、多角度、全方位展示形象的平台，使诚信企业的创建工作进一步规范化、制度化。此外，还组织全体会员共同开展“重自律、创品牌、树新风”企业文化建设活动，以合规文化为核心，逐步优化上海期货业的行业风气。还根据《上海市期货业居间人自律管理规则（试行）》建立了上海地区居间人公示机制，加强了对居间人的管理。在探索自律管理方法方面，公会先后向各会员单位推介了“ISO9001 质量管理体系认证”项目以及会员开发的“期货ITSM 管理软件”等行业创新管理体系与产品，为会员单位自身技术安全、运维管理的建设提供了良好的借鉴，同时提高了行业服务品质，解决了行业核心问题，促进了行业共同自律。

广东期货协会与广东证监局建立了联席会议制度，及时学习行业监管精神、了解监管动态，报告自律管理中出现的新情况、采取的新措施，在自律方面开展了手续费和居间人自查，对部分会员单位采取了谈话提醒等自律处理措施。

浙江期货协会逐步建立完善了相关自律制度，并建立了居间人基础档案。甘肃、宁夏、厦门、山东、天津、辽宁、云南和重庆等地方协会也通过制定并实施当地的佣金及诚信自律公约，有力地维护了辖区内期货市场的稳定。

（四）会员服务

2010年，各地方期货协会在会员服务方面拓展了工作的深度和广度，拓宽了会员单位之间学习和交流的渠道，加强了会员之间和沟通和相互学习。同时，在信息服务方面，一方面，积极配合监管部门及时了解会员单位动态；另一方面，也及时向各辖区会员单位及时传达监管部门信息。在提供专业培训、调节单位纠纷、提高行业影响力等方面作出了积极努力。此外，为庆祝中国资本市场20周年，各地方期货协会也开展了丰富多彩的各类纪念活动，回顾期货市场的发展，为会员们提供展示和交流的机会。为提高辖区内各会员单位的经营管理能力，各地期货协会还组织了赴上市商品主要产区、国内和国外同行所在地区考察的活动，向同行学习经验。

北京期货商会组织辖区期货机构负责人赴外地考察交流，学习期货发达地区的管理经验。举办了包括期货沙龙等一系列活动，为从业人员提供了分析市场、交流沟通的机会。此外，商会还联合北京市海淀区金融办举办了“促进海淀区期货行业发展座谈会”，为海淀科技金融区与期货机构之间搭建起联系的桥梁。

福建期货协会始终将服务职能摆在最重要的位置，组织了多项文体活动，构建行业交流沟通平台，还组织会员单位参加东北考察活动，提高了会员单位相关人员对交易规则的了解和认识。

江苏期货协会组织了“感悟青春、奉献期货——我与期货行业共成长”为主题的江苏期货行业演讲比赛，并编印了比赛专刊，歌颂了新时代期货工作者爱岗敬业、拼搏奉献的精神，增强行业凝聚力和影响力。还举办了期货论坛，深入探讨机构投资者的培育、证券化资产的市值管理以及中国期货市场的国际化等重大问题。

广西期货协会不定期召开期货经营机构负责人会议和走访营业部等形式，促进行业内的交流，收集信息，及时向相关主管单位反映辖区各期货经营机构的热点和焦点问题。2010年广西期货协会被广西壮族自治区民间组织管理局评为“全区先进社会组织”，并在3月23日举行的广西社会组织深入学习实践科学发展观活动总结暨先进社会组织表彰大会上接受表彰。

湖南期货协会对会员单位进行了走访，了解各会员单位对协会工作的评价，认真听取他们对协会工作的意见和建议，提高协会工作的针对性。

山东期货协会与省内外多家媒体在济南共同签署《山东辖区期货市场宣传合作备忘录》，与媒体相互支持合作，加强交流，在多个领域进行资源共享，双方的合作将对期货行业的发展起到更实在、更有效的作用。

上海期货同业公会组织期货公司展开数场大型联合招聘活动，还组织有需求的会员通过网络等方式与海外人才中介机构合作，借用上海金融系统现代化手段，拓展和创新海外人才招聘的新尝试，拓宽招聘渠道。为了向上海地区各金融经营机构介绍全球经济危机背景下世界先进企业如何思考和审视战略管理对企业发展的重要性，拓展企业高层对金融全球化战略的认识，联合上海基金公会举办战略管理专题讲座，帮助企业及时调整各自的战略布局和方向，提高期货公司高管战略统筹水平。

天津期货协会技术委员会协助天津证监局顺利完成了对辖区内各期货机构信息系统建设及检查工作，为辖区内其他期货机构提供了信息技术服务，提高了信息系统运行的稳定程度。此外，还完善了交割仓库委员会的职能，加强服务督导，确保期货交割的顺利进行。

广东期货协会协助会员单位，积极向上级主管部门反映会员单位在实际工作中遇到的问题，加强了协会网站会员数据库建设和管理，做好基础服务工作，组织优秀信息员单位信息员经验交流活动。

深圳期货协会加强与相关政府部门的沟通，确立定期沟通汇报机制，并运用这一机制服务会员单位和会员单位的员工，取得了较好的效果。

（五）理论研讨

为促进期货市场发挥服务实体经济功能，提高会员单位服务市场的综合能力，各地方期货协会协助监管部门，组织各类理论研讨活动。

安徽期货协会与安徽证监局期货处共同参与安徽省政协调研工作组就“期货服务实体经济”课题对郑州商品交易所等进行现场调研考察，完成了专题调研报告，并受到表彰。此外，还参与了安徽证监局组织的“菜籽油期货功能发挥”的专题调研工作，组织开展专题研讨会，对研究报告提出了修改意见，为该报告完善做了有益的工作。

湖南期货协会将动员会员单位积极参与市场研究作为重点工作之一，积极鼓励各会员单位参与理论研讨。辖区内的各大期货会员单位在2010年获得了多项关于市场研究的奖项，公司的市场影响力获得了极大的提升。

上海期货同业公会与上海期货交易所和上海市浦东新区人民政府举办了“2010低碳经济与期货市场论坛”，为上海金融中心的各类投资者、金融机构研发人员剖析了以低碳经济为广泛社会性的前沿经济理念。

重庆期货协会努力搭建专业平台，提高全行业理论研究水平。一是组织会员单位参加“重庆市青年人才论坛”及“重庆资本市场创新与发展论坛”。二是出版《重庆资本市场十年》，全面宣传重庆资本市场发展。

（六）维稳工作

2010年，结合期货市场发展的情况，各地方协会积极配合当地证监局和中国期货业协会的安排，做好期货市场“维稳”和信息技术安全保障工作。同时，加强对非法期货活动的监控，促进期货市场的平稳健康运行。

安徽期货协会主要从以下几个方面开展维稳工作：一是保障信息系统安全运行。要求各机构扎实做好信息系统安全自查工作，确保交易结算等核心系统安全，完善应急预案，做好信息安全应急演练。针对期货行业的特殊性，要求各公司结合客户持仓结构进行分析，预计境外期货市场价格波动对公司客户产生的影响，制定并上报风险应对措施。二是继续加强网络舆情监控及稳妥做好矛盾纠纷处置工作。

福建期货协会与福建证监局共同举办福建证券期货营业部维稳合规培训会议。围绕股指期货风险控制、证券期货营业网点安全及维稳，合规监察员管理制度等近期热点话题展开。确定辖区内经营机构维稳工作责任人，切实抓好合规管理制度与机制建设。

海南、河南、深圳等期货协会做好法制宣传工作，通过组织学习，提高辖区内期货经营机构员工规范经营的意识。

（七）社会责任

2010 年，各地方协会也积极担负社会责任，包括组织会员单位为青海玉树和甘肃舟曲灾区捐款等活动。

福建期货协会组织大连商品交易所期货学院（福州分院）期货分析师提高班学员前往福州市儿童福利院看望孤残孩子，开展爱心拓展活动。还携手会员单位举办了一场“让我们的爱心温暖你的心灵”走进福州市盲校活动，举行校服捐赠仪式，并参与盲童的运动会活动。厦门期货协会发动所属党组织开展向福建省特大洪涝灾害和甘肃舟曲特大山洪泥石流灾区“送温暖、献爱心”捐助活动，号召广大党员以实际行动发挥党员先锋模范作用，为抗洪救灾和灾后恢复重建贡献力量。

广西期货协会面对辖区百色、河池等部分地区 2 月份遭受严重干旱的情况，为了帮助受灾人民群众恢复生产，向各证券、期货经营机构发出倡议，呼吁各会员单位充分发扬中华民族“一方有难，八方支援”的优良传统，伸出援助之手，向灾区人民献一份爱心，尽一份力。各会员单位积极响应，纷纷捐款捐物，帮助受灾地区群众解决了实际困难。

广东期货协会考察定点帮扶对象清远市阳山县青莲镇柳塘村，研究并确定具体帮扶措施。另外，为配合广州亚运会的举行，组织广州地区有关会员单位积极开展“服务亚运当先锋”活动。

云南期货协会为应对 2010 年云南全境遭遇的百年不遇的干旱，多次组织会员单位向受灾严重地区捐款、捐物。

上海期货同业公会带领辖区内会员单位在“世博维稳”、向玉树灾区捐款、积极开展投资者教育等方面做了诸多工作，且为全国唯一一个连续 3 年向社会公布期货公司社会责任报告的辖区。

第六部分

2010 年中国期货业信息技术发展状况报告

第一节 期货交易所信息技术发展概况

一、系统建设工作

（一）上海期货交易所

1. 完成异地灾备建设工作。根据监管部门“数据备份、运行备份、灾难备份和灾害备份”四级备份体系的建设设想和“建立异地灾备中心，依托张江数据中心建设会员灾备系统，以保障期货行业信息系统安全”的要求，上海期货交易所（简称上期所）于 2009 年 7 月份启动了异地灾备建设选址调研工作。经仔细研究国家灾备规范和监管要求，综合考虑了社会经济人文环境、自然地理条件、高科技人才资源、配套设施、成本和政策环境等因素，当年选定北京电信机房作为异地灾备的数据中心，并确定了建设目标和建设方案。2010 年 1 月份启动异地灾备实施工作，经过近 9 个月紧张施工和联合调试；于 2010 年 9 月基本完成北京异地灾备的建设工作；并于 2010 年 11 月 13 日完成首次全市场切换演练，切换演练测试结果显示，交易系统从上海切换到北京的时间与上海两个同城数据中心切换基本相同，不到10分钟；测试过程中未发现数据丢失。目前所有核心业务系统已经在北京跟随运行，在证券期货交易所中率先实现了“两地三中心”的运行模式。

2. 平稳完成交易系统的扩容工作，提升技术系统处理能力。为保持适当余量以应对交易量的突然爆发，上期所要求交易系统各主机CPU峰值使用率不得突破20%，内存使用率不得突破40%。从2009年下半年开始，随着交易量的持续增加，NGES交易系统的性能和容量压力逐渐显现。其中，性能压力通过优化程序和部署基本得到解决。容量压力集中体现在各主机内存和硬盘的使用率上。上期所于6月完成扩容工作，目前支持每日3500万笔以上报单的系统容量（2010年每日最大报单不超过270万笔）。该项扩容工作实现了三个目标：一是对购置于2006年使用期接近5年的交易主机，进行了强制更换；二是迅速扩充了系统容量，其处理性能由扩容前的每秒持续7000至8000笔报单提高到9000笔；三是搭建了PC服务器环境用于检验异地灾备系统。

3. 完成了会员服务系统切换至专网运行的工作。根据中国证监会的要求，上期所于2010年6月在交易专网开通了会员服务系统，会员可以在专网和互联网上同时获取结算数据。并行运行一个月后，互联网通道关闭，平稳地完成了会员服务系统网络切换工作。标准仓单系统需直接与投资者交换信息，由于投资者众多，不具备切换到专网运行的条件。鉴于此，交易所启动了互联网系统安全加固项目，互联网到专网使用近乎于物理隔离的隔断技术，保证专网安全。重点在于阻断从互联网到生产网的直接数据访问，并做到近乎于物理隔离（简称物理隔断）。

4. NGES第三阶段项目顺利推进。NGES第三阶段一期项目主要目的是替换现有以数据库为核心的结算交割系统，使用的技术包括完全的内存结算、业务日结、数据稽核和基于WEB的在线报表等。项目建成后在大成交量的情况下结算速度大为提高，同时增强了数据的一致性。目前项目正在集成测试和数据迁移，之后将开始为期半年的与正式系统的比对运行。

5. 开展新业务的技术支持研究。期权是重要的衍生品种。上期所正在开展期权研究项目，该项目将为交易所、会员和投资者提供了一个完整的模拟期权交易学习、教育和研究的平台；该平台将利用现有技术资源完整并快速模拟期权交易；模拟运行期间收集数据和业务需求作为后续改进系统和评估各种风险的依据。项目将于2011年上半年完成并上线。

（二）郑州商品交易所

1. 继续优化完善核心交易系统。为适应交易规模持续扩大、交易量快速增长的市场形势，郑州商品交易所（简称郑商所）在2010年对交易系统的数据结构和程序代码进行了修改，以提高交易系统的处理性能和反馈速度，截至2010年10月份，郑商所完成了以提高组合定单处理速度为主要目标的交易核心系统优化工作，在突破原有组合派生处理机制束缚禁锢的基础上，创新出一套全新的、高效的、科学的组合派生处理机制，从根本上彻底解决组合派生处理效率低下的问题。优化后的系统较现生产系统，组合订单处理效率提高 60 倍，撮合效率提高 180% 以上。

2. 充分准备、周密实施双机热备系统上线工作。2010 年，郑商所对撮合主机双机热备项目高度重视，为确保双机热备软件的正确性，降低双机热备系统的变更上线风险，在充分测试、精心准备的基础上，5 月 28 日实施变更，5 月 29 日组织全体会员参加上线测试，测试后双机热备项目于 5 月 31 日正式启用，双机热备项目上线后运行平稳。双机热备项目的成功上线和平稳运行极大地提高了郑商所交易系统的稳定性，切实加强了郑商所信息系统的安全，保障了市场的稳定运行。

3. 进行新一期交易系统技术咨询项目。期货市场的快速发展，不断对交易系统的功能、性能、容量等提出新的要求。在 2009 年和 2010 年上半年，郑商所认真进行了咨询项目的前期准备工作，了解国内其他交易所进行相似咨询项目的情况，并和多家咨询提供商进行了有效的沟通。6 月份，郑商所召开了总经理办公会，决定正式启动交易系统技术咨询项目，确定新一期交易系统项目的主要目标是构建一个具有前瞻性的，更加安全、高效、可靠的，可扩展、可管理的，满足期货市场未来 5 至 10 年发展需要的，符合国际化发展方向的交易系统。

根据咨询的内容和目标，从需求确认、架构设计、新一期系统实施方案等三个方面将咨询项目分为三个阶段，每个阶段需提交相应的最终交付物。第一阶段，通过与世界领先交易所的业务流程、技术系统进行对比，梳理其中的共性和特点，形成了郑商所新一期系统的业务需求和技术需求。第二阶段，分析了郑商所现有生产系统的技术问题，提出了科学合理、实施性强的架构设计方案。第三阶段，进一步细化了新一期交易系统中间件测试的范围、目标和验证方法，明确了验证性测试的主要任务。通过开展技术咨询项目，郑商所对新技术的发展趋势和在行业内的应用有了全面深入的了解和掌握，为下一步深层次解决提高交易系统处理效率、数据传输通信效率等问题打下了良好的基础。在新一期咨询项目的基础上，郑商所将在 2011 年启动新一期技术系统设计开发工作。

（三）大连商品交易所

1. 圆满完成期货大厦信息系统建设和迁移工作。期货大厦信息系统建设和迁移是大连商品交易所（简称大商所）近年来的重点工作之一，该项工作也是行业 2010 年信息化重点工作之一。大商所对期货大厦信息系统建设、迁移、测试、应急等各项工作进行了周密部署。在证监会领导的关心指导和全市场的共同支持下，2010 年 9 月 27 日，大商所期货大厦信息系统实现了顺利迁移，源自于：

（1）强化领导工作责任制，层层抓落实。2010 年 9 月 7 日，总经理与负责搬迁工作的副总经理签订了期货大厦搬迁工作责任书，三位副总经理与各部门负责人签订了搬迁工作责任书。期货大厦搬迁工作责任制总的原则是：集体领导与个人分工负责相结合；谁主管，谁负责；一级抓一级，层层抓落实。

（2）高水平建设期货大厦信息系统。期货大厦大力提升了基础设施服务能力和保障水平，从 2 个变电所引入 3 路市电，同时配备 3 台发电机，均可供机房使用。配备 4 个入楼通讯管井，联通、电信各分别使用不同传输局、不同方向的 2 个通讯管井。同时，大厦机房空调和 UPS 的可靠性、安保环境以及机房扩容能力等均得到了极大的提升。进一步提升了系统性能和容量，优化网络区域和网络层次，交易网、网站网、办公内网、办公外网、保密网等各网络独立布线，按照证监会要求边界采用逻辑隔离、物理隔离措施，交易、非交易网布线竖井管理间采用 A、B 井分离。骨干全部采用光纤布线，根据业务发展需求，可支持光纤到桌面。服务器、存储、网络设备以及安全设备等均进行了性能和容量扩充。

（3）严控风险，制定周密可靠的迁移方案。期货大厦信息系统迁移涉及交易所所有的信息系统，作为市场核心单位，外联单位多、系统迁移涉及面广，为了有效控制风险，尽量避免对市场造成影响，大商所以结合实际、统筹兼顾为指导原则，优化方案设计，降低整个迁移过程的复杂度。先后进行了几十多次内部测试多次全市场测试。证监会相关领导、行业专家、大连证监局领导、大商所领导以及技术相关人员对迁移方案进行了详细、深入的评估。根据证监会领导提出的要求和专家建议，大商所组织召开了多次专题会议，对会领导和专家提出的各项建议逐项解决落实。

2. 积极推进灾备工作。

（1）同城灾备一期的顺利上线。同城灾备系统（一期）以搬迁前的信息系统为基础，对应用软件和硬件进行升级改造，快速、低成本地实现了灾备功能。经过周密部署和充分准备，2010 年 12 月 20 日，大商所同城灾备系统（一期）顺利上线。为了有效保障切换时业务的连续性，大商所模拟各类场景进行了多次内部切换测试，并于 2010 年 12 月 11 日组织进行了全市场切换演练。目前，灾备系统已按照日常运维流程与大厦主中心并行运行。灾备系统采用了与主中心相同的监控策略，对灾备系的应用系统、网络系统、安全系统、数据库系统及基础设施系统都实现了 24 自动监控与自动报警，同时还安排专人在灾备现场值班。

（2）启动了灾备建设咨询项目，确保灾备建设的先进性。通过第三方咨询服务，大商所进行灾备恢复体系建设需求分析，制定灾难恢复策略以及中长期规划，完成“两地三中心”灾备系统技术规划和方案设计，确保灾备恢复体系建设在满足国家及行业监管要求的基础上，适应交易所自身业务发展的需求。

（四）中国金融期货交易所

2010年，中国金融期货交易所（简称中金所）在高质量完成业务需求的同时，技术系统建设初步实现了“架构平台化、开发自动化、管理规范化”的目标，为后续系统建设打下了坚实的基础。主要可分为两个方面：

1. 以产品化为目标，将通用架构功能平台化，项目管理方法不断创新。按照产品化思路，中金所完善了业务基础平台，开发了对外业务接口平台。实现了两个平台使用同一套开发工具，采用相同开发过程的目标。这两个基础技术架构功能平台的建成，使相关项目的开发效率大大提高，系统界面更加美观，开发质量更高。中金所启动了开发管理体系建设，在外包管理、版本发布管理等方面建立了完整的管理制度和规范，探索出一套灵活的项目管理方法，实施完成了五个开发项目。另外，通过相对安全、高效和低成本的3G接入专网建设，解决了仿真交易会员互联网接入的安全问题和ISDN拨号应急的性能问题。

2. 建设一流基础设施，基础更加扎实。为满足未来五年业务发展需要，在充分调研的基础上，中金所在2010年7月启动了新一代基础设施建设。新一代基础设施在网络上采用了万兆骨干网络，在主机及设备上选择了性能、容量和可靠性比现有生产系统更高的型号。为推进开放化和标准化技术的应用，降低系统之间的关联风险，将业务系统迁移至更加灵活的LINUX操作系统。为提高运行效率，降低运维成本，采用了虚拟化技术。中金所还建立了基础设施资源池的概念，采用统一采购、按需分配的方式对硬件设备进行管理；在综合布线、监控等方面，采用国际通用标准；加强了网络结构的总体性和安全规划；在项目管理、施工工艺、系统规范、验收标准等方面建立了完整的文档体系，为今后大型基础设施建设项目打下了基础。

二、运维管理工作

（一）上海期货交易所

1. 合理调度工期，实现“世博”保障与异地灾备建设的双赢。“世博”保障和维稳是2010年的重点工作。与以往的奥运和国庆保障不同，“世博”会持续半年，在长达半年的时间内系统变更、新系统上线和演练等日常任务均受到影响。为了便于工作的开展，上期所力争将重大系统变更和上线均安排在“世博”召开前和闭幕后；在规定的“世博”两个特别重要保障期内进入系统封闭期，禁止任何变更。2010年4月完成了与北京异地灾备中心的2.5G干线互联互通，一方面避免了电信供应商的封网期，另一方面也加速了异地灾备中心网络通信系统的建设，为后期的数据中心间的互联互通奠定了坚实的基础。

2. 加大演练力度，完善应急预案与流程。上期所认为系统的可靠性来自于合理的系统架构、完善的系统部署和熟练的操作流程。交易所将技术演练常规化，每个季度定期进行基础环境、网络通信系统、交易系统和核心数据库系统的演练。与以往演练不同的是，技术部门将演练操作一线化，由一线值班工程师实施切换，二线管理岗位人员提供现场指导，三线人员则集中完成计划和完善工作。上述系列的应急演练基本达到了预期目标，演练发现了部分硬件设备关机后无法重启，包括接入交换机、核心交换机板卡或引擎、PC 服务器。更换上述故障设备的同时，交易所建立了常规设备的备件库，并要求技术系统定期（每个季度）重启以防止设备老化，这些措施有效的减少了设备故障的隐患。演练还发现部分系统切换或重启后部分功能失效；检查后发现变更逐步上线后脚本之间存在相互依赖关系，将脚本的时序关系修正后问题解决。常规化的演练不但降低了故障隐患，还锻炼了一线值班队伍，更为重要的是增强了一线队伍的值班信心。

3. 加固大厦设施，提高日常保障能力。上海期货大厦于 1999 年正式启用，部分基础设施逐步进入老化和故障多发期，上期所从 2008 年开始逐步更换和加固基础设施。大厦原有发电机功率为 1700KVA，但随着计算机设备的不断增加，发电机的冗余功率几乎耗尽，为了确保应急供电，交易所 2009 年立项新增了一台 500KVA 的发电机，并且于 4 月投入运行。目前大厦发电机合计功率为 2200KVA，维持供电时间为 100 小时，启用所需时间为 1 分钟，完全能够满足大厦应急需要。大厦主机房内两台主用精密空调工作超过 10 年，且老化现象十分严重，交易所于 2 月完成替换，压力测试表明，现有三台空调达到了 2 +1 的备份能力，任意一台空调故障均不影响主机房的运行。

4. 督促楼内会员加强供电保障，提高应急保障能力。由于世博保障跨度大，为防止大厦供配电系统瞬间失电影响楼内会员的远程交易席位，上期所要求楼内会员其 UPS 需覆盖接入交换机、路由器、交易主机和交易终端，并在 4 月、6 月、8 月和 10 月进行了四次应急演练。四次演练表明，楼内会员的远程交易席位系统均受到了 UPS 的有效保护。随着远程交易的普及，不少会员变更交易系统和接入参数后未及时向交易所报告，为防止隐患，交易所于 5 月份要求会员加强远程交易接入的规范化。

5. 替换老化网络设备，优化会员接入架构。大厦网络通信系统主要设备购置于 2004 年和 2005 年，设备老旧，处理性能不足，接入交换机和汇聚交换机的 CPU 使用率和内存使用率居高不下。根据交易所技术系统分级保障制度，技术部门于 2010 年 9 月完成这部分老旧设备的更换。更换老旧设备实现了三个目标：一是过期设备完成了替换，增加了设备的可靠性；二是统一了会员接入模型，包括拨号、专线直连和大厦局域网接入均使用三层路由技术，从而杜绝了会员误配地址、地址欺骗和网络攻击方面的隐患；三是规范了网络和安全设备的选型和配置，建立了上海数据中心的网络备件库，提高了应急响应能力和保障水平。

（二）郑州商品交易所

1. 加强制度建设。2010 年郑商所把技术系统运维管理制度建设作为一项重点工作，结合行业技术规范和交易所技术工作的特点，先后修订或起草了《郑州商品交易所信息系统变更管理办法》、《郑州商品交易所信息系统应急预案》、《郑州商品交易所信息系统权限管理办法》等信息安全管理制度，部分制度经审批后已发布执行。

2. 强化工作流程管理。郑商所 2010 年的系统运行保障工作紧紧围绕运维值班和系统变更两条线展开，以运维值班为工作中心，以系统变更为工作重点，加强各岗位各环节的工作流程管理。系统变更严格执行变更管理制度，抓好变更的方案制定、审核、执行、核查等各环节，消除变更引入的系统风险。

3. 完善技术监控手段，开发新技术监控系统。为实现对交易系统更为全面和深层次的监控，郑商所在 2010 年立项开发了新的技术监控系统。10 月底完成一期开发，并在测试环境中测试运行；计划于 12 月在灾备系统先行部署运行，运行稳定后部署到生产系统。

4. 加强系统测试和演练。测试和演练是系统运维的重要组成部分和有效手段，通过测试可发现日常维护不易发现的问题，通过演练可改进和完善系统事件处置流程。2010 年 5 月、6 月和 11 月，郑商所分别组织了四次大范围的测试和演练，两次内部交易系统备份能力测试，两次为有会员远程席位参加的演练测试。11 月 13 日，在主中心和同城灾备中心会员交易专线联调开通的基础上，为检验同城灾备系统实际运行保障能力，组织全体会员进行了同城灾备系统测试演练。此次演练，验证了每家会员公司的远程席位到灾备系统都能实现网络连通，都能够在灾备中心进行交易、交割结算和会员服务系统网上业务办理。

5. 大力进行会员交易专线建设。为完善郑商所远程交易通信系统，减少会员远程交易对三所联网通信链路的依赖，提高远程交易通信系统的安全性和可靠性，郑商所在上半年和下半年分别启动了未来大厦主中心和郑东新区同城灾备中心的会员交易专线建设。目前绝大部分会员直连郑商所主备中心的交易专线已经开通并提交了专线开通确认表，已开通交易专线总量 300 条，加上原有会员自建专线和经易盛局域网接入线路，总的会员直连线路已近 400 条。

6. 继续完善同城灾备中心技术措施。2010 年郑商所继续完善同城灾备中心技术措施，保障灾备系统安全稳定运行。一是升级主备中心互联设备为波分复用设备；二是部署灾备中心至保证金监控中心上海总部的加密机；三是发布《关于加强银期通系统通信专线建设的函》，要求各保证金存管银行在 12 月底前开通到灾备中心的通信专线；四是开通灾备中心至上期所和大商所的第二条 ATM 主干链路，增加一条联通百兆互联网线路。

（三）大连商品交易所

为加快信息系统建设，维护系统高效、稳定运行，大商所借鉴国内、国际先进经验，引入企业架构（EA）的理念和方法，搭建起“架构规划、运行维护、软件开发”三驾马车各司其责、齐头并进的信息工作组织新架构，创建了较为科学、完善的信息系统建设管理新模式。

1. 明确技术部门职责和分工。大商所信息系统建设管理新模式的核心内容是：成立系统规划办公室，组建交易所的 IT 架构团队；将原技术部改为技术运维中心；进一步明确下属飞创公司的研发和市场服务职能。2010 年，在新的组织架构中，系统规划办公室主要负责大商所 IT 系统的架构设计和整体规划，IT 立项管理和预算管理以及协调、推进大商所 IT 项目的设计、研发和实施等工作；强化技术运维中心信息系统运行维护和安全管理职能；飞创公司则将主要精力放在软件设计开发、技术支持和会员托管上。三个机构分别负责信息系统的规划、维护和开发工作，进一步明确各自在信息系统建设和管理上的职责分工。系统规划办公室牵头进一步完善了交易所 IT 项目的管理工作，制订了项目管理办法。技术运维中心以 ISO9001、ISO27001、ISO20000 国际标准为基础不断提升技术运维和技术服务水平。同时，飞创公司进一步加快了业务、研发和测试人员梯队建设，启动 CMMI3 质量体系建设与评估工作，完善软件开发规范和流程。经过实际运行，大商所认为“三驾马车”组织架构有以下几个优点：一是提高 IT 重大决策的科学性，降低失误的风险；二是加强 IT 完成重大项目的高效、高质量的能力；三是形成合理的 IT “生态”结构，在解决发展与维稳的关系上，摸索出新路子；四是远近兼顾，提高 IT 整体布局能力。

2. 引入先进的企业架构理念和方案。随着期货市场的发展，各项市场业务与信息系统的关系也越来越紧密。信息系统的发展变化将直接影响业务开展，而业务创新也迫切需要信息系统的支持。2010 年，大商所通过运用国内外成熟的信息化经验积累形成的企业架构理论，组建了战略规划和推进委员会，下设战略规划办公室和系统规划办公室作为两个常设机构，分别从市场业务和信息技术的角度共同推进交易所发展规划的制订，以解决业务发展与系统建设相脱节的现象，从全局、系统的角度将大商所的发展战略、管理模式、业务流程、信息资源、信息系统以及信息化技术融为一体，科学统筹各项与信息化工作相关的业务活动、数据环境、应用系统、技术设备以及其相互之间的作用关系。

3. 进一步推进技术服务标准化体系建设。为了有效地进行 IT 的运营维护管理，降低故障发生率，大商所分阶段、有选择地实施了技术服务管理体系，目前实施的主要包括变更管理、事件管理、问题管理等。设定了交易所层面的变更评审委员会为变更评审的决策机构，对变更的影响、风险、成本、测试过程、变更方案、应急方案等进行评审，有效控制了变更风险。变更管理运行四年以来，取得了良好的实施效果，2010 年大商所实施了 280 多项变更，全部成功实施，没有因为系统变更导致任何交易或业务的中断，最大限度地保证了交易所信息系统的变更安全。根据 IT 服务管理的最佳实践，结合技术管理发展趋势和大商所技术实际，大商所今年启动 IT 服务管理项目，引入第三方服务商和成熟的管理平台，提升交易所技术服务的核心竞争力和 IT 运维的国际化水平。通过该咨询服务，大商所将建立一套完整、符合大商所技术特点的 IT 服务支撑体系，通过构建服务台、事故管理、问题管理、变更管理、配置管理、知识库管理、可用性管理、服务级别、发布管理等流程，合理利用流程工具平台，优化内部服务流程，加强风险控制，保障 IT 服务效率和质量。

（四）中国金融期货交易所

2010 年，中金所技术系统平稳度过了开业特别保障和“世博”维稳期，运维管理流程、运维团队结构和应急处理能力得到有效检验，运维制度进一步完善，运维各项工作走向持续改进的良性循环。主要可分为两个方面：

1. 坚持“大运维”理念，全力做好开业敏感期维稳和“世博”维稳工作。从仿真交易开始，中金所就从全市场的角度出发，树立“大运维”的观念，从保障技术系统安全转变为保障业务运行安全，运维管理工作范围从管理交易所内部系统转变为从全市场相关系统的角度看交易所业务运行安全。按照“防范会员风险，以服务促进会员管理”的工作思路，通过覆盖全市场范围的“大运维”体系，对整个市场交易运行进行全程监控管理，及时预见和及早处理各类交易事故的发生。中金所 2010 年开业后不久，恰逢上海“世博”会开幕。为做好维稳工作，中金所在“大运维”理念的指导下，认真调研后发布了《关于进一步加强会员单位金融期货业务系统技术要求的通知》，明确了会员单位金融期货业务系统技术要求和管理要求，降低了会员端风险。

2. 在做好安全运维工作的基础上，为避免偶然性突发事件对股指期货平稳运行造成影响，中金所积极部署了具有针对性的专项方案：第一，提前完成了灾备中心主要系统的建设，联合所有会员单位进行了交易所突发故障切换到灾备中心的演练测试。第二，在维稳期内启动二级特别保障机制，暂停系统变更、安排服务商驻场保障、加强业务参数稽核、增加每日测试用例和数据。第三，提前实施设备保修和巡检，针对通信、电力、空调、消防等关键设备进行检查、保养和维护。第四，组织各运维岗位进行风险自查，更新风险台账，进行备品备件检查，确保后备充足。第五，逐一确认更新会员公司、兄弟交易所等相关单位应急联系人通讯录，确保应急通讯畅通。第六，加大盘中巡检频率，加强会员端系统风险监控，力争提前发现事故苗头。日益完善运维体系。中金所建立了每年对系统、管理进行多角度风险评估的机制。根据风险评估结果进行改进，同时完善应急预案，已形成持续改进最强的推动力量。2010 年针对比较薄弱的上线和容量管理环节，技术部门组建了专题小组对上线管理和容量管理进行专项优化和完善，加强了上线管理和容量管理流程的可操作性，以 ISO20000 为参照的运维管理体系日趋完善。

三、安全管理工作

（一）上海期货交易所

1. 严格落实日常的安全检测，确保系统安全。2010 年，上期所组织十二次大规模的全网安全扫描检查和四次渗透测试；坚持每日安全监控分析；每周例行安全周报和病毒库更新；坚持每月例行扫描安全检测并后续综合排查；坚持每季度例行系统巡检。从渗透测试结果来看，上期所各网站系统安全性较 2009 年度有明显提高。全年，上海期货交易所网络与信息系统运行正常，无信息安全事件发生，顺利完成世博期间的信息安全保障工作。

2. 落实信息安全等级保护要求，加强保密检查。根据信息安全等级保护要求，上期所于 2009 年 11 月完成了三级系统的测评工作，2010 年全年进行了测评报告中的薄弱项的整改工作，包括强化口令管理、边界管理和桌面终端管理。整改后上期所具备了一星期内更换所有技术系统口令的能力。技术部门利用邮件系统改造项目在办公外网和生产内网分别建立了 Windows AD 域，所有办公外网和生产内网桌面终端均加入了 AD 域，由 AD 域部署了统一安全策略，形成了办公外网、生产内网和网管网桌面终端管理手册，规范了移动存储介质的使用范围。按照三级信息系统应当每年至少进行一次等级测评的要求，上期所 2010 至 2011 年度测评工作已经全面展开。与以往相比，本次测评增加了二级系统的测评和风险评估内容。2010 年开展了两次保密检查，检查结果良好。2010 年 7 月还完成了由内审稽查部牵头的 IT 外部审计工作。

3. 开展 IT 管理体系建设工作。在加强技术系统硬实力建设的同时，上期所也注重软实力的建设。2010 年技术中心有 5 名新员工报到，目前员工数量升至 35 人，极大地充实了一线值班人员。伴随着新一代交易所系统、两地三中心的建设和稳步上线，交易所大规模的技术系统建设已近尾声，运维正规化建设将成为以后两三年的技术工作重点。在从建设到运维的转型过程中，技术管理的作用日益显现，IT 管理体系亟待完善。而建立国际通行的质量管理体系是整个 IT 管理体系的一个基础。交易所从 IT 管理体系的基础——ISO9001 质量管理体系入手，逐步建立并完善包括 ISO20000、ISO27001 等 IT 管理体系，体系覆盖范围将从交易核心系统逐步推广到所有的技术系统。2010 年 8 月完成 ISO9001 的认证工作，同时启动了

ISO20000的认证工作，截至2010年底，已完成流程建制的主体工作，体系试运行进展良好。

（二）郑州商品交易所

1. 加强敏感时期的安全保障。在2010年3月3日至14日“两会”期间，郑商所严格按照证信办要求落实各项安全保障措施：加强技术监控；执行零报告制度，每日向证信办发送《证券期货业网络与信息系统安全情况通报》。4月28日至5月3日上海“世博”开幕期间加强系统监控，停止系统变更工作。在维稳期间未发生一起网络和信息安全事件。

2. 进行信息系统等级保护测评。根据证监会及公安部对信息系统安全等级保护工作的相关要求，在2009年完成信息系统等级保护定级和备案工作的基础上，郑商所2010年下半年启动了信息系统等级保护测评工作。测评机构为公安部信息安全等级保护评估中心河南分中心。测评工作分为系统调查、项目准备、测评准备、现场测评、报告编制等五个阶段。11月底完成现场测评，12月中旬编制并提交信息系统安全等级保护测评报告。

3. 完成会员服务系统迁移工作。会员服务系统从互联网迁移至交易网是证监会部署的2010年行业信息安全重点工作之一。根据证监会文件和相关会议精神，郑商所结合灾备中心会员交易专线建设同步推进此项工作。2010年8月中旬完成迁移方案并制定了详细的工作计划，9月完成交易所端会员服务系统迁移技术准备工作和会员培训，10月22日前大部分会员已完成迁移并反馈了“迁移完成确认表”，11月1日完成全部会员服务系统迁移并正式关闭互联网的会员服务系统。

4. 加强门户网站的安全防护。由于门户网站系统面临互联网攻击的风险，郑商所高度重视门户网站的安全防护。2010年初对新门户网站系统进行安全评估和渗透测试，根据测评机构提交的《交易所新门户网站安全测评报告》对新门户网站系统存在的安全问题进行了整改。为提高互联网安全防护水平，选择专业信息安全技术有限公司为门户网站的安全服务商，安全服务的内容包括安全监控保障、定期报告、风险评估、渗透测试、安全加固、应急响应、安全咨询和培训等。

（三）大连商品交易所

1. 进一步完善事前防御、事中监测和事后追溯的安全体系。2010年，大商所在各主要网络区域分别部署了集中统一的网络安全防御、监控技术系统，并基于信息安全综合管理平台实现了事前预防、事中监测和事后追溯的技术体系。

2. 按要求将会员服务系统迁移到了交易专网。大商所认真落实证监会领导对网络隔离相关工作的指示精神，充分认识到网络隔离是阻止外部恶意攻击对信息业务系统造成影响，防止窃取敏感信息的有效手段。按照2010年证券期货业重点工作安排，大商所克服期货大厦信息系统搬迁工作任务繁重等困难，8月20日顺利完成了会员服务系统切换到交易专网运行的工作。

3. 完成了办公内外网物理隔离。2010 年，大商所建立了独立的办公内网，办公内网和外网的布线、网络设备、服务器、终端等完全物理隔离。办公内网采用了虚拟化解决方案，所有员工内部办公数据集中存放在后台专用存储设备上，统一管理维护，员工各自的系统相互独立，相互保密，避免了由于个人管理不当导致的数据丢失、敏感资料外泄等风险。办公内网主要用于处理交易所内部办公相关业务，不可访问互联网，禁止通过 USB 拷贝数据，传送到外网的文件需进行审批，同时审计留痕。办公内网的文档打印实现了刷卡认证、集中管理、审计留痕。办公外网计算机主要用于访问互联网，查阅资料，查看国内外其他交易所行情。

（四）中国金融期货交易所

按照中国证监会的要求，中金所贯彻“不留死角，全面覆盖”的精神，积极做好安全管理工作，确保股指期货系统平稳上线。主要可分为两个方面：

1. 为落实证监会相关要求，强化所内信息安全保障，中金所在业务专网开通了会员服务系统，会员下载结算文件、结算担保金文件和报送大户资料等数据只能通过业务专网进行，保障了客户资料的安全性、可靠性和可用性。

2. 认真落实等级保护相关要求，积极做好自查和测评。按照《信息安全等级保护管理办法》的要求，根据《关于开展重要信息系统安全自查和测评整改工作的通知》的具体部署，中金所于 2010 年 7 月至 10 月委托上海市信息安全测评认证中心对所内重要信息系统进行了测评，测评结果良好。

四、技术服务与支持工作

（一）上海期货交易所

1. 积极推进会员备份接入。远程交易是我国期货市场的主要交易方式，承载远程交易的网络通信系统是保障期货市场安全、可靠和稳定运行的重要基础设施。交易所制定并发布的《期货公司会员交易接入指引》提出了“会员可靠接入交易所推荐模型”，要求从会员端报盘机、会员接入网络、电信链路、交易所接入网络和交易所前置机间形成互备回路，合理配置报盘机连接前置机地址列表并设置超时参数，从而实现可靠接入和故障后快速切换并支持同城灾备切换。2009 年 11 月有 100 家会员申请了 123 根 SDH 专线接入张江数据中心。上期所利用世博维稳奖励的机会要求会员加快实施，除 35 根专线尚在电信开通过程中，2010 年所有期货公司会员的所有远程席位均已开通了备份接入，包括大厦数据中心 257 根专线和张江数据中心 234 根专线。

2. 完成了远程交易 API 接入。2006 年，为了减轻上线压力，NGES 交易系统不但支持 API 接入，还支持老协议接入，截至 2009 年底许多会员仍使用老协议接入交易系统。由于设计年代久远，老协议有许多设计缺陷，限制了交易所业务的开展。特别是行情发布使用UDP广播方式，对交易所网络通信系统提出了许多难以满足的性能和可靠性要求。上期所于2月停止了老协议的支持和运行。所有使用老协议的远程交易席位均顺利完成了切换。上期所正在推进API中FENS的接入工作，使用FENS接入交易系统会员可动态获得交易系统的前置机，这样有利于实现前置机故障或者数据中心切换后会员交易系统自动重连，防止人工切换所带来的不确定性，加快应急响应速度。这项工作将于2011年上半年完成。

3. 积极开展南方数据中心建设工作。上期所技术公司依托张江高标准的数据中心积极开展机房租用工作，在较短时间内将张江打造为期货市场的南方数据中心。技术公司的综合交易平台原先设计的服务对象是技术实力较弱的会员，为其提供包括交易和结算在内的技术系统，通过差异化服务督促行业软件供应商提高服务质量。由于极佳的安全可靠性，综合交易平台迅速成为大型期货公司的首选技术平台。

（二）郑州商品交易所

1. 完善沟通机制，提高服务水平。2010年，郑商所为85个新增远程交易席位提供席位开通技术准备工作；处理了94项远程交易席位技术信息查询工作，48份远程交易席位交易权限变更；更新22份会员技术联系方式；远程交易测试环境累计为130个会员、199个远程交易席位提供测试支持762次；协助会员分析解答在系统测试以及正式交易中遇到的问题。

2. 稳步推进会员报盘机自动切换工作。会员报盘机自动切换是指当交易所端某台交易前置机故障时，与该台前置机连接的会员端不需手工修改报盘机连接参数，而是由报盘机程序自动重连另一台交易前置机的功能实现。为推进和落实该项工作，郑商所于2010年7月15日发布《关于要求会员报盘机程序具有自动切换功能的通知》，9月13日和15日召开会员技术人员培训班对报盘机自动切换相关内容进行培训。9月中旬至11月底前，配合会员进行报盘机自动切换测试和变更上线，到12月底完成了全部远程交易席位的报盘机自动切换程序的上线工作。

3. 举办会员技术人员技术培训班。为提高会员技术人员网络技术水平和应急处置能力，加快会员报盘机自动切换功能的推进，加强与会员的技术交流，郑商所于2010年9月13日和9月15日组织了两次会员技术人员技术培训班。通过培训，会员对郑商所远程交易接入的建设发展、技术特点、应急处置、专线和席位开通工作流程等方面有了较为全面和深入的了解，同时对远程交易中遇到的技术问题及其解决方法进行了充分交流并达成了共识。

（三）大连商品交易所

加强会员端接入风险排查和技术支持工作。期货市场信息系统的整体安全稳定运行与各会员端的网络和信息系统密不可分，结合行业内会员端信息技术相关事件和证监会领导批示，大商所进一步加强了对会员信息系统的技术支持工作。由于会员接入网络复杂，为了确保会员主备链路能正常切换，大商所进一步规范会员接入路由，要求会员专线接入需使用相应交易所分配的IP地址。为方便会员进行网络配置，大商所编写并向会员发布了《大连商品交易所会员专线接入技术指引》，对会员使用其他交易所分配的IP地址接入大商所的113条专线逐条进行了配置修改和测试，2010年10月份该工作已全部完成。

（四）中国金融期货交易所

2010年1月8日，国务院原则同意推出股指期货品种后，中金所加快了业务开展和测试的工作进度，针对会员端技术准备，制定了三阶段的会员上线、测试和演练工作计划。第一阶段主要工作是会员端系统升级、席位登陆和下单测试；第二阶段主要工作是会员应急演练和容量测试；第三阶段主要以会员全面业务测试为主，同时，在股指期货上市工作领导小组办公室的协调和上期所、大商所、郑商所和期货保证金监控中心的协助下，进行了4个交易日的全市场联网测试。在4次全市场联网测试中，参加测试的投资者均达到了开户数量的50%以上。

第二节　保证金监控中心技术发展情况

刚刚过去的2010年，中国期货保证金监控中心（以下简称监控中心）紧紧围绕自身承担的职能推动信息化建设，在2009年基础上取得进步，推动多项业务发展。

一、启动同城灾备系统规划和建设工作

（一）完成洋桥数据中心机房建设工程

为实现监控中心核心技术系统同城灾备的目标，并解决长期制约监控中心信息化建设的基础机房条件瓶颈，经多方尝试反复论证，监控中心于2010年3月选定租用中国电信洋桥机房建设同城灾备系统的方案，并严格按照监管要求设计洋桥机房，其间召开方案论证会五次。在此后近3个月的装修期，全程现场监督其工程进度和装修质量，现场检查督导60余人次，累计提出20余大项整改意见，跟踪整改直至其完全符合规范和设计要求。洋桥机房于10月28日通过初验，并计划于11月15日完成终验。洋桥机房使用面积358平米，可提供118个机柜位置，提供发电机保护的双路供电保障，基础设施规格及保障等级完全符合监管部门及信息安全

等级保护三级系统的相关要求。

（二）完成洋桥数据中心基础网络系统规划设计方案

为在洋桥数据中心搭建基础网络系统平台，监控中心于2010年3月启动基础网络系统设计规划工作。期间，多次调研交易所类似项目的先进经验，调整优化方案达5次以上。为确保该设计方案科学合理，在其初稿完成后，还先后组织了向交易所网络专家咨询、技术部内部评审、IT专家评审等3道技术把关，规划设计方案才最终定稿。

（三）启动灾备系统建设咨询服务

为高起点做好灾备系统建设前期规划、项目实施监理、各类流程设计、系统切换演练等工作，于2010年10月初正式启动灾备系统建设咨询服务。同时，参考即将发布的监管要求，对灾备咨询服务商提出明确指标要求。该咨询服务正在按项目计划推进中。

二、通过信息化建设推动业务发展

（一）完成股指期货统一开户上线及功能扩展

为配合中金所正式启动股指期货开户业务，2010年监控中心与中金所组织的110多家期货公司进行了1次仿真环境、3次生产环境下的联合测试。最终于2月22日期货市场正式通过统一开户系统在中金所开户，确保了股指期货客户身份和相关资料的真实性和准确性。其后，与中金所先后进行了特殊法人报备页面以及申请套保套利交易编码的功能的开发和测试工作，使系统于10月30日平稳上线。

（二）衔接股指期货上市的保证金监控系统技术工作

股指期货上市前3个月内，监控中心对先前已经提前上线的适合股指期货业务监控的保证金监控系统进行新一轮全方位测试，包括搭建对接股指期货仿真交易系统的仿真测试环境，每日核对其仿真交易数据；包括设计测试用例来模拟股指期货和商品期货结算数据混合测试环境；更包括会同中金所及其全体会员开展生产环境联合测试。最终从其2010年4月16日上市第1天起，即将其完全纳入系统监控范围，各项监控功能发挥正常。

（三）促进期货市场账户规范工作实施

该项工作是2010年重点之一，在平稳推进股指期货客户统一开户的同时，于2010年4月着手开展期货市场账户规范前期论证工作，完善细化相应的各方功能调整需求和技术接口，发布给各软件商和交易所按此落实，同时协调自身统一开户系统改造。在11月初项目正式进入软件开发阶段以来，推动系统改造和内部测试，提前半个月左右与软件商和部分交易所进入联机测试环节，为后续全面联合测试和系统上线推广赢得了宝贵的时间。

（四）开展期货市场运行监测监控系统建设

该项工作也是2010年重点之一，是一项全新的任务，在明确数据需求，使之既能满足监测监控系统建设的业务需求、又尽量减轻交易所报送实时数据的系统负担的同时，将各种数据分类归拢。为实现工作目标，设计了对交易所报送数据的技术接口要求，该接口涉及交易所实时行情、实时委托、限仓、关联账户组等方面的数据报送需求，覆盖面极广，还要兼顾交易所之间的业务差异，为此先后走访各交易所调研，听取其对数据要求的意见，并经监控中心内部论证和专家评议等环节，现已完成设计工作。

（五）提供统计工作技术支持

对各方数据统计需求把关、细化，设计算法，统一统计口径，完成各类统计需求。统计涉及范围广、数据大，覆盖上级监管机构、交易所、证监局、稽查总队、公检法机构及监控中心内部各方需求，几乎囊括了除预警信息应用系统界面已有数据之外的所有信息，提供各类统计报表数百份。在人工编程统计的同时，开发统计系统，经反复测试，改进、优化算法。将向监管机构上报的周报、月报等常规性统计报表纳入统计系统，供业务人员直接使用。

（六）推广查询系统

2010年，监控中心从多方面研究查询系统推广中出现的新情况，提出新思路，广泛调研并逐步排查问题，从系统配置、密钥安全、接口开放等方面完善推广方案，推动软件商系统改造工作。在有限的基础软硬件平台条件下，提高自身系统峰值处理能力，千方百计完善本地缓存算法，优化应用程序、中间件和数据库性能。现日均查询人次已达17万人次，高峰时间每分钟新登录查询客户约3500人次，系统仍能保持平稳运行。

三、基础技术系统建设与维护

（一）各基础软硬件系统建设维护工作

2010年，监控中心制定了多种运维规范，日常工作中按照规范进行各基础软硬件系统监控、维护、建设和调整。同时，还排查解决了多起因硬件设备老化和软件系统漏洞导致的系统故障，及时避免对监控中心业务产生负面影响。

（二）应急保障情况

2010年，监控中心制定了以统一开户系统为核心的系统应急保障预案，力保在系统发生重大故障等应急情况发生时做到快速响应。

四、编制监控中心信息化建设与信息安全“十二五”规划

为指导监控中心信息化建设与信息安全未来五年的工作发展方向，提出了监控

中心信息化建设与信息安全“十二五”规划。该规划剖析信息化建设与信息安全现状，分析风险与挑战，研究发展战略，明确主要任务，制定实施时间表。该规划经集体研究制定，并吸收采纳监控中心各部门及行业机构专家的意见和建议，经4次易稿补充完善，于5月上旬定稿，成为监控中心未来五年信息化建设与信息安全发展依据。

第三节　期货业协会信息技术工作概况

一、不断完善内部信息系统建设，严格落实部门各项规章制度，努力提升自身管理水平

2010年，期货业协会进一步改进并完善了内部各信息系统，并在此基础上，着力推动内部管理向专业化、制度化、流程化方向发展。

（一）圆满完成2009年技术项目的收尾工作

首先，完成了期货业协会网络系统改造项目，实现了对办公内、外网系统运行状态的监控；其次，完成涉密内网系统验收、相关制度制定、审核和测评申请书编写等工作，并对协会工作人员的办公电脑进行了检测和基本设置；第三，配合卫士通公司为涉密内网终端安装红黑电源及视频干扰器，完成了协会涉密内网改造和测试工作。

（二）进行信息系统安全防护建设工作

在网络改造的基础上，为进一步提高期货业协会信息系统的抗入侵、防风险能力，组织开展了对外网络及办公内网的安全防御项目建设和安全审计工作。期间，先后进行了设备验收、配置、上线，工作人员安全访谈，信息系统渗透测试，相关信息系统及网络设备加固，网站及信息平台网页防篡改软件部署等几个阶段的工作，有效提升了协会信息系统的安全防护能力。

（三）完成了协会OA办公系统的建设工作

按照期货业协会领导关于建设OA办公系统、实现无纸化办公，从而提高工作效率、节约成本的要求，按照实际业务需求对OA系统进行定制开发。目前，OA办公系统和员工绩效考评系统已上线运行近半年时间，运行状况良好。

（四）积极开展各项内部检查和自查工作

按照证信办《关于印发〈中国证监会保密委员会2010年第二次全体会议纪要〉的通知》要求，结合需重点检查的内容制定了检查方案，设计了安全保密工

作自查表和检查表，通过员工自查与专人检查相结合的方法，对期货业协会办公系统进行了全面的安全保密检查，并形成总结报告上报证信办。

（五）继续加强行业信息管理平台的开发管理工作

信息平台是期货业协会各部门对行业进行自律管理的窗口，自律管理工作的不断变化和延伸使各部门对信息平台的需求日渐增加。2010 年，协会组织开发人员，先后对会员部、合规部、培训部及考试部提出的需求进行了定制开发。目前，除考试部部分需求仍在开发阶段外，其他部门需求均已完成并上线运行。除按流程进行信息平台日常管理外，年内还组织各部门就信息平台功能模块和权限设置问题进行了认真研究，进一步理顺了信息平台功能修改、查询及权限管理流程，对信息平台内部用户和权限进行了梳理。此外，还配合考试部对信息平台中 IB 从业人员的从业资格数据进行了统计和清理，并配合会员部为联系会员开通了信息平台使用权限。

（六）进行行业信息管理平台高可用性改造

为消除行业信息管理平台关键部件（数据库服务器、镜像服务器、应用服务器）存在的单点故障隐患，期货业协会先后三次会同上期技术开发人员对信息平台高可用性改造方案进行研究，计划分两期开展此项工作。经充分测试后，制定了详细的上线、回退步骤，顺利完成了一期改造工作的变更上线，实现了数据库服务器和镜像服务器的冗余部署，有效提升了系统可用性。计划 2011 年继续开展二期改造工作，即实现应用服务器的冗余部署。

（七）进一步加强机房管理工作

2010 年，期货业协会进一步加强机房管理工作，除严格按照部门有关管理制度和值班工作要求，按时进行机房巡检外，还定期进行行业信息平台数据备份和恢复验证工作，确保备份数据的可用性。同时，按照《期货公司信息技术管理指引》二类要求进行了自查，明确了整改项目，并以此作为安全建设项目中整改内容的一部分。目前，整改工作已随安全建设项目一并完成，并通过了专家组的评审，为进一步规范今后的内部运维工作奠定了良好的基础。此外，还完成了互联网线路调整等工作。

二、继续落实《期货公司信息技术管理指引》检查工作，加大行业信息化建设、技术人员培训和信息安全保障力度，引导行业信息技术良性发展

（一）继续推进《期货公司信息技术管理指引》落实情况检查和复查工作

2010 年初，期货业协会继续开展《期货公司信息技术管理指引》（以下简称《指引》）落实情况检查工作。期间，先后组织召开 1 次审核委员会会议和 2 次评审委员会会议，对第三阶段检查的 45 家期货公司进行了审核，并对所有公司的检

查结果进行了评审。检查工作结束后，期货业协会按要求及时起草并上报了检查工作总结报告。

2010 年 9 月，受中国证监会期货二部委托，期货业协会继续组织开展未达标公司的复查工作。复查工作开展前，协助期货二部对各地证监局期货处工作人员进行了集中培训；与此同时，抽调技术力量组成 3 个检查组，于 9 ~ 10 月期间对 11 家未达标公司和 1 家恢复营业的公司进行了检查，并分别于 10 月下旬和 11 月上旬组织召开了审核委员会和评审委员会会议。

（二）持续开展行业信息技术人员轮训工作

继 2009 年组织开展三期期货公司总部技术人员培训班后，2010 年，举办了四期总部技术人员培训班。为保证各期培训的质量，在培训工作开始前，就培训计划和课程安排多次征求了信息技术委员会、培训部及协会领导的意见，并对培训课程进行了认真研究、反复调整，力求使培训内容切实为期货公司信息技术人员应知应会的内容。此外，为进一步规范培训考试工作流程，还组织进行了各期培训考试的组卷和三审三校工作。截至目前，七期培训班累计培训期货公司信息技术人员 1189 人次，其中 1049 人通过了培训考试，覆盖了行业内 90% 以上的总部信息技术人员。从各方反映情况来看，各期培训收效良好，对提升行业信息技术人员整体水平起到了积极的推动作用。

（三）积极推动两个自律规则的修订工作

近两年来，行业内外部环境发生了较大的变化，2008 年颁布的数据库系统管理规则已不能很好地适应自律管理工作的新特点和新要求。按照总体工作部署，对该规则进行了修订工作。期间，认真听取了各业务部门的修订需求，参加了合规部各次自律规则修订会议，不断修改形成修订草案，并编制了相应的修订对照表、修订说明和意见采纳情况表等。

此外，为了使《指引》更加适应行业信息技术发展的需要，还组织开展了《指引》及检查细则修订工作。成立了修订小组，先后两次召开修订工作会议，并两次向全行业征求意见，数易其稿，形成修订草案。与此同时，还组织 8 家三类期货公司的技术总监，共同制定了《指引》相关制度、工作流程的范本和模版，以便为行业内各期货公司落实《指引》提供借鉴。上述两套自律规则均已经中国期货业协会第三届理事会第三次会议审议通过，拟上报证监会备案后颁布实施。

（四）不断加大推动期货公司信息安全工作力度

2010 年，中国期货业协会继续坚持执行信息安全报告和通报制度，并于“两会”期间启动了每日报告制度，按时收集上报会员单位填报的信息安全日报、月报，及时向会员单位通报行业信息安全工作情况。同时，参考证信办和证券业协会相关规定，制定了期货公司信息安全事故分类标准，要求期货公司进一步加强安全事故通报工作。

此外，为了更加全面地了解期货公司信息系统安全事故的原因、处置情况和事故报告情况。中国期货业协会对2009年全年和2010年上半年行业信息系统安全事故进行了认真分析，编制了分析报告，通过情况反映的形式上报证监会，并通过理事会通讯下发行业各单位，得到了证监会和期货业协会领导的肯定。

（五）充分发挥期货业信息技术委员会的作用

期货业信息技术委员会集合了行业的顶尖技术专家，自成立以来在制订行业信息技术标准和推动行业信息技术发展方面起到了至关重要的作用。2010年，期货业信息技术委员会成功进行了换届，吸收了新鲜血液，力量较过去更加壮大。年内，期货业信息技术委员会共召开三次会议，就程序化交易、三商服务、行业机房托管、《指引》修订等问题进行了反复讨论，组织起草了软件销售或技术服务合同模板、期货业务托管中心技术指引等相关文件。此外，还专门组织召开了程序化交易研讨会，深入分析了程序化交易对期货市场的影响，并在此基础上起草了相应的研究报告。

（六）积极参与行业信息技术相关工作

一方面，中国期货业协会积极配合证监会及有关单位开展工作，包括积极参与标准化工作信息技术组和期货业务组的工作，2010年内共参加9次标准化工作会议，起草了涉及期货业协会的标准化体系框架和标准明细表；配合深交所、证信办就《证券期货业信息技术灾难备份标准》征求期货公司意见；编制行业信息化建设"十二五"规划编写意见和建议初稿；对《证券期货业信息系统安全等级保护基本要求》和《可扩展商业报告语言基础规范》提出函审意见；配合证监会期货二部召开《证券期货业信息技术灾难备份标准》座谈会；参加证券期货信息化工作领导小组会议等。另一方面，根据《指引》检查记录和信息技术基本情况表对IT人员、IT投入、机房建设、灾备机房建设等数据进行了初步统计。

第四节 期货公司信息技术发展概况

2010年，期货行业继续保持持续、稳步、较快发展的态势，客户数量、交易量持续扩大，成交额更是超过300万亿元大关，创历史新高。随着期货市场的迅速发展和信息技术在期货行业的广泛应用，期货公司信息系统建设及技术管理水平已成为保障市场安全稳定运行的核心环节以及各公司的核心竞争要素和重要战略资产，在保护投资者合法权益、推动市场发展和开拓创新等方面发挥了越来越重要的作用。特别在2010年4月份股指期货推出之后，国内期货市场开始告别相对封闭、品种相对单一的时代，与整体经济和其他金融市场的联系更为紧密，从而也对期货公司的信息技术水平提出了更高的要求。由于股指期货推出，以及商品期货成为证券公司集合理财、基金公司专户理财等产品的可投资品种等变化，预计未来跨市场交易的需求将显著增加。因此，期货公司的信息技术系统，如何与银行、证券、基金、保险等相关行业的信息技术系统实现高效且稳定对接，使跨市场交易的实现更为便捷，是其提升自身竞争力的关键，也间接影响金融市场的运行效率。

为进一步加强期货公司信息系统建设和管理工作，有效控制行业信息技术风险，密切配合期货公司分类监管工作，在中国证监会的统一部署和指导下，中国期货业协会于2009年7月发布实施了《期货公司信息技术管理指引》及其检查细则，将期货公司的信息技术管理按等级划分为四类，每个类别均对期货公司的技术管理、机房建设、核心系统、安全、日常运行、备份、系统维护和营业部八个方面提出了具体的技术要求。

总的来看，2010年，期货行业对于信息技术的重视程度得到了进一步提高，信息技术投入力度持续加大，行业整体信息系统建设及管理水平与前几年相比切实得到了提高。

一、基础设施建设日趋完善

（一）机房建设

2010年，期货公司机房建设水平整体得到了提高，机房总面积达到28553m^2，总部自建机房平均面积82m^2，营业网点机房平均面积达到12m^2，全行业机柜总数达到4922个，服务器总数达到12074台，网络与安全设备总数13964台，PC机总数52928台。此外，在机房环境、面积、承重、电力保障等方面与过去相比均得到大幅改善，期货经营机构IT投入2010年达到75105万元，较2009年增长45.99%，IT投入占营业收入比值达到6.2%，期货行业IT资产总值创历史新高，资产总值达到98513万元，比2009年的83104万元增长了18.5%。与此同时，行业机房建设逐渐显露出新的特点，即机房托管模式正逐渐为越来越多的期货公司所青睐。全行业托管机房数量达到798个，占全行业全部2027个机房的39%。采用托管模式，一方面能够避免在民用建筑中建设机房的种种限制和不足，使期货公司获得更为专业的机房环境和维护服务；另一方面，也使公司节约了一定程度的机房建设和维护开支，将有限的资源更多地投入到市场开发、品种研究等关键业务上，有助于提高企业的内在价值和核心竞争力。期货行业IT设备总体情况见表6-4-1。2006~2010年期货经营机构IT投入情况见表6-4-2。

表 6-4-1　　期货行业 IT 设备总体情况

	机柜总数（个）	服务器总数（台）	网络与安全设备总数（台）	PC 机总数（台）	IT 资产总值（万元）
合计	4922	12074	13964	52928	98513

备注：2009 年统计情况中，期货公司为 83104 万元。资料来源：证信办期货公司信息技术资源情况调查。

表 6-4-2　　2006～2010 年期货经营机构 IT 投入情况

年份	IT 投入（万元）	增长数	增长率	净利润	IT 投入占净利润比值	营业收入（万元）	IT 投入占营业收入比值	安全投入	安全投入占 IT 投入比值
2006 年	11133	—	—	15256	73.0%	176200	6.3%	—	—
2007 年	34093	22960	206.23%	78389	43.5%	421232	8.1%	—	—
2008 年	39124	5031	14.76%	65553	59.7%	570438	6.9%	—	—
2009 年	51445	12321	31.49%	166437	30.9%	823494	6.2%	2939	5.7%
2010 年	75105	23660	45.99%	261204	28.8%	1206505	6.2%	3051	4.1%

资料来源：证信办期货公司信息技术资源情况调查。

2010 年期货经营机构自建及托管机房基本情况见表 6-4-3。

表 6-4-3　　2010 年期货经营机构自建及托管机房基本情况

	总部自建机房			营业网点机房情况			托管机房情况		机房总面积（m^2）	通过消防验收或备案的自建机房数量
	机房数量	机房面积（m^2）	平均面积（m^2）	机房数量（个）	机房面积（m^2）	平均面积（m^2）	机房数量（个）	托管机柜数量（个）		
合计	194	15967	—	1035	12587	—	798	1387	28553	1199

资料来源：证信办期货公司信息技术资源情况调查。

1. 机房设施。2010 年，期货业绝大多数期货公司在机房建设方面均已达到了《指引》相关要求，建立了独立封闭的机房，并设有门禁专门控制机房的出入；同时，配备了火警检测、灭火和应急照明设施。目前采用自动喷淋方式的多为营业部机房，除个别期货公司外，绝大多数期货公司的核心交易系统所在机房中已杜绝了自动喷淋的消防方式，从而避免了火灾发生后的对核心交易系统和设备的二次破坏。此外，二类以上期货公司还相应达到了《指引》有关机房承重、防雷接地、实时录像监控等方面的要求。达到《指引》三类要求的期货公司还安装了漏水检测设施以及机房环境监控系统，对机房漏水、供配电、空调、温湿度等重要指标进行了监控，并实现了7×24小时值守以及声音、短信等自动报警功能。

2. 电力保障。2010年，期货公司机房电力保障水平得到了进一步提升，从各公司反馈的信息技术资源情况表看，约有70.1%的自建机房电力系统为双路供电，较2009年行业信息技术调查数据有小幅上升，其余29.9%的机房仍仅具备单路供电。在具备双路供电的136个机房中，仅55个机房同时具备UPS和备用发电机；超过半数以上的机房仅具备UPS，但无备用发电机；在采用单路供电的58个机房中，38个机房同时具备UPS和备用发电机；19个机房仅有UPS，无备用发电机（见表6-4-4）。此外，期货经营机构自建机房UPS总量达到1569台，UPS总功率达到41952.1KW，总负载11224.635KW，平均负载率26.8%，基本可以满足行业需求（见表6-4-5）。托管机房方面，与期货公司自建机房相比，由于托管机房具有更加专业和完善的环境，因而超过88%以上的期货公司托管机房均具备双路供电，且同时具备UPS和备用发电机，在电力保障方面明显优于期货公司自建机房（见表6-4-6）。

表6-4-4　　期货经营机构自建机房电力系统备份情况

	期货公司总部机房（194）	占比	期货公司营业部机房（1035）	占比
双路供电，有UPS，有备用发电机	55	28.4%	90	8.7%
双路供电，有UPS，无备用发电机	80	41.2%	583	56.3%
双路供电，无UPS，有备用发电机	0	—	1	0.1%
仅双路供电的	1	0.5%	2	0.2%
汇总1	136	70.1%	676	65.3%
单路供电，有UPS，有备用发电机	38	19.6%	133	12.9%
单路供电，有UPS，无备用发电机	19	9.8%	224	21.6%
单路供电，无UPS，有备用发电机	1	0.5%	1	0.1%
仅单路供电的	0	—	1	0.1%
汇总2	58	29.9%	359	34.7%

资料来源：证信办期货公司信息技术资源情况调查。

表 6-4-5　　期货经营机构自建机房 UPS 基本情况

	UPS 数量（台）			UPS 总功率（KW）			总负载（KW）			平均负载率		
	总部	营业网点	小计	总部	营业网点	小计	总部	营业网点	小计	总部	营业网点	行业平均
合计	353	1216	1569	24695	17257	41952.1	6149.616	5075	11224.635	24.9%	29.4%	26.8%

资料来源：证信办期货公司信息技术资源情况调查。

表 6-4-6　　期货经营机构托管机房电力系统备份情况

	期货公司托管机房（798）	占比
双路供电，有 UPS，有备用发电机	704	88.2%
双路供电，有 UPS，无备用发电机	67	8.4%
双路供电，无 UPS，有备用发电机	2	0.3%
仅双路供电的	18	2.3%
汇总 1	791	99.1%
单路供电，有 UPS，有备用发电机	7	0.9%
单路供电，有 UPS，无备用发电机	0	—
单路供电，无 UPS，有备用发电机	0	—
仅单路供电的	0	—
汇总 2	7	0.9%

资料来源：证信办期货公司信息技术资源情况调查。

注：以上数据包含集中交易系统、二席系统、网上交易行情系统以及网站系统所在的托管机房。

3. 机房监控。根据对期货公司信息技术资源情况表的统计，2010 年期货公司机房管理与过去相比日趋规范，绝大多数期货公司进一步完善了机房管理制度，加大了对机房基础设施的监控力度，严格进行人员和设备进出控制，并确保将各项制度落到实处。统计数据显示，全行业自建机房监控中，85% 配备了机房视频监控设备；52% 安装了机房环境监控系统；能够实现 24 小时值班约占 24%，除此之外，仅有 2% 的机房尚未进行任何形式的监控。

（二）网络与通信

高度依赖信息技术和网络通信是我国期货市场发展过程中的一个显著特点。从客户到期货公司，再从期货公司到期货交易所，期货交易的各个环节都难以脱离网络与通信技术的运用。从近几年的统计数据来看，特别是自 2006 年以来，网上交易方式已成为期货交易的主要渠道，在各类交易方式中占据绝对的优势。随之而来的，期货行业对于网络与通信的安全性、稳定性和可靠性要求也不断提高。

通信链路方面，2009 年以前，期货公司接入交易所的通信链路大多为单链路，因而在交易链路的各个环节均存在一定的单点故障隐患。近两年来，为了有效改善这一现状，实现交易链路的可靠接入，各期货交易所纷纷开始推动会员通信链路的建设工作。2008 年，大商所曾为会员远程席位交易专线扩容提供支持，承担了所有会员单位 2M SDH 一年的使用费。2009 年，上期所又制定了《期货公司会员交易接入指引》，提出了“会员可靠接入交易所推荐模型”，要求会员交易专线由原来的低速 DDN 升级为 SDH，并承担了会员备份链路的通信费用。与此同时，郑商所和大商所还对两所之间的环网带宽进行了扩容，使得三所环网的容量和可靠性得到了进一步提升。总体上看，2010 年，绝大多数期货公司均实现了交易通信链路的可靠接入和备份，有效地避免了通信链路的单点故障隐患，并缩短了故障响应时间和切换时间。从通信线路情况来看，近几年来，行业内链路数量上升较快。据统计，目前期货公司的专线通信线路总量达到 3131 条，带宽达 22483M；互联网通信线路达到 1443 条，带宽达 71926 条（见表 6 -4 -7）。期货公司与核心单位（交易所）连接的线路共 1197 条；在与灾备机房的路为 74 条；在与分支机构连接的线路 632 条；在与银行连接的线路为 1071 条；在与网上信息系统托管机房线路为 116 条；与其他机构连接线路有 41 条；与网上信息系统互联网线路有 1443 条（见表 6 -4 -8）。

表 6 -4 -7　　通信线路总体情况

	专线通信情况		互联网通信情况		
	线路总数量	带宽（M）	线路总数量	带宽（M）	具备流量清洗的线路占比
合计	3131	22483	1443	71926	4.1%

资料来源：证信办期货公司信息技术资源情况调查。

表 6 -4 -8　　期货经营机构远程通信基本情况

	与核心单位连接的地面线路情况		与灾备机房的地面线路情况		与分支机构连接的地面线路情况		与银行连接的地面线路情况		与网上信息系统托管机房线路情况		与其他机构连接线路情况		网上信息系统互联网线路情况	
	线路数量	带宽（M）	线路数量	带宽（M）	线路数量	带宽（M）	线路数量	带宽（M）	线路数量	带宽（M）	线路数量	带宽（M）	线路数量	带宽（M）
合计	1197	2306	74	8860	632	6738	1071	1862	116	2595	41	122	1443	71926

资料来源：证信办期货公司信息技术资源情况调查。

二、系统建设和管理水平逐步提高

（一）核心与关键设备

期货公司的核心与关键设备主要是用于核心交易系统的各类服务器和存储等设备。随着行业的快速发展以及相关技术标准的出台，为保障核心交易系统的稳定、高效运行，期货公司愈加重视核心与关键设备的使用，在设备购置方面不断加大投入力度，并开始广泛采用高性能的服务器和存储设备，以提高系统的处理能力和可靠性。

在服务器设备的使用上，大多数期货公司倾向于选择国际知名品牌。2010 年调查数据显示，行业内使用量排名居前 3 位的服务器品牌依次为 HP、IBM 和 DELL。在存储设备使用方面，由于 SAN 存储网络采用冗余设计，且具备高可靠性和稳定性等特点，能够有效避免单点故障隐患。因此，目前行业内对于存储的使用仍以 SAN 存储结构最为典型。存储设备的选型仍以 HP、IBM 和 DELL 3 个品牌的使用为主。

（二）交易系统

核心交易系统是期货公司开展交易、结算业务以及进行资金和账户管理的关键系统。一般情况下，期货公司在选定了核心交易系统后，出于对费用、维护成本、客户及工作人员操作习惯、系统稳定性等方面的考虑，极少频繁更换核心交易系统。因此，2010 年对于核心交易系统的调查数据与过去几年相比，没有发生太大的变化。期货经营机构网上信息系统情况见表 6－4－9。

表 6－4－9　　期货经营机构网上信息系统情况

	网上信息系统机房数量	网上委托站点数量	网上行情站点数量	手机委托站点数量	下单网页站点数量	门户网站站点数量
合计	965	1464	1249	97	2	161

资料来源：证信办期货公司信息技术资源情况调查。

2010 年，期货行业核心交易系统的发展继续禀承 2009 年以来出现的新特点，如技术路线逐步一致、小核心大外延等，此外系统安全性进一步受到各方的关注。行业内主要的几家核心交易系统开发商在推出四层架构的交易系统后，在 2009 年开始集中技术力量进一步完善已有系统的各项功能。同时，配合《指引》对于核心系统的要求，进行系统安全方面的改进，例如增加网上交易系统对于多种身份认证方式的支持等等。在系统处理能力方面，根据调查，目前行业 163 家期货公司所使用的 166 套期货交易系统中，90% 以上的交易系统实际客户数和系统日处理委托笔数仍低于系统设计能力的 20%，80% 以上的交易系统每秒处理委托笔数小于系统设计能力的 20%，未来仍具有较大的扩展空间。仅个别交易系统实际客户数、日处理委托笔数和每秒处理委托笔数超出设计能力的 80%，接近系统设计能力上限。

在期货交易方式上，网上交易由于具有便捷、快速、易操作等特点，得到了蓬勃发展和广泛普及，并成为近几年来客户参与期货交易的主要方式。特别是自 2006 年以来，通过网上交易方式完成的交易量几乎占全部交易量的 100%。2009 年以来，部分期货公司开始尝试同时使用多种网上交易系统，以满足不同客户的差异化需求。总的来看，网上交易系统的多样化以及程序化交易方式在 2010 年得到了进一步发展，特别是大力发展程序化交易已成为多数期货公司的共识。据了解，目前除易盛等行业内的系统开发商进一步加大了对于程序化交易工具的研发力度外，各式各样由投资者自主开发的个性化交易终端也相继出现，并活跃在期货市场中。

在网上交易的发展规模上，据调查，2010 年全行业共建有网上交易站点 1464 个，能够支持的客户数量共计约为 1100 万人，远远超过 2010 年有效客户总数 136 万人。在网上交易系统的处理能力上，目前绝大多数系统的实际客户数量基本都低于系统设计能力的 20%。由此可见，未来网上交易方式仍具有较大的发展潜力和发展空间。在网上交易软件的使用上，金仕达系统占有率仍居第一位，约为 56%；其次为恒生系统，约占 25%；占有率居第三位的为上期技术综合交易平台，约占 7%。

在大力发展网上交易方式的同时，多数期货公司仍然保留了电话委托方式，一方面，考虑到照顾少数客户的操作习惯；另一方面，在一定程度上可作为网上交易方式的备份。调查数据显示，行业内目前共有电话委托线路 2840 条，电话委托签约客户数 104 万人，每万名客户配备电话线路数从 2009 年 3.1 条，增长到 2010 年的 20.9 条（见表 6－4－10）。电话委托软件使用率占前三位的分别为恒生，约占 28%；华欣，约占 19%；金仕达，约占 13%。但由于电话委托方式操作步骤相对较多、速度明显慢于网上交易等，因而近几年来客户实际使用非常少。此外也有 66 家期货公司提供了手机交易，手机交易比例在 2010 年有小幅上升，手机方式交易金额占比达到 0.11%（见表 6－4－11）。

表 6－4－10　　期货经营机构电话委托情况

	有效客户总数（万人）		电话委托线路总数（条）		每万名客户配备电话线路数（条）	
	2009 年	2010 年	2009 年	2010 年	2009 年	2010 年
期货	91	136	282	2840	3.1	20.9

备注：2010 年客户的统计口径由电话委托签约客户更新为有效客户总数，并对 2009 年统计数据进行了修正。

资料来源：证信办期货公司信息技术资源情况调查。

表 6-4-11　　期货经营机构交易金额情况

	网上交易方式交易金额占比（%）					手机方式交易金额占比（%）				
	2006年	2007年	2008年	2009年	2010年	2006年	2007年	2008年	2009年	2010年
期货	100%	100%	100%	99.92%	99.89%	—	—	—	0.08%	0.11%

资料来源：证信办期货公司信息技术资源情况调查。

（三）数据库系统

目前行业内使用最多的数据库系统主要有Sybase、Oracle和SQL Server等几类。由于行业内主要的几家交易系统开发商均有其固定使用的后台数据库系统，如金仕达交易系统使用Sybase数据库，恒生交易系统使用Oracle数据库和SQL Server数据库等。因此，行业内数据库系统的使用情况基本与交易系统使用情况相符。其中，由于金仕达交易系统的市场份额最大，因此Sybase数据库使用率最高；其次为恒生V2006期货交易系统所使用的Oracle数据库；再次是恒生V2.5期货交易系统以及其他交易系统开发商所使用的微软SQL Server等数据库。

（四）系统安全

由于期货交易本身具有高实时性等的特点，因而核心交易系统的安全稳定运行日益受到各期货公司的关注。与此同时，2009年颁布的《指引》也对二类以上（含）期货公司提出了明确的系统监控要求，即"交易期间应对核心系统和网络系统进行实时监控，并能及时、有效地报警。"为进一步加强对于核心系统的监控，2010年各期货公司纷纷开始使用各类监控软件对主要业务指标进行实时监控，包括核心系统开发商定制的监控软件，以及第三方监控软件Hostmonitor、Whatsup、Solarwinds、北塔等，从而有效地提高了日常运维工作的效率，并在此基础上为进一步开展精细化的系统管理创造了条件。

在核心交易系统监控方面，据统计，目前行业内已使用127套监控软件，用以实时监控交易系统各个环节的运行情况，其中大多为系统开发商根据交易系统定制开发的监控软件，也有少数期货公司使用第三方监控软件对交易系统进行监控。在监控方式上，从163家期货公司反馈的数据来看，97%的公司在交易时间内对系统进行人工监控；此外，能够实现24小时软件监控的公司约占75%；能够实现24小时人工监控的公司约占11%；而既无24小时人工监控也无软件监控的公司约占5%（见表6-4-12）。相对于人工监控方式来说，软件监控方式由于灵敏度更高、实时性更强，且能够极大地缩短故障发现和排查时间，因而更具优势和发展潜力。

表 6-4-12　　期货经营机构重要交易系统监控情况

监控情况		期货（163）	
		数量（家）	占比
重要交易系统监控情况	交易时间人工监控的公司	158	97%
	24 小时人工监控的公司	18	11%
	24 小时软件监控的公司	122	75%
	无 24 小时人工和软件监控的公司	8	5%

资料来源：证信办期货公司信息技术资源情况调查。

在网上交易安全方面，随着网上交易方式在期货行业的普遍应用以及近年来频繁出现的网络钓鱼等安全事件，网上交易身份认证问题开始受到各方关注。目前行业内几家主要的交易系统开发商已基本完成了系统功能升级。但从实际使用情况来看，2010 年，99.4% 的期货公司仍采用低强度身份认证方式，仅提供硬件证书身份认证的公司约占 11.0%，而仅提供动态口令认证方式的公司占比最少，仅为 0.6%（见表6-4-13）。据了解，目前仅少数期货公司开始与第三方认证机构进行沟通，准备上线此类功能。此外，其他大多数公司仍然仅依赖简单的客户号+密码的方式进行客户身份认证。

表 6-4-13　　期货经营机构网上交易身份认证情况

	期货（163 家）	
	数量（家）	占比
账号+口令	162	99.4%
随机验证码	113	69.3%
通信码	7	4.3%
密码图形键盘（软键盘）	130	79.8%
客户端电脑或手机特征码绑定	11	6.7%
软件证书	11	6.7%
硬件证书（第 1 代）	18	11.0%
硬件证书（第 2 代）	2	1.2%
动态口令	1	0.6%
弱口令检查机制	24	14.7%

资料来源：证信办期货公司信息技术资源情况调查。

根据中金所对于 105 家期货公司的统计数据，采用物理隔离方式的期货公司约占 47%，采用逻辑隔离方式的公司约占 53%。此外，各期货公司还纷纷开始加紧落实信息系统安全管理工作，有关数据显示，超过半数以上的期货公司选择了第三方安全服务商对系统进行定期测评和加固，从而确保了系统的安全稳定运行。目前，期货公司所选择的安全服务商相对较分散，从125家期货公司反馈的信息来看，使用比较集中的是网盾，约占8%；其次是绿盟和天融信，分别占7%左右，此外，启明星辰、杭州安信等安全服务商也开始为期货行业提供相关的安全评估等服务。

（五）备份

随着期货市场的快速发展和交易量的持续放大，因突发性灾难可能造成的损失也将不断增大，随之而来的，期货行业对灾难备份系统建设、业务连续性计划的需求也越来越迫切。但由于灾备系统建设及维护成本较高，因而目前大部分业内期货公司尚不具备灾备系统，而是较多地采用数据备份方式。根据2010年对期货公司重要业务系统数据离场备份情况的统计，同城数据备份的公司有127家，约占78%；异地数据备份的公司有110家，约占67%（见表6-4-14）。在交易流水备份频率方面，根据中金所的不完全统计，目前30家期货公司能够实现实时备份；62家公司每日备份一次；1家公司每周备份一次。从期货经营机构与分支机构通信备份情况来看，多线路双运营商通信备份的达到37.6%，多线路单运营商备份的达到11.2%，单线路的占比51.3%（见表6-4-15）。

表6-4-14　　期货公司重要业务系统数据离场备份情况

数据存放					
本地存放		同城存放		异地存放	
公司数量（家）	占比	公司数量（家）	占比	公司数量（家）	占比
142	87%	127	78%	110	67%

资料来源：证信办期货公司信息技术资源情况调查。

表6-4-15　　期货经营机构与分支机构通信备份情况

	多线路双运营商		多线路单运营商		单线路	
	数量（家）	占比	数量（家）	占比	数量（家）	占比
期货（394）	148	37.6%	44	11.2%	202	51.3%

资料来源：证信办期货公司信息技术资源情况调查。

在灾备系统建设方面，已有数据显示，2008年以前仅有极少数期货公司进行了灾备系统规划，但尚无公司真正建成并启用了灾备系统。然而，随着行业的快速发展，市场对于技术系统的依赖程度迅速提高，客户对于交易系统的要求更是从过去仅关注系统的处理能力、效率扩展到现在的业务连续性和系统高可靠性。2010年，行业内部分规模较大的期货公司未雨绸缪，在灾备系统建设方面进行了有益的探索和尝试。少数公司率先开始建设灾备中心，并陆续投入使用，为未来行业全面开展灾备系统建设积累了宝贵的经验。据统计，目前行业内已有 12 家期货公司建成同城灾难备份系统，12 家公司建成异城灾难备份系统，分别占全行业的 7.3%。总的来看，异地灾备系统切换用时以及切换数据丢失时间略长于同城灾备系统。期货公司与交易所通信线路备份情况见表 6－4－16。

表 6－4－16　　期货公司与交易所通信线路备份情况

	整体接入情况							
	“8＋环”	“7＋环”	“6＋环”	“5＋环”	“4＋环”	“3＋环”	“2＋环”	“1＋环”
期货公司（122 家）	29	11	33	41	3	4	1	0
占比	23.39%	8.87%	26.61%	33.06%	2.42%	3.23%	0.81%	—

资料来源：证信办期货公司信息技术资源情况调查。

（六）行情系统

期货市场行情系统提供商在 2010 年没有发生较大的变化，主要还是以文华、彭博、富远三家公司为主。为了满足客户多样化需求，各期货公司仍然同时使用多套行情系统向客户提供行情服务。截至 2010 年，期货公司共计使用行情系统超过 900 套，平均每家公司使用 5 套以上行情系统，远远超过了《指引》“应使用至少 2 家行情商提供的行情服务”的要求。其中，文华行情系统所占市场份额最高，超过 30%；彭博行情、富远系统两个均超过 20%；其他几家行情服务商，如世华等，约占不到 20% 的市场份额。

从目前期货公司使用网上行情系统的方式来看，相当一部分公司都采用了行情托管方式，即将行情系统托管在行情商或电信 IDC 机房中。调查数据显示，2010 年期货公司放置网上行情系统的机房达到 965 个，网上行情站点数量达到 1249 个。在行情系统承载能力方面，目前 31% 的行情系统实际使用客户数量低于设计数值的 20%；25% 的行情系统实际客户数在设计能力的 20% ~50% 之间。

（七）IT 人员

2010 年，各期货公司进一步加强了信息系统运维管理工作力度，分别设置了系统管理、系统运行、网络安全、数据库等岗位，并为关键岗位设置了备岗，有效地降低了人为操作风险，提高了信息系统的安全保障能力。随着期货公司信息技术管理力度不断加大、岗位日趋细化，各公司对于技术人员数量的需求也日益增加。2010 年，全行业 164 家期货公司共有技术人员 2117 人，较 2009 年增长 410 人，平均每家公司 12.9 人，技术人员数量占员工数量的比例平均达到 8.9%。2010 年期货公司 IT 人员情况见图 6－4－1。

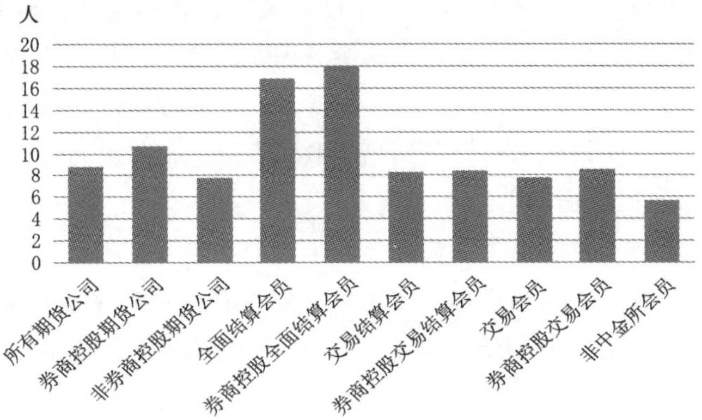

图 6－4－1 期货公司 IT 人员情况

资料来源：中金所统计数据。

根据有关统计数据，30 岁以下人员是构成目前行业信息技术从业人员的主要力量，约占全行业信息技术人员的 2/3，30 至 40 岁的信息技术人员约占 28.2%，40 岁以上人员仅占极少的比例。其中，期货公司总部具有信息技术相关专业大学本科以上学历的人员约占全部技术人员的 77.56%；从业年限达到 5 年以上的信息技术人员约占 16.67%（见表 6－4－17）。从上述统计数据来看，期货公司信息技术人员队伍相对年轻，未来行业信息技术人员在整体素质、从业经验等方面仍有待于进一步提高。

表 6－4－17　　期货公司信息技术人员情况

年龄统计情况	从业年限统计情况	学历统计情况
30 至 40 岁人员占比	从业 5 年以上人员占比	本科学历以上人员占比
28.2%	16.67%	77.56%

资料来源：证信办期货公司信息技术资源情况调查。

从岗位分布情况上看，期货公司信息技术人员从事系统运行及维护岗位的比例约为 84.13%；技术管理人员约为 11.29%，而由于期货公司一般采取软件外包开发，因此专职从事软件开发的岗位配备较少，只占 2.55% 左右。

在扩编技术人员的基础上，2010 年各期货公司纷纷落实《指引》中关于人员培训的有关要求，包括针对公司实际情况制定相应的培训手册，对所有上岗技术人员进行岗位培训；制定信息技术人员年度培训计划，并按照计划开展各类培训；积极安排技术人员参加中国期货业协会组织的行业信息技术人员培训等。

（八）IT 管理

2010 年，为促进各期货公司对于《指引》的学习和落实，中国期货业协会先后举办了四期行业信息技术人员培训，内容涉及信息技术安全工作机制、技术标准、日常运维、网络安全等多个方面。截至目前，协会累计培训期货公司信息技术人员1189人次，其中1049人通过了培训考试，覆盖了行业内90%以上的总部信息技术人员。从各方反映情况来看，各期培训收效良好，对提升行业信息技术人员整体水平起到了积极的推动作用。

培训期间，协会不仅聘请了业内外经验丰富的技术专家授课，还组织各公司就行业普遍关注的热点技术问题进行了讨论。反复、耐心的宣讲以及深入的交流，使期货公司技术管理人员对如何更好地开展技术管理工作有了更加广泛和深入的认识，并在此基础之上拓宽了工作思路。

在深入学习了解技术管理有关知识、借鉴先进管理经验的基础上，2010年，绝大多数期货公司都结合自身实际情况建立了相关的技术管理制度，并围绕制度落实作出了一系列努力，例如进一步扩编技术人员，明确岗位职责，为关键岗位设立备岗；加强机房进出、日常运行、安全、系统变更、数据备份等与业务系统密切相关的管理工作等。这些举措有效地提高了期货公司技术管理工作的水平和运行维护工作的质量，在保障系统安全稳定运行方面发挥了重要的作用。总的来说，2010年期货公司信息技术管理工作正逐渐走上制度化、规范化、流程化的发展轨道。以下为中金所对于期货公司信息技术管理水平自评的不完全统计，从统计数据上看，大多数期货公司在主要管理制度完备性、变更值班管理执行情况、应急故障管理情况、监控和审计情况四方面均已达到中等以上水平（见图6-4-2）。大部分期货公司也建立了完善的信息技术制度，其中96.3%的期货公司建立了IT治理制度，98.8%的期货公司有完善的数据和档案管理（见表6-4-18）。

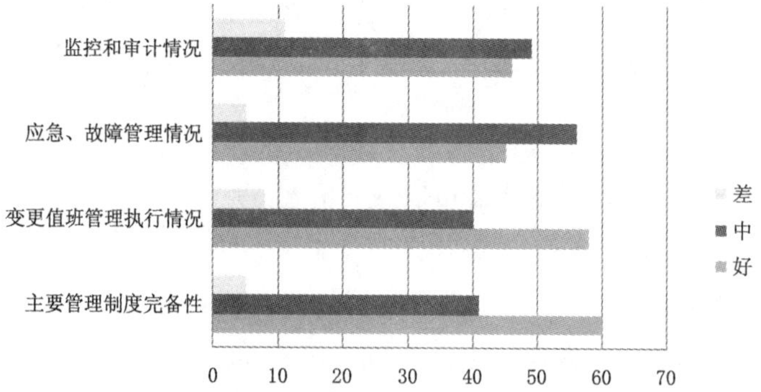

图6-4-2　期货公司信息技术管理水平自评情况

资料来源：中金所统计数据。

表 6－4－18　　期货经营机构信息技术制度和技术材料情况

制度类型	期货（163 家）	
	数量（家）	占比
IT 治理	157	96.3%
制度管理	118	72.4%
人员管理	154	94.5%
运维管理	162	99.4%
数据和档案管理	161	98.8%
安全管理	162	99.4%
网络通信管理	144	88.3%
开发与测试管理	124	76.1%
项目管理	124	76.1%
设备和资产管理	145	89.0%
服务与支持管理	133	81.6%
风险控制与审计管理	130	79.8%
营业网点信息系统管理	148	90.8%

资料来源：证信办期货公司信息技术资源情况调查。

三、信息安全保障持续加强

（一）敏感时期维稳工作

2010 年，大多数期货公司均能认真贯彻落实证监会和协会的有关要求，针对 3 月 3 日至 14 日“两会”维稳时期，采取了一系列安全保障措施。首先，在维稳前梳理运维流程，排查信息安全隐患，落实各项安全保障措施；其次，在维稳期间妥善安排人员值班，加大信息系统监控力度，冻结系统变更，同时按时上报网络与信息安全日报；再次，在维稳工作结束后及时总结维稳工作情况，并上报总结报告。

根据中国期货业协会对于维稳期间报告情况的统计，“两会”期间，平均每个报告日 103 期货公司上报了敏感时期日报。

2010 年，期货行业各类业务系统基本实现了稳定运行的目标，经受住了期货交易量持续放大的考验，未出现重大信息安全事故，行业信息系统抗风险能力总体得到了提高。

（二）应急演练工作

为进一步提高风险抵御能力，减少突发性事件造成的损失，各期货公司也进一步加强了对于应急演练工作的重视程度，组织相关人员认真学习证监会发布的《证券期货业信息系统重大技术故障特别处置预案》和《证券期货业网络与信息安全事件应急预案》，结合自身实际情况制定相应的应急处置流程，针对不同的应急场景设计不同的应急预案等。此外，部分期货公司还专门成立了应急工作小组，进一步理顺应急处置工作的各个环节，较好地完成了年内各次应急演练任务。通过应急演练，各期货公司的应急处置流程得以进一步完善，同时行业信息技术人员的应急处置能力也得到了切实提高。在 2010 年全行业应急演练工作的促进下，期货公司风险防范意识整体得到了加强，应对风险的能力整体得到了提高。存在的一个问题是应急预案不够完善，应急演练不够充分，根据检查组的检查来看，真正进行了应急演练的公司或者是到位的演练不多。

第七部分

2010年中国期货市场法制与监管工作情况报告

第一节　期货市场监管情况

一、2010年期货市场运行特点

（一）期货市场规模快速扩张

2010年，我国期货市场继续保持健康较快增长势头，按双边计算，期货市场全年共成交31.34亿手，成交额309.12万亿元，同比分别增长45.25%和136.8%。其中，商品期货成交15.21亿手，成交额113.49万亿元，同比分别增长40.9%和73.9%；股指期货成交0.92亿手，成交额82.14万亿元。我国作为全球第一大商品期货市场的地位不断巩固，在国际期货市场中的影响力不断提高。

（二）市场总体运行平稳，期货价格总体合理

在各种因素作用下，2010年期货市场出现了较大的价格波动，但未出现大的风险事件。特别是2010年下半年以来，以农产品为代表的商品期货价格出现了快速上涨，但期货市场与现货市场联动性较好，国内期货市场与国际市场也保持了较强的相关性，上涨幅度明显小于国际市场。

二、期货市场监管工作情况

（一）稳步推进品种创新，顺利推出股指期货

2010年1月8日，国务院原则同意推出股指期货交易。按照中国证监会确定的“平稳推出和安全运行为首要目标，严格控制风险，引导投资者有序参与，不追求交易量和活跃程度，逐步发挥市场功能”的股指期货上市工作指导思想，积极开展上市筹备各项工作，组织论证并批复了股指期货的合约、各项规则和投资者适当性制度；配合相关部门发布了证券公司和基金公司参与股指期货的指引；进一步推进了跨市场监管工作机制的落实；拟定了中间介绍业务（IB）准入条件和分步实施方案，并组织对派出机构和IB的培训；组织交易所及相关部门做好舆论引导以及信息报送工作；做好股指期货开户的现场督导工作，落实股指期货开户和投资者适当性制度；召开国家发改委等12个宏观部门参加的部委协调会，阐述了做好宏观经济信息管理、发布和澄清工作对股指期货市场平稳运行的重要性，并就加强沟通协调达成共识。经过3个月的精心组织准备，2010年4月8日，中国证监会顺利启动股指期货；4月16日，沪深300股指期货合约在中国金融期货交易所正式挂盘交易。

股指期货上市以来，市场总体运行平稳，初步实现了平稳上市和安全运行的预期目标。一是客户开户工作平稳有序，投资者理性参与交易。由于实行了投资者适当性制度以及前期的投资者教育工作，股指期货开户平稳、有序、均衡。客户风险承受能力与资金实力较强，交易经验较为丰富。二是价格运行理性，期现货价格相关性良好，主力合约总体上保持正向基差，随着交割日临近，基差逐渐缩小，与海外成熟市场情况接近。三是合约交割平稳、顺利，交割量较小，没有出现“到期日效应”。随着股指期货市场的平稳运行，其服务股票市场的功能逐渐显现，证券公司、基金专户等特殊机构投资者、一般法人客户以及自然人客户有序地利用股指期货市场进行套期保值交易和风险管理，在股市波动中，股指期货发现价格的功能得到体现。此外，股指期货上市还促进了资本市场的产品创新。

在做好股指期货上市和监管工作的同时，指导商品期货交易所继续研究上市和国民经济相关性强、现货市场化程度高的大宗商品，对铅、焦炭、动力煤、甲醇等开展期货交易的可行性进行了市场调研和论证。为贯彻《国务院关于推进上海加快发展现代服务业和先进制造业建设国际金融中心和国际航运中心的意见》的精神，组织上海期货交易所对保税交割进行了全面详细论证，积极与海关总署、财政部、税务总局、外汇局等部门沟通，上海期货交易所即将正式开展期货保税交割试点工作。

（二）强化市场监管，守住不发生系统性风险的底线

强化每周市场运行分析例会制度和交易所业务监管座谈会制度，定期对期货市场运行情况进行全面分析评估，针对市场运行特点制定相关工作计划，督促交易所加强风险防范、完善相关制度、打击违法违规行为。加强交割仓库监管工作，确保交割工作稳定运行，督促交易所落实交割仓库年审工作，进一步完善年审方式、内容和程序；指导交易所完善交割仓库布局和监管程序，逐步建立健全备用库制度。严密监控股指期货运行情况，确保股指期货平稳运行。指导中国金融期货交易所加大监管力度，细化监管方案，落实监管责任，加强市场培训和投资者教育；向有关部委通报可能影响股指期货正常运行的各种传言，取得理解和支持。完成了对期货交易所绩效评价相关方案的设计，对期货交易所的监管和绩效评价工作迈上了新台阶。及时发现并提前化解了部分期货品种的潜在风险，确保了市场稳定运行。指导相关交易所相继化解并处理了强筋小麦、螺纹钢、天然橡胶和棉花等品种的潜在风险。针对国庆节后期货价格连续上涨、交易规模持续扩大、市场系统性风险有所增加的情况，及时向各期货交易所发出有关通知，并现场指导和督促各交易所完善风险处置预案，切实做好维护市场稳定的相关工作。加强对保证金监控中心有关工作的监管和指导，督促、协调期货市场运行监测监控系统的建设进度。

（三）加强法规制度建设，推进市场监管的程序化和制度化

积极推动《期货法》立法和《期货交易管理条例》修订工作，广泛征求期货交易所、派出机构及期货公司意见，听取业界对《期货交易管理条例》修订的具体意见建议，配合国务院法制办财金司推进《期货交易管理条例》修订工作。加强与司法机关的沟通协调，推动期货司法解释的完善，确立期货交易所指定管辖和结算担保金司法保护的新制度，使得期货市场稳健运行获得司法政策支持。在广泛调研和征求各方意见的基础上，出台了9个规范交易所自律监管的工作指引，涉及期货交易、交割、监查、规则修改、品种创新、市场异常交易行为和波动等方面，通过完善制度，落实责任，明确程序，落实“强势监管”的要求。指导监控中心、交易所和软件公司启动了账户清理工作。落实监管工作座谈会精神，启动期货市场违法违规认定标准的制定工作，明确证监会和交易所的监管边界，进一步完善监管工作流程。积极配合相关部门做好中远期电子市场整顿规范及非法期货查处工作。期货市场的监管工作正逐步走向规范化和精细化，监管质量得到了保证和提升。

（四）做精做细现有期货品种，促进市场功能发挥

初步建立了期货品种的评估体系，组织交易所对上市品种开展功能评估，为完善规则提供依据。针对一些交易规则不适应目前市场发展的现状，推动交易所对章程、交易规则以及合约进行了修订，促进风险防范和功能发挥。为从源头上促进期货市场发挥功能，指导各交易所在准备上市新品种时，从规则体系上体现限制过度

投机、鼓励方便套保、贴近实体产业的理念，强化交易所风控手段，使企业套保更为透明便捷，遏制过度投机。组织期货交易所对厂库交割制度进行研究，着重从降低利益冲突、防范市场风险的角度研究针对性制度措施。

（五）整合系统研究力量，积极开展前瞻性研究工作

积极开展长期性、基础性及深层次专题的研究分析工作。成立了期货市场"十二五"课题研究小组。整合系统研究力量，专门针对期货市场对外开放、机构投资者、商品指数交易、期货市场分析体系建设和低碳经济等5个市场发展的重大课题展开研究。加强期货市场信息统计与研究基础设施建设，启动期货市场研究分析数据库建设。

（六）加快行业信息系统建设，做好市场技术保障

2009年下半年开始，对期货公司落实《期货公司信息技术管理指引》情况进行了现场检查，推动期货行业信息安全迈上新台阶。在2010年两会、五中全会、上海世博会等重要敏感时期，协调各期货交易所、保证金监控中心做好信息技术风险排查工作，加强敏感时期信息安全保障工作。加强交易所交易专网接入和使用管理，积极参与证券期货业信息化办公室主导的《证券期货业信息化和信息安全十二五规划》和《证券期货业标准体系框架》的起草工作。加强程序化交易的研究，启动程序化交易的报备工作。

（七）做好FSAP评估工作，积极开展国际合作

按照证监会的统一部署，积极应对世界银行和国际货币基金组织对我国证券期货市场的评估，通过提供自评报告、与外方会谈以及实地考察交易所等方式，充分展示期货市场取得的成绩和先进的监管经验。从初评结果来看，期货市场基本符合IOSCO目标和原则中提出的各项建议，评估较为客观地反映了我国期货市场改革发展情况和取得的成绩。

第二节　期货公司监管情况

2010年，中国证监会继续深入分析当前我国期货市场发展所处的历史阶段，明确期货公司是期货市场功能发挥重要一环的职能定位，继续深化基础制度建设，加强合规监管，切实防范风险，期货公司整体实力和行业规范发展水平得到进一步提高，期货市场服务国民经济发展的能力显著增强。

一、配合做好股指期货上市准备工作

按照证监会统一部署，配合做好股指期货上市及推出后的各项工作，在落实股指期货投资者适当性制度、加强证券公司中间介绍业务（IB）监管以及加强市场投资者教育等方面做了大量工作。

二、继续抓好基础制度建设

1. 根据新的市场形势研究修订期货公司分类监管制度，逐步完善分类评价工作机制。

2. 结合期货市场和行业发展变化情况，加强净资本监管制度适当性评估，正在研究对有关制度进行修订。

3. 制定完成《期货保障基金具体缴纳办法》，为实现保护投资者合法权益的监管目标提供了有力保障。

三、不断提升期货公司合规运作水平

（一）持续强化日常监管

1. 通过非现场监管强化净资本监控。在日常监管工作中，动态掌握期货公司净资本变动情况，及时跟踪相关预警信息，要求证监局督促公司落实整改。以严格的净资本监管，强化期货公司净资本达标合规意识，提高期货公司抗风险能力。另外，股指期货上市后，对期货公司股指期货分级结算情况予以高度关注，并定时对股指期货分级结算情况进行分析。

2. 通过现场监管抓重点环节。2010 年 8～11 月，组织证监局对各辖区期货公司营业部开展全面检查，通过检查，增强了期货营业部规范运作、防控风险意识，进一步强化了营业部监管。

3. 规范营业部设立审批工作，促进行业协调发展。通过规范营业部许可证号申领和发放的流程、严格复核申领材料等工作，进一步规范了期货公司营业部设立审批工作，取得了良好的效果。

（二）加强期货公司信息技术建设

督促期货公司加强信息技术基础建设，提高信息技术整体实力，进一步强化期货公司信息技术检查评级达标的作用。做好期货经营机构突发网络与信息安全情况通报，研究期货公司灾难备份建设政策。

（三）完成 2010 年期货公司分类评价工作

2009 年开展期货公司首次评价后，结合实际工作中的问题和监管需要，在保持分类评价试行办法稳定不变的前提下，2010 年对分类评价的操作细则进行了及时修订，进一步明确了违规使用自有资金及信息技术事件的扣分标准等细则。2010年5月至7月，组织实施了对全国164家期货公司的第二次分类评价工作，并向派出机构通报了各辖区公司的分类结果，全面反馈分类评价评分的调整情况，提高了评价工作的透明度。

（四）稳步推进行政许可工作

2010年，累计接收各类行政许可事项173件，累计作出行政许可决定137件（不包括外汇敞口）。积极指导派出机构做好期货公司董事、监事及高管人员任职资格审核工作，共复核高管审核报告及工作底稿并核发编码139件。同时落实"一参一控"政策要求，督促不符合规定的期货公司及相关投资主体完成整改工作。

（五）积极推进投资者教育工作

推进投资者教育相关制度建设，研究起草《关于进一步加强期货投资者教育工作的指导意见》；开展股指期货投资者调查工作，全面准确掌握期货投资者的真实情况；组织系统相关单位采取多种形式，利用各种手段，做好投资者教育工作，通过各类媒体普及知识，讲解规则，揭示风险，使投资者客观了解股指期货产品功能及特征。

四、稳步推动行业创新发展和对外开放

（一）加快推进期货公司投资咨询业务试点工作

起草完成了《期货公司期货投资咨询管理试行办法（征求意见稿）》（以下简称《征求意见稿》），并初步征求业内相关方意见；组织召开期货投资咨询业务境外专家研讨会，为我国开展期货投资咨询业务提供参考；协调指导中国期货业协会，研究开展期货投资咨询业务相关从业资格考试、合同指引以及其他行业自律工作。

（二）稳步推动期货公司客户资产管理业务试点工作

充分借鉴证券、基金开展客户资产管理相关经验，广泛征求行业内各方意见，不断调整试点工作方案，起草有关试点管理办法草案。

（三）稳步推进期货行业对外开放

将以期货公司境外代理试点作为研究推进对外开放的重点，同时配合以合资期货公司、香港子公司等相关政策协同。同时，进一步梳理境外期货持证企业监管情况，确定政策过渡期间日常监管及监管机制调整重点。

第三节 中国期货保证金监控中心监管工作情况

2010 年，中国期货保证金监控中心利用掌握全市场数据的优势，进一步夯实工作基础，稳妥推进各项新业务开展，重点从开户环节、保证金安全监控、市场监测监控等方面保证股指期货的顺利上市和平稳运行，积极开展对规律性、普遍性和趋势性问题的研究，防范系统性风险再获重大进展，在服务市场监管与市场运行方面作出了积极贡献。

一、确保股指期货平稳上市运行

1. 在 2009 年底全面推开统一开户的基础上，2010 年又用较短时间将中国金融期货交易所全部会员纳入统一开户系统，有力地保障了股指期货适当性制度和实名制的落实，为股指期货上市奠定了很好的基础。

2. 适应股指期货三级结算的特点，设计开发了相应的保证金监控系统，实现了股指期货上市运行后的保证金监控与原来保证金监控的顺利衔接，进一步保障了股指期货平稳运行。

3. 完成了“金融期货监控系统”的设计与开发，拟定了股指期货 5 类 18 项报告制度，重点监测、报告市场的系统性风险和各类操纵性风险，及时应对了股指期货监控工作之需要。

4. 初步建立了跨股市与股指、跨股指与商品以及跨商品交易所的客户、资金等监测体系，及时发现并报告了异常交易事项。

二、加强市场监测监控和分析研究

受后金融危机时期美国率先启动一系列量化宽松的货币政策的影响，国内大宗品市场及期货市场出现了剧烈震动。面对复杂、多变的国际国内形势，积极为监管部门、交易所化解系统性风险提供了基础信息支持。

1. 进一步完善了例行报告制度，开展若干运行或风险状况的不定事项报告，及时上报国内市场压力测试结果和大量监管部门需要的数据、名单及核查信息等。

2. 初步确立了市场风险隐患发现报告机制，建立了期货市场关联客户档案，发现及报告了涉及 3 家商品交易所多个品种和客户的交割风险、价格异常风险、持仓异常、报撤单异常等突发情况。

3. 积极开展规律性、普遍性和趋势性问题的研究与总结，研究、测算关联客户及疑似标准和短线交易、程序化交易概念、认定标准及市场规模等，率先以交易行为测算套期保值规模的模式，设计指标，评估市场功能等，系统研究报撤单等市场行为和突出问题，形成近 20 期有影响的专报。

4. 开展宏观经济与产业经济分析研究以及以市场热点为导向、以基本面和规律性为落脚点的重点研究，每日、每月、每季对国际衍生品市场信息进行分析和编译，报送《月度全球衍生品市场运行情况及监管动态综述》、《季度中美及全球期货市场分析》以及多篇涉及股指、金属、农产品等重点期货品种的研究分析专报。

5. 正式启动了监测监控系统建设。

三、强化保证金监控中心现有监控智能作用

继续发挥保证金监控、统一开户等基本职能的功能和作用。进一步研究落实提高查询系统访问率的措施。防范期货公司长假出金风险取得了新的进展。落实对期货公司自有资金银行存款的监控。研究基金参与股指期货交易的结算模式和数据交换接口。研究规范统一开户前的客户账户工作，现已进入实施阶段。统计、编制、报送各类期货市场数据报表，全年共报送 181 次，报送各类报表 1186 张。

四、落实代管期货投资者保障基金职能

根据证监会、财政部授权，监控中心履行代管保障基金职能。截至目前，已筹集保障基金 11.2 亿元。除此之外，监控中心还基本完成嘉陵期货公司风险处置工作。作为中国期货市场动用保障基金处理风险的第一次任务，不仅较顺利处置了风险，而且也为保障基金的管理、使用提供了经验。

特别专题一

期货中间介绍（IB）业务专题

第一节　期货 IB 业务的背景

我国资本市场经过近 20 年的探索与发展，已经成长为全球最重要的资本市场之一，资本市场服务国民经济的功能得到了充分的体现。伴随着中国经济的高速成长和资本市场的稳定发展，中国期货市场也迎来历史性的发展机遇。2007 年 4 月 15 日开始实施的《期货交易管理条例》，在充分总结我国期货市场十几年来的经验教训的基础上，为适应我国市场经济发展的现实需求，对 1999 年的“暂行条例”内容进行了重大修改，明确将金融期货和期权交易纳入，即“任何单位和个人从事期货交易，包括商品和金融期货合约、期权合约交易及其相关活动，应当遵守本条例。”

根据中国证监会的总体部署，为了配合股指期货的平稳推出，《期货交易管理条例》确定了期货公司专门代理股指期货、证券公司介绍客户参与的市场参与模式。这一模式，充分依托证券公司历年来积累的庞大的营业网络资源，同时也通过有效隔离风险的方式，隔离了现货市场与期货市场之间交易代理环节的风险，从而保证股指期货业务开展过程中的风险可控、可测，推动证券公司和期货公司在股指期货创新业务上的稳健发展。同时，中国证监会还研究借鉴了美国 IB（Introducing

Broker）制度和我国台湾地区的期货交易辅助人制度，根据《期货交易管理条例》，制订了《证券公司为期货公司提供中间介绍业务试行办法》，规范证券公司为期货公司提供中间介绍业务活动。为了更好开展期货中间介绍业务（以下简称“期货IB”业务），证券公司加快了收购或控股期货公司的步伐，期货公司的总体资本（金）实力得到了明显增长。证券公司为期货公司提供中间介绍业务是我国期货市场大发展背景下推出的一项重要的制度安排，对期货市场的投资者数量及结构，以及期货市场总体规模变化都将产生深远的影响。

第二节　期货 IB 业务的理论依据及政策法规

一、理论依据

（一）信息不对称理论

信息不对称理论是指在市场经济活动中，各类主体对有关信息的了解是有差异的；在完成某项活动的过程中，掌握信息比较充分的主体往往处于比较有利的地位，而信息相对不足的主体，则会处于较为不利的地位。该理论认为，在由两方或多方交易主体组成的市场中，掌握信息较为完善的一方可以通过向信息不足的一方传递可靠信息或为其提供某种服务而在市场中获益，而信息相对贫乏的一方也会采取相应措施或通过购买努力从另一方获取信息。

信息不对称是市场经济的弊病，要想减少信息不对称对经济活动产生的影响，市场监管者应在市场体系中发挥强有力的作用，可以通过制定一些新的制度来降低或者弱化交易主体之间因信息不对称而带来的影响。这一理论在实践中已得到广泛应用，尤其在金融市场领域。当前，人们对信息不对称理论在实际经济活动中的作用的认识也越来越深化。发现这一理论不仅说明了信息的重要性，而且也告诉人们市场中不同的人因获得信息渠道之不同、掌握信息量的多寡而承担不同的风险和收益。

在我国，证券投资者的数量比期货投资者的数量要大得多，并且绝大多数现有期货投资者或潜在期货投资者同时又是证券投资者，证券公司在为这部分投资者服务的过程中会掌握很多的信息，包括投资者的基本情况、投资心理以及投资风格等，因而，证券公司会比期货公司掌握更多投资者的相关信息，也更了解投资者对期货投资的需求和特点。加之，在社会公众投资者中，大多数投资者更熟悉证券公司的经营状况，也更加信任证券公司提供的服务，这给证券公司从事期货中间介绍业务提供了良好的客户条件。

根据信息不对称理论的分析，同样为投资者从事经纪业务时，证券公司对市场上潜在期货投资者信息的掌握与期货公司相比要处于有利的地位，而期货公司则相对处于不利的地位。因此，证券公司可以通过向期货公司传递潜在投资者的可靠信息或为期货公司提供中间介绍业务，在市场中获益，而期货公司则通过支付佣金的方式获得证券公司提供的期货中间介绍业务，扩大期货投资的客户规模。

（二）比较优势理论

比较优势理论认为，两个经济主体双方交易的基础是生产技术、掌握资源的相对差别（非绝对差别），以及由此产生的相对成本的差别。在市场经济中，每个主体都应根据“两利相权取其重，两弊相权取其轻”的原则，集中自身的资源从事其具有“比较优势”的产品或服务，委托代理出具有“比较劣势”的产品或服务。

具体来讲，在市场交易中，如果交易的一方在两种商品生产或服务上较之另一方均处于绝对劣势，但只要处于劣势的一方在两种商品生产或服务上劣势的程度不同，处于优势的一方在两种商品生产或服务上优势的程度不同，则处于劣势的一方在劣势较轻的商品生产或服务方面具有比较优势，处于优势的一方则在优势较大的商品生产或服务方面具有比较优势。交易双方分工合作，各自提供其具有比较优势的商品生产或服务，则双方都能从交易中获益。

将这一理论应用于为投资者提供期货经纪业务方面，我们可以发现，期货公司与证券公司相比，在下面几个方面都处于相对优势地位，如期货开户、投资者开户资料和身份真实性审查、向投资者揭示期货交易风险、为投资者提供期货交易结算、风险控制和研究咨询业务等。其中，有一些业务，期货公司具有更好的比较优势，如为投资者提供期货交易结算、风险控制和研究咨询业务等，因此，期货公司在期货经纪业务中，可以将有限的资源运用于有比较优势的环节，而通过支付佣金的办法将部分相对不具优势的服务，如开发期货客户、对投资者开户资料的审查等委托给相关证券公司代理，从而使双方都能获取更大的收益。

（三）交易成本理论

交易成本理论（Transaction Costs）又称交易费用理论。该理论认为，由于经济体系中不同类型企业各自的专长以及市场价格机制的存在，产生了专业分工的现象，当使用市场的价格机制的成本相对偏高时，便形成了企业机制来降低价格机制的交易成本。交易成本的含义相对宽泛，指所有为促成交易发生而形成的成本，且不同的交易往往涉及不同种类的交易成本。狭义的交易成本指达成一笔交易所要花费的成本，也指买卖过程中所花费的全部时间和货币成本。从本质上说，有人类交往互换活动，就会有交易成本，它是人类社会生活中一个不可分割的组成部分。

根据交易成本理论，我们不难发现，期货公司在开发客户的过程中要支付许多交易成本，并且这种交易成本的多寡视期货公司与客户关系的松散程度不同而增减。若掌握的潜在客户资源越多，则在开发客户的过程中需支付的交易成本就越少；反之，亦然。而与期货公司相比，证券公司由于拥有广泛的证券投资客户，也掌握着相对较多的潜在期货投资客户资源，在搜寻客户、了解客户和辅助客户进行期货投资方面所需支付的交易成本相对较少，让证券公司参与期货投资客户的介绍业务可以节省较多的交易成本，因此，引入证券公司期货中间介绍业务可以更好地节约交易成本。

二、政策法规

证券公司为期货公司开展中间介绍业务不仅有其理论依据，而且也有相关的政策依据，具体表现在以下几个方面：

（一）行政法规方面

目前，我国涉及期货中间介绍业务的行政法规相对较少，有代表性的则为《期货交易管理条例》，其第二十三条明确规定，从事期货投资咨询以及为期货公司提供中间介绍等业务的其他期货经营机构（IB 机构），应当取得国务院期货监督管理机构批准的业务资格，具体管理办法由国务院期货监督管理机构制定。这就从行政法规层面提供了强有力的依据。

（二）部门规章方面

在部门规章中，主要有两个文件对期货中间介绍业务作了规定，一是《期货公司管理办法》，二是《证券公司为期货公司提供中间介绍业务试行办法》（以下简称《试行办法》）。前者第六十七条也规定，期货公司可以委托经中国证监会批准的其他机构从事中间介绍业务。

《期货公司管理办法》第八十八条还规定，期货公司或其营业部有下列情形之一的，中国证监会及其派出机构可以依据《期货交易管理条例》第五十九条的规定，采取相应的监管措施：（1）未按规定委托中间介绍业务（IB 制度），业务活动存在较大风险或风险隐患；（2）违反规定委托中间介绍业务（IB 制度），损害客户合法权益。这两项政策规定对证券公司从事中间介绍业务提出了具体的要求，同时也客观的为证券公司从事中间介绍业务提供了具体的政策依据。

中国证监会颁布的《试行办法》的相关规定也为证券公司从事期货 IB 业务提供了相关的政策依据，如《试行办法》中的相关条款规定了证券公司可以提供的业务范围以及应遵循的要求。其中第九条规定，证券公司受期货公司委托从事介绍业务，应当提供下列服务：协助办理开户手续；提供期货行情信息、交易设施；中国证监会规定的其他服务。作为股指期货介绍经纪商的证券公司，可以将投资者介绍给期货公司并为投资者提供期货知识的培训、向投资者出示风险说明书，协助期货公司与投资者签订期货经纪合同，为投资者开展期货交易提供设施方面的便利，协助期货公司向投资者发送追加保证金通知书等，期货公司向 IB 支付佣金。但 IB 不得接受投资者的保证金，不得变相从事期货经纪业务，投资者仍然需要通过期货公司来进行股指期货的投资。在第十八条、第十九条明确指出了证券公司为期货公司介绍客户时应承担的具体工作，包括应当向客户明示其与期货公司的介绍业务委托关系，解释期货交易的方式、流程及风险，不得作获利保证、共担风险等承诺，不得虚假宣传，误导客户。另外，还要求证券公司应当建立完备的协助开户制度，对客户的开户资料和身份真实性等进行审查，向客户充分揭示期货交易风险，解释期货公司、客户、证券公司三者之间的权利义务关系，告知期货保证金安全存管要求。证券公司应当及时将客户开户资料提交期货公司，期货公司应当复核后与客户签订期货经纪合同，办理开户手续。在第二十三条中特别规定期货、现货市场行情发生重大变化或者客户可能出现风险时，证券公司及其分支机构可以协助期货公司向客户提示风险。而在第九条中，还提到了证券公司作为期货 IB 业务机构，不得代理客户进行期货交易、结算或交割，不得代期货公司、客户收付期货保证金，不得利用证券资金账户为客户存取、划转期货保证金。在第二十一、二十二条中明确指出证券公司在提供中间介绍服务中的禁止事项，包括不得代客户下达交易指令，不得利用客户的交易编码、资金账号或期货结算账户进行期货交易，不得代客户接收、保管或者修改交易密码。不得直接或间接为客户从事期货交易提供融资或担保等，特别是在风险控制环节。

第三节　境外（含我国台湾地区）期货 IB 业务发展概况

一、境外（含我国台湾地区）期货 IB 的业务模式

在美国，期货 IB 的发展模式一般有两种。一种是担保的 IB（GIB），又称单一中间介绍商，该类期货 IB 仅仅服务或附属于一家期货经纪商，因此，经营模式往往由其所服务的期货公司的特点决定。如果其所服务的期货公司只对商品市场的某一领域比如大豆市场熟悉，那么该 IB 就只能满足客户对大豆市场的投资需求。另一种是非单一的独立中间介绍商（IIB），可服务于多家期货公司。与单一的附属于某一期货公司的 IB 相比，IIB 的经营模式具有更大的灵活性，研发资料来源也可从

多方获取，使其在信息反馈方面具有较大优势，并可以解决不同客户对多领域投资的需要。同时，IIB可以在一定程度上保护投资者的利益，当投资者有某一方面服务需求时，IIB通常能够高效地满足客户的需求，这一点往往是单一中间介绍商无法比拟的。

IB业务在美国期货行业结构框架见图1。从图1中可以看出代理业务型中介（FCM）居于核心中介地位，是美国期货业中最为关键的中介机构。IB等其他中介通常需要在交易和结算方面与FCM建立一定的联系，方能发挥应有的作用。

在中国台湾地区，当期货市场放开经营股指期货业务时，台湾约有一半以上的券商不是所谓的综合券商，而是专业的证券经纪商，因而无法有效地开展股指期货业务。这与那时台湾当局相关管理部门对期货IB业务的认识有很大关系。在当时台湾的立法过程中，主管机关认为IB并不属于期货商，只是辅助期货商来招揽客户的中介机构，是独立的法人，可以称之为“交易辅助人”。因而通常将期货IB称为证券商经营期货交易辅助业务，即只有证券公司才能够申请成为IB。

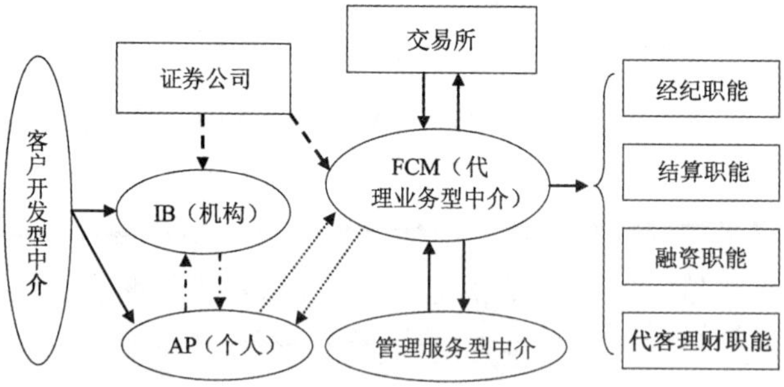

图1　美国期货行业机构框架

在具体运营模式上，中国台湾地区的证券公司可任意选择一家期货公司作为上手。在台湾地区，目前作为IB的券商分为两类：一种是金融控股公司或大型证券商旗下的全资期货子公司，证券商作为自己同集团期货商的IB；另一种则是中小型证券商，因本身缺乏资金或人力资源，需寻找一家信誉较佳、实力较强的期货公司合作，作为该期货公司的IB。1个IB只能代理1家期货公司，而期货公司则能拥有多家IB。台湾地区之所以形成这一运营模式，是因为在台湾期货交易所尚未成立，还在交易国外期货阶段时，大部分的期货公司就是大型证券商或银行所开设的。在台湾期货交易所成立，并开始交易本土指数期货后，自然成为集团内证券公司的上手公司。此外，出于风险隔离，以及其他专业的因素，大部分的券商也比较愿意以IB的形态从事期货业务。

台湾地区期货市场的行业结构及证券商参与期货市场情况如图2所示。

2008年台湾地区期货中介机构市场参与情况如图3所示。

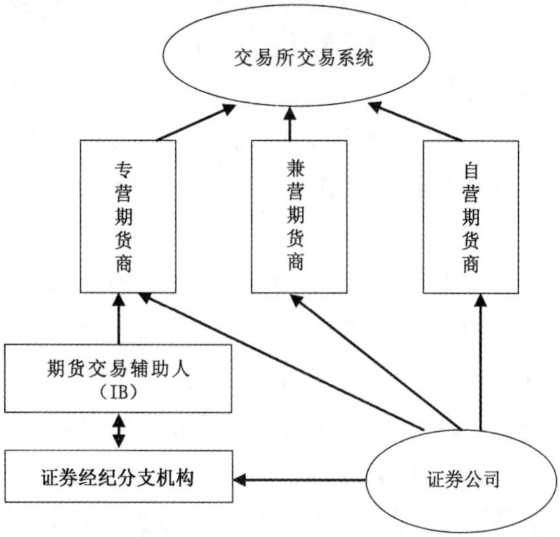

图 2　台湾地区期货行业结构及证券商参与期货市场情况

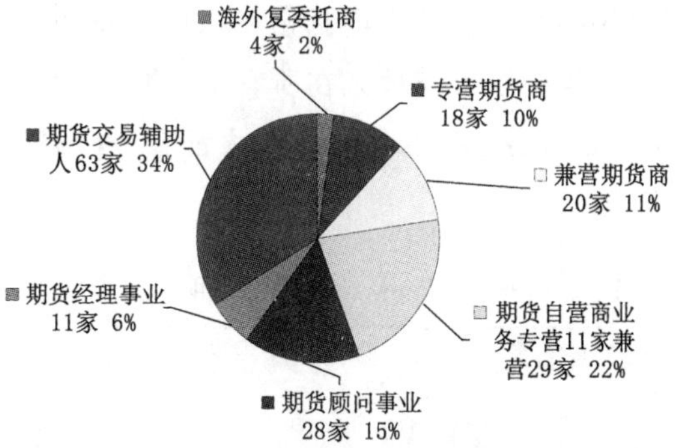

图 3　台湾地区期货中介机构市场参与情况

注：图中数据时间截至 2008 年底，来源于 www. cfachina. org/news. php？ id = 41632。

二、境外（含我国台湾地区）期货 IB 的发展现状

美国期货 IB 业务的发展现状：首先在注册资本金的要求上，美国两种期货 IB（GIB 和 IIB）在注册资本金方面的要求不同，一般 IIB 的注册资本金要远高于 GIB 在注册资本金方面的要求。其次，无论是担保的 IB（GIB）还是独立中间介绍商（IIB），都具有一定的资产规模，有些 IB 的资产规模甚至要超过期货经纪商（FCM），如美国一份权威期货杂志曾做过统计，美国 40 名以后的期货经纪商，其资产规模基本在 0.5 亿美元以下，而有些 IIB 的资产却达 1 亿美元。再次，由于互联网和计算机技术的发展，在美国注册的 IB 已超过了 1500 家，并且超过 55% 的

IB 业务集中在金融期货产品上，如股指期货、利率期货和外汇期货等，IB 的市场覆盖面达到了较高的水平。另外，美国期货 IB 业务一般不是从大银行或者是大客户那里获取收益，更多的是从客户的交易中获利，而且是按照每笔交易进行，亦即通常在 FCM 和 IB 之间会安排一个净收入的比率，IB 通常是基于 FCM 提供的费率向客户报价，并且要求得到合理的收益。最后，美国期货业协会对 IB 的注册和聘用有非常严格的要求，美国期货 IB 的雇员还被要求定期参加道德规范的培训，培训内容包括在交易中要遵守的规范，以及遵守公平、公正的交易原则，并被要求操作合理，向客户披露实质性的信息等。

中国台湾地区的期货 IB 因为不是专业期货商，只是期货商的辅助者，所以入门门槛设置不高。券商 IB 须缴存的营业保证金为新台币 1000 万元，其每一分支机构从事 IB 业务须缴存新台币 500 万元。

根据台湾期货交易所 2010 年 4 月发布的统计数据，截至 2009 年 12 月 31 日，台湾地区从事 IB 业务的机构共 60 家。整个台湾地区从事期货业务的网点 1062 个，其中 932 个业务网点是属于从事期货 IB 业务的机构的，占比高达 88%。2009 年全年，整个台湾地区期货 IB 的交易量约占期货市场总成交量的 23%，约占期货经纪业务交易量的 46%。2009 年中国台湾地区在所有从事期货 IB 业务的机构中，总交易量排名前 5 的为：永丰金证券、宝来证券、元大证券、群益证券、日盛证券。其交易占比具体情况见表 1。

表 1　　　　中国台湾地区期货 IB 业务交易量前五位占比

	2009 年交易量（双边，手）	占比
永丰金证券	9779212	3.62%
宝来证券	6198323	2.29%
元大证券	5842146	2.16%
群益证券	5247731	1.94%
日盛证券	5150973	1.91%

资料来源：http：//www.taifex.com.tw/chinese/home.asp.

根据有关资料的介绍，IB 业务的确促进了台湾地区金融期货市场的繁荣，也给 IB 业务机构实现了新业务创收。在 2008 年次贷危机发生后，整个台湾地区期货公司没有一家亏损。2008 年期货公司业务最低的 EPS 为 0.3 元新台币，而业绩最好的宝来曼氏则达到 5.7 元新台币，与宝来曼氏差不多盈利情况的公司还有 4～5家。

三、境外（含我国台湾地区）期货 IB 业务的管理

（一）业务内容

美国期货 IB 在业务内容方面体现为：在某些情况下，证券公司绝不能将其客户介绍给同一集团的期货公司。而且，美国相关法律条款也明确规定，当证券公司管理某些特殊基金时，如养老基金时，不能将其管理的该类基金通过其旗下的期货公司运作，以防发生期货公司为追求高额手续费而恶意炒作的现象。借助于先进的交易技术，客户操作变得越来越自制，在美国，订单服务程序得到大力的发展。很多客户在家、在办公室就可以输入他们的订单，这些客户依靠 IB 进行风险管理，包括各种各样的服务，如建立网络联系、提供避险建议、协助管理账户等。专业化的 IB 是为行业提供独有的服务而建立的，它有一些特殊的价值，如提供特定的管理，为金属期货或者是外汇市场服务，这些附加服务一般具有独特的价值。

在中国台湾地区，期货 IB 能够从事的业务内容包括，招揽期货投资者从事期货交易、代理期货商接受期货交易人开户以及接受期货交易人期货交易之委托单并交付期货商执行。在招揽业务部分，台湾是严禁无从业资格的人向客户推荐期货交易的。在证券营业部中，凡是要招揽期货客户的业务人员，必须具有期货从业资格证。同时，客户在 IB 营业部开期货账户时，开户的主体仍为期货商而非 IB，但由于客户签署合同的过程，完全是由 IB 的开户人员办理，IB 也必须在合同上盖章，因此，所签订的合同是一份三方合同。由于 IB 并非交易所的会员，所以无直接下单至交易所或与交易所直接连线的权利，期货 IB 需通过期货商转单至交易所撮合。所有期货 IB 对外招揽业务的宣传资料必须向公会申报，所有宣传资料必须保留两年，所有以公司名义对外发布的宣传资料都要刊登许可证，宣传资料的内容不能涉及获利保证或者夸大技巧，不能在宣传资料里预测未来的价位，不能公开刊登经纪业务的价格。台湾地区规定期货公司包括期货 IB 不可以联合定价，台湾期货同业公会也制定了非常严谨的自律机制，以防止期货经纪业务的恶性价格竞争。

（二）业务程序

在美国，根据《期货交易法》的规定，任何人要注册登记为期货介绍经纪人都须向美国期货管理委员会（以下简称为委员会）提出注册登记申请。申请须按照委员会规定的形式和方式提出，并须提交委员会认为必须提供的有关申请人已从事或将要从事经营业务的资料和事实，根据委员会制定的规则、规章、决定、规定，注册登记将于登记的当年 12 月 31 日期满或于其他日期届满。

为满足期货市场改革需要，《2000 年商品期货交易现代化法》特别规定，任何在证券交易委员会登记的经纪人在符合下述条件的情况下均应被登记为期货介绍经纪人：（1）该介绍经纪人应向委员会提交按规定须在必要或适当的时间提交的、

有关公共利益或保护投资者信息的书面通知；（2）该介绍经纪人的登记未被委员会予以中止。

经注册登记为期货介绍经纪人后须根据委员会的要求，报告其在美国或其他任何地区进行的商品期货交易、持有头寸及其客户的交易和头寸，并在委员会规定的形式和方式及期间内保存交易和头寸的账册、记录，并使这些账册和记录公开接受委员会及美国司法部代表的检查。介绍经纪人应为每个客户保存法律规定的与交易相同的方式和形式的日交易记录。日交易记录应符合委员会规定的方式，并在委员会规定的期间内予以保存。为保护公共利益及商品期货交易人的利益，保存记录的报告应在委员会规则、规章、决定中所规定的日期、地点及形式范围内由被存的记录所组成。

在中国台湾地区，期货 IB 的业务程序包括：客户首先应持规定的证件至 IB 处办理并签署合同，在具备期货从业资格的人员解说交易风险之后，再签署“风险预告书”。IB 开户人员须将开户资料送交期货商，再由期货商向交易所上传开户人资料后，方可完成开户程序。

期货经纪业务中的开户环节尤为重要，如果开户环节不严谨容易引来后患。在开户环节，除了具有业务执照的业务员在场，还有一个专门负责开户的人在旁边见证，以确认是客户本人开户。IB 必须把契约的内容对客户解释清楚，同时签订两份风险预告书，一份由客户保管，一份由 IB 留存，客户签字后表明已经了解风险内涵。开户环节的第二项重要内容就是对客户财务能力的征信。自律公约规定，75 岁以上的人和以前从事证券交易时有违约行为的人都不能开户。

客户可自行利用网络方式下单，也可根据规定方式（当面、电话、传真等），向 IB 业务员发出委托指示，再由 IB 人员输入电脑撮合。

由于 IB 不可接受客户保证金，因此客户需将保证金直接存入期货商的“保证金专户”；同时，客户出金时，亦是直接向期货商申请。在每日结算后，凡有部位或保证金发生变化的客户，均由期货商列印“客户买卖报告书”并送交客户（当面或寄送）。此外，期货商应在每月底印制月对账单送交客户。

实际的操作程序是：A 证券商决定从事 IB 业务后，会先与一家期货公司签订合约，合约中会注明期货商应提供给 IB 的软硬件设备、双方的权利义务、风险事故发生时双方应负担的比率以及双方利润分享的比率。而上述的条件都是互相关联的，也就是利润的分配，是视双方的权利义务而定的。A 证券商的业务员招揽客户从事期货业务，必须先由公司内拥有期货执照的业务员为客户做风险及合同的详细解说，然后订定一份由期货商、IB、客户组成的三方合同。客户先要存入足额保证金至期货商的客户保证金专户内，才可以开始交易。客户下单时可以下给 A 券商的业务员，由网络联机方式经由期货商主机将交易指令下至交易所撮合，或直接将交易指令输入由期货商提供的网络交易系统内。

IB 客户的出入金、风险控管、保证金的追缴与保证金不足时的强行平仓均由期货商负责，IB 则有义务协助期货商处理。

期货 IB 终端机的数量和摆放位置都需要有文件说明和照片为证，不能随便搬放。IB 在台湾地区代客操作时非常小心。尽管台湾地区期货营业网点多达 1000 多家，但是只要更换位置，都要进行检查，这是接单工作的重点。

IB 需要给客户提供成交回报，每月寄月度账单。IB 对所有资料进行录音存证，所有录音要起码保存 2 个月以上。同时，IB 应该协助控管，包括错账及保证金追缴通知。

（三）风险控制

IB 业务是成熟市场的标志。在美国，IB 制度已实现法制化，法律对 IB 成立的条件、IB 的权利和义务等均作了相应的界定。除了资本方面的要求外，监管层对经纪公司运作的监管也非常严格，美国商品交易委员会（CFTC）每年都要对其进行审查。除此之外，IB 从业人员还需通过由美国期货协会（NFA）认证的考试，公司很多管理人员的经验都十分丰富，这可在很大程度上预防 IB 业务风险的发生。

另外，美国期货经纪业务是分层管理的，不同层次的实体承担不同的风险，因而客户的风险客观上被细化了，且更加可控。作为中间介绍商，在与期货公司按一定比率分享收益的同时，也需要承担相应的客户风险。比如，IB 介绍给一家期货公司的一个客户在交易中暴仓后销声匿迹了，相应的后果就要由 IB 来承担。从这个意义上说，IB 的权利和义务也是对等的。因此，IB 公司在开发客户时，要最大限度地履行谨慎义务，尽可能多地了解客户的资信状况，这在无形中又给期货公司上了一道防火墙。

需要强调的一点是，在美国，投资者不能在 IB 公司开户，而只能在期货公司那里开户，客户资金风险也是由期货公司进行管理和控制的。因此，客户资金的安全性是有保障的。

在中国台湾地区，IB 并不负责风险控制，凡是盘中盘后通知客户追加保证金、盘中强制平仓等等，均由期货商完成。但在期货商与 IB 所签订的委托协议中，一般都会约定，因客户违约而导致的损失由双方共同负担。

对于 IB 业务的风险管理方面也有一些细节性的规定，如 IB 负责人本人和配偶不能单独操作，每月 10 日以前向有关单位申报上个月业务量的月报表。交易辅助人除非申请兼营期货自营业务，否则不得在期货商处开户，为自己利益从事期货交易。经营交易辅助人业务，应由专责部门办理，并应指派专人负责管理。此外，IB 从业人员在招揽客户、开户和接转单之外不得接受交易人任何款项和交易人的全权委托。

台湾地区开始施行IB制度的初期曾发生过一些风险事件，包括交易系统问题、工作人员的道德风险事件等等。因此，后来对许多关于IB的法规与制度也进行了必要的修正和完善。台湾地区IB业务监管的依据主要是《证券商经营期货交易辅助业务管理规则》，台湾期货交易所根据该规则拟定了《证券商经营期货交易辅助业务内部控制制度标准规范》，供台湾地区各IB业务机构制定自己的内部控制制度为参考。此外，内部控制制度还包含董事会通过的内部稽核事实细则。内部稽核细则至少应包括：对内控制度进行检查，以衡量当前政策、程序的有效性及实施程度和对业务活动的影响；确定稽核项目、时间、程序及方法。

四、境外（含我国台湾和香港地区）IB业务发展的借鉴

纵观IB业务的先行者，主要具有以下几个特点：

（一）IB业务量随金融工具的增多和期货市场规模的扩大而扩大

在灵活的市场机制引导下，可供IB业务开发的期货品种日益增多，期货市场的规模也显著扩大，随着期货交易量的增长，越来越多的交易量主要通过IB渠道得以实现。

以IB业务开展较为成熟的中国台湾地区为例，据台湾期交所最新公布的2009年年报显示，其IB业务交易量占全市场交易量的比重已达23.75%，经纪业务占比更是高达46.3%（见表2）。

表2　　2009年中国台湾地区期货市场IB业务概况

IB交易量（买+卖）	64177731口
全市场成交量（买+卖）	270251390口
IB占全市场百分比	23.75%
IB占经纪业务百分比	46.3%

注：此处的“1口”表示一张期货合约，相当于大陆的“1手”。资料来源：台湾期货交易所http://www.taifex.com.tw/chinese/home.asp.

（二）证券公司对IB业务的重视程度不断提高

无论是以商品期货及金融期货为主的欧美市场，还是以金融期货为主的我国港台市场，期货市场的交易大多由证券公司通过控股或者联合相关期货公司来完成，只有较小部分的期货交易是通过非IB渠道完成的。

根据美国的经验，在期货公司的业务结构中，IB业务的客户量以及交易量都远比期货公司直接开发的客户量、交易量要大。随着IB业务量的增大，通过IB业务取得的利润，逐渐成长为证券公司利润不可忽视的来源之一。在激烈竞争的压力下，证券公司对IB业务的资金、人力和设施等各项投入均明显增加。我国香港地

区的数据显示，通过具有券商背景的期货公司进行的期货交易占整个期货市场交易额的比例高达95%，而独立期货公司的成交量不到整个市场的5%。

第四节　我国境内期货IB业务发展概况

一、证券公司期货IB业务组织结构设置

证券公司期货IB业务的开展过程较为复杂，在这个过程中会碰到各种各样的问题。期货IB业务的涉及面广，再加上期货市场的风险程度高、系统性强，而且市场风险突发性强、传导快，这就更需要有一个工作严谨、处事灵活的组织结构，发挥良好的沟通与协调职能，以便高效率地服务期货IB业务的各个环节。

在进行IB业务管理时，因涉及到证券公司与期货公司两方主体，因此，在监管上需要有周密的组织结构，以确保业务的稳定、合规开展。证券公司IB业务组织架构可参考图4，期货公司IB业务组织架构可参考图5。

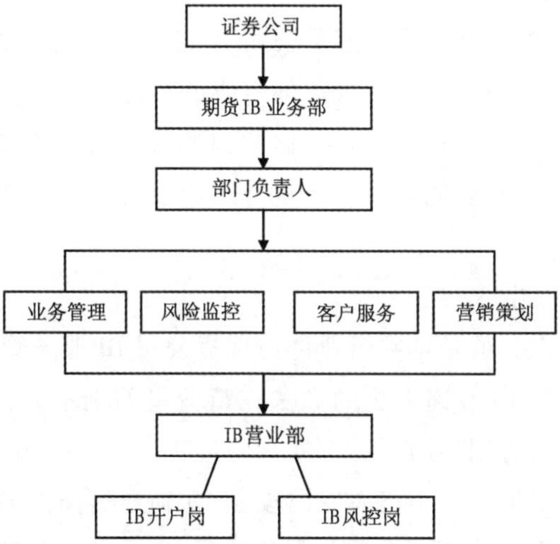

图4　证券公司IB业务组织架构

（一）证券公司总部、期货公司总部IB管理部门设置

证券公司IB业务作为一个事务性非常强的环节，需要有一个专设部门和期货公司进行对接，在整个业务运转体系中承担承上启下的协调衔接作用。为此，证券公司总部下设期货中间介绍业务部，负责介绍业务的统一管理。该部门除部门负责人之外，可设立业务管理、风险监控、客户服务、营销策划等岗位，配备相应的专

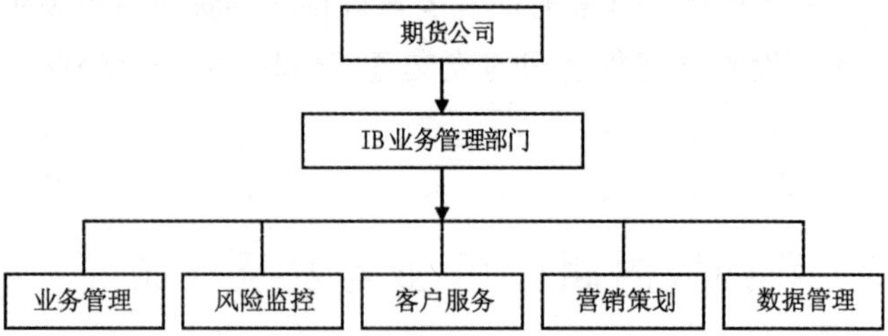

图 5　期货公司 IB 业务组织架构

职业务人员，由具备期货从业人员资格并通过中国期货业协会组织的中间介绍业务专项培训和考试的员工担任。

期货公司设立专门的 IB 业务管理部门，作为与证券公司 IB 业务部的对接部门，负责介绍业务期货公司端的统一管理，同时又是对证券端的支持服务部门。

期货公司总部及证券公司总部实施日常联络沟通机制，两个部门共同全面负责统筹 IB 业务的客户服务、业务管理、投资者教育等相关工作。定期举行联络协调会，确保 IB 业务开展过程中所出现的问题能及时得到处理，使已制定的管理办法及业务流程在 IB 端及期货各部门及时有效执行。

（二）证券与期货业务部门对接

为确保 IB 业务的顺利开展，由期货公司 IB 业务管理部门建立与证券营业部的对接关系，明确由期货公司 IB 业务管理部门协助对接证券营业部开展期货 IB 业务培训及投资者教育工作，同时，负责 IB 客户风险控制及通知工作。充分发挥期货公司 IB 业务管理部门的专业能力，有效整合期货公司 IB 业务管理部门与证券营业部各自的资源优势。

（三）人员层面的对接

落实到人员层面上，就是证券营业部与期货公司 IB 业务管理部门的人员对接。证券营业部按规定设置 IB 专岗人员的做法在行业里差别不大，期货公司业务管理部门相应的对接人员设置则经历了一个摸索的过程。为了能满足证券营业部所需的及时、长效的辅导和协助，目前已有专门设立 IB 辅导员岗位的创新做法。IB 辅导员是指由期货公司指派，长驻证券营业部的期货 IB 业务专职辅导人员。IB 辅导员对证券营业部 IB 专岗的日常工作进行专业上的指导与建议，并且协助证券营业部开展各类投资者教育及员工教育。

二、期货 IB 业务开户

（一）IB 开户的现状及问题

在我国，根据《证券公司为期货公司提供中间介绍业务试行办法》的规定，证券公司受期货公司委托从事介绍业务时，应当协助期货公司办理开户手续，向投资者进行风险揭示、协助期货公司与投资者签订期货合同等服务。期货公司对 IB 开户进行统一的管理。

据调查显示，目前大陆期货 IB 的开户业务流程基本和我国台湾地区的相同，主要包括以下过程：客户持相关证件到 IB 处，由 IB 专人对客户进行风险揭示后办理签订合同；IB 专人再将开户资料传递至期货处，由期货处审核开户资料后为客户开通交易权限，完成开户。

但在实际操作过程中，由于证券公司只是协助期货公司办理开户手续，所以随着客户开户数量的增多，一些问题也逐渐凸显：

1. 风险揭示不充分。由于期货行业的竞争比较激烈，在开发客户时 IB 人员往往为了提高业绩，避重就轻地只谈期货的高收益，而对期货市场的高风险揭示不够充分，造成客户盲目入市后导致惨重的损失，不但给 IB 端也给期货公司造成负面影响。

2. 开户资料审核的不严谨。作为 IB 端的开户人员虽具有期货从业资格，但在实际的操作过程中受 IB 端对期货业务的重视程度及人员配置关系的影响，其在岗位上常常表现得既不专业也不专职，对于 IB 业务方面的工作也是敷衍了事，未尽审核义务就将客户开户资料传递给期货公司，由此造成的影响极坏。

3. 开户效率低下。一般认为，造成证券公司开户效率低下的原因主要有以下四个方面：

（1）由于证券公司对期货业务的重视程度不够，IB 人员积极性不高，导致开户工作拖拉，不能及时地将客户资料传递给期货公司审核。

（2）目前大多数公司通过传真或公司内部自己开发的系统进行证券与期货间的客户开户资料的传递，由于需期货公司审核的开户资料内容较多，在传递过程中耗时过多，大大降低了开户的速度。

（3）在期货公司的业务数量未达到一定规模之前，期货公司为了节约成本，大多采用一对多的开户方式，这样做的结果就导致不能及时地处理开户。

（4）客户开户资料保存不完善。由于 IB 人员对期货业务的不重视，开户完成后往往不能及时地将客户资料整理归档，导致客户资料有泄密或调阅不到的问题。

（二）IB 开户的建议和发展

针对 IB 开户过程中存在的上述问题，我们认为，证券公司和期货公司应积极协调，关键从以下几个方面着手改进：

1. 配备专人专岗。证券公司对从事期货中间介绍业务的人员配备应当充足，起码配备一至两名开户岗专职人员，并制定考核制度，对于不能认真履行中间介绍业务规定要求的人员应进行惩罚。期货公司也应定期组织相关的 IB 开户专人参与各项培训，培训内容可涵盖多个方面，如业务操作方面、期货相关知识普及、期货各类品种介绍、品种分析、期货行情分析等，提高整体风险意识，有效防范开户风险。

营销人员和开户人员分离，业绩和工作职责分离，可在一定程度上降低风险揭示不够充分现象发生的概率。

2. 配备专用开户室。因期货开户的各项要求往往比证券开户更高、更专业，所以对证券营业部的场地设施及环境应该有一套标准要求，IB 开户专员可以在专门的地方对客户进行充分的风险揭示和投资者教育。

3. 提高 IB 开户人员的专业能力，下放审核权限。期货公司可将开户资料的审核权限下放给经严格挑选符合要求的 IB 开户专员，这样能大大节省在资料传递上的时间，帮助期货公司人员从繁忙的工作中解脱出来，大大提高开户的效率。

4. 完善期货资料档案管理的要求。期货经纪合同由期货公司统一管理，期货公司相关部门须设定合同管理专岗，负责公司期货经纪合同统一管理。证券公司作为中间介绍业务部门也须指定专人负责期货经纪合同的管理。期货开户提供的资料不但多而且要求保存的年限长，证券公司应制定相应的制度来管理和保存这些资料。

通过对目前 IB 开户现状中存在问题和解决方式的分析，能在一定程度上解决近阶段 IB 开户存在的弊端。但作为监管部门、期货公司、证券公司三方在对待 IB 开户业务时，还需用发展的眼光看待，使 IB 中间介绍业务真正服务于客户。

目前，证券公司在办理中间介绍业务时还停留在为客户现场办理开户手续的阶段，这种方式不但耗时、耗力、耗财，而且随着期货市场的壮大，参与人数的增加，客户的地域分布也将越来越广，这种现场办理的方式将会越来越显现出阻碍市场发展的弊端。现场办理开户手续的目的无非就是便于客户身份识别、进行风险揭示和合同签订，而通过采取下列措施可使这项工作更好地完成。

第一，对于在证券公司已经开立证券账户的客户，证券公司在为其办理证券账户时已经进行了严格的客户身份识别工作，期货业务作为证券公司的一项中间介绍业务，无须再进行重复的客户身份识别工作。

第二，与网上风险揭示相比较，现场风险揭示由于受时间限制和人员配备的约束，可能在揭示风险时客户未能真正全面了解风险，与之不同，通过网上风险揭示，客户可以不受时间限制，让客户详细阅读风险揭示书以充分了解风险。

第三，由于网络技术水平不断提高，其安全性和便捷性也与日俱增，越来越多的人渐渐喜欢并习惯通过网络形式参与各项活动、工作、业务，所以通过网络形式签订期货合同也将逐渐被人们所认可和接受。

因此，如果是在证券公司已开立证券账户的客户，可以通过非现场开户的方式为其办理期货开户。采用网上签订合同的方式，也能解决目前期货公司和证券公司间开户资料传递的中存在的诸多问题。

三、期货 IB 业务交易

（一）IB 业务的出入金环节

证券公司在代理客户期货业务时可以协助期货公司对客户进行风险揭示、签订合同、辅助风险控制等，但不能接受客户的资金，不能对客户进行交易结算，这些业务必须通过期货公司来完成。如何实现证券和期货资金自由划转是目前 IB 客户在出入金环节面临的一个难题。

1. 期货结算银行与证券存管银行数量上不匹配。根据期货市场保证金存管制度的规定，投资者从事期货交易，应当在期货结算银行（中国工商银行、中国农业银行、中国银行、中国建设银行和交通银行）开立用于期货交易出入金的银行结算账户或选择已在上述结算银行开立的银行结算账户登记为期货结算账户，结算账户户名与开户名必须一致。由上述规定可知，进行期货资金划转目前只有 5 家银行，而众所周知，能作为证券资金划转的银行远远大于这 5 家。也就是说，如果一个客户在证券开户时用的存管银行是上述 5 家之外的某银行，那么他通过证券公司介绍到期货公司做期货时的资金就不能从该银行直接转到期货账户上，而是需要通过转到上述 5 家银行之一后才能入金，导致客户资金划转极其不便。另外，期货行情瞬息万变，讲求的就是速度和效率，客户资金划转不及时可能会给客户带来极大的损失。

2. 出入金方式单一。现行客户出入金方式不外乎两种，即传统资金划拨、银期转账。

传统资金划拨方式，即客户到银行柜台将资金划拨到期货保证金账户，这种方式既不方便，效率也不高，已逐渐退出期货行业的舞台。在特殊情况下，客户才会使用这种方式进行资金划拨，如客户周边没有网络、密码忘记等情况。

银期转账方式，这是目前绝大多数客户划拨资金的首选方式。客户在银行开通此项业务后，通过期货交易端、网上银行、电话等方式进行资金划拨，这种方式和传统的资金划拨方式相比较，不但方便而且效率也高。

由于资金划拨方式的单一，一旦银期系统出现故障，客户就不能进行资金划转，传统的资金划拨方式速度又太慢，时间的滞后无法做到实时到账，人为的操作失误容易带来转账风险，不能满足期货市场客户的需求。

针对目前出入金方面存在问题，我们首先应尽快着手解决增加期货保证金结算银行的数量，对于符合《人民币银行结算账户管理办法》的银行给予其作为期货结算银行的资格，使得期货市场和证券市场的结算银行相匹配。其次，银行、证券、期货相关部门应尽快联合研究出一套能证期直接资金划拨的转账系统，这将极大地方便投资者进行资金划转。

（二）IB 业务的交易环节

目前客户可选择的期货交易的委托方式大致有三种：书面、电话和互联网。

绝大部分的客户选择使用网上客户端交易系统进行自助交易，部分客户通过电话进行应急委托下单，极少数客户采用书面委托下单的方式，在营业部现场填写书面应急委托交易单进行交易。IB 营业部的客户主要采取的是自助下单，由于 IB 营业部未设置交易员，客户应急电话委托下单，指令实际上是通过拨打应急下单热线或者客服热线委托总部交易员进行的。

自助下单的交易方式之所以为大部分人所选用，并成为一种趋势，其原因在于：（1）客户期货账户的密码安全性——在电话应急委托时，客户必须告知交易员其交易密码，而自助下单操作无需对外公开交易密码和验证密码。（2）交易指令的灵活性，如客户端交易系统支持止损（盈）指令，但交易员系统仅支持市价指令和现价指令。（3）下单的及时性，节省了委托交易员下单时密码验证的时间。

目前，市场上可供客户使用的交易软件包括两类交易系统：主交易系统和辅助交易系统。主交易系统是期货公司用于结算的系统，可进行交易下单、银期转账等功能；辅助交易系统是指除主交易系统外的交易软件，不能进行结算和银期转账功能，但能给客户提供个性化的交易程序，是期货投资者的首选。

不管是何种交易方式，使用哪类交易系统，目前期货市场上设计的软件大部分是只针对期货交易或证券交易的，无法满足既能做证券又能做期货的双向需求。对于这个问题，如何从技术上加以解决，期货公司和证券公司应好好加以研究，使客户从众多的交易软件中解脱出来。

四、期货 IB 业务风险控制

（一）期货行业 IB 风险控制模式

我国《证券公司为期货公司提供中间介绍业务试行办法》（以下简称“《试行办法》”）中规定了 IB 专员的风控职责（或权限）。《试行办法》第二十三条规定：“期货、现货市场行情发生重大变化或者客户可能出现风险时，证券公司及其营业部可以协助期货公司向客户提示风险。”目前，我国期货公司对 IB 客户的风险监控主要采取由期货公司营业部负责同城或相邻的证券 IB 端客户的风控，即一个期货营业部的风控员不仅负责本营业部客户的风控，而且负责几个证券营业部期货客户的风控。而 IB 风控岗位起到协助风险提示的作用。

按照《试行办法》的规定，基于期货经纪合同的责任由期货公司直接对客户承担。这也就表明了在风险控制环节，期货公司承担主要责任，直接负责客户的风险控制。IB 业务部门主要协助期货公司办理对客户的通知、沟通等辅助性工作。

1. 期货公司风险控制的责任主要包括：（1）执行盘后风险管理。对于结算后客户账户余额低于维持保证金水平的，期货公司在向客户发出保证金追加通知的同时应立即通知 IB 业务部门，其中保证金比例依期货公司通知为准。（2）执行盘中风险管理。交易期间随时追踪客户的账户权益状况，对风险度达到警戒水平的客户，及时通知客户及 IB 业务部门。（3）及时核查保证金追加纪录，检查客户是否于规定时间内追加足额保证金，若有未按时间及金额追加者，期货公司应按照合同规定进行处理。（4）处理结果及时通知客户及 IB 业务部门。

2. 在风险控制环节中，IB 的责任包括：（1）主动查询。IB 业务人员应随时通过“IB 监控系统”监控所属客户保证金及风险状况。（2）通知客户。当发现所属客户保证金不足时，IB 风控人员应及时通知客户应追加保证金金额及追加期限。

3. 风险控制环节 IB 需要完成的工作主要包括：协助期货公司要求所属客户及时追加保证金或者自行减仓；协助期货公司对被执行强行平仓的客户进行安抚工作；协助期货公司对穿仓客户资金的追索；督促所属客户查看每日交易结算单，协助有异议的客户向期货公司提出异议并协助期货公司对客户的结算结果进行解释。

（二）IB 风险控制人员的职责

引入 IB 制度后，随着 IB 客户量的增加，如何将 IB 客户的盘中风险监控纳入到期货公司现有的风控模式已成为 IB 业务的重要课题。我国 IB 与客户之间未签订期货经纪合同，未形成法律上的委托代理关系，在期货公司为避免法律纠纷仍将通知追加保证金作为一种义务的期货大环境下，IB 追保不具有法律效力。因此，我国 IB 风控岗只负责协助风险提示，不具有如期货营业部风控员的追保通知权限。目前国内期货公司 IB 风控模式的利弊分析见表 3。

表 3　　国内期货公司 IB 风险控制模式及其利弊分析

序号	IB 风险控制模式	利弊分析
1	具有 IB 对接资格的证券营业部通知客户	利：熟悉所辖客户、方便直接沟通。
		弊：法律上与客户未签署期货经纪合同，不具有法律上的委托代理关系，IB 追保不具有法律效力。
2	期货营业部风控员通知 IB 客户	利：符合《试行办法》规定。
		弊：对 IB 客户不熟悉；显著增大期货营业部风控员的压力。
3	总部风控员通知 IB 客户	利：方便直接风险监控。
		弊：不了解 IB 客户的交易习惯；显著增大期货营业部风控员的压力。

（三）改进 IB 风险控制的建议

1. 制度上可借鉴我国台湾地区 2009 年新修订的《证券商经营期货交易辅助业务管理规则》，建立客户风险通知由 IB 执行、强行平仓操作由期货公司统一执行的风控架构，以减轻期货公司端的风控压力。

2. 在目前的操作模式下，期货公司风控部作为后台部门，配置的人员一般比较紧张，未来至少需增加 1 倍。

3. 启动证券营业部风险控制应急预案，当期货市场出现单边市且无成交或少量成交时，期货公司将启动风险控制的应急措施，证券 IB 营业部必须加以配合。

（1）期货公司风险控制人员盘中即时计算整个公司的动态风险，并且按风险比例的大小，列出可用资金为负的客户资金清单，通知各 IB 风控及时监控和提示。

（2）期货公司风险控制人员在单边市当日收盘前，向证券 IB 协助风控人员发出具体通知，通知内容主要包括：客户资金账号、客户名称、盘中资金情况、需追加资金数量及追加时间的时限、强行平仓执行时间等内容。

（3）IB 端风险控制协助人员接到风控部通知半个小时之内，通知其有关客户，通知的内容必须与风险控制专管员的口径一致。根据期货公司风控部的要求，加强与客户之间的沟通、交流，即使采取了强行平仓措施，也要做好解释、安抚工作。

五、期货 IB 业务合规管理

（一）合规概述

根据巴塞尔银行监管委员会的有关解释，合规管理是指一个独立的机制，负责识别、评估、监控和报告银行的合规风险。合规风险主要是指因未遵循各项法律、条例、行为准则和良好的执行标准导致受到法律制裁、监管处罚、重大财务损失和声誉损失的风险。我国引进合规管理的理念首先运用于银行业。近年来，随着期货公司综合治理工作的全面开展，期货公司分类监管规定的正式实施，期货公司的合规管理将会成为常规监管的一项重要抓手。这也对期货公司对自身业务开展中的合规管理提出了更高的要求。

在证券公司从事期货中间介绍业务的合规管理方面，我们可以看到，一系列法规、条例的出台给 IB 业务的合规管理和规范运营提出了明确的要求。从 2007 年 4 月 15 日起，证券公司从事期货中间介绍业务以《期货交易管理条例》的形式被首次确认下来。随后证监会又颁布了《证券公司为期货公司提供中间介绍业务试行办法》，该试行办法第二章、第三章对 IB 业务资格条件、业务范围、业务规则和监管制度等内容进行了较详细的规定。2010 年证监会下发了《关于进一步加强证券公司为期货公司提供中间介绍业务管理的通知》，进一步将中间介绍业务纳入证监会日常监管体系。

由于期货中间介绍业务涉及证券公司和期货公司，因此，对该业务的合规管理就需要两家进行协调分工，对各自的期货从业人员进行合规管理和合规培训，并对相关部门和相关责任人员进行责任追究。

（二）合规管理的架构

IB 业务的主要风险并非来源于这项业务本身，而是来源于并不完善的业务管理模式以及客户服务的衔接过程。因此，建立有效的合规管理架构是控制 IB 业务风险的有力保障。目前国内证券公司和期货公司的合规管理架构是将 IB 业务的合规管理纳入各自公司的日常合规管理体系中，同时，证券公司和期货公司联合制定 IB 业务的实施办法、联合规划，并对证券 IB 营业部实施联合检查。

1. 合规制度建设。证券公司的合规部门负责本公司期货中间介绍业务的合规管理，将中间介绍业务纳入公司日常合规管理体系，并制定相应的合规检查制度，内容包括人员资格、客户开户、风险控制、信息技术、合规管理、投诉处理等。证券公司的合规总监应对中间介绍业务进行监督检查，并按要求向当地证监局提交合规检查报告。

期货公司负责制定本公司中间介绍业务合规管理制度，期货公司首席风险官负责对介绍业务的合规性进行监督检查，包括客户开户、风险控制、信息技术、合规管理、投诉处理等方面，并应在首席风险官季度工作报告中反映有关中间介绍业务检查情况的相关内容，并按规定向当地证监局提交工作报告。

2. 合规管理实施。证券公司期货 IB 业务部和期货公司各自负责其期货业务的合规管理，如发现对方在开展期货业务中存在风险或隐患，都应于当日向期货公司合规部门书面报告，合规部门接到报告后应立即以书面形式反馈给证券公司期货 IB 业务部或本公司相关业务部门，由其负责调查、核实并制定解决方案，并将解决方案以书面形式反馈至期货公司合规部门。

证券公司和期货公司应联合制定证券营业部开展中间介绍业务的规划，并按相关规定和联合办法进行自查。证券公司合规总监和期货公司首席风险官须履行对联合办法和联合规划的审查责任，并对联合自查结果签字确认，报当地监管部门备案。

3. 合规培训。要将合规管理制度落到实处，关键是提高 IB 业务相关期货从业人员的合规水平。而要提高期货从业人员的合规水平，我们必须加强对期货从业人员的合规培训，特别是对市场开发人员和风险管理人员进行持续的业务考核与培训，让所有期货从业人员都清醒地认识到自身工作岗位上可能存在的风险，形成防范风险的有效屏障。该项合规培训也应该纳入到证券公司和期货公司对 IB 业务的联合合规管理工作中。

4. 责任追究。要保障期货中间介绍业务的合法规范开展和运营，必须明确各相关部门和人员的责任，建立责任追究制度。由于期货中间介绍业务涉及证券公司和期货公司两方，因此，对于与期货中间介绍业务相关的部门和人员均应纳入责任追究的范围。

证券公司和期货公司均应建立各自的责任追究制度，明确期货中间介绍业务相关部门和人员的职责和要求，以及明确规定未履行职责的处罚措施。由证券公司和期货公司的合规稽核部门负责责任追究制度的监督和实施。

就责任追究制度的具体形式而言，应建立分级责任追究机制，公司要追究各级相关责任部门和责任人员的责任，即分管的高级管理人员承担相应的管理责任、业务部门负责人（包括公司后台管理部门）、营业部负责人对本部门违规事项负最终责任，复核评估人、开户经办人、客户开发人员等相关责任人员对客户开发过程中的违规行为负直接责任。

第五节　我国期货 IB 业务辅助环节发展

一、期货 IB 业务投资者教育

（一）IB 业务中投资者教育现状

在实务操作过程中，国内 IB 业务环节中的投资者教育主要是针对证券 IB 端介绍和转化的期货投资者进行，目的是通过一些特定的方式传播期货投资知识、传授期货投资经验、培养期货投资技能等来提高投资者素质，并加强期货投资风险提示，倡导理性期货投资观念，使得投资者教育能够成为期货前端风险控制的一个重要环节。目前，国内 IB 业务环节中的投资者教育，主要以股指期货的投资者教育为主，商品期货的业务内容为辅。

在 IB 业务开展中，大约 80% ~90% 的投资者是从原来的证券市场转而进入期货市场投资股指期货或者商品期货的。这部分投资者尽管有一定的证券投资经验和知识，但对于期货这一衍生工具的认识还比较有限，实务操作中对于期货交易规则和制度，以及“杠杆”使用上风险意识相对薄弱，导致亏损出现和风险发生。这些现象不仅加大了期货公司风险控制环节的压力，同时也给后期 IB 业务的推进和期货行业的发展带来隐患。为了更好开展 IB 业务，投资者教育工作一直在持续不断地开展。当前，国内 IB 业务环节中投资者教育的方式，主要表现在以下三个方面：

1. 存在控股或股东关系的证券公司和期货公司，由 IB 部门牵头，协调期货公司其他部门（涵盖研究、技术、开户、风控）配合，专门针对证券公司营业网点客户开展的投资者教育。其内容主要是期货的基础知识，期货的基本面和技术面分析，期货投机、套保、套利交易策略、期货行情分析等。形式主要是培训会、沙龙、分发投资者教育资料。

2. 期货业协会或同业公会、交易所层面协调组织（邀请境内外知名专家，以及期货公司资深专家），专门针对期货公司或证券公司从业人员进行的培训，目的是补充从业人员的业务知识和提高从业人员投资者教育工作。形式也基本采取培训会、沙龙、分发投资者教育资料。

3. 交易所提供专家及财务支持，由会员单位主动上报申请，配合期货公司开展培训会、沙龙等形式的投资者教育工作。

除去以上三个主流层面的投资者教育形式外，网站专栏、证券期货专业报刊杂志专栏、电视媒体专业类财经节目、广播媒体专业类财经节目也从不同角度丰富投资者教育的形式和扩大投资者教育的覆盖面。

（二）IB 业务中投资者教育存在的问题

1. 部分证券公司 IB 端工作人员自身对于期货市场和期货工具的理解有限，导致了以证券公司 IB 端发起或维护的投资者教育工作流于形式、达不到正面效果。

2. 证券公司 IB 端和期货公司内部业务部门的投资者教育的体系尚不完善，阻碍了投资者教育工作的效率。目前 IB 端业务的投资者教育已经出现受众和形式层次上的不同诉求。首先，已经参与过前期投资者教育活动的投资者有后续深层次培训的要求；其次，刚进入期货市场或正准备进入期货市场的投资者则有初级培训的需要；第三，已经参与交易的投资者对于更深层次期货交易和期货策略存在培训的要求，但系统化、持续化、分层次的投资者教育体系，在证券公司 IB 端和期货公司内部业务部门，乃至整个期货公司层面，还尚未有效建立。

现行的以期货公司为主导的 IB 端投资者教育，在实施过程中，以业务开发为目的的营销成分远远大于一般意义上的投资者教育，因此，往往出现对期货投资的风险揭示不足、投资者对期货投资风险理解有偏差，以致可能造成投资者在日后期货交易上产生风控意识匮乏的交易风险。

3. 随着新品种上市后交易的逐渐稳定成熟（主要是股指期货），期货业协会或同业公会、交易所层面协调组织的培训，渐渐转变为由期货公司主动策划、上报，交易所提供专家及财务支持的形式。以期货公司牵头进行，或直接由期货公司进行的 IB 端投资者教育培训逐渐形成主流。整个社会中，期货公司层面的投资者教育居于主流，或可能增大期货投资风险揭示偏差的隐患。

4. 报刊、电视广播等媒体方面的投资者教育工作，作为 IB 端投资者教育工作的补充还缺乏有效性。一方面，表现为 IB 端投资者教育工作在事前、事中、事后有效利用报刊、电视广播配套宣传力度不够，降低了IB端投资者教育工作的效果；另一方面，表现为报刊、电视广播等媒体人员，对期货市场的理解也存在偏差，部分报道和宣传有过分放大期货投资风险、以偏概全的现象。

这些暴露出来的问题，已经反映出IB端投资者教育系统性梳理的必要性，因此，对IB端投资者教育进行梳理，并作为一个分支纳入整个金融市场投资者教育体系环节，有相当的必要。

（三）合理的投资者教育体系的建立

IB端合理的投资者教育体系的建立，应在参考国际证监会组织技术委员会为投资者教育工作设定的六个基本原则的基础上，根据中国的国情，建立分层次、相对独立、持续的IB端投资者教育体系。更全局的构建体系为：建立分层次、相对独立、持续的投资者教育体系，而将IB端的投资者教育当做整个体系中的一个枝节。

所谓“分层次”，有几个方面的内容：一是以期货公司居于主流的投资者教育模式存在欠缺，应当存在其他形式的投资者教育模式——监管机构协调组织的专门的投资者培训团队。监管部门组织的、没有利益关系的、不存在营销成分的，同时也必须是专业的投资者教育人员和团队，往往能够较为中性、客观地揭示期货风险和收益的关系，灌输理性投资观念。二是投资者教育必须按照对象和推进层度，分层次开展。在投资者教育的推进过程中，必须根据市场规模的发展和投资者成长的过程，建立配套、分层次的投资者教育团队和课件。一般情况下，投资者教育，至少应当分初级和中级两个层次。按照投资者教育的初级和中级层次，配套初级和中级的专业投资者教育团队和课件。三是应存在投资者教育的监管过程，监管可以采取报备、定期抽查以及受训回访的形式。同时，监管也应当对实施投资者教育的人员采取资格认证制度，且资格认证应当实行年检制度。

所谓“相对独立”，是指开展IB端投资者教育的团队必须要有一定的相对独立性。一方面，要有监管部门牵头的、独立于期货公司方的投资者教育团队；另一方面，期货公司内部开展投资者教育的团队，应该独立于期货业务本身，不以业务考核为目的。

所谓“持续的”，是指开展IB端投资者教育要有持续性，既有形式上的持续性，也应保持内容调整的持续性，根据市场的变化，与时俱进地调整投资者教育人员和内容。IB端投资者教育系统可参考图6的框架。

（四）投资者教育的内容

IB端投资者教育的内容，根据投资者认知情况，可以分初级和中级两个层次开展。由监管机构专门的投资者教育团队提供指导性的内容和模板。期货公司层面的投资者教育团队，可以根据指导性的内容和模板适当调整，但调整后的培

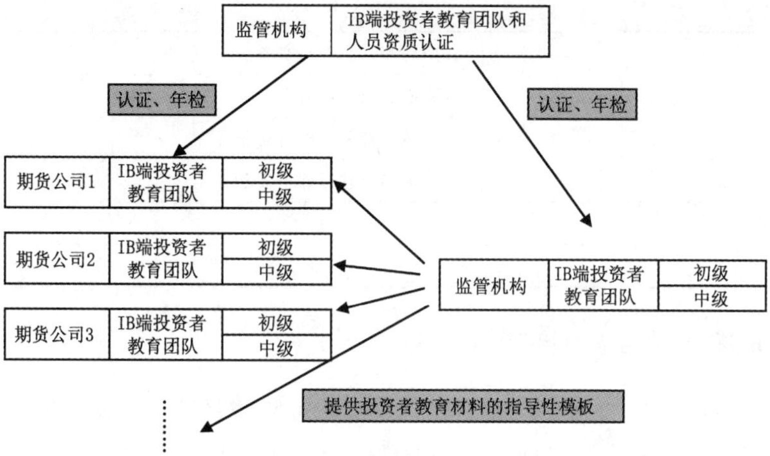

图 6　IB 端投资者教育系统框架图

训内容和模板应当报备。对于投资者教育的内容，应当包含以下几点：基础知识、期货风险和投资理念、期货分析、程序化交易、期货交易策略以及其他相关发展和内容（见表 4）。内容的深浅根据投资者的认知情况调整。这些内容从实务的操作经验和反馈的效果来看，已经能够基本覆盖期货各个主要层面知识，对投资者全面了解期货、熟悉期货工具，并在一定程度上理解期货投资技巧是有帮助的。

表 4　　IB 端投资者教育内容

期货交易基础知识	期货基础知识
	期货交易流程
期货交易理念与风险意识	期货交易风险来源
	期货交易中的心理学
期货基本面分析	宏观经济分析
	期货品种供需分析
	主要期货品种基本面介绍
期货技术分析	技术分析理论
	主要技术指标
期货程序化交易	程序化交易原理
	主要期货品种程序化交易
期货套期保值	原理与实务

续表

期货套利	期现套利原理与实务
	跨期套利原理与实务
	跨品种套利原理与实务
	跨市场套利原理与实务
股指期货	
国际期货市场发展情况	

二、期货 IB 业务人员培训

为进一步加强 IB 业务的规范运作、风险防范与监督管理，为期货市场的稳定发展和股指期货的平稳推出创造良好条件。中国期货业协会与各地证监局密切配合，于 2010 年 1 月至 12 月间，开展了针对证券公司从事 IB 业务的人员和营业部负责人的专项培训工作。

（一）培训的内容、人数以及次数

2010 年 1 月至 12 月，中国期货业协会组织的 IB 业务培训共分 3 个阶段，分别在 24 个城市举办 59 场，共计培训学员 11828 人；参加考试人数 11813 人，合格人数 11342 人（其中 2996 名营业部负责人，8346 名 IB 专职业务人员），考试合格率 96.01%。

在股指期货上市之前，中国期货业协会即把培训出能够满足实际业务需求的 IB 专职人员作为重要工作展开。IB 培训准备工作从 2010 年 1 月中旬启动；2 月份完成 18 场培训，并且在之后的 3 至 12 月份的 10 个月内又完成了 41 场培训。在内容安排上，培训做到了切实符合业务人员今后开展 IB 业务的具体需求，具有较高的针对性和专业性，包括 IB 业务相关政策法规、股指期货业务规则和制度、股指期货的应用、股指期货的风险控制、股指期货的业务流程与风险管理 5 门课程，即讲政策、讲规则、讲应用、讲风险、讲流程，而投资者适当性制度的内容也是此次培训的重中之重。

中国期货业协会组织的每场 IB 业务培训均安排闭卷考试，考试结果直接与 IB 业务资格挂钩。在考试组织环节中，制订了严格的规定，要求命题人员及接触试卷的人员签署保密承诺书，并明确规定了命题、试卷印刷、交接、保管、考试实施、考场安排、监考及阅卷等各环节的岗位责任和工作流程。整个培训考试做到严肃、规范，组织者对每场培训的质量进行严格把关。通过培训考试并将成为期货从业人员的 IB 业务人员，期货知识特别是期货实务性、操作性的知识仍是他们的薄弱环节，中国期货业协会在随后继续加大对 IB 业务人员的后续跟踪教育和管理，开展实务性、操作性强的各项专项培训，巩固 IB 专项培训的成果。中国期货业协会还组织编写了《股指期货IB业务实用手册》，将IB业务培训的有关内容，结合IB业务实践操作中可能遇到的常见问题，编写汇集成册，免费发放给证券公司及期货公司营业部，以便于IB业务及相关人员随时参阅及学习之用。

（二）培训的效果

通过中国期货业协会在2010年举办的培训，使得将近11000名证券公司拟从事IB专职业务的人员和营业部负责人系统地学习并熟悉了IB业务的政策规定、股指期货的业务规则、制度和应用，掌握了IB业务与风险管理流程，深刻理解了适当性制度的要求，为股指期货的平稳推出及顺利运行提供了IB业务的人员保证。IB培训是“五位一体”监管工作机制的高效性的又一次集中体现，也为短时间内开展大规模培训积累了经验。

据统计，截至2010年12月31日，证券公司中获得IB业务资格的证券公司迅速扩大到55家，通过业务资格验收的证券公司营业部达到1127家，取得IB业务资格的证券公司员工达到6042人。在不到一年的时间里IB从业人员数量迅速达到期货从业人员总量的21%（见图7）。

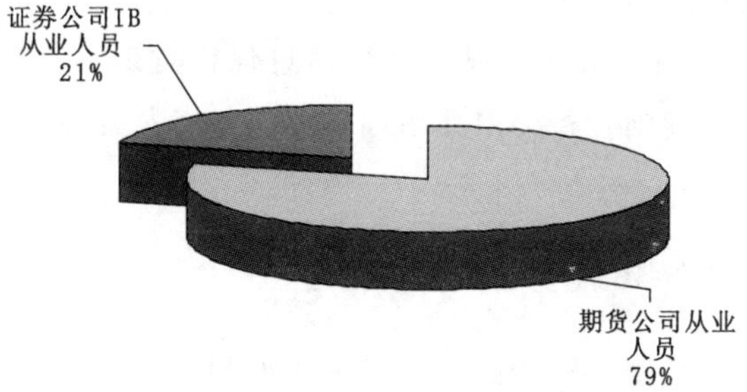

图7　期货从业人员单位分布

数据来源：中国期货业协会。

三、期货IB业务档案管理

期货经纪合同由期货公司统一管理，期货公司相关部门须设定合同管理专岗，负责公司期货经纪合同统一管理，证券营业部也须指定专人负责本营业部的期货经纪合同管理。

（一）期货经纪合同及相关材料的保存

1. 需归档的档案内容。期货经纪合同文本、开户需提供的证明材料、客户提出信息变更的材料、客户申请开通各类权限、销户等相关材料。

2. 档案管理的方式、材料保存年限。证券公司将需归档的各类档案按规定存档，并登记各类统计表、资料库、合同存放柜。终止的期货经纪合同及其附件，其保管年限为20年。

（二）档案管理存在的主要问题

1. 档案的存放、调阅不便。证券公司随着业务的发展，客户量的增加，需归档的资料越来越多，会对档案的存放及调阅工作产生不便。

2. 档案的遗失、客户信息的泄露。随着需归档材料的增多，如果无法合理、有序地进行档案管理便会造成档案管理混乱，甚至档案遗失的风险，同时造成客户信息的泄露。

（三）进一步规范档案管理的建议

1. 档案需要及时归档。经签署生效的有效期货经纪合同、各类申请材料的原件，证券营业部须在规定的时间内寄回期货公司，期货公司将审核通过的材料按档案管理规定存档。期货经纪合同、开户证明材料、申请变更等各类材料需要及时归档，以免造成遗失、信息泄露等各类风险。

2. 建立一个客户资料电子档系统。客户资料电子档系统可用于保存客户所有资料的扫描件，也可用于搜索、调阅客户资料电子档，从而解决了因期货经纪合同数量的增加，造成调阅的不便。

3. 定期组织员工内部培训，提高客户信息保密意识。证券公司定期组织员工参与职业道德、工作准则等各类内部培训，提高工作人员整体素质以及客户信息保密意识。

四、证券公司期货 IB 业务客户投诉处理

要提升客户的满意度，顺畅高效的投诉通道和流程是必不可少的。由于期货中间介绍业务涉及证券公司和期货公司两方，客户投诉可能发生在任何一方，因此，如何准确、高效地解决客户投诉，如何构建证券公司和期货公司之间工作环节的衔接，是解决问题的关键所在。下面我们将从客户投诉的四个阶段依次予以分析。

（一）IB 业务客户投诉的受理

通常，由于客户是通过证券公司介绍到期货公司从事期货交易的，一般情况下，客户与证券公司工作人员的交往比较多，较为熟悉。因此，将证券公司作为受理客户投诉的机构，可以更好地与客户沟通，了解客户的想法，有助于问题的迅速解决。但是，由于证券公司期货 IB 毕竟不是专业从事期货业务的主体，对于期货专业知识的掌握程度会存在一定的欠缺，因此，从这一方面而言，证券公司可能无法实现准确解决客户投诉的目的。

鉴于此，较好的做法是建立两级客户投诉受理机制，即在期货公司中设置专门负责客户服务的部门接收客户投诉，在具备 IB 资格的证券营业部中，则指定某一期货中间介绍业务专职人员负责接收客户投诉。按照中国证监会的要求，具备 IB

资格的证券营业部至少应有两名以上的期货专职人员，岗位分别为期货开户岗和期货风控岗，因为期货风控岗涉及与客户联络和沟通的事项较多，所以由期货风控岗受理客户投诉事宜较为合适。证券营业部同时应建立客户投诉台账，通过投资者投诉记录表，详细记录客户姓名、投诉内容、投诉时间、联系方式等，并应在证券营业部的营业场所显著位置明示期货公司、证券营业部的投诉受理部门和投诉电话。

（二）IB 业务客户投诉的处理

对于客户投诉的受理原则，目前普遍采取的是首问责任制。如果客户直接向 IB 证券营业部进行投诉，则 IB 证券营业部的客户投诉受理人员应根据客户投诉的内容按不同的流程进行处理。如果客户投诉只涉及证券营业部端的开户受理、员工服务等方面的问题，则证券营业部可直接受理。由 IB 证券营业部期货风控岗将投诉事件上报证券营业部的负责人或营业部负责业务的人员，如营销总监，由负责人或营销总监负责组织营业部相关人员对客户投诉进行调查。如果客户投诉涉及期货公司或属于证券营业部不能解决的投诉，则期货风控岗应在受理当日将填写完整的 IB 端客户投诉记录表提交给期货公司合规稽核部门，由期货公司的合规稽核部门负责处理，并及时将处理结果反馈至证券营业部。

如果客户直接向期货公司投诉，则期货公司亦应当按照首问责任制的原则进行受理。首问责任人在接到客户投诉后，填写相应的 IB 端客户投诉记录表，详细记录客户的姓名、投诉内容、投诉事件和联系方式等关键信息，并应于当日将投诉情况报送给被投诉部门的负责人、分管领导、合规稽核部门和 IB 管理部门。被投诉部门负责人应指定专员根据客户投诉内容组织人员当日进行调查处理，在 1 个工作日内（必要时经负责人批准可延长）反馈处理结果，处理结果须包括情况说明、处理方案及整改措施。在投诉事件处理完毕当日，由合规稽核部门经办人填写 IB 端客户投诉记录表，记录处理过程及处理结果，经合规稽核部门负责人签字确认后上报期货公司总经理。期货公司总经理对投诉事项批示后，期货公司合规稽核部门应将处理结果在 1 个工作日内以书面形式反馈至被投诉部门、期货公司 IB 管理部门和期货公司投诉受理部门，并由期货公司投诉受理部门以录音电话的形式将处理结果及时反馈至投诉人，IB 管理部门则应及时将处理结果反馈至证券公司的中间介绍业务管理部门。

（三）IB 业务客户投诉的答复

在对投诉进行调查后，证券营业部投诉受理人员应在接到客户投诉的 24 小时内将处理进展或处理结果反馈给客户。有特殊情况的可经负责人或营销总监同意后适当延长。证券营业部投诉受理人员应同时填写相应的投诉台账，详细记录投诉相关的情况说明、处理方案或整改措施。

为更好地加强证券公司和期货公司对客户服务的管理，证券营业部应及时将台账记录报备证券公司负责期货中间介绍业务管理工作的领导部门、期货公司的中间介绍业务管理部门和期货公司的合规稽核部门。

（四）IB 业务客户投诉文件的归档

证券营业部应定期整理 IB 端客户投诉记录表等投诉信息记录，确保真实性、完整性，并将电话录音、电子文档等记录刻盘，连同纸质材料归档保管，保存期限不得少于 5 年。

期货公司的 IB 管理部门负责编制 IB 端客户投诉记录汇总表，在每季度首月的 3 个交易日内，将上一季度新增的投诉记录上报证券公司相应的 IB 管理部门。

（五）IB 业务客户投诉事件的责任追究

在完成对客户的答复后，为杜绝投诉事件的再次发生，提升对客户服务的水平，根据期货公司合规稽核部门在处理过程中调查核实的实际情况，若投诉事件中承担主要责任的是期货公司员工及相关部门，则由期货公司按照本公司的责任追究制度对直接责任人或责任部门进行相应处罚。若投诉事件中承担主要责任的是证券公司的员工及相关部门的，则应由证券公司按照本公司的责任追究制度对直接责任人员或责任部门进行相应的处罚。涉及触犯刑律的，应移送司法机关处理。同时，应将投诉的数量、响应速度、处理结果和资料归档情况作为对相关部门及员工考核的依据之一。

第六节　我国期货 IB 业务的发展现状、趋势及建议

一、期货 IB 业务的发展现状

（一）股指期货推动 IB 业务发展

2010 年 4 月 16 日，沪深 300 指数期货正式在中国金融期货交易所挂牌交易，标志着我国资本市场进入了一个崭新的时代。股指期货的推出，有效地连通了原本相对隔离的两个资本市场：证券市场和期货市场。证券市场经过 20 多年的发展，已经培育了一批较为成熟的投资者，股指期货的主要参与者将首先从证券市场的具有丰富投资经验的股票投资者中产生，而最贴近投资者的正是可以承担 IB 业务的证券公司。而且，经过多年的发展，证券公司具备了较为广泛的营业部网点布局，其所达的投资者市场深度远超刚刚涉足金融期货的期货公司。而期货公司欲整合证券公司营业网点客户资源中潜在的股指期货投资者，就必须充分利用具备开展 IB 业务资格的证券公司以及其所属各营业部前期积累的优势。从这个角度上来看，股

指期货的推出，促进了国内IB业务的蓬勃发展。

（二）我国期货IB业务的现状

根据国际以及我国港台地区的经验，证券公司大多都是通过控股或者联合相关期货公司来参与市场分工，而不是通过独立的期货经纪商来参与。这种方式在业务的衔接以及对投资者的服务上，有着无可比拟的优势。在美国的期货公司业务结构中，IB业务的客户量和交易量都远比期货公司直接开发的客户量以及他们的交易量大。美国期货公司把IB业务定位为给证券端的股票客户提供优质的期货服务，从而促进了美国IB业务的快速发展。香港联合交易所对衍生品市场交易活动所做的调查数据显示，恒生指数期货交易的90%以及小型恒生指数期货交易的95%是由证券公司控股的期货公司完成的；而独立的期货公司客户完成的交易分别仅占10%和5%。IB业务对于国际及我国港台期货公司开展金融期货业务的贡献之巨可见一斑。

国内期货公司发展股指期货业务的一条重要途径也就是要不断完善与发展相关的IB业务，为证券端客户提供更为周到全面的金融服务。截至2010年12月，根据中国金融期货交易所的数据，国内各家期货公司IB端开发的股指期货客户累计为15327户，占股指期货投资者总数65713户的23%左右，远远低于国际成熟市场上的比例，可见，国内IB业务仍具有较大的成长空间。国内期货公司在IB业务方面的发展规模，将在很大程度上影响其在金融期货市场的占有率。

二、期货IB业务目前存在的问题及风险点

目前，我国期货IB业务存在的问题与风险点在以下环节较为明显：

1. 在开户环节，存在风险揭示不充分、开户资料审核的不严谨、开户效率低下、客户开户资料保存不完善等问题。

2. 在出入金环节，期货结算银行与证券存管银行数量上不匹配、出入金方式单一等问题。如何实现证券和期货资金自由划转是目前IB客户在出入金环节面临的一个难题。

3. 在交易环节，目前期货市场上设计的软件大部分是只针对期货交易或证券交易的，无法满足既能做证券又能做期货的双向需求。对于这个问题，如何从技术上加以解决，期货公司和证券公司应好好加以研究，使客户从众多的交易软件中解脱出来。

随着IB客户量的增加，如何将IB客户的盘中风险监控纳入到期货公司现有的风控模式已成为IB业务的重要课题。我国IB与客户之间未签订期货经纪合同，不具有法律上的委托代理关系，在期货公司为避免法律纠纷仍将通知追加保证金作为一种义务的期货大环境下，IB追加保证金不具有法律效力。在目前的操作模式下，

期货公司风控部作为后台部门，配置的人员一般比较紧张，未来至少需增加一倍等。这些问题都需要开展 IB 业务的相关主体在后续发展中加以重视与解决。

三、期货 IB 业务的发展趋势

出于防范风险及扶植期货行业健康发展的需要，我国的 IB 业务演变成“一对多”模式的可能性不大。在相当长的一段时间内，IB 仍将以“一对一”的形式存在，依据国际经验，证券公司在 IB 业务市场所扮演的角色将越来越重要，借助 IB 通道，证券公司也将成为期货市场的主要力量之一。

展望我国 IB 业务的发展，主要有以下几个趋势：

（一）商品与金融期货的高速增长，促进 IB 业务量快速放大

目前，我国商品期货市场已经成长为全球最大的商品期货市场，从国际市场上股指期货与商品期货的成交量对比来看，我国股指期货必将随着机构投资者的广泛参与而具有更为巨大的发展空间。我国股指期货上市以来，其交易量和交易规模均显著增长（见图 8），目前股指期货交易量已占整个期货市场交易量的 30% 以上。

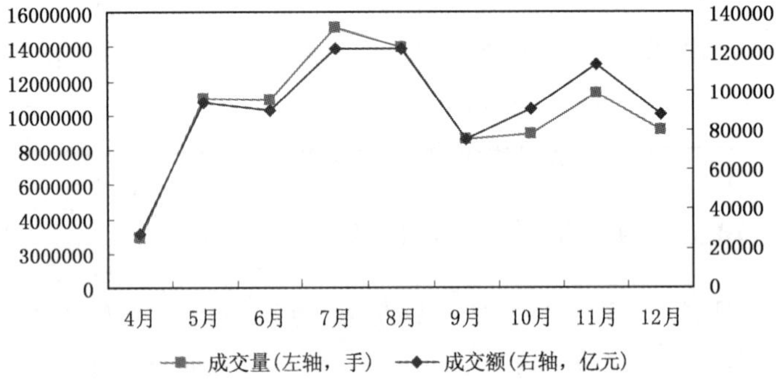

图 8　2010 年股指期货上市以来成交情况

资料来源：中国期货业协会。

商品期货的快速发展，加之股指期货的爆发性增长前景，期货 IB 的两大业务主体的巨大发展潜力必将使 IB 业务交易量快速放大，使其占期货市场交易量的比重越来越大。

（二）证券公司对 IB 业务的重视程度加大

随着 IB 业务规模的增长，加之 IB 业务开展情况较好的行业领先者的示范效应，面临激烈竞争压力的证券公司必将加大对 IB 业务的重视程度。为弥补 IB 端服务人员人手不足的瓶颈，证券经纪人或可从事股指期货 IB 业务，最终使得券商成为期货 IB 业务的主力践行者。证券公司的重视也将促进 IB 业务服务水平的大幅度提升。

（三）IB 业务产品的种类和数量进一步丰富

从商品期货来看，国内市场已基本实现与国际市场接轨，品种正在不断丰富和发展，同时也推出了我国所特有的商品期货品种。在国际金融危机期间，各期货品种出现剧烈波动，但我国期货市场总体运行平稳，国内交易所独有特色的风险控制管理办法为国际期货市场在极端行情下的风险控制提供了参考和借鉴。然而，就金融期货而言，我国仅有沪深 300 股指期货这一种产品，与国际发达期货市场股指期货、迷你股指期货、个股期货、利率期货、外汇期货等种类繁多的金融期货相比，我国金融期货的发展步伐较慢，未来的空间十分巨大（国际主要金融期货类型参见表 5）。可以预见，随着新产品的推出，IB 业务产品数量和种类均将随之增加，个股期货等创新型金融工具也完全有可能成为 IB 业务产品。

表 5　　主要金融期货概览

种　类	金融期货具体产品
利率期货	美国长期国库债券 30 年、美国国库票据 10 年、5 年及 2 年，芝加哥债券期货（以 6% 为票面息率），Libor、美元利率、欧元利率、香港银行同业拆借利率
股票指数期货	标准普尔 500 指数、纳斯达克指数 100、道琼斯指数、日经 225 指数、恒生指数
外汇期货	GIO 货币组合、新兴市场货币组合

（四）期货公司反向 IB 实力提升

随着期货公司全面参与 IB 业务，IB 端人员对于 IB 业务的体系和流程的理论和实践认识均有显著的提升，由于接受了证券公司系统性的培训，期货公司 IB 端人员的证券知识也得到有效充实。随着期货市场交易量的扩大，期货公司盈利能力有了较为可靠的保障，营业部和从业人员数量将会进一步增多，前期 IB 业务的先行者的期货和股票市场的双重实践，将为期货公司和证券公司提供股票反向 IB 业务奠定牢固的基础。

四、发展证券公司期货 IB 业务的相关建议

（一）积极推动监管层跨部门协作下的宏观引导

证券公司期货 IB 业务在国内开展的时间还很短，从行业整体来看，此类业务深入而可持续的发展离不开监管部门的引导，离不开业内各方共谋发展的合力。这种合力不单体现在市场参与各方在业务创新和业务拓展等方面的共同努力上，也应存在于监管层面不同部门之间共同摸索行业监管以及有效引导模式的努力上。必要时，若能由不同的监管部门（例如中国证监会、中国期货业协会、期货交易所、当地监管部门等）通过联合工作小组等形式，开展制度建设、协作监管或协调引导行业发展等方面的工作，将大大提高监管环节的效率，提升对行业发展宏观引导

的效能，这对作为新生事物的证券公司期货 IB 业务的发展将极为有益。

谈到宏观引导，业内议论多年的一个议题是如何制止期货公司手续费的恶性竞争问题。作为一种市场行为，原本似乎无需干预。但在期货业经历了近 20 年的发展，交易规模增长了 100 余倍、公司数量减少了 10% 的今天看来，全行业仍然未能出现几家整体实力出类拔萃的龙头企业，这不得不说是无序竞争的恶果。由此看来，依托行政力量进行规范也就十分必要。

（二）努力加强证券公司营业网点在 IB 业务中作用的发挥

目前，控股和全资收购期货公司的证券公司各营业部网点 IB 业务均已正常开展，期货公司也派驻了 IB 端人员入驻各营业部。虽然股指期货已成功推出，但机构投资者还没有广泛深入地参与，与券商本身的经济收益相比，来自 IB 业务的收益只占非常小的一部分，业绩提升效益并不十分显著。因此，总体而言，营业部网点 IB 业务的效益并不尽如人意。

据上海证券交易所数据显示，国内证券公司营业部总数为 4573 家。第一批获批 IB 资格的营业部数占总数的 20%，截至 2010 年年底，第二批再次新增的 20% 的营业部将获批开展 IB 业务。届时，可开展 IB 业务的营业部总数近 1000 家。当前面临激烈竞争压力的券商虽然拥有数量众多的营业部，但对于 IB 业务的重视程度轻重不一，较为重视的券商的营业部也因地域和各自差异而对 IB 业务的支持力度不一。

此外，证券经纪人不能从事期货 IB 业务营销，从根本上使 IB 业务的正常营销渠道大受限制，能真正较好地开展 IB 业务的营业部数量少之又少。

纵观整个市场，营业部网点 IB 业务尚处于初级发展阶段，IB 业务收益占券商总收益的比重还并不十分显著，但是对于与证券公司实现 IB 业务良好对接的期货公司而言，IB 业务所带来的业绩提升效果却较为明显。

目前，对处于行业前列的券商背景期货公司而言，其控制证券公司的营业部数量多在 100 家以上，IB 端的客户权益规模已达到或接近 10 亿元的数量级，占公司客户总权益的比重在 20% ~30% 之间，IB 业务收益常见的分成比例在 4∶6 到 7∶3 之间。以其中一家的数据为例，来自 IB 端的开户数已占整个公司开户数的 50%，股指期货的交易量占整个公司交易量的 70%，IB 端客户权益占公司客户总权益的 25%，IB 业务的手续费收入也成为公司主要的手续费来源之一。

当然，证券公司营业部网点在期货 IB 业务中理想作用的发挥并不是一蹴而就的，这是一个系统工程。证券营业部应积极配合期货对接部门的培训指导，做好相关前期准备与后续跟进工作，持续学习期货业务知识，拓展期货业务，充分发挥证券公司营业网点多、从业人员多的优势，有效拓展 IB 业务的渠道，提升 IB 端服务人员的综合素质，进而实现自身经济效益和期货公司经济效益的双提升，真正发挥证券营业部网点在期货 IB 业务中的理想作用。

（三）持续推进 IB 业务创新，改进和规范 IB 业务营销

1. 期货公司为证券公司开展中间介绍业务（反向 IB 业务）。为加强期货公司与证券公司的客户资源整合，促进双方业务交易及合作发展，期货公司同样也可以为证券公司开展中间介绍业务，为证券公司介绍客户参与股票交易或基金理财等业务活动。

与股票市场的参与者对期货的熟悉程度相比，期货市场的参与者对于股票的熟悉程度要高得多，事实上，期货市场的参与者对于股票这一投资工具也存在着不小的需求，大部分期货市场的参与者既交易期货又参与股票投资。随着股指期货的推出，股票现货与股指期货之间的联系空前加强，在同一个金融集团开展股指期货交易和股票交易将能极大地方便投资者的信息获取和享受期现货综合服务，因此，期货投资者将多个投资工具在同一金融集团开展的需求也将空前增强，期货公司为证券公司开展 IB 业务的需求将随着股指期货的不断发展而不断增强。

与证券公司为期货公司进行中间介绍业务相类似，期货公司为证券公司开展中间介绍业务也是涉及多个方面协调和考量的系统性项目，其开展流程、规章制度和激励措施等均需要基于互惠互利的原则，才能真正实现期货公司与证券公司的双赢，这也是期货公司为证券公司开展中间介绍业务这一模式可行性和持续性的客观要求。

2. 证券经纪人从事期货 IB 营销。现阶段，证券经纪人不能从事期货 IB 营销的规定阻碍了期货 IB 业务的发展已成为业内共识。证券经纪人不能从事期货 IB 营销使得期货营销不能得以充分展开，证券公司的资源并不能得到有效利用，因此，将从根本上动摇证期双赢的基础，IB 业务规模的发展受到严重限制。

无论从执业资格、业务水平还是风险管理等多个方面看，证券经纪人从事期货 IB 营销并不存在不可逾越的门槛，对于证券经纪人而言，从事期货 IB 营销只是增加了数种交易品种而已，只要做好相应的培训工作，完全可以胜任。在以股指期货为代表的金融期货时代来临之际，证券经纪人从事期货 IB 营销能提高其对期现货金融市场的理解，强化期现货综合服务能力，从而促进整个金融市场的长远健康发展。证券经纪人从事期货 IB 营销不仅是期货公司的需要，也是证券经纪人提升自身素质的需要，更是我国金融市场长远发展的需要，为客户提供优质的金融服务也才能成为可能，真正实现与国际金融市场的全面接轨。

3. 期货居间人规范为期货经纪人并从事证券 IB 营销（拓展证券公司销售渠道）。国内外期货市场的发展实践表明，独立于公司和客户之外，接受期货公司委托，独立承担基于居间法律关系所产生的民事责任的居间人队伍是期货市场不可忽视的力量，这一群体在客户资源和信息渠道上拥有显著的优势。但由于与期货公司

不存在隶属关系，期货居间人易受酬金驱动而在阶段性的合同期限到期后，经常性地发生流转，期货公司业务量的波动也因此加剧。

由于这一群体大多具备期货和证券的基本知识，可以试行灵活的酬金安排，将这一群体纳入期货经纪人范畴，由期货公司辅以适当的培训，从手续费收取、佣金提取和业务开发奖励等各个方面出台针对性地安排。一方面，将在不侵蚀证券公司的现有资源的基础上有效地壮大期货经纪人队伍；另一方面，也将为未来期货公司向证券公司提供中间介绍业务（即反向 IB 业务）提供必要的人员补充，有效弥补当前期货人才紧缺这一发展瓶颈。

4. 巩固直接产品、开发间接产品，改善产品同质化现状。我国资本市场的发展呈显著的政策推动型特征，因此在产品方面的改进步伐并不会太快。虽然商品期货和金融期货品种仍有待丰富，但只有市场的稳定发展，才会有新品种推出的可能，因此，品种的丰富并不会一蹴而就，更不会突然大范围的放开。但是，期货公司可以加大研发投入，通过组合策略开发出既定政策下的投资组合产品，为 IB 业务营销创造特色产品，提供强有力的支持。

5. 证期联合解决营销方式欠新意的窘境。当前，期货公司的实力与其母公司或控股证券公司之间存在着不小的差距，并不具备强大的财力和物力举行大型的促销和推广活动，因此，证券公司有必要加大对期货公司的支持力度，共同举办大型促销活动，促进 IB 业务的健康发展。IB 业务的手续费转换率是普通股票交易的 5 倍左右，证券公司大力支持下的大型促销活动并非盲目的非理性之举。

6. 制定长期发展战略，打造战略层面的有形展示平台。应当吸取之前期货市场历经多年发展但行业集中度仍然过低的教训，从 IB 业务开展之初，即予以足够的重视，从证期联合品牌的打造，树立良好的公共口碑出发，致力于打造业内领先的证期联合经营主体。制定合理的期货公司和证券公司 IB 业务利益分配机制，为 IB 业务长期健康发展提供制度基础。

特别专题二

中国期货市场"十一五"回顾与"十二五"展望[①]

第一节 "十一五"期间中国期货市场在量变中孕育质变

"十一五"期间，中国经济继续保持高速发展的势头。与此同时，中国期货市场也沐浴着"十一五"的春风，走上稳步成长、快速发展的轨道。从市场规模逐年扩大到期货公司规范运作业绩提升，从监管体系逐步理顺到功能发挥逐步深入，显示出欣欣向荣的态势。在"十一五"结束之际，中国期货市场交出了一份令人满意的答卷。

一、期货市场不断扩容，市场地位不断提升

"十一五"是中国期货市场飞速发展的5年，更是历经危机考验而发展成果显著的5年。在"十一五"期间，中国期货市场以交易额逐年翻番的速度增长。从"十一五"开局之年的2006年期货市场成交4.5亿手，成交额21亿元，到2010年期货市场成交31.3亿手，成交额309万亿元，一跃成为全球最大的商品期货市场。

① 本部分内容仅代表作者意见。

在市场规模持续增长的支持下，中国三大商品期货交易所整体实力有所增强，国际地位稳步提升，影响力进一步扩大。按照美国期货业协会（FIA）统计数据显示，按照交易量计算，2006 年，上海期货交易所、郑州商品交易所和大连商品交易所分别列全球第 17、第 19 和第 9 位（当年因大连商品交易所的玉米和豆粕成交量增量显著，所以按成交量排名十分靠前）；2010 年，上海期货交易所、郑州商品交易所和大连商品交易所分别位列全球衍生品交易所交易量排名的第 11、第 12 和第 13 位，在全球商品期货和期权交易所中分别位居第 2、第 3、第 4 位。由此可见，“十一五”期间，中国期货市场发展十分迅猛，市场地位不断提升。1993 ~ 2010 年中国期货市场成交量与成交额统计见图 1。

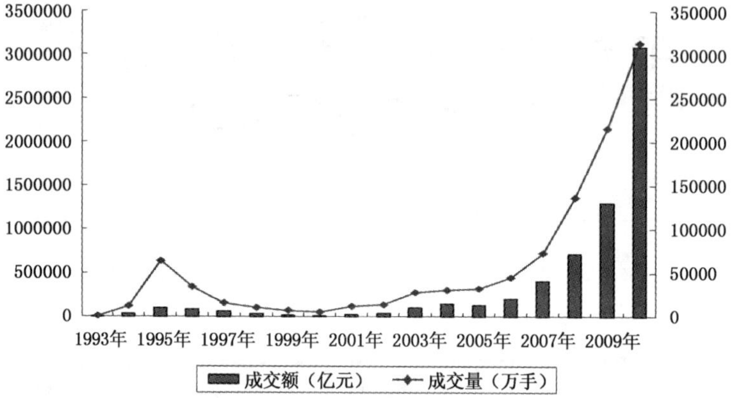

图 1　中国期货市场成交量与成交额统计（1993 ~ 2010 年）

数据来源：中国期货业协会。

二、品种体系较为齐全，各类品种成交活跃

中国期货市场容量扩充不仅体现在交易量的扩张上，还体现在持续的品种创新上。“十一五”期间，我国商品期货市场共推出 12 个新品种，进一步完善了期货市场的品种结构，现有品种基本覆盖了农产品、能源化工、金属等国际市场主要的商品期货种类，在商品期货方面已经构成了相对完整的品种体系。

整个“十一五”期间，我国主要商品期货合约交易也取得了较大的进步，国内三大商品期货交易所主要期货合约的成交量整体呈现增长态势。值得注意的是，我国共有多个商品期货品种成交量分别跻身 2010 年度全球最热门的 10 大农产品期货和 10 大金属期货合约之列。

三、期货市场服务国民经济和实体产业的功能作用得以显现

近年来，随着期货市场法律法规的完善和交易规模的扩大，生产、加工、贸易

商的逐步参与，期货市场价格发现和套期保值功能逐步得以发挥，其积极的外溢效应也为相关企业做大做强提供了支撑。

一个产业是由该产业链上的若干个企业构成，企业的竞争力直接决定了产业的竞争力，企业化解价格风险的能力也直接影响了一个产业化解价格风险的能力。正因为如此，我国期货市场与产业竞争力联系越来越紧密，是否利用期货、能否利用好期货已成为影响产业竞争力的重要决定性因素。有色金属产业伴随着期货市场同步成长就是典型的例子。我国有色金属产业曾经是计划经济统治最严的行业之一，而且多数有色金属企业按照军工企业管理并地处老少边穷地区。自20世纪90年代初推出有色金属期货后，很多有色金属企业纷纷参与到期货市场中来。这些企业深切地感受到“我与期货共成长”的优势。现在有色金属产业已经成为我国市场化程度高、竞争充分、风险承受能力强的产业。在上市公司中，有色金属板块受到投资者的追捧，有些企业已跻身世界同类企业的翘楚。有色金属上市公司借助于证券市场做大，借助于期货市场做强。有色金属产业普遍重视风险管理，进而促进了整个产业的风险管理水平的提高。在巨大的价格波动中，有色金属产业善于利用期货市场进行套期保值，锁定了企业利润，规避了价格风险，使得产业竞争力长盛不衰。正是有色金属期货成就了有色金属产业从小到大、从大到强的二十年辉煌。现在，越来越多的产业正在利用期货市场帮助自身做强做大，期货市场服务国民经济和实体产业的功能作用正逐渐得以发挥。

四、股指期货开创我国金融期货时代

2010年4月16日，沪深300股指期货上市交易，成为了中国期货市场发展的又一个里程碑。股指期货上市以来运行平稳，交投活跃，功能作用初步显现，进入交割月份的合约均平稳交割，市场表现好于预期，使我国期货品种结构、投资者结构、期货公司竞争格局和监管制度得到了较大的改观。中国金融期货交易所在交易所的公司化改革、交易制度、结算制度、投资者适当性制度等方面均有诸多创新。自上市以来到2010年底，股指期货成交量为9126.64万手，成交额为81.69万亿元，表明沪深300股指期货基本完成了“高标准，稳起步”的要求，成为中国期货市场从量变到质变的重要标志。作为中国第一个金融期货品种，获得了市场的认可。

五、期货公司全面发展，行业竞争力显著提升

“十一五”期间，我国期货市场继续保持持续、稳定、快速发展的良好势头，期货行业整体实力、盈利能力、服务水平和抗风险能力得到进一步提升，期货公司购并不断、规模稳步扩大，券商积极参股、高素质人才集聚。期货行业优化结构、

做优做强的内外部驱动能力日益增强。

2006 年，我国期货行业平均每家期货公司大约拥有 2.38 个营业部；2007 年为 2.71 个；2008 年为 4 个；2009 年平均每家期货公司已经拥有 5.18 个营业部。截至 2010 年末，全国期货营业部总数为 1022 家。“十一五”期间，我国期货行业人才状况在原有的基础上有了进一步的改善，从业人员数量大幅度增加，人员素质和结构有所提升，为期货行业的稳步发展提供了可靠的人才支持。截至 2010 年 12 月 31 日，全行业在协会从业人员数据库中登记注册的员工总数为 30106 人。其中，正常营业的 163 家期货公司员工数 24064 人，具备从业资格的 22993 人，分布在全国 1022 个营业部；具有为期货公司提供中间介绍业务（以下简称“IB 业务”）资格的 55 家证券公司中，取得 IB 从业资格的 6042 人，分布在 1127 个证券公司营业部，实现了期货专业人才队伍的壮大。不仅如此，期货行业员工以及从业人员中接受过高等教育的比例逐年攀升，表明我国期货行业人才在保持数量增长的同时更加注重素质的提高，为整个行业竞争力的提升起到了积极的促进作用。

六、分类监管提升了期货公司的竞争力

2009 年、2010 年我国期货行业实行的分类监管，对于将期货公司打造为“具有竞争力的现代金融企业”有着重要的意义。实施分类监管是完善主体自我约束机制的有效手段，使得期货行业发展更趋规范化。而期货行业的规范发展有赖于公司外部监管和主体自我约束的良性互动，激励着期货公司不断做大做强，构建良性竞争的行业氛围。通过对期货公司实施分类监管，全面、客观评价期货公司的风险状况和经营能力，可以督促公司主动规范自己的经营行为，强化合规经营意识，完善自我约束机制。通过差异化监管实现期货公司的差异化发展，根据分类评价结果，期货公司可以明确自己的定位和发展方向，进而产生自我约束、不断提高的动力。近年来，期货公司的注册资本、净资本、开户数量和保证金规模均有了大幅度提升。经过 2009 年、2010 年两次综合测评，进入 A 类公司行列的期货公司分别达到 18 家和 17 家。过去的 5 年，中国期货行业一举扭转了全行业亏损的局面。数据显示 2010 年度期货行业总利润为 31.29 亿元，净利润 25.44 亿元，分别较 2009 年增加了 40% 和 47%。

七、法规框架逐步形成，“五位一体”期货监管体系基本理顺

随着我国期货市场相关法律法规的不断完善，监管手段的日益丰富和监管水平的不断提高，我国期货行业的发展和期货市场的功能发挥有了坚强的制度保障。随着 2007 年《期货交易管理条例》的颁布实施，与之配套的《期货交易所管理办法》、《期货公司管理办法》、《期货公司董事、监事和高级管理人员任职资格管理

办法》、《期货从业人员管理办法》、《期货投资者保障基金管理暂行办法》、《期货公司首席风险官管理办法（试行）》等一系列部门规章与规范性文件相继出台，构成了期货市场法规体系的基本框架。

我国期货市场在构建完善法规体系的同时，不断加强监管体系建设，形成了中国特色的“五位一体”监管体系。所谓“五位一体”包括中国证监会、证监会各地派出机构、中国期货业协会、期货交易所、期货保证金监控中心，五者按照职能范围分工协作，完善监管措施和手段，保证市场的平稳运行，共同完成对期货市场和期货行业的监管工作。其中，期货保证金监控中心是中国期货市场监管体系的一大“特色”，它充分发挥了期货市场监管“电子眼”功能，及时发现期货公司运营中存在的问题和风险隐患，在维护期货市场安全、规范微观主体行为、增强投资者诚信意识等方面起了很大的推动作用。实践证明，“五位一体”的监管体系为中国期货市场的健康快速发展打下了坚实的制度基础。

八、期货市场“稳定器”作用初显

2008 年金融危机席卷全球，给全球经济带来了巨大的冲击。在金融危机中，全球期货市场包括中国在内经受了考验，而且中国成为金融风暴的避风港。金融危机给了许多企业和各级管理者上了一堂生动的风险管理课。

较为典型的是有色金属和黑色金属两大产业的案例，他们在金融危机中形成了冰火两重天的巨大反差。金融危机的全面爆发将商品大牛市骤然终结。国际油价由 147 美元降至 30 多美元一桶，金属紧随其后，有色金属和黑色金属都是如此，有色金属价格甚至普遍腰斩，相关上市公司股价也迅速走低，有色金属板块滑落速度甚至快于钢铁板块。但是，最后的事实却是：有色金属行业普遍有惊无险，平稳度过危机，而钢铁行业中小钢铁企业纷纷宣布减产、停产，不少小型钢铁企业出现倒闭。70 多家国内大中型钢铁企业加入了“减产”大潮，国内钢铁企业月产量已经减产 20% 以上，最大减产 50% 。对比后我们不难发现，这截然相反的市场情况是与有没有期货套期保值密切相关的。2008 年，我国有色金属期货品种较为齐全，铜、铝、锌都是期货市场的主力品种。反观黑色金属，钢材、铁矿石、焦炭这些与行业发展息息相关的品种一无所有。事实上也正是，受灾最重的有色金属行业就是因为运用了国内国际的现货市场和期货市场，深入参与相关期货品种套期保值，提前规避市场风险，锁定了利润，这些避险工具化解了价格大幅波动的风险，使得整个有色金属行业化险为夷。与之相反的是，钢材、铁矿石、焦炭等黑色金属行业则在下跌中亏损严重。2009 年 3 月，上海期货交易所推出了螺纹钢、线材期货，众多企业纷纷利用钢材期货进行套期保值以规避风险，一定程度上使得我国钢铁产业从 2009 年开始起死回生。钢材期货推出之后，交易活跃，交易量持续上涨，迅速被广大投资者和钢铁企业所接受，成为中国商品期货市场上一颗新星。由此可见，一个成功的期货品种可以成就一个产业。

当前，经济全球化浪潮席卷国内多数产业，使相关企业面临的价格风险因素日益复杂，特别是一些加工贸易企业和原材料进口依赖性企业，影响企业盈利能力的不确定因素更多。所以，利用期货管理风险已经成为一种迫在眉睫的现实需求。

九、期货市场价格信号为宏观调控提供前瞻性指标

近年来，由于石油、金属、农产品等战略性、资源性产品的价格形成机制发生了较大变化，这类商品的金融属性渐浓于商品属性，资源性产品价格的快速上涨将释放到国民经济各个产业，成为通货膨胀的导火索。此类商品的价格也成为了宏观调控的重要指标。因此，"十一五"期间，宏观经济制定者更加关注期货市场的价格变化，并作为宏观调控的重要依据之一，有些政策制定部门甚至把资源性产品的期货价格作为判断依据，一旦突破某一心理底线，就说明价格传导机制将引致经济过热或者经济过冷，从而开始宏观经济调控。中国期货市场价格发现功能的发挥，提供了资源性产品、战略性产品的价格信号，为宏观调控提供了基础参考。

现货市场、远期市场、期货市场是现代市场体系中三个不可或缺的组成部分，三者之间构成一个完整的金字塔体系。现货市场和远期市场主要是组织商品流通，是商流和物流的统一，处于金字塔的塔基和塔身部分。而期货市场输入的是信息，产出的是价格，是信息流的集散地，处于金字塔的塔尖部分，是市场体系最高级的组织形式。三个层次市场的有机结合使得社会主义市场经济体系呈现了稳定的金字塔结构。通过期货市场，可以有效地实现实物资产、金融资产、信息资产、信用资产一体化。"十一五"期间，期货市场借助其先进的交易制度进一步发挥了推动市场经济秩序建设的作用。例如，每日无负债制度是期货市场基本制度之一，也是区别于其他金融市场的重要特征。企业如果利用期货市场出售、采购产品，将可以通过无负债结算制度每日结清盈亏，在交割月时直接凭仓单交货、提货，这一特点既可以免去交易中"三角债"的困扰，提升商品交易的信用水平，又可以避免采购、出售产品中的"吃回扣"现象，越来越多的企业通过期货市场采购原材料、出售产品，这无疑促进了社会主义经济秩序建设。

第二节 "十二五"中国期货市场发展展望

国际发达期货市场经验证明，一个成熟的现代期货市场，能够为国民经济快速

发展服务，为企业提供全方位、多品种风险管理平台，建立一整套高效权威的市场化定价机制，坚守市场的“三公”，为国家的经济安全、粮食安全和能源安全提供保障。正是借鉴发达国家的发展经验，国务院已经将“推进期货和金融衍生品市场发展”写进了“十二五”规划纲要，足见决策层对期货市场发展的重视。我们坚信，只要我们进一步增强大局观与责任感，完善、拓展、深化期货市场的功能发挥，不断提升服务国民经济的能力和水平，中国期货市场必将完成由做大到做强的“质”的飞跃。

一、提升中国期货市场战略定位与功能定位

在全球化、信息化的基础上，世界经济金融化正在形成。“十一五”期间发生的2008年金融危机、2009年能源以及其他大宗商品价格重启上涨之势，对中国影响巨大。现代国际竞争也是金融实力和话语权的竞争，科学运用期货，掌握价格风险管理工具成为现代经济的核心竞争力要素。期货市场作为市场经济的最高级形态，能够全面、深入地为转型过程保驾护航，成为引领中国经济未来5年高质量增长的“助推器”和经济安全的“避风港”。

正是期货市场与现货市场价格的联动效应以及期货市场的流动性特征，可以满足对冲现货市场价格风险和对冲现货市场过剩流动性的需求，恰好起到“逆周期”调节的作用，起到熨平现货价格波动的作用。

面对当前的国内经济形势和国际经济环境，我们必须清醒、准确、客观地对我国期货市场的功能定位进行再认识，从战略高度明确期货市场在国民经济体系中的前沿地位，促使期货市场在经济转型过程中发挥应有的作用。

二、促进期货市场服务实体经济功能实现

期货市场服务国民经济和相关产业发展中所起的作用不可小视，可以具体表现为以下四个方面：第一，期货市场价格发现功能的发挥可以引导相关产业发展方向，优化产业结构与资源配置，避免了产业无序盲目发展的风险。存量决定价值，增量决定价格，中国国内市场这个作为全球经济最大的增量部分，应当在大宗商品和金融市场的定价机制上拥有话语权。第二，期货市场避险功能的发挥，也使相关产业上下游企业能够顺利地规避价格大幅波动的风险，增强了产业发展的稳定性。第三，期货市场各品种合约的标准化等交易机制特点，使得相关产业的发展更加规范化，避免了产业粗放式发展方式所带来的风险。第四，期货市场具有资产配置功能，应当积极运用期货等衍生品工具提高资源配置效率。

进一步完善期货市场，促进相关产业发展，应该注重以下方面：第一，加强风险管理理念的宣传和推广力度，促使社会各界对期货市场形成正确的认识，进而促

进期货市场风险管理功能的发挥。第二，完善期货交易和交割制度，提高期货市场流动性水平。针对期货品种实际调研反馈出来的制约因素，积极采取完善措施，修正相应的交割规则，提高现货企业的参与程度，实现促进期货市场功能发挥的目的。第三，夯实现货市场基础，为期货市场功能发挥提供条件。通过期货价格引导现货价格，逐步消除地区间、城乡间的价格差异，形成国内统一的商品价格体系，进一步推动市场化改革。

三、加快期货市场立法进程，规范期货市场快速健康发展

目前，我国六大金融行业中的五大分支行业——银行、证券、保险、信托、基金，基本都有了相关法律，唯独《期货法》没有出台。《期货法》的姗姗来迟，也使得我国完整的金融法律体系构建尚缺最后一环。“十二五”期间，在第十二届人民代表大会任期内，应尽快推出《期货法》，以填补我国金融法律体系的空白。中国需要一部高起点、开放式、全方位的法律。所谓高起点，是指立法者应当站在清醒地认识国际衍生品市场发展趋势的高度上，广泛吸收国际上成熟期货市场的宝贵经验，协调好与其他金融法律的关系，既能规范场内交易，又能服务场外交易。所谓开放式，是指立法者应当考虑到将会有更多商品期货、商品期权、金融期货、金融期权推出，应当考虑到中国期货业“走出去”和国际期货业“请进来”的趋势，为中国期货市场的扩容和国际化留下足够的发挥空间。所谓全方位，是指立法者应全盘考虑期货市场的各方面和各类主体，在监管体制、品种推出机制、交易制度、结算体系、期货行业发展等多方面突破，兼顾金融机构、生产商、贸易商和普通投资者的利益。

四、完善监管体系，提高监管效率，促进期货市场协调健康发展

“十二五”期间是期货市场大发展机遇期，我们珍惜机遇，加快发展的同时，也要注意加强监管，防范风险。在“五位一体”的监管工作体制基础上，要进一步在科学适度监管，提高监管效率上做文章，真正做到监管与市场发展相适应，为我国期货市场发展把好关，掌好舵。美国之所以发生次贷危机，是因为衍生品市场创新过度和监管不足，中国的期货衍生品市场是创新不足，监管也不足。监管不足表现在监管滞后和监管过度并存。因此，创新才是中国期货市场发展的生命力。市场需要创新，监管也需要创新，监管理念和监管方式都需要创新。加强监管从来都不是问题，关键是如何完善监管，改善监管，提高监管效率。监管滞后和监管过度不仅会损失生产效率，而且会扰乱市场秩序，破坏稳定的市场预期。

第一，期货与金融衍生品市场的发展事关国家经济安全，应当统筹兼顾，战略布局，打破目前“一行三会”分业经营分业监管的格局。第二，要进一步加强合规监管，提高期货公司依法规范运作水平和期货市场的运作效率。第三，进一步完善分类监管制度，引导期货公司做优做强。第四，深化保证金监控中心的功能作用，将保证金监控中心升级为统一的结算公司，从而实现结算功能的突破，结算业务模式的突破，结算机构组织架构的突破和期货市场发展战略的突破。

五、完善期货品种体系，提升市场运行质量和功能发挥的程度

在“十二五”期间，我们要进一步提高已有期货品种的市场深度和广度，提高品种在相关产业中的影响力，吸引更多的现货企业参与期货交易。在推出新品种的问题上，首先应着力建设品种推出的长效机制，逐步降低品种推出过程中非市场因素的影响，使期货品种能真正满足实体经济的需求。在未来的《期货法》中应该对期货品种的推出机制作出相应的规定，使期货品种的推出做到有法可依。其次，具体到品种，期货市场的基础是实体经济，只有对实体经济有益的品种，才有推出的意义。

我们认为“十二五”期间应上市的期货新品种有：

1. 利率、外汇期货及相关衍生品。“十二五”期间，随着利率和汇率市场化改革深入，应推出利率和汇率期货品种，以解决我国目前面临的人民币“外升内贬”的困局，为我国企业规避利率及汇率风险提供相应的渠道，并促进我国金融市场的稳定发展，保证我国的金融安全。

2. 关系国计民生的战略性商品期货。为争夺大宗商品的定价权，保持国民经济平稳较快发展，化解“高进低出，高出低进”的双重困局，我国应加快如原油、板材、铁矿石等关系国计民生的战略性商品期货品种的推出。

3. 碳排放权期货。我国单位 GDP 能耗降低需要低碳金融机制和工具支撑。碳排放权期货的适时推出，有助于利用期货市场的价格发现和风险管理功能，为实体经济向低碳经济转型服务作好准备，提高我国碳资源的定价影响力，建立符合国内需求，并与国际规则对接的碳市场体系。

4. 期权合约。在成熟的期货市场上，期货和期权是一个有机体。期权交易能够使参与期货交易的投机头寸实现“保险”，投机者可以有效地减少或避免因决策失误造成的风险。我国各大交易所都在准备期权合约的上市，如能够在“十二五”期间推出与商品期货、金融期货相配套的期权产品，必将促进我国期货市场功能的进一步发挥，在提升行业和市场国际竞争力的同时，更好地为国民经济发展服务。

六、创新期货公司业务模式，促进期货行业做大做优做强

期货市场的创新，包括诸多层次。首先要赋予期货公司作为市场创新主体的地位。其次是产品创新，既包括期货新品种的创新和投资于期货的产品创新。对于前

者，应加强立法。对于后者，应在分类监管的基础上，对合规并有创新能力的期货公司放开创新牌照，赋予其市场创新主体的能力，鼓励期货公司和市场主体创设投资于期货品种的产品。第三是业务创新。近年来，我国期货市场持续快速发展，期货行业整体资本实力和合规经营水平显著提高，为期货公司开展各类创新活动尤其是业务创新创造了良好外部环境，奠定了坚实内在基础。

我们认为，"十二五"期间可以开展的业务创新有：一是积极推动落实期货公司投资咨询业务；二是重启期货公司境外期货经纪业务；三是研究推进期货公司资产管理业务；四是组织创新，应鼓励期货公司结合自身实际情况，适时适度开展制度创新和组织创新，通过持续的创新活动，提高期货公司综合实力，提升服务国民经济发展的能力。此外，在"十二五"期间，政府应鼓励和支持一批具有核心竞争力的期货公司上市交易。

另外，对于我国期货市场长期存在的居间人现象，我们认为，应按照"包容性增长"的思路，采取向两极分流的办法加以解决。具体来讲，一方面，对一部分有很强市场开拓能力的居间人，可以使其内部化为期货公司的市场经纪人，从而将其纳入期货公司统一的管理之下；另一方面，可以效仿美国等成熟期货市场上的介绍经纪商（Introducing Broker，IB）制度，将居间人与某些期货公司组合在一起，改组成专门从事开发市场活动，而不接受客户资金的介绍经纪商类期货公司。

七、积极培育机构投资者，改善期货市场投资者结构

期货属于高、精、尖、专的专业化投资产品和投资活动，需要有专业化的机构和专业化的人才运用专业化的手段和专业化的工具进行专业化的管理。机构投资者是成熟金融市场的参与主体。在这样的背景下，引进商品交易顾问（Commodity Trading Advisor，CTA）制度被监管层提上日程。CTA 一旦推出，将会形成我国期货市场最为专业的投资群体，为今后更多的机构投资者的引进打下基础。按照海外市场的发展经验，我国未来的期货市场应该是社保基金、证券基金、企业年金、对冲基金、现货企业、QFII、证券公司乃至商业银行共同活跃的舞台，而 CTA 将会成为这些机构的中坚力量。

在 CTA 的构成主体中，期货公司是首选。期货公司在多年整顿的行业态势和瞬息万变的市场形势下历练多年，已经构建了雄厚的人才储备和完善的风险控制机制。有了 CTA，不同股东背景、不同客户结构的期货公司可以为客户提供差异化专业服务。培育机构投资者，首先就要把期货公司打造成专业的机构投资者。

此外，鉴于 CTA 本质就是期货基金，而期货基金仍处于期货相关法规的空白地带，因此 CTA 的设立就要解决这个"既不违法，也不合法"的窘境，使众多私募期货基金阳光化。由于期货与其他资产之间的相关性较低，是优化资产组合的最

佳选择，被很多共同基金选进资产池，以降低整个资产组合的风险，并提高收益。因此，在我国的私募 CTA 产品运行成熟之后，还可以尝试与基金公司合作推出向公众发放的基金产品。

八、加快对外开放步伐，建设国际定价中心

在当前全球金融行业混业经营格局的背景下，期货市场与期货行业无法在金融业整体对外开放的过程中独善其身，开放乃大势所趋。总的来讲，中国期货市场的对外开放可分为两大方面，一是“走出去”，二是“引进来”。针对当前市场的发展形势，为做优做强期货公司，扩展其业务范围和让更多企业能更好地利用国际国内两个市场进行风险管理，我们应该逐步走出去，谨慎引进来。让我们的期货公司、投资公司和企业在风险可控的条件下参与到国际期货市场当中，学习与借鉴国外先进经验，苦练内功，提高自身实力；对外资适当放开期货市场准入，使国内期货市场逐步真正实现国际化，使国内的一些期货品种成为国际定价中心。

作为全球第二大经济体，随着中国对世界经济增长的拉动作用不断提高，中国对世界经济的影响也逐渐被人们称作“中国因素”。但是，过去在世界范围内开始广泛显现的“影响因素”并没有成为主导世界经济增长的“定价力量”。作为一个资源的需求大国，在价格形成中缺乏应有的优势地位，让我国常常为此付出沉重的代价。后危机时代，中国作为世界经济增长“引擎”的作用进一步凸显，对全球经济的影响力更加显著，在一定程度上可以说，我国经济正主导着世界经济的走势。这表明，随着我国经济的快速发展，经济结构的不断优化，我国正在步入由经济大国向经济强国的轨道，我们必须加速将“中国因素”转化为“中国力量”，加快国际定价中心的建设。

附 录

1. 2010 年中国期货市场大事记

1 月 8 日，中国证监会宣布，国务院原则同意推出股指期货交易。

1 月 7 ~ 8 日，中国期货业协会在昆明组织召开期货公司信息技术专项检查工作评审委员会第一次会议，会议对前期已审核的 118 家期货公司的检查结果进行了评审。

1 月 12 日，中国证监会批复同意中国金融期货交易所开展股指期货交易。

1 月 13 日，中国证监会下发了《关于进一步加强证券公司为期货公司提供中间介绍业务管理的通知》。

1 月 13 日，全国证券期货监管工作会议召开。

1 月 14 日，中国证监会召开股指期货上市工作动员大会暨上市工作领导小组第一次会议。

1 月 27 日，中国期货业协会发布实施《期货投资者信用风险信息共享管理办法（试行）》和《期货投资者信用风险信息共享管理办法实施细则（试行）》。

2 月 8 日，中国证监会正式发布《关于建立股指期货投资者适当性制度的规定（试行）》、《关于落实股指期货适当性制度有关工作的通知》。

2 月 9 日，中国期货业协会发布实施《股指期货交易特别风险揭示》、《期货公司执行股指期货投资者适当性制度管理规则》和《证券公司为期货公司提供中间介绍业务协议指引（修订）》三项自律规则。

2 月 12 日，中国证监会发布《关于加强股指期货上市开户相关工作的通知》。

2月20日，中国金融期货交易所发布沪深300股指期货合约和修订后的《中国金融期货交易所交易规则》、《中国金融期货交易所交易规则实施细则》。

2月22日，股指期货客户开始正式通过期货保证金监控中心统一开户系统进行开户，为股指期货上市交易迈开标志性一步。

2月22日，中国证监会下发了《关于进一步加强IB业务监管的通知》。

3月25日，中国期货业协会全面启动《期货从业人员执业行为准则》等自律规则的检查工作，检查工作分为宣传发动、自查自纠、整改落实、总结报告四个阶段。

3月30日，中国期货业协会启动"首届'期望杯'高校期货论文大奖赛"。

4月1日，中国证监会召开股指期货上市情况通报会，国家发改委等12个部委参加。

4月8日，股指期货启动仪式在上海举行。中共中央政治局委员、国务院副总理王岐山专门为股指期货的启动发来贺词，中共中央政治局委员、上海市委书记俞正声和中国证监会主席尚福林共同启动股指期货。

4月16日，沪深300股指期货在中国金融期货交易所正式上市交易。中国证监会副主席桂敏杰、姚刚，主席助理姜洋亲临上市仪式现场，桂敏杰副主席为股指期货鸣锣开市。

4月21日，中国证监会发布实施《证券公司参与股指期货交易指引》、《证券投资基金从事股指期货交易指引》。

4月24日，由中国期货业协会主办的"2011年第四届中国期货分析师论坛"在杭州举行。

4月28日，中共中央政治局委员、国务院副总理王岐山视察中国金融期货交易所，并召开资本市场改革发展座谈会。

5月7日，中国证监会组织召开股指期货上市工作总结会及期货市场监管与发展务虚会。

5月7日，股指期货《套期保值额度申请指南》和《特殊法人机构交易编码管理业务指南》发布，特殊法人机构可以开立股指期货的交易编码业务。13日，中国金融期货交易所受理并批准了首批套期保值编码以及相应的套保额度。

5月18日，最高人民检察院、公安部联合印发《最高人民检察院、公安部关于公安机关管辖的刑事案件立案追诉标准的规定（二）》，对公安机关经济犯罪侦查部门管辖的内幕交易、泄露内幕信息案，以及操纵证券、期货市场案的立案追诉标准等作出了规定。

5月21日，沪深300股指期货首个合约IF1005顺利完成交割。

5月28日，上海期货交易所主办的"第七届上海衍生品市场论坛"在上海召开。

6月，中国证券登记结算公司与股指期货相关的现货市场数据接入期货保证金监控中心上海总部监控室，股指期货跨市场监控平台初步建立。

6月4日，中国期货业协会组织召开“期货公司座谈会”，中国证监会主席助理姜洋、期货一部主任宋安平和期货二部主任季向宇出席了会议。

7月24日，孙冶方经济科学基金会与上海期货交易所联合举办“衍生品与实体经济”论坛。

8月29日，中国期货业协会组织期货行业向甘肃舟曲灾区捐款340余万元。

9月10日，郑州商品交易所举办郑州农产品期货（棉花）高峰论坛。

9月15日，股指期货迎来首批基金专户。汇添富基金与国投瑞银基金公司旗下专户业务分别与东证期货、中信建投期货签署开户合同，并向中国金融期货交易所成功申请股指期货交易编码。

9月15日，由大连商品交易所和大连市政府联合举办的第四届国际玉米产业大会在大连举行。

9月20日，中国期货业协会第三次会员大会在北京召开，会议选举产生了第三届理事会。中国证监会主席尚福林出席大会并发表重要讲话，主席助理姜洋做了总结讲话。

10月8日，中国期货业协会发布实施《中国期货业协会会员自律公约》。

11月5日，中国证监会组织期货保证金监控中心、4家期货交易所和期货软件商等召开了期货市场客户规范工作会议，标志着期货市场账户规范工作正式启动。

11月，大连商品交易所、上海期货交易所和郑州商品交易所均出台了对异常交易行为的监管举措，并纷纷上调交易保证金、涨跌停板幅度以及手续费，加强对期货市场的监管。

11月6日，大连商品交易所和大马交易所在广州联合举办了第五届国际油脂油料大会。

12月3日，由中国期货业协会、深圳证券交易所、深圳市人民政府共同主办的“2010年第六届中国（深圳）国际期货大会”在深圳举行。中国证监会主席助理姜洋出席大会，并发表重要讲话。

12月12日，国务院副总理王岐山、中国证监会主席尚福林视察“中国资本市场二十周年成就展”开幕式郑州商品交易所展区。

12月24日，上海期货交易所举行期货保税交割业务启动仪式。

12月26日，郑州商品交易所举办期货市场暨郑州商品交易所二十周年庆祝活动。

12月31日，我国期货市场全年累计成交期货合约31.34亿手，累计成交金额为309.12万亿元，同比分别增长45.24%和136.85%。

2. 中国上市期货品种一览（截至 2010 年 12 月）

序号	品　种	交易所	代码	上市时间
1	铜	上海期货交易所（SHFE）	CU	1991 年
2	铝	上海期货交易所（SHFE）	AL	1991 年
3	锌	上海期货交易所（SHFE）	ZN	2007 年 3 月 26 日
4	天然橡胶	上海期货交易所（SHFE）	RU	1991 年
5	燃料油	上海期货交易所（SHFE）	FU	2004 年 8 月 25 日
6	黄金	上海期货交易所（SHFE）	AU	2008 年 1 月 9 日
7	螺纹钢	上海期货交易所（SHFE）	RB	2009 年 3 月 27 日
8	线材	上海期货交易所（SHFE）	WR	2009 年 3 月 27 日
9	白糖	郑州商品交易所（CZCE）	SR	2006 年 1 月 6 日
10	棉花 1 号	郑州商品交易所（CZCE）	CF	2004 年 6 月 1 日
11	强麦	郑州商品交易所（CZCE）	WS	1998 年 11 月 27 日
12	硬麦	郑州商品交易所（CZCE）	WT	1998 年 11 月 27 日
13	精对苯二甲酸（PTA）	郑州商品交易所（CZCE）	TA	2006 年 12 月 18 日
14	菜籽油	郑州商品交易所（CZCE）	RO	2007 年 6 月 8 日
15	早籼稻	郑州商品交易所（CZCE）	ER	2009 年 4 月 20 日
16	黄大豆 1 号	大连商品交易所（DCE）	A	1993 年 2 月 28 日
17	黄大豆 2 号	大连商品交易所（DCE）	B	2004 年 12 月 22 日
18	豆粕	大连商品交易所（DCE）	M	2000 年 7 月 17 日
19	豆油	大连商品交易所（DCE）	Y	2006 年 1 月 9 日
20	玉米	大连商品交易所（DCE）	C	2004 年 9 月 21 日
21	线型低密度聚乙烯（LLDPE）	大连商品交易所（DCE）	L	2007 年 7 月 31 日
22	棕榈油	大连商品交易所（DCE）	P	2007 年 10 月 29 日
23	聚氯乙烯（PVC）	大连商品交易所（DCE）	V	2009 年 5 月 25 日
24	沪深 300 股指期货	中国金融期货交易所	IF	2010 年 4 月 16 日

注：铜、铝期货最早是在深圳有色金属期货交易所交易，上海期货交易所自 1992 年开始交易。

3. 2010年中国期货市场成交情况统计

交易所名称	品种名称	2010年累计成交总量（手）	2009年同期成交总量（手）	同比增减（%）	2010年累计成交总量占全国份额（%）	2010年累计成交总额（亿元）	2009年同期成交总额（亿元）	同比增减（%）	2010年累计成交总额占全国份额（%）
上海期货交易所	铜	101577136	162434872	-37.47	3.24	296437.55	331785.63	-10.65	9.59
	铝	34523990	41061096	-15.92	1.10	28342.49	27942.91	1.43	0.92
	锌	293178746	64506772	354.49	9.36	255725.62	46865.08	445.66	8.27
	黄金	6794088	6812466	-0.27	0.22	18291.91	15272.82	19.77	0.59
	天然橡胶	334829824	178071918	88.03	10.69	426464.81	149747.26	184.79	13.80
	燃料油	21364408	91507938	-76.65	0.68	9886.37	32118.82	-69.22	0.32
	螺纹钢	451224834	323149042	39.63	14.40	199517.15	133025.23	49.98	6.45
	线材	303404	2184032	-86.11	0.01	128.88	825.69	-84.39	0.00
	总额	1243796430	869728136	43.01	39.69	1234794.78	737583.44	67.41	39.95
郑州商品交易所	棉花	173886228	17060600	919.23	5.55	205931.49	12965.40	1488.32	6.66
	早灿稻	53704480	3900166	1276.98	1.71	12662.75	812.97	1457.59	0.41
	菜籽油	19041290	21901940	-13.06	0.61	8557.39	8125.87	5.31	0.28
	白糖	610509210	292074156	109.03	19.48	335911.52	128129.72	162.17	10.87
	PTA	122830140	105493398	16.43	3.92	51839.56	38141.88	35.91	1.68
	强筋小麦	11609284	13667240	-15.06	0.37	2995.34	2903.33	3.17	0.10
	普通小麦	70190	39660	76.98	0.00	15.25	7.58	101.19	0.00
	总额	991650822	454137160	118.36	31.65	617913.30	191086.75	223.37	19.99

续表

交易所名称	品种名称	2010年累计成交总量（手）	2009年同期成交总量（手）	同比增减（%）	2010年累计成交总量占全国份额（%）	2010年累计成交总额（亿元）	2009年同期成交总额（亿元）	同比增减（%）	2010年累计成交总额占全国份额（%）
大连商品交易所	黄大豆1号	74787200	85014152	-12.03	2.39	30852.02	31121.85	-0.87	1.00
	黄大豆2号	29418	64096	-54.10	0.00	12.36	23.32	-47.00	0.00
	玉米	71999146	33488176	115.00	2.30	15366.83	5684.90	170.31	0.50
	LLDPE	124976612	89505958	39.63	3.99	68710.98	44236.61	55.33	2.22
	豆粕	251163776	310808058	-19.19	8.02	77303.25	89116.36	-13.26	2.50
	棕榈油	83599626	88852996	-5.91	2.67	62562.07	55282.34	13.17	2.02
	聚氯乙烯	16967248	36157324	-53.07	0.54	6721.12	13145.83	-48.87	0.22
	豆油	182812476	189673762	-3.62	5.83	155530.42	137825.82	12.85	5.03
	总额	806335502	833564522	-3.27	25.73	417059.05	376437.03	10.79	13.49
中国金融期货交易所	沪深300股指	91746590	—	—	2.93	821397.53	—	—	26.57
	总额	91746590	—	—	2.93	821397.53	—	—	26.57
全国期货市场交易总额		3133529344	2157429818	45.24	100.00	3091164.66	1305107.22	136.85	100.00

4. 2010年中国期货经营机构基本情况

机构名称	公司地址	邮编
	安徽	
徽商期货有限责任公司	安徽省合肥市芜湖路260号	230061
华安期货有限责任公司	安徽省合肥市长江中路419号	230061
安粮期货有限公司	安徽省合肥市芜湖路168号同济大厦11层	230001
	北京	
北京中期期货经纪有限公司	北京朝阳区东三环北路38号院1号楼泰康金融大厦22层2201	100026
金鹏期货经纪有限公司	北京市西城区金融大街27号投资广场B座九层	100033
国都期货有限公司	北京市东城区东直门南大街3号国华投资大厦10层	100007
中粮期货经纪有限公司	北京市东城区东直门南大街5号中青旅大厦15层	100007
北京首创期货有限责任公司	北京市西城区闹市口大街1号院长安兴融中心4号楼11层	100031
宏源期货有限公司	北京市西城区太平桥大街19号4层4B	100033
第一创业期货有限责任公司	北京市西城区平安里西大街26号新时代大厦4层南侧	100034
冠通期货经纪有限公司	北京市朝阳区朝阳门外大街甲6号万通中心4座18层	100020
国元海勤期货有限公司	北京市海淀区西三环北路89号中国外文大厦A座907、908、909室	100089
经易期货经纪有限公司	北京市西城区百万庄北街6号	100037
京都期货有限公司	北京市西城区德胜门外大街115号德胜尚城E座1层	100088
中晟期货经纪有限公司	北京市海淀区花园路2号3号楼3层	100191
中钢期货有限公司	北京市海淀区海淀大街8号A座19层	100080
银河期货有限公司	北京西城区复兴门外大街A2号中化大厦八层	100045
中国国际期货有限公司	北京市朝阳区建国门外光华路14号1幢1层、9层、11层、12层	116001

续表

机构名称	公司地址	邮编
英大期货有限公司	北京市朝阳区西大望路三号院2号楼2层S－211	100005
格林期货有限公司	北京市西城区金融大街27号投资广场B座5层和20层	100033
银建期货经纪有限责任公司	北京市丰台区方庄芳古园一区29号楼3层	100078
安信期货有限责任公司	北京市东城区北三环东路36号A26	100013
大连		
大连良运期货经纪有限公司	大连市沙河口区会展路129号大连期货大厦37层3701－3706室	116023
北方期货经纪有限责任公司	大连市沙河口区中山路478－1－3	116021
渤海期货有限公司	大连市中山区玉光街11号远洋大厦B座写字间1单元9层	116001
国富期货有限公司	大连市沙河口区会展路129号大连国际金融中心A座－大连期货大厦2808室	116023
福建		
兴业期货有限公司	福州市鼓楼区湖东路99号七星大厦16层	350001
金友期货经纪有限责任公司	福州市鼓楼区华林路93号6层	350003
甘肃		
甘肃陇达期货经纪有限公司	甘肃省兰州市皋兰路1号工贸大厦10楼	730000
广东		
江南期货经纪有限公司	广东省东莞市南城区体育路2号鸿禧中心六层B11、B12室	523009
华联期货有限公司	东莞市城区可园南路1号金源中心16层	523000
广发期货有限公司	广东省广州市天河区体育西路57号红盾大厦14、15楼	510620
华南期货经纪有限公司	广东省广州市天河区体育西路111号建和中心大厦15楼	510620
广东鸿海期货经纪有限公司	广东省佛山市南海区南海大道北51号财汇大厦1101室	528200
广晟期货有限公司	广州市天河区珠江新城华夏路10号富力中心29层07－08单元	510623

续表

机构名称	公司地址	邮编
珠江期货有限公司	广东省广州市天河区黄埔大道西76号盈隆广场1201－1203室	510623
集成期货有限公司	广东省广州市天河区珠江新城华夏路10号富力中心11层03、04单元	510623
摩根大通期货有限公司	广东省中山市东区中山四路盛景园三期A2幢8层6卡	528403
华泰长城期货有限公司	广州市越秀区先烈中路65号东山广场东楼11、12层	510095
广永期货有限公司	广州市体育西路57号10楼	510620
盛达期货有限公司	广州市解放南路123号金汇大厦6楼601	510120
广州期货有限公司	广州市天河区临江大道5号第21层04、05、06单元	510623
海南		
金元期货经纪有限公司	海南省海口市南宝路36号证券大厦1楼、5楼	570206
华融期货有限责任公司	海南省海口市龙昆北路53－1号3楼	570105
海南金海岸期货经纪有限公司	海口市国贸大道45号银通中心20层	570125
中银国际期货有限责任公司	上海市浦东新区世纪大道1589号长泰国际金融大厦901室	200122
河北		
河北恒银期货经纪有限公司	石家庄市槐安东路90号国富大厦3层	050011
河南		
万达期货有限公司	郑州市郑东新区商务内环路27号楼1单元3层01号、2单元3层02号	450016
国信期货有限责任公司	郑州市郑东新区商务外环路13号5层502、503室	450008
中原期货有限公司	河南省郑州市郑东新区商务外环路10号中原广发金融大厦四楼	450046
黑龙江		
黑龙江三力期货经纪有限责任公司	黑龙江省哈尔滨市道里区中央大街185号金谷大厦	150010
大通期货经纪有限公司	黑龙江省哈尔滨市南岗区西大直街118号1号楼6层	150001

续表

机构名称	公司地址	邮编
黑龙江时代期货经纪有限公司	哈尔滨市香坊区中山路172号哈高新区富阳创业中心（常青大厦）15层	150036
湖北		
美尔雅期货经纪有限公司	湖北省武汉市江汉北路8号	430022
长江期货有限公司	湖北省武汉市汉口新华路特8号长江证券大厦8楼	430015
湘财祈年期货经纪有限公司	武汉市武珞路456号新时代商务中心写字楼20－1－（1、2）室	430022
湖南		
方正期货有限公司	湖南省长沙市芙蓉中路一段372号4楼	410008
湖南金信期货经纪有限公司	长沙市车站北路459号证券大厦5楼	410001
大有期货有限公司	长沙市开福区芙蓉中路一段478号运达国际广场写字楼21楼	410011
德盛期货有限公司	湖南省长沙市五一西路2号第一大道14楼	410005
吉林		
天富期货有限公司	长春市长春大街500号吉信大厦	130041
吉林金昌期货有限公司	吉林省长春市解放大路998号	130022
天鸿期货经纪有限公司	吉林省长春市人民大街7088号伟峰国际1804－1805	130021
吉粮期货有限公司	长春市建设街1307号	130061
江苏		
江苏东华期货经纪有限公司	江苏省南京市王府大街63号5层	210004
国联期货有限责任公司	无锡市人民中路97号10楼	214002
创元期货经纪有限公司	苏州市三香路120号万盛大厦16楼	215004
东海期货有限责任公司	江苏省常州市延陵西路23、25、27、29号	213003
新纪元期货有限公司	江苏省徐州市淮海东路153号	221005
华证期货经纪有限公司	江苏省宜兴市人民中路135号华证大厦	214206
江苏弘业期货经纪有限公司	南京市中华路50号弘业大厦	210001
江苏文峰期货经纪有限责任公司	江苏省南通市环城南路128号飞马大厦三层	226001
江苏苏物期货经纪有限公司	江苏省南京市中央路258－28号锦盈大厦5－7层	210009

续表

机构名称	公司地址	邮编
南证期货有限责任公司	南京市秦淮区长乐路226号长乐花园01幢1号－4、1号－7、1号－8	210006
道通期货经纪有限公司	江苏省南京市鼓楼区广州路188号苏宁环球大厦5层02座	210024
	江西	
江西瑞奇期货经纪有限公司	江西省南昌市广场南路333号恒茂国际中心16号楼A座6楼	330003
	辽宁	
华海期货有限公司	沈阳市沈河区团结路9号（1－9－1）	110013
汇鑫期货经纪有限公司	辽宁省沈阳市沈河区青年大街51－2号12层	110014
江信国盛期货有限责任公司	辽宁省鞍山市铁东区新华街35栋－4号2层、3层	114010
	内蒙古	
鑫鼎盛期货有限公司	内蒙古呼和浩特市回民区新华大街82号奥体商厦十层1019室	010030
	宁波	
宁波杉立期货经纪有限公司	宁波市中山东路796号东航大厦11楼	315040
	青海	
财富期货有限公司	青海省西宁市城中区西大街18号12层	810000
	山东	
鲁证期货有限公司	济南市市中区顺河街176号济南市商业银行大厦22层	250001
招金期货有限公司	山东省淄博市张店区柳泉路45号甲3号5层	255039
烟台中州期货经纪有限公司	山东省烟台市南大街118号文化宫大厦16、17层	264000
	山西	
山西三立期货经纪有限公司	山西省太原市府西街69号1幢东塔楼16层	030002
民生期货有限公司	太原市迎泽西大街新矿院路10号	030024
和合期货经纪有限公司	山西省太原市莱园东街2号	030012
晟鑫期货经纪有限公司	山西省阳泉市德胜东街23号	045000
中辉期货经纪有限公司	山西省太原市新建路39号乡海大厦16层	030002

续表

机构名称	公司地址	邮编
陕西		
西部期货有限公司	西安市东新街232号陕西信托大厦3层、9层	710004
陕西省长安期货经纪有限公司	西安市和平路99号金鑫国际大厦7层707	710001
迈科期货经纪有限公司	陕西省西安市高新区唐延路33号迈科国际大厦22层	710075
上海		
国泰君安期货有限公司	上海市静安区延平路121号26层	200042
海通期货有限公司	上海市浦东新区世纪大道1589号17楼、6楼01－04单元	200122
华鑫期货有限公司	上海市黄浦区宁海东路200号申鑫大厦28楼及2702、2703、2705、2706室	200021
光大期货有限公司	上海市新闸路1508号2楼	200040
上海金源期货经纪有限责任公司	上海市浦东新区源深路273号（1、2楼）	200135
恒泰期货经纪有限公司	上海市松林路357号19层	200122
国投中谷期货有限公司	上海市浦东新区浦电路500号18层	200122
上海良茂期货经纪有限公司	上海市打浦路198号	200023
上海东亚期货经纪有限公司	上海市松林路300号2202、2203、2204室	200122
上海东方期货经纪有限责任公司	上海市浦东松林路300号1603室	200122
上海大陆期货有限公司	上海市凯旋路3131号明申中心大厦25、26楼	200030
东航期货经纪有限责任公司	上海市吴中路686弄3号D幢16楼	201103
上海中财期货有限公司	上海市浦东新区陆家嘴环路958号23楼	200120
上海浙石期货经纪有限公司	上海市浦东新区浦电路438号	200122
上海普民期货经纪有限公司	上海市中山北路2550号8楼C座	200063
上海通联期货有限公司	上海市浦东陆家嘴环路958号7楼	200120
上海东证期货有限公司	上海市浦电路500号上海期货大厦14层01、02A、05室	200122
海证期货有限公司	上海市临平北路19号3楼	200086

续表

机构名称	公司地址	邮编
华元期货有限责任公司	上海市浦电路500号1202－1205室	200122
上海中期期货经纪有限公司	上海市浦东新区浦电路500号11楼	200122
中信新际期货有限公司	上海市浦东大道1085号C座401室	200135
上海久恒期货经纪有限公司	上海市浦东新区世纪大道1500号12楼北座	200122
新湖期货有限公司	上海市裕通路100号36层	200070
华闻期货经纪有限公司	上海市浦东新区浦东大道720号国际航运金融大厦22楼ABCDMN室	200120
申银万国期货有限公司	上海市东方路800号7、8、10楼	200122
东兴期货有限责任公司	上海市杨树浦路248号22层	200082
东吴期货有限公司	上海市西藏南路1208号6楼、10楼EFGH	200011
深圳		
深圳瑞龙期货有限公司	深圳市福田区福中三路诺德金融中心主楼33D	518026
天琪期货有限公司	深圳市福田区深南大道4009号投资大厦3层01、04A区	518048
中航期货经纪有限公司	深圳市福田区深南大道2008号中国凤凰大厦2栋5层512、513、501室	518026
中证期货有限公司	深圳市华富路海外装饰大厦B座2楼	518031
五矿期货有限公司	深圳市福田区益田路西福中路北新世界商务中心48层	518026
招商期货有限公司	深圳福田区福华一路免税商务大厦9层9－15单元及5层2、3、4、5、A单元	518048
深圳金汇期货经纪有限公司	深圳市福田区深南大道6013号有色大厦18楼	518040
乾坤期货有限公司	广东省深圳市福田区深南大道4009号投资大厦二楼01区03A区	518048
海航东银期货有限公司	深圳市福田区深南中路华能大厦中区18层	518031
神华期货经纪有限公司	广东省深圳市福田区深南大道6008号特区报业大厦西区29F	518009
金瑞期货有限公司	深圳市福田区福虹路9号世贸广场A座2401－2408室、38楼	518033

续表

机构名称	公司地址	邮编
平安期货有限公司	深圳市福田区中心区东南部时代财富大厦 26B、26C、26D、26E、26F 房	518026
四川		
华西期货有限责任公司	成都市青羊区通惠门路 3 号	610015
国金期货有限责任公司	成都市锦江区东大街芷泉段 229 号 1 栋 2 单元 28 层	610061
成都倍特期货经纪有限公司	成都市青羊区青龙街 51 号倍特康派大厦第 1 幢 9 层 1－11 号及 13 层 6 号	610031
天津		
一德期货经纪有限公司	天津市和平区解放北路 188 号信达广场 16 层	300042
天津金谷期货经纪有限公司	天津市和平区卫津路 73 号嘉利大厦 2704－08	300070
科信期货经纪有限公司	天津市和平区赤峰道 11 号	100029
象屿期货有限责任公司	天津市河西区卫津南路 21 号新金龙大厦南楼 4 层	300060
和融期货经纪有限责任公司	天津市河西区气象台路 100 号	300074
津投期货经纪有限公司	天津市河西区马场道 59 号国际经济贸易中心 A 座 9 层	300203
厦门		
国贸期货经纪有限公司	福建省厦门市湖滨南路国贸大厦 11 层、2 层 A1 单元、5 层 B1 单元	361004
瑞达期货经纪有限公司	福建省厦门市思明区塔埔东路 169 号 13 层	361001
新疆		
新疆天利期货经纪有限公司	乌鲁木齐市人民路 33 号瑞达国际大厦 7 楼	830002
金石期货有限公司	新疆乌鲁木齐市解放北路 90 号天际大厦 3 楼	830002
云南		
红塔期货有限责任公司	昆明市北辰财富中心商住楼 A 幢 28 楼（0801－AB-CD）	650224
云晨期货有限责任公司	云南省昆明市人民东路 111 号	650051
浙江		
浙江中大期货经纪有限公司	浙江省杭州市中大广场五矿大厦 2 层 3 层 18 层	310003
浙江新世纪期货经纪有限公司	浙江省杭州市体育场路 335 号	310006

续表

机构名称	公司地址	邮编
宝城期货有限责任公司	杭州市求是路8号公元大厦南裙1－301、1－501室，北楼301、302、303室	310013
浙江新华期货经纪有限公司	杭州市凤起路108号3楼	310003
浙江大地期货经纪有限公司	浙江省杭州市延安路511号元通大厦12楼	310006
浙商期货有限公司	浙江省杭州市黄姑山路9号9－10层	310012
浙江大越期货经纪有限责任公司	浙江省绍兴市解放北路186号	312000
信达期货有限公司	杭州市文晖路108号浙江出版物资大楼12、16层	310004
南华期货有限公司	杭州市西湖大道193号2层、3层	310002
国海良时期货有限公司	杭州市河东路91号	310014
浙江省永安期货经纪有限公司	杭州市潮王路208号浙江协作大厦3、6－10楼	310005
重庆		
西南期货经纪有限公司	重庆市渝中区中山三路168号中安大厦9楼	400015
中信建投期货经纪有限公司	重庆市渝中区中山三路107号上站大楼平街11－B	400014
大华期货有限公司	重庆市渝中区较场口88号得意世界18楼	400010
中电投先融期货有限公司	重庆市渝中区邹容路邹容广场A座14楼	400010
重庆三五九期货经纪有限公司	重庆市渝中区中山三路131号希尔顿商务大厦13楼	400015

5. 2009年中国地方期货自律组织名录

名称	联系地址	邮编
北京期货商会	北京市朝阳区光华路16号中期大厦A座403	100020
天津市期货协会	天津市河东区十一经路61号人保大厦310室	300171
黑龙江省期货业协会	哈尔滨市南岗区西大直接118号1号楼六层	150001
上海市期货同业公会	上海浦东新区浦电路500号上海期货大厦2201A	200122
江苏省期货业协会	中山东路90号华泰证券大厦17层	210002

续表

名称	联系地址	邮编
深圳市期货同业协会	深圳市福田区益田路 6003 号荣超商务中心 A 栋 16 楼 02 单元	518048
河北省期货业联席会	河北省石家庄市友谊北大街 71 号	050081
大连市证券期货业协会	大连市中山区中山路 136 号希望大厦 1505 室	116001
辽宁证券期货业协会	辽宁省沈阳市沈河区惠工街 56 号 7 楼	110013
浙江期货行业协会	杭州市湖墅南路 395 号广通大厦 8 楼	310005
宁波市证券期货业协会	宁波市海曙区中山西路 2 号恒隆中心 24 楼	315000
安徽省证券协会期货业协会	安徽省合肥市蒙城路 109 号地税大厦 17 楼	230061
山东省期货业协会	济南市市中区经七路 86 号证券大厦 11 楼 1103 室	250001
河南省证券期货业协会	河南省郑州市经三路 15 号广汇国贸大厦 A 座 10 层	450008
江西省证券期货业协会	江西省南昌市东湖区紫金城紫金大厦 4 楼	330077
广东证券期货业协会	广州市天河区临江大道 3 号发展中心 14 楼 1411	510623
广西证券期货业协会	南宁市金湖路 52－1 号东方曼哈顿大厦 21 楼 2103	530028
福建省证券期货业协会	福州市铜盘路软件大道 89 号福州软件园 10 号楼华兴创业中心 201 室	350003
厦门证券期货业协会	厦门市湖滨南路 388 号国贸大厦 6 楼 602 室	361004
四川省证券期货业协会	成都市洗面桥街 39 号 10 楼	610000
重庆市证券期货业协会	重庆市渝中区临江支路 2 号合景大厦 15 楼	400010
甘肃证券期货业协会	甘肃省兰州市城关区秦安路 105 号亚盛大厦西楼 808、802 室	730030
新疆证券期货业协会	新疆乌鲁木齐金银路 53 号金融大厦 1806 室	830001
海南证券业协会	海南省海口市南宝路 36 号证券大厦 7 楼	570206
云南省证券业协会	昆明市北京路 577 号 210 室	650051
陕西证券期货业协会	陕西西安高新四路高科广场 A 座 2309 室	710075
青岛证券期货业协会	青岛市市南区东海西路 28 号龙翔广场 1 号楼 1 楼	266071
吉林省证券业协会	长春市西安大路 699 号中银大厦 B 座 702 室	130061
宁夏证券期货业协会	宁夏银川民族北街 15 号	750004
贵州证券业业协会	贵阳市中华北路 18 号银海大厦北楼 4 层	550001

续表

名称	联系地址	邮编
湖南省期货业协会	长沙市车站北路459号证券大厦1202	410001
湖北省期货业系会	湖北省武汉市洪山区珞瑜路540号	430079
内蒙古证券期货业协会	呼和浩特市赛罕区新华东街78号华门世家大厦1单元20楼2001	010010

6. 2010年全球期货和期权市场交易所成交排名（成交量前50名）

单位：手

排名	交易所		2009年	2010年	变化率（%）
1	韩国交易所	Korea Exchange	3102891777	3748861401	20.8
2	芝加哥商业交易所集团	CME Group	2589551487	3080492118	19.0
3	欧洲期权与期货交易所	Eurex	2647406849	2642092726	-0.2
4	纽约证券及泛欧交易所	NYSE Euronext	1729965293	2154742282	24.6
5	印度国家证券交易所	National Stock Exchange of India	918507122	1615788910	75.9
6	巴西期货交易所-圣保罗证券交易所	BM&F Bovespa	920377678	1422103993	54.5
7	芝加哥期权交易所集团	CBOB Group	1135920178	1123525008	-1.1
8	纳斯达克OMX集团	NASDAQ OMX Group	814639771	1099437223	34.8
9	印度多种商品交易所	Multi Commodity Exchange of India	384730330	1081813643	180.7
10	俄罗斯交易系统证券交易所	Russian Trading System Stock Exchange	474440043	623992363	31.5

续表

排名	交易所		2009 年	2010 年	变化率（%）
11	上海期货交易所	Shanghai Futures Exchange	434864068	621898215	43.0
12	郑州商品交易所	Zhengzhou Commodity Exchange	227112521	495904984	118.4
13	大连商品交易所	Dalian Commodity Exchange	416782261	403167751	-3.3
14	洲际交易所	Intercontinental Exchange	263582881	328946083	24.8
15	大阪证券交易所	Osaka Securities Exchange	166085409	196350279	18.2
16	南非约翰内斯堡证券交易所	JSE South Africa	174505220	169898609	-2.6
17	台湾期货交易所	Taiwan Futures Exchange	135125695	139792891	3.5
18	东京金融交易所	Tokyo Financial Exchange	83678044	121210404	4439
19	伦敦金属交易所	London Metal Exchange	111930828	120258119	7.4
20	香港交易所	Hong Kong Exchange & Clearing	98538258	116054377	17.8
21	澳大利亚证券交易所	Australian Securities Exchange	82200578	106386077	29.4
22	波士顿期权交易所	Boston Options Exchange	137784626	91754121	-33.4
23	特拉维夫证券交易所	Tel - Aviv Stock Exchange	70914245	80440925	13.4
24	伦敦证券交易所集团	LSE Group	77490255	76481330	-1.3
25	西班牙金融期货交易所	Mercado Espanol de Opciones y Futuros Financieros	93057252	70224176	-24.5
26	土耳其衍生品交易所	Turkish Derivatives Exchange	79431343	63952177	-19.5
27	阿根廷罗萨里奥交易所	Mercado a Termino de Rosario	51483429	62046820	20.5
28	新加坡交易所	Singapore Exchange	52237389	61750671	16.0
29	中国金融期货交易所	China Financial Futures Exchange	—	45873295	—
30	蒙特利尔交易所	Bourse de Montreal	34753081	44296907	27.5
31	墨西哥衍生品交易所	Mexican Derivatives Exchange	48780699	42595575	-12.7

续表

排名	交易所		2009 年	2010 年	变化率（%）
32	印度国家商品及衍生品交易所	National Commodity & Derivatives Exchange	29965383	40190612	34.1
33	莫斯科银行间外汇交易所	Moscow Interbank Currency Exchange	19308241	31993282	65.7
34	东京商品交易所	Tokyo Commodity Exchange	28881948	27636367	-4.3
35	东京证券交易所	Tokyo Stock Exchange	26201383	26875977	2.6
36	BATS 期权交易所	BATS Option Exchange	—	25103245	—
37	华沙证券交易所	Warsaw Stock Exchange	13820801	14684314	6.2
38	奥斯陆证券交易所	Oslo Stock Exchange	13511246	13560340	0.4
39	电子流动性交易所	Electronic Liquidity Exchange	5003983	13142541	162.6
40	布达佩斯证券交易所	Budapest Stock Exchange	11795006	11810294	0.1
41	雅典衍生品交易所	Athens Derivatives Exchange	7859952	8481281	7.9
42	马来西亚衍生品交易所	Bursa Malaysia Derivatives Exchange	6137827	6154745	0.3
43	堪萨斯期货交易所	Kansas City Board of Trade	3768660	5697874	51.2
44	One Chicago	One Chicago	2983148	4971160	66.6
45	泰国期货交易所	Thailand Futures Exchange	3072397	4245782	38.2
46	东京谷物交易所	Tokyo Grain Exchange	4829183	2866588	-40.6
47	明尼阿波利斯谷物交易所	Minneapolis Grain Exchange	1231961	1722497	39.8
48	新西兰期货交易所	New Zealand Futures Exchange	1494047	1431422	-4.2
49	维也纳交易所	Wiener Boerse	766628	838991	9.4
50	迪拜商品交易所	Dubai Gold & Commodities Exchange	553888	744727	34.5

数据来源：FIA。

7. 2010年全球期货和期权合约成交量排名

一、全球农产品期货和期权合约成交量排名（前20名）

单位：手

排名	合约	交易所	2009年	2010年	变化率（%）
1	白糖期货 White Sugar Futures	郑州商品交易所 ZCE	146063344	305303131	109.0
2	天然橡胶期货 Rubber Futures	上海期货交易所 SHFE	89035959	167414912	38.0
3	豆粕期货 Soy Meal Futures	大连商品交易所 DCE	155404029	125581838	-19.2
4	豆油期货 Soy Oil Futures	大连商品交易所 DCE	94836881	91406238	-3.6
5	1号棉花期货 Cotton No.1 Futures	郑州商品交易所 ZCE	8534688	86955310	918.3
6	玉米期货 Corn Futures	芝加哥商业交易所集团 CME	50948804	69841420	37.1
7	棕榈油期货 Palm Oil Futures	大连商品交易所 DCE	44426493	41799313	-5.9
8	大豆1号期货 No.1 Soybeans Futures	大连商品交易所 DCE	42507076	37393600	-12.0
9	大豆期货 Soybean Futures	芝加哥商业交易所集团 CME	35758855	36933960	3.3
10	玉米期货 Corn Futures	大连商品交易所 DCE	16744088	35999573	115.0
11	11号白糖期货 Sugar #11 Futures	洲际交易所 ICE	27300259	29052539	6.4
12	早籼稻期货 Rice Futures	郑州商品交易所 ZCE	1950088	26854036	1277
13	小麦期货 Wheat Futures	芝加哥商业交易所集团 CME	17677547	23090255	30.6
14	玉米期货期权 Corn Options on Futures	芝加哥商业交易所集团 CME	14435687	20810260	44.2
15	豆油期货 Soybean Oil Futures	芝加哥商业交易所集团 CME	17132082	20791164	21.4

续表

排名	合约	交易所	2009 年	2010 年	变化率（%）
16	豆粕期货 Soybean Meal Futures	芝加哥商业交易所集团 CME	12880767	14052845	9.1
17	活牛期货 Live Cattle Futures	芝加哥商业交易所集团 CME	8797033	11332739	28.8
18	瓜尔豆期货 Guar Seeds Futures	印度国家商品及衍生品交易所 NCDEX	9029772	10937797	21.1
19	大豆期货期权 Soybean Options on Futures	芝加哥商业交易所集团 CME	9555840	20046345	5.1
20	菜籽油期货 Rapeseed Oil Futures	郑州商品交易所 ZCE	10956863	9527915	-13.0

二、全球能源期货和期权合约成交量排名（前 20 名）

单位：手

排名	合约	交易所	2009 年	2010 年	变化率（%）
1	轻质原油期货 Light, Sweet Crude Oil Futures	纽约商业交易所 NYMEX	137428494	168652141	22.7
2	布伦特原油期货 Brent Crude Oil Futures	ICE 洲际交易所 ICE	74137750	1000022169	34.9
3	天然气期货 Natural Gas Futures	纽约商业交易所 NYMEX	47951353	64323068	34.1
4	西德克萨斯原油期货 WTI Crude Oil Futures	ICE 洲际交易所 ICE	46393671	52586415	13.3
5	柴油期货 Gas Oil Futures	ICE 洲际交易所 ICE	36038870	52296582	45.1
6	原油期货 Crude Oil Futures	印度多种商品交易所 MCX	41092821	41537053	1.1
7	原油期货期权 Crude Oil Options on Futures	纽约商业交易所 NYMEX	28551730	32785267	14.8

续表

排名	合约	交易所	2009 年	2010 年	变化率（%）
8	纽约港 RBOB 汽油期货 NY Harbor RBOB Gasoline Futures	纽约商业交易所 NY-MEX	21159516	27898698	31.8
9	2 号取暖油期货 No.2 Heating Oil Futures	纽约商业交易所 NY-MEX	21426015	269701106	25.9
10	欧式天然气期权 European Style Natural Gas Options	纽约商业交易所 NY-MEX	25309214	23957725	-5.3
11	Henry Hub 天然气掉期期货 Henry Hub Nature Gas Swap Futures	纽约商业交易所 NY-MEX	25670240	20417178	-20.5
12	美国天然气基金 ETF 期权 U.S. Natural Gas Fund ETF Options	*	21341282	19180569	-10.1
13	美国石油基金 ETF 期权 U.S. Oil Fund ETF Options	*	15932407	15191991	-4.6
14	天然气期货 Natural Gas Futures	纽约商业交易所 NY-MEX	11124491	11176937	0.5
15	布伦特原油期货 Brent Oil Futures	俄罗斯 RTS 交易所	7471665	11127254	48.9
16	燃料油期货 Fuel Oil Futures	上海期货交易所 SHFE	45753969	10632204	-76.7
17	Henry Hub 天然气掉期期货 Penultimate Swap Futures	纽约商业交易所 NY-MEX	11038692	8995324	-18.5
18	PJM WH Off - Peak Day Ahead Swap Futures	纽约商业交易所 NY-MEX	6810613	4913517	-27.9
19	原油期货期权 Crude Oil Options on Futures	纽约商业交易所 NY-MEX	3203460	4621556	44.3
20	欧洲排放指标期货	洲际交易所 ICE	3775621	4263655	12.9

注：*表示同时在美国多个期权交易所交易。

三、全球金属及贵金属期货和期权合约成交量排名（前 20 名）

单位：手

排名	合约	交易所	2009 年	2010 年	变化率（%）
1	螺纹钢期货 Steel Rebar Futures *	上海期货交易所 SHFE	161574521	225612417	59.6
2	锌期货 Zinc Futures	上海期货交易所 SHFE	32253386	1465893786	354.5
3	SPDR 黄金 ETF 期权 SPDR Gold Shares ETF Options	*	34346029	54737222	59.4
4	铜期货 Copper Futures	上海期货交易所 SHFE	81217436	50788568	-37.5
5	铝期货 Aluminum Futures	伦敦金属交易所 LME	46988069	46537180	-1.0
6	黄金期货 Gold Futures	芝加哥商业交易所集团 COMEX	35139541	44730345	27.3
7	铜期货 Copper Futures	印度多种商品交易所 MCX	29396504	31341022	5.9
8	铜期货 Copper Futures	伦敦金属交易所 LME	24922949	29949765	20.2
9	白银 M 期货 Silver M Futures	印度多种商品交易所 MCX	16954687	21325577	25.8
10	iShares 银信托 ETF 期权 iShares Silver Trust ETF Options	*	7157042	21187121	196.0
11	特高级锌期货 Special High Grade Zinc Futures	伦敦金属交易所 LME	15901774	18065641	13.6
12	鎳期货 Nickel Futures	印度多种商品交易所 MCX	9792850	17929207	83.1
13	铝期货 Aluminum Futures	上海期货交易所 SHFE	20530548	17261995	-15.9

续表

排名	合约	交易所	2009 年	2010 年	变化率（%）
14	银期货 Silver Futures	印度多种商品交易所 MCX	11555501	16440533	42.3
15	黄金 M 期货 Gold M Futures	印度多种商品交易所 MCX	14756451	15307163	3.7
16	银期货 Silver Futures	芝加哥商业交易所集团 COMEX	7990528	12826666	60.5
17	黄金期货 Gold Futures	东京工业品交易所 To-com	11913502	12198340	2.4
18	黄金期货 Gold Futures	印度多种商品交易所 MCX	12144967	12052225	-0.8
19	铜期货 Copper Futures	芝加哥商业交易所集团 COMEX	6398967	10305670	61.1
20	锌期货 Zinc Futures	印度多种商品交易所 MCX	4033350	8091763	100.6

注：* 表示同时在美国多个期权交易所交易。

四、全球股指期货和期权合约成交量排名（前 20 名）

单位：手

排名	合约	交易所	2009 年	2010 年	变化率（%）
1	Kospi 200 指数期权 Kospi 200 Options	韩国交易所 KRX	2920990655	3525898562	20.7
2	迷你标普 500 指数期货 E - mini S&P 500 Futures	芝加哥商业交易所集团 CME	556314143	555328670	-0.2
3	SPDR 标普 500ETF 期权 SPDR S&P 500 ETF Options	*	347697659	456863881	31.4
4	道琼斯 NIFTY 指数期权 DJ NIFTY Options	印度国家证券交易所 NSE India	321265217	529773463	64.9

续表

排名	合约	交易所	2009 年	2010 年	变化率（%）
5	道琼斯 Euro Stoxx 50 指数期货 DJ Euro Stoxx 50 Futures	欧洲期权与期货交易所 Eurex	333407299	372229766	11.6
6	道琼斯 Euro Stoxx 50 指数期权 DJ Euro Stoxx 50 Options	欧洲期权与期货交易所 Eurex	300208574	284707318	-5.2
7	RTS 指数期货 RTS Index Futures	俄罗斯交易系统证券交易所 RTS	150019917	224696733	49.8
8	标普 500 指数期权 S&P 500 Opions	芝加哥期权交易所 CBOE	154869646	175291508	13.2
9	标普 CNX Nifty 指数期货 S&P CNX Nifty Futures	印度国家证券交易所 NSE India	195759414	156351505	-20.1
10	迷你日经 225 指数期货 Nikkei 225 Mini Futures	大阪证券交易所 OSE	104738309	125113769	19.5
11	先锋 QQQ ETF 期权	*	147839060	121401264	-17.9
12	安硕罗素 2000 ETF 期权	*	73375256	118975104	62.1
13	Taiex 指数期权 Taiex Options	台湾期货交易所 Taifex	72082548	95666916	32.7
14	Kospi 200 指数期货 Kospi 200 Futures	韩国交易所 KRX	83117030	86214025	3.7
15	迷你纳斯达克 100 指数期货 E-mini Nasdaq 100 Futures	芝加哥商业交易所集团 CME	77972143	79637745	2.1
16	Dax 指数期权 Dax Options	欧洲期权与期货交易所 Eurex	95926938	75123356	-21.7
17	特拉维夫 25 指数期权 TA-25 Options	特拉维夫证券交易所 TASE	62271157	70573392	13.3

续表

排名	合约	交易所	2009 年	2010 年	变化率（%）
18	金融行业 SPDR ETF 期权 Financial Select Sector SPDR ETF Options	*	87979993	69351047	-21.2
19	波动率指数期货	芝加哥期权交易所 CBOE	33328163	64452232	87.4
20	安硕高盛新兴市场 ETF 期权	*	73375256	58587483	-20.6

注：*表示可同时在美国多个期权交易所交易。

五、全球利率期货和期权合约成交量排名（前 20 名）

单位：手

排名	合约	交易所	2009 年	2010 年	变化率（%）
1	欧洲美元期货 Eurodollar Futures	芝加哥商业交易所集团 CME	437585193	510955113	16.8
2	10 年期美国国债期货 10 Year Treasury Note Futures	芝加哥商业交易所集团 CME	189852019	293718907	54.7
3	隔夜银行间拆解利率期货 One Day Inter - Bank Deposit Futures	巴西期货交易所 - 圣保罗证券交易所 BM&F	151958184	293065417	92.9
4	Euribor 期货 Euribor Futures	纽约泛欧交易所集团 Liffe	192859090	248504960	28.9
5	德国欧元长期债券期货 Euro - Bund Futures	欧洲期权与期货交易所 Eurex	180755004	231454529	28.1
6	德国欧元短期债券期货 Euro - Schatz Futures	欧洲期权与期货交易所 Eurex	125607110	140923898	12.2
7	德国欧元中期债券期货 Euro - Bobl Futures	欧洲期权与期货交易所 Eurex	105820542	133851275	26.5

续表

排名	合约	交易所	2009 年	2010 年	变化率（%）
8	5 年期美国国债期货 5 Year Treasury Note Futures	芝加哥商业交易所集团 CME	98391120	132149948	34.3
9	Euribor 期货期权 Euribor Options on Futures	纽约泛欧交易所集团 Liffe	121612383	121077679	-0.4
10	三个月英镑利率期货 Short Sterling Futures	纽约泛欧交易所集团 Liffe	104073092	112944490	8.5
11	欧洲美元期货期权 Eurodollar Options on Futures	芝加哥商业交易所集团 CME	117553569	106893369	-9.1
12	IDI 指数期货期权 IDI Options on Futures	巴西期货交易所－圣保罗证券交易所 BM&F Bovespa	40174869	88014027	119.1
13	30 年期美国国债期货 30 Year Treasury Bond Futures	芝加哥商业交易所集团 CME	62232671	83509754	34.2
14	欧洲美元期货期权 Eurodollar Mid - Curve Options on Futures	芝加哥商业交易所集团 CME	43369605	76490147	76.4
15	2 年期美国国债期货 2 Year Treasury Note Futures	芝加哥商业交易所集团 CME	48158948	66977168	39.1
16	10 年期美国国债期货期权 10 Year Treasury Note Options on Futures	芝加哥商业交易所集团 CME	40206023	55280257	37.5
17	德国欧元长期债券期货期权 Euro - Bund Options on Futures	欧洲期权与期货交易所 Eurex	28392790	39301301	38.4
18	3 年期国债期货 3 Year Treasury Bond Futures	澳大利亚证券交易所 ASX	24197537	24482136	42.5
19	Long Gilt 期货	纽约泛欧交易所集团 Liffe	23977779	28525983	19.0
20	3 年期国债期货 3 Year Treasury Bond Futures	韩国交易所 KRX	20050788	26922414	34.3

六、全球外汇期货和期权合约成交量排名（前20名）

单位：手

排名	合约	交易所	2009年	2010年	变化率（%）
1	美元/印度卢比期货 U.S. Dollar/India Rupee Futures	印度多种商品交易所 MCX	224273548	821254927	266.2
2	美元/印度卢比期货 U.S. Dollar/India Rupee Futures	印度国家证券交易所 NSE	226362368	705319585	211.6
3	欧元期货 Euro FX Futures	芝加哥商业交易所集团 CME	54393644	86232358	58.5
4	美元期货 U.S. Dollar Futures	巴西期货交易所－圣保罗证券交易所 BM&F	66776180	82453621	23.5
5	美元/卢布期货	俄罗斯交易系统证券交易所 RTS	8468200	81122195	858.0
6	美元期货 U.S. Dollar Futures	韩国交易所 KRX	41161819	64256678	56.1
7	美元期货 U.S. Dollar（DLR）Futures	阿根廷罗萨里奥交易所 ROFEX	51107696	61729396	20.8
8	欧元/印度卢比期货 Euro FX/India Rupee Futures	印度多种商品交易所 MCX	0	46411303	—
9	欧元/美元期货 EUR/USD Futures	俄罗斯交易系统证券交易所 RTS	13658237	39476420	189.0
10	澳元/日元期货 Australian Dollar/Japanese Yen Futures	东京金融期货交易所 TFX	17793787	34272436	92.6
11	日元期货 Japanese Yen Futures	芝加哥商业交易所集团 CME	24853787	31862793	28.2
12	英镑期货 British Pound Futures	芝加哥商业交易所集团 CME	22749569	30220239	32.8
13	美元日元期货 Dollar/Japanese Yen Futures	东京金融期货交易所（TFX）	20198781	27551634	36.4

续表

排名	合约	交易所	2009 年	2010 年	变化率（%）
14	澳元期货 Australian Dollar Futures	芝加哥商业交易所集团 CME	16732682	25903355	54.8
15	美元期货期权 U.S. Dollar Options on Futures	巴西期货交易所 - 圣保罗证券交易所 BM&F	21631255	24170975	11.7
16	加元期货 Canadian Dollar Futures	芝加哥商业交易所集团 CME	15481166	22083807	42.6
17	欧元/日元期货 Euro FX/ Japanese Yen Futures	东京金融期货交易所（TFX）	9961673	19921565	100.0
18	美元展期期货 U.S. Dollar Rollover Futures	巴西期货交易所 - 圣保罗证券交易所 BM&F	15280530	19223570	25.8
19	美元/印度卢比期货 Euro FX/ India Rupee Futures	印度国家证券交易所 NSE	0	17326787	—
20	英镑/日元期货 British Pound/ Japanese Yen Futures	东京金融期货交易所（TFX）	16266521	17108444	5.2

8. 中英期货词汇对照表

英文	中文
American Option	美式期权
American Stock Exchange（Amex）	美国证券交易所
Arbitrage	套利；套汇
Ask（asked）price	沽盘价；卖盘价
Asset swap	资产掉期；资产互换
Athens Derivatives Exchange	雅典衍生工具交易所
At - the - close order	收市盘
At - the - money Option	平价期权
Auction market	竞价市场

续表

英　文	中　文
Australian Options Market	澳大利亚期权交易所
Australian Securities Exchange	澳大利亚证券交易所
Australian Stock Exchange（ASX）	澳大利亚证券交易所
Bibor	布鲁塞尔银行间拆借利率
BM&F	巴西商品期货交易所
Boston Options Exchange	波士顿期权交易所
Bourse de Montreal	加拿大蒙特利尔交易所
British Banker Associates	英国银行家协会
Budapest Stock Exchange	布达佩斯证券交易所
Call Options	看涨期权
Central Japan Commodity Exchange	日本中部商品交易所
Certificate of Deposit（CD）	可转让定期存单
CFFEX	中国金融期货交易所
CFTC	美国商品期货交易委员会
Cheapest to Deliver	最便宜可交割债券
Chicago Board of Trade（CBOT）	芝加哥期货交易所
Chicago Board Options Exchange（CBOE）	芝加哥期权交易所
Chicago Mercantile Exchange（CME）	芝加哥商业交易所
Climate Exchange（includes ECX and CCFE）	气候交易所
Closing Price	收盘价
Congtract Size	合约单位
Contract Months	合约月份
Conversion Factor	转换因子
Cost of Carry	持有成本
Daily Price Limited	每日价格波动幅度限制
Dalian Commodity Exchange	大连商品交易所
Deep In - the - money Option	极度市值期权
Deep Out - of - the - money Option	极度虚职期权
Deliverable Grades	交割等级

续表

英　文	中　文
DJ Euro STOXX 50	道琼斯欧洲 STOXX50
DJCA	道琼斯综合平均指数
DJIA	道琼斯工业平均值数
DJTA	道琼斯运输业平均指数
DJUA	道琼斯公用事业平均指数
Dubai Mercantile Exchange	迪拜商品期货交易所
EUREX	欧洲期货交易所
EURIBOR	欧元利率
Euro - BOBL	中期欧元债券期货
Euro - BOND	长期欧元债券期货
Eurodollar	欧洲美元
Eurodollar Certificate of Deposit	欧洲美元存单
Euronext	泛欧交易所
Euronext - Liffe	伦敦国际金融期货交易所
European Interbank Offered Rate	欧洲银行间欧元利率
European Options	欧式期权
Euro - SCHATZ	短期欧元债券期货
Excise Price	执行价格
Extrinsic Value	外涵价值
Fair Price	合理价格
FIA	美国期货业协会
Fibor	法兰克福银行间拆借利率
FTSE 100	金融时报 100 指数期货
GNMA	政府国民抵押协会抵押凭证
High Implied Volatility	隐含价格波动率高
HKFE	香港期货交易所
Hong Kong Exchanges & Clearing	香港交易所
IBEX 35	西班牙 35 指数
IMM	国际货币市场

续表

英　文	中　文
Intercontinental Exchange（ICE）	洲际交易所
In – the – money Option	实值期权
Italian Derivatives Exchange	意大利衍生品交易所
Ivoice Price	发票金额
Johannesburg Stock Exchange（JSE South Africa）	南非约翰内斯堡证券交易所
Kansai Commodities Exchange	关西商品交易所
Kansas City Board of Trade（KCBT）	（美国）堪萨斯商品交易所
Korea Exchange	韩国证券期货交易所
Korea Stock Exchange（KSE）	韩国证券交易所
Last Delivery Day	最后交割日
Last Trading Day	最后交易日
Libor	伦敦银行同业拆放利率
London International Financial Futures and Options Exchange（Liffe）	伦敦国际金融期货期权交易所
London Metal Exchange（LME）	伦敦金属交易所
Long Call	买进看涨期权
Long Put	买进看跌期权
Low Implied Volatility	隐含价格波动率低
Malaysia Derivatives Exchange	马来西亚衍生工具交易所
Mercado a Termino de Buenos Aires	阿根廷商品期货交易所
Mercado a Termino de Rosario	（阿根廷）罗萨里奥期货交易所
Mexican Derivatives Exchange	墨西哥衍生工具交易所
Minneapolis Grain Exchange	明尼阿波利斯谷物交易所
MMI	主要市场指数
Moscow Interbank Currency Exchange	莫斯科银行间货币交易所
Multi Commodity Exchange of India	印度大宗商品交易所
Nasdaq OMX Group	纳斯达克 – OMX 集团（由纳斯达克证券交易所并购瑞典 OMX 集团而成）
National Commodity & Derivatives Exchange	（印度）国家商品及衍生工具交易所

续表

英　文	中　文
National Stock Exchange of India	印度国家证券交易所
New York Mercantile Exchange（NYMEX）	纽约商业交易所
New York Stock Exchange（NYSE）	纽约期货交易所
New Zealand Futures Exchange	新西兰期货交易所
NYSE Euronext	纽约－泛欧交易所集团
One Chicago	第一芝加哥交易所
Options	期权
Osaka Securities Exchange	大阪证券交易所
Oslo Stock Exchange	奥斯陆证券交易所
Out－of－the－money Option	虚值期权
Overvalued	高估
Pibor	马德里银行间拆借利率
Premium	权利金
Program Trading	程式交易
Put options	看跌期权
Risk－free Interest Rate	无风险利率
Russian Trading Systems Stock Exchange（RTS）	俄罗斯证券交易所
S&P	标准普尔
SEC	美国证券交易委员会
SFE	悉尼期货交易所
Shanghai Futures Exchange	上海期货交易所
Short Call	卖出看涨期权
Short Put	卖出看跌期权
SIMEX	新加坡国际金融交易所
Singapore Exchange	新加坡交易所
Single Stock Future	个股期货
spreading	价差交易
Standard & Poor's	美国标准普洱公司
Strike Price	敲定价格

续表

英　文	中　文
Taiwan Futures Exchange	台湾期货交易所
T - bills	短期国库券
T - bonds	长期国债
Tel - Aviv Stock Exchange（TASE）	特拉维夫证券交易所
Thailand Futures Exchange（TFEX）	泰国期货交易所
Theoretical Price	理论价格
Tick Size	最小变动价位
Ticker Symbols	代码
Time Value	时间价值
T - notes	中期国债
Tokyo Commodity Exchange	东京商品交易所
Tokyo Financial Exchange	东京金融交易所
Tokyo financial exchange（TFX）	东京金融期货交易所
Tokyo Grain Exchange	东京谷物交易所
Tokyo Stock Exchange	东京股票交易所
Tracking Error	模拟误差
Trading Hours	交易时间
Turdex	土耳其衍生品交易所
Turkish Derivatives Exchange	土耳其金融衍生工具交易所
Ucerlying Asset	基础资产
Undervalued	低估
US Futures Exchange	美国期货交易所
USF	全球性股票期货
Warsaw Stock Exchange	（波兰）华沙证券交易所
Wiener Boerse	维也纳交易所
Zhengzhou Commodity Exchange	郑州商品交易所

后　　记

经过半年努力，《中国期货业发展报告（2011）》终于完成定稿。该报告从筹备、编写到出版倾注了全体编写人员的心血，凝结了众多业内人士的关心和支持。

本报告编写组由来自证监会、期货协会、交易所、期货公司和高校的专家组成。其中，第一部分“2010年中国期货业发展总报告”由北京工商大学和东证期货有限公司负责编写；第二部分“2010年全球期货与场内衍生品市场发展报告”由华泰长城期货有限公司和南华期货有限公司负责编写；第三部分“2010年中国期货市场品种运行状况报告”由上海期货交易所、郑州商品交易所、大连商品交易所和中国金融期货交易所负责编写；第四部分“2010年中国期货中介机构发展状况报告”由中国期货业协会和宏源期货有限公司负责编写；第五部分“2010年中国期货业自律组织发展状况报告”由经易期货有限公司负责编写；第六部分“2010年中国期货业信息技术发展状况报告”由广发期货公司和中国期货业协会技术部负责编写；第七部分“2010年中国期货市场法制与监管工作情况报告”由中国证监会期货一部和期货二部负责编写；特别专题一“期货中间介绍（IB）业务专题”由东证期货有限公司负责编写；特别专题二“中国期货市场‘十一五’回顾与‘十二五’展望”由北京工商大学负责编写；附录由经易期货有限公司负责编写。本报告的统稿工作由东证期货有限公司负责。

本报告的编写工作始终得到了中国证监会有关领导的关心和支持，证监会期货一部、期货二部为本报告提出了许多宝贵的修改意见。本报告在数据和稿件的征集过程中，还得到了中国期货保证金监控中心、各期货交易所、地方协会及期货公司的热情参与和大力支持。

在此，我们对所有关心和支持报告编写工作的领导、专家、业内机构及编写人员致以诚挚的谢意。同时，也希望广大读者能够继续关注和支持我们的工作，对报告的编写提出宝贵意见。

《中国期货业发展报告（2011）》

编写组

2011 年 8 月